KB074893

그들은 왜 진실을 은폐했나?

제주4·3사건과 박진경 대령

나종삼·박철균 공저

첫 페이지를 넘기고 나서부터 어떤 구절 어느 글자에서도
눈을 뗄 수가 없었다. 가슴이 벅차 도저히 빨리 읽기가 어려웠다.
우리 민족사의 또 다른 아픔이 고스란히 남아 일렁이고 있는
사무침을 보았기 때문이다. 이 책! 제주4·3에 대한
그 어떠한 선입견이나 이념도 잠시 내려놓고
한번 읽어 보자.

장동원[지하철에서 책 읽는 서울시민, 수필가

이 책은 방대한 자료들을 오랫동안 분석하여 4.3사건의
역사적 진실에 가장 근접한 내용을 담고 있으며, 특히
반란의 와중에서 남로당에 의해 암살된 박진경 연대장에
대한 왜곡과 음해들을 차근차근 반박하는 과정을 통하여
제주4 .3사건의 진상을 더욱 뚜렷하게 드러낸 역작이다.
일독을 추천해 드린다.

허남성[국방대학교 명예교수, 군사사학박사]

그들은 왜 진실을 은폐했나?

제주4·3사건과 박진경 대령

나종삼·박철균 공저

제주4·3사건과 박진경 대령

프리덤칼리지장학회

박진경 대령에 대한 사실관계 바로알기

이 책은 1948년 5월 6일부터 6월 18일까지 박진경 대령이 제주도에서 근무했던 기간 동안 일어났던 사건들을 사실대로 정확히 밝힘으로써 왜곡된 역사를 바로잡기 위해 기획·제작되었다.

왜곡의 출발

박진경 대령 왜곡[1]의 결정적인 출발은 1948년 5월 10일에 있었던 '남로당 대책회의' 사실을 4·3의 공식기록 '4·3정부보고서'에서 고의로 빠뜨린 것이다. 박진경은 대한민국 정부 수립을 위해 노력했던 미 군정의 추천과 경비대 총사령부의 명에 따라 4·3사건 이후 제주도 상황을 안정화하기 위해 1948년 5월 6일 부임했다. 그런데 바로 다음 날 남로당 중앙당의 정치지도원이 제주도에 도착했고 5월 10일 남로당 대책회의가 열려 그 자리에서 박진경의 숙청을 결정했다. 이 명확한 증거가 남로당 제주도당 무장폭도(인민유격대)의 내부기록, 『인민유격대 투쟁보

1 KBS 제주 등 제주도 내 주요 방송매체와 제민일보, 제주의 소리 등 주요 언론, 4·3평화재단 기념관 등에서 박진경 대령을 4·3의 학살자로 왜곡하고 있다.

고서』[2]에 상세하게 기록되어 있다. 이러한 역사적 사실 누락은 남로당의 지시로 직속상관 박진경을 암살한 남로당 프락치 암살범 일당들을 마치 정의를 구현한 열사인 것처럼 둔갑시킬 수 있게했고 제주도 내의 여론을 호도하고 있다.

왜곡의 재생산

여기에 더해 1988년 공개된 김익렬의 유고는 박진경을 악마화하는 데 기름을 부었다. 김익렬은 자신의 기억이 생생했을 시기인 4·3사건 직후인 6월 '동족의 피로 물들인 제주 참전기(參戰記)'를 쓰고 8월 초에 국제신문에 기고했다. 그런데 40년이 지난 후 '기고'의 내용과는 엄청나게 달라진 내용의 '유고'를 공개함으로써 역사를 철저히 왜곡했다. 어처구니없게도 문제의 '정부보고서'는 위 '기고'를 묵살하고 '유고'를 원전으로 하여 소설 같은 기록을 만들었다. 가장 대표적인 것이 박진경 대령이 취임사에서 제주도민 30만을 희생시키더라도 제주도의 폭동을 진압하겠다고 했다는 소위 30만 제주도민 희생설(說)의 조작이다.

30만 희생설

사실은, 제주도민 30만 희생설은 범행 후 피신했다가 극적으로 체포된 하극상의 암살범이자 반란범들의 구차한 자기변명에서 비롯됐다. 이들 누구도 박진경 대령이 취임사에서 도민 30만 희생설을 언급했다

---

2 관련 내용은 이 책의 4부 자료#1에 있다. 정부보고서는 박진경 암살 관련 내용을 제외한 다른 내용에서 이 자료를 여러 번 인용했다.

고 증언하지 않았다. 1948년 박진경의 암살범 재판에서 문상길 중위는 당시 남로당 제주도당 인민유격대 사령관 김달삼이 "제주도민 30만을 위해 박 대령을 살해했으면 좋겠다"라고 했다고 진술한 것을 손선호 하사는 박진경 대령이 작전방침으로 말한 것처럼 30만 희생설을 진술했다. 이처럼 이들의 진술 내용도 일관성 없고 어긋난다. 재판정에서 사형선고의 공포를 눈앞에 둔 '주범' 문상길과 손선호가 최후 진술로 할 수 있는 말은 정해져 있었다고 보아야 한다. 제주도에 조선민주주의 인민공화국을 세우려는 자신들이야말로 30만 제주도민의 편에 서 있고 30만 제주도민을 죽음에서 구하는 사도(師徒)가 되어야만 했었을 것이다.

왜곡의 현재

박진경을 아는 지인 또는 함께 일했던 박진경의 부하들은 누구나 그를 매우 성실하고, 말수 적고, 술도 마시지 못하고 부하와 주변 지인들에게 따뜻했던 인물로 기억하고 있다. 같이 근무했던, 채명신, 이세호, 김종면, 유근창도 증언[3]을 통해 30만 희생설은 들은 적도 없고 있을 수 없는 일이라고 부인했다. 죽은 자는 말이 없다지만 반란군의 입을 통해 박진경에게 뒤집어씌워진 30만 제주도민 희생설은 날개를 단 듯 확대·재생산 되었다. 최근에는 박진경이 '4·3사건의 학살자', '4·3사건의 원흉'으로까지 언급되는 상황이 되었다.

---

3 이 책의 4부 자료#2에 있다.

공산폭동 진압

김대중 대통령은 1998년 11월 23일 CNN 방송의 '문답 아시아'에 출연해 4·3사건에 대한 질문을 받고, '원래 시작은 공산주의자들이 폭동을 일으킨 것이지만, 많은 무고한 사람들이 억울하게 죽임을 당했습니다. 이 문제는 세월이 많이 지났지만, 그들의 명예를 회복시키고 해서 유가족들을 위로해 주어야 합니다."라고 했다. 박진경은 김대중 대통령도 언급한 4·3초기 공산주의자들의 폭동을 진압하려 제주도에 부임했다. 채명신 장군은 그의 증언[4]을 통해 박진경의 작전이 제주도민을 구출하기 위한 것이었다고 했다.

학살설의 부당성

박진경이 제주도에 부임해서 암살당하기까지(1948.5.6.~6.18.)는 한 달 반이 채 안 되는 기간이다. 부임 후 부대 정비를 하고 작전 임무를 수행하기 빠듯했던 그 기간에 이른바 4·3의 학살이 일어났다는 것은 도무지 상식적으로도 맞지 않고 그 증거 또한 어디에도 없다. 당시 경비대의 작전은 총사령관인 브라운 대령이 지휘하고 있었고 박진경 대령이 브라운 대령 모르게 주민을 학살했다는 것은 전혀 불가능한 일이다. 학살이란 사전적 의미로 '가혹하게 마구 죽이는 것'이며 국제법상으로는 '고의로 민족, 종족, 인종, 종교 집단의 전체 또는 일부를 전멸시키는 행위'를 뜻한다. 제2차세계대전에서 독일의 나치가 유대인을 대상

---

4 이 책의 4부 자료#2에 있다.

으로 한 야만적 살인을 그 예로 들 수 있다.

왜곡 이유?

박진경의 제주도 재임 시기 1948년 5~6월은 4·3사건 초기 단계로 남로당 무장세력의 공세기였다. 정부보고서에 기록된 월별 희생자 신고 현황은 5월 289명, 6월 157명이나 1948년 10월 이후(11월 계엄령 선포)부터 1949년 1월까지는 매월 희생자가 2,000명 이상으로 급증한다. 제민일보 4·3취재반의 『4·3은 말한다』[5]에 따르면 박진경의 부임 기간 교전 중에 사망한 사망자 수는 25명이었다. 정부보고서는 물론 4.3 연구소나 평화재단 등도 제주 민간인 희생자 대다수가 1948년 10월 이후 발생했다는 사실은 공통적으로 인정한다. 그런데 박진경이 재임한 5월~6월에 대규모 학살이 있었던 것처럼 왜곡한 이유가 무엇일까?

4·3사건 책임 전가

박진경이 4.3사건 왜곡의 표적이 된 이유는 미군정에 4·3의 책임을 전가하려는 의도가 담겨 있다. 4·3평화재단에서는 계속해서 4·3사건에 대한 미국의 사과를 받기 위해 동분서주 해왔다. 미국의 사과와 미 군정 당국의 과실 인정은 남로당 제주도당 인민유격대에게 온전한 정당성을 제공할 수 있기 때문이다.

---

5 제민일보 4·3취재반, 『4·3은 말한다』 3권, 전예원, 1995., 418-428쪽.

4·3의 희생자

1948년 초 우리는 모두 자유민주주의 대한민국을 만드는 마지막 과정에서 사활을 건 이념 대립과 피비린내 나는 폭력으로 몸살을 앓고 있었다. 4·3은 이러한 격동기에 시작되어 1만 4천여 명의 제주도민이 희생된 우리 근현대사에 되풀이되어서는 안 될 매우 눈물겹고 가슴 아픈 사건이다. 김대중 대통령도 언급한 바와 같이 억울하게 죽임을 당하신 분들의 명예는 회복되고 유가족들은 위로해 주어야 한다. 심심한 위로의 마음을 진심으로 전한다. 그렇다고 해서 제주도를 안정화하고 대한민국을 탄생시키기 위해 땀과 피를 흘린 대한민국 국군의 전신 국방경비대와 박진경을 왜곡하고 매도해서도 안 된다. 이들도 제주 4·3 사건의 똑같은 희생자이기 때문이다.

박진경 대령에 대한 진실이 무엇인지를 알고도 왜곡하고 있는 사람들, 또 이들의 영향으로 박진경 대령을 잘 못 알고 있는 모든 분들이 마음의 문을 열고 진실에 한발 다가서기를 간절하게 바란다.

박진경 대령의 진실을 역사에 남기며...

국가 탄생에 가장 중요한 기본은 국가의 정체성과 이념이다. 1948년은 우리가 둘로 분열되어 국가 정체성에 대해 사활적 투쟁을 한 해였나. 우리의 선택은 공산·사회주의 왕조국가인 조선민주주의인민공화국의 인민이 될 것인지 아니면 상해 임시정부의 법통을 계승한 자유민주주의와 시장경제를 추구하는 대한민국의 국민이 될 것인가 하는 것이었다.[6] 이러한 갈림길에서 유엔과 미 군정은 자유 대한민국 수립을 위한 1948년 5월 10일 제헌 국회의원을 선출하는 총선을 차질 없이 이행하려고 했다. 이는 조선민주주의 인민공화국을 수립하려는 공산 세력의 무차별 폭력과 방해 공작에 맞서게 된다.

제주4·3사건에 대한 역사 왜곡은 4·3사건 초기, 자유민주주의 대한민국 정부 수립에 반대하고 이를 무차별 폭력으로 방해했던 제주도 남로당 인민유격대의 무장 폭동과 반란을 진압하기 위해 정당하게 행

---

6 참고로 대한민국 제헌헌법의 전문은 다음과 같다.
유구한 역사와 전통에 빛나는 우리들 대한국민은 기미 삼일운동으로 대한민국을 건립하여 세계에 선포한 위대한 독립정신을 계승하여 이제 민주독립국가를 재건함에 있어서 정의인도와 동포애로써 민족의 단결을 공고히 하며 모든 사회적 폐습을 타파하고 민주주의 제제도(諸制度)를 수립하여 정치, 경제, 사회, 문화의 모든 영역에 있어서 각인(各人)의 기회를 균등히 하고 능력을 최고도로 발휘케 하며 각인의 책임과 의무를 완수케 하여 안으로는 국민생활의 균등한 향상을 기(期)하고 밖으로는 항구적(恒久的)인 국제평화의 유지에 노력하여 우리들과 우리들의 자손의 안전과 자유와 행복을 영원히 확보할 것을 결의하고 우리들의 정상 또는 자유로히 선거된 대표로서 구성된 국회에서 단기 4281년 7월 12일 이 헌법을 제정한다.

사한 공권력을 왜곡하고 적대시한 것에서 출발한다. 그리고 그 왜곡의 중심 표적에 박진경 대령을 두고 있다.

제주4·3사건은 좌·우익을 막론하고 또 제주도민이거나 도민이 아님을 막론하고 대한민국 국민 모두에게 상처이고 아픔이며 함께 화해하고 치유해야 할 역사적 사건이다. 이러한 화해와 치유에는 어떤 집단이나 진영의 이익이나 정치적 진영 논리를 초월한 객관적이고 정확한 사실관계 정립과 이에 대한 인정이 그 출발점이 되어야 한다. 하나의 사실관계에 대한 해석과 평가는 각 개인의 신념에 따라 다를 수 있다. 그러나 스코트(Charles P. Scott)의 말처럼 사실은 신성한 것[7]이다. 역사의 법정에서 사실을 외면하고 왜곡하는 순간 대립과 갈등의 악순환은 끊이지 않을 것이다.

1948년 초 미 군정 당국은 유엔의 결정에 따라 자유 대한민국 수립을 위한 1948년 5월 10일 제헌의원 선거를 준비하고 있었다. 남로당 제주도당과 그들의 무장세력인 인민유격대와 마을 자위대는 당시 제주도에서 더 많은 세력을 지닌 강자였다. 이들은 미 군정 당국의 대한민국 정부 수립을 저지하기 위해 1948년 4월 3일 무장 폭동을 일으켰고 제주도는 대혼란으로 치달았다. 남로당 공산 무장세력[8]들의 무차별 린치와 살육으로 제주 전체의 치안 질서가 흔들리는 극도의 사회적 불안감이 조성되었다. 이에 미 군정 당국은 당시 제주도 내의 민간 치안 세

---

7 E. H. Carr, *What is history?,* London: Macmillan and Co. Ltd., 1961, p.4.

8 남로당 제주도당에서 공식적으로 사용했던 명칭은 인민유격대, 줄여서 유격대, 인민해방군이었고, 일반인들은 공비, 폭도, 주로 한라산쪽에 유격기지가 있어서 산사람이라고 불렀다.

력만으로는 사태를 안정시킬 수 없다는 판단하에 조선경비대[9]를 투입하기로 했다.

박진경 대령은 미 군정 당국의 명에 따라 1948년 5월 6일 제주도 9연대장[10]으로 부임하여 6월 18일 새벽, 암살당할 때까지 정확히 43일 동안 제주도 현지에서 후방지역 작전 중의 하나인 대유격작전[11]을 성공적으로 지휘했던 지휘관이다. 박진경 대령은 우선 빈약한 참모 조직을 정비하고 병력을 충원받아 효율적이고 체계적인 작전 체계를 구축했다. 박진경 대령은 공산 폭도 백 명을 놓치더라도 무고한 주민이 한 명도 다치게 해서는 안 된다는 주민 보호 지침을 하달했다.[12] 성과는 없었으나 공산 세력에게는 귀순할 것을 권고했고 남로당 인민유격대의 수장인 김달삼과의 귀순 회담을 시도하기도 했었다. 작전 보안을 유지하고 기습적으로 유격기지를 습격하여 일부 전과를 올렸다. 작전 간 체포된 포로들은 대공 용의점 파악과 제주도 인민유격대에 대한 정보 획득을 위해 합동심문조에 보냈다. 미 군정 당국과의 체계적이고 효율적인 대유격작전이었다.

---

9 남로당 문건에는 국방경비대로 쓰기도 했다. 1946년 1월 15일, 미군정에 의해 남조선국방경비대가 창설되었으며, 1946년 6월 15일에 조선경비대로 개칭하였다.

10 5월 15일 11연대가 추가로 제주도에 투입되면서 9연대와 합편 되고 11연대 연대장으로 보직됨.

11 현재 교리상의 용어이며, 대게릴라작전, 공비 토벌작전 등의 단어로도 쓰일 수 있다.

12 2003년 12월 박철균은 채명신 장군과 남대문 인근 호텔에서 점심을 먹었는데, 식사 중 채명신 장군은 자신이 제주도 소대장 시절 연대장이었던 박진경 대령의 주민 보호 지침에 영감을 받아 파월 한국군 사령관 시절 "백 명의 베트콩을 놓치더라도 한 명의 베트남 주민도 다치게 해서는 안 된다."라는 지침을 하달했다고 언급했다. 2001.4.2. 박진경 대령 추모식 중 채명신의 추모사에도 같은 내용이 언급된다.

뿐만 아니었다. 산속에 은거하는 폭도들은 식량을 얻기 위해 산기슭의 부락을 습격하는 일이 빈번했다. 이를 두려워한 양민들은 경비대 주둔을 요청하였으나 경비대의 병력이 부족했다. 그래서 박진경 대령은 부락 단위로 자위 조직을 만들어, 방벽을 쌓아 경비대가 출동할 때까지 방어하도록 하였다. 일본 자위대 방위대학의 한국역사 전문가인 사사키 히루타카 교수는 이러한 박진경 대령의 시도는 한국에 있어서 민간방위조직의 효시였을 것이라고 평가한 바 있다.[13] 이러한 그의 작전 결과로 산중의 인민유격대 기지는 상당한 위협을 받게 되었다. 박진경 대령은 강인한 체력과 희생정신으로 작전에 몰두했다. 제주도 사태의 안정과 대한민국을 위한 뜨거운 나라사랑의 발로였다. 대한민국 정부에서는 한국전이 한창이었던 1950년 12월 30일 박진경 대령의 공훈을 기려 을지무공훈장을 추서하였고 국방부 군사편찬연구소는 박진경 대령을 호국전몰용사 공훈록에 기록하였으며 전쟁기념관 전사자 명비에 그의 이름을 새겨 추모하고 있다.[14] 백선엽 장군은 박진경 대령의 53주기 추모식에서 박진경 대령을 국군의 초석이요 국가를 목숨으로 지키신 초창기의 위대한 지도자라고 평가하였다.

그러나 1990년대부터 박진경 대령에 대한 왜곡된 사실들이 꼬리에 꼬리를 물고 조장되기 시작하였다. 마타도어식 용어 혼란 전술과 문장, 문구 왜곡을 자행했다. 현재는 박진경 대령이 제주4·3사건 학살의 주

---

13 사사키 히루타카 저, 강창구 번역,『한국전쟁비사』6판, (병학사, 1987), 273쪽.

14 국방부 군사편찬연구소 호국전몰용사 공훈록 책 번호 3에 수록되어 있고 인터넷 조회가 가능하다.

범으로, 포로를 고문하고 학대하였으며 무차별 살상 명령을 내렸고 박진경 대령의 강경 진압에 반발하여 연대병력이 탈영하였다는 등 여러 가지 왜곡된 주장들이 난무하고 있다. 결국 남로당 지시로 조선국방경비대 내의 남로당 프락치였던 문상길 중위 일당의 박진경 대령 암살을 제주도민을 구하기 위한 영웅적 행동으로까지 묘사하고 있다. 참 기가 차고 말문이 막히는 사태가 아닐 수 없다. 심지어 제주4·3평화재단에서 2020년 12월에 발간한 『기록이 된 흔적』 이라는 책의 127쪽에서 박진경 대령의 모친 김녕 김씨 김종섭의 딸, 김심을 왜녀(일본여자)라고까지 왜곡하고 있다.[15]

이러한 왜곡된 현실을 바로 잡기 위해 조선일보 등 언론 기사, 방송통신 심의위원회, 언론 중재위원회 등에 다방면으로 노력했음에도 워낙 심하게 기울어진 운동장을 바로잡기는 아직은 역부족이다. 그래도 언젠가는 왜곡과 거짓의 먹구름이 걷힐 것이라는 희망을 품고 역사의 진실을 밝혀 놓아야 한다는 소명으로 이 책을 출판하게 되었다.

진영에 치우치지 않고 사실에 입각한 정론을 설파하셨던 제주도 출신의 양심적인 지성인 현길언 교수님은 그의 저서 『정치권력과 역사왜곡』에서 4·3을 보는 본인의 입장을 다음과 같이 밝혔다.

"진압 과정에서 나타난 반인권적 사례 때문에 자유민주주의 국가 건설을 거부하려는 그 반란의 목적을 정당화할 수 없다. 사건이 반국가적인 반란이라 하더라도 이를 진압하는 과정에서 야기된 반인권적

15 민애청법학자동맹 및 민애청서울시위원회 성명을 인용했다. 출처는 제주4·3평화제단, 『기록이 된 흔적』, 이디아트, 2020.12, 127쪽.

사례 또한 정당화할 수 없다."

이 책은 크게 4부로 구성되어 있다. 박진경 대령에 대한 음해를 반박할 수 있는 논리적 설명을 위해 필요한 내용은 일부 중복되어 기술했다. 제1부는 박진경 대령의 학창 시절, 일본 유학과 학도병 시절, 조선경비대 창설과 제주도 부임 전 총사령부 인사국장까지의 기간으로 당시 역사적 사실에 더해 가족들과 지인들의 증언을 중심으로 박진경 대령의 면면을 살펴보았다. 이 증언들은 박진경 대령 유족들이 보관하고 있었던 것을 정리한 것이다. 제2부는 4·3사건의 역사적 배경과 함께 박진경 대령이 미 군정 당국의 명에 따라 1948년 5월 6일 제주도에 부임하여 6월 18일 새벽, 암살당할 때까지 정확히 43일 동안 제주도에서 작전했던 기간을 다루었다. 제2부 내용은 4·3 전문위원을 역임했던 나종삼의 저서 『제주4·3사건의 진상』이라는 책자와 정부보고서 등의 내용을 수정하고 보강하였으며 객관적 자료에 근거하여 사실에 중심을 두고 기술하였다. 미흡한 부분은 보완하여 사건의 실상이 드러나도록 했다. 박진경 대령 암살 이후의 내용은 중요한 역사적 사실 위주로 요약하여 서술하였다.

제3부에서는 나종삼의 정부보고서 작성 당시 경험을 포함하여 박진경 대령의 인품과 작전에 대한 평가와 함께 어떠한 사실이 어떻게 왜곡되었는지를 하나하나 논하였다. 아울러 정부 수립 이전이라 전사자 추서가 되지 않은 안타까운 사실 등 박진경 대령에 대한 예우 문제 등에 대해 견해를 기술했다. 제4부는 박진경 대령과 관련된 왜곡 내용을 객관적으로 알 수 있게 해주는 결정적인 근거와 단서를 제공하는 자료

를 취합하여 제시하였다. 이 자료들에서 확인되는 내용을 이해하면 박진경 대령과 관련된 왜곡된 주장들의 실체를 잘 알 수 있을 것이다.

4·3사건에 대한 사실관계 왜곡은 4·3사건으로 인한 아픔과 상처에 대한 2차 가해이다. 4·3사건에 대한 사실관계 정립의 출발점은 박진경 대령에 대한 왜곡된 주장을 바로 잡는 것으로부터 시작되어야 한다. 이러한 노력은 분열과 대립이 아닌 진정한 의미의 치유와 화해를 위한 출발점이 될 것임을 확신하며 이 책이 그러한 출발점의 토대가 되기를 기대한다.

끝으로 박진경 대령에 대한 진실을 밝히는데 늘 앞장서서 도움을 주시고 책이 나오기까지 후원과 지원을 아끼지 않으신 제주4·3사건재정립시민연대 전민정 대표님, 제주4·3진실규명을위한도민연대 이승학 사무총장님, 책 내용 관련 고견을 주신 김영중 전 제주경찰서장님과 칼럼니스트 겸 수필가 장동원님, 금초회(박진경 유족회) 모든 회원님과 강태욱 회장님께 심심한 감사를 드린다.

나종삼, 박철균

2024년 5월 30일

1948년도 상황은 대한민국이 자유 민주주의 국가가 되느냐, 공산주의자들의 방해로 공산국가가 되느냐의 대단히 중요하면서도 위험한 시기였다. 당시 제주도민의 80%가 좌파라는 얘기가 공공연히 나올만큼 좌파는 상당한 영향력이 있었다. 당시 정황으로 볼 때 공산화가 될 수도 있었던 제주도가 대한민국에서 자유의 혜택을 누리게 된 것은 반공의 중요성을 인식한 군과 경찰, 애국단체의 노고와 대한민국의 산파 역할을 했던 미국의 지원 때문이었다. 대한민국 건국 세력은 이념적 혼돈의 악조건에서도 극렬하게 도전하는 공산 폭동과 반란을 극복해 냈다. 대한민국과 제주도민을 공산 세력의 마수에서 건져내는 승리의 역사를 이루었다.

대한민국을 건국하고 승리의 역사를 만든 많은 지도자 중에서 군의 첫 희생자인 박진경 대령을 잊어서는 안 된다. 박진경 대령은 제주도 공산주의자 토벌 임무를 부여받고 선무공작, 주민과 게릴라 분리 작전, 효율적인 게릴라 대응 작전 등을 실시하여 주민 피해를 최소화한 유능한 지휘관이었다. 남로당 중앙당은 박진경 대령의 애국충정과 토벌 능력을 두려워하여 박진경 부임 후, 수일 내에 암살을 지시하였다. 그러나 박진경 대령의 죽음은 군내 공산 세력을 제거하는 계기가 되었음은 물론 남로당 무장대 토벌을 적극적으로 전개할 수 있게 하였다. 제주도 좌파들은 박진경 대령이 주민을 집단 학살하였다는 등 역사를 왜곡하여 음해하고 있으며 시간이 갈수록 그 정도는 더욱 심해지고 있다. 이러한 사정을 전혀 모르고 지내던 박진경 대령의 유족분들은 몇 년 전 제주도 좌파들이 박진경 대령에 관하여 허위 시실을 유포하는 비열한 짓을 저지르고 있음을 인지하고 좌파의 후안무치함에 대처하기로 뜻을 모았다.

박진경 대령 명예회복사업에 전군구국동지연합회, 한반도인권과통일을위한변호사모임, 제주4·3사건재정립시민연대 등 많은 시민단체들이 힘을 보태고 있다. 〈제주4·3사건진상조사보고서〉 집필에 관여하여 외롭게 진실투쟁을 하였던 나종삼 전 4·3전문위원께서 박진경 대령의 유족인 박철균 예비역 장군 등 박진경 대령 유족회와 함께 지난 몇 년간 4·3과 박진경을 연구하면서 객관적 진실을 파악한 결과물을 마침내 세상에 내놓게 되었다. 나종삼 위원의 경험과 박철균 장군의 분석력이 만들어 낸 본서는 다양한 사료와 증언 등을 포함하고 있다. 그동안 좌파의 주장이 잘못되었음을 증명하기에 부족하지 않다. 본서의 출간은 '거짓은 진실을 감출 수 없다'는 진리를 확인할 수 있게 해줄 것이다. 〈제주4·3사건과 박진경 대령〉이 고인과 유족 그리고 호국영령들의 명예를 회복하는 귀한 자료로 활용되기를 기대한다. 또한 왜곡된 역사를 바로잡고 자유 대한민국의 올바른 역사를 후손들에게 정확히 알려주는 역사서가 될 것임을 확신한다. 1948년 건국을 저지하고 공산 통일을 꿈꿨던 남로당 세력을 옹호하며 대한민국의 역사를 왜곡하는 이들도 이 책을 읽고 역사의 진실에 다가서기를 기대한다.

2024. 6. 2.

제주4·3사건재정립시민연대 대표 전민정

본 책자는 현재 한글 맞춤법을 기준으로 작성하였으나 중요한 증언이나 기록 등 원본 표기를 그대로 살릴 필요가 있는 경우 현재의 맞춤법과는 달라도 당시 증언자의 증언, 문서, 책자의 기록을 그대로 유지했다.

- 증언이나 기록에 따라 '오르그' 또는 '올구'라고 표현된 용어는 공산주의 조직에서만 특이하게 존재하는 당의 상위 기관에서 나온 '정치지도원'을 일컫는 용어다. 이들은 당에서 실제 권력을 행사한 자들로 이 책에서는 주로 남로당 중앙당이나 전라남도 도당에서 제주도에 파견된 정치지도원을 뜻한다. 북한의 인민군과 중국 인민해방군의 경우 이들은 전쟁에서 부대의 공격, 후퇴와 같은 작전에 대한 권한은 물론 지도원의 명령에 불응하는 자들에 대해서는 즉결 처분의 권한도 있었다.

- 1948년 4·3사건 당시 제주도 남로당에서는 자신들의 무장 조직을 인민유격대 또는 인민해방군이라고 칭하였다. '공산유격대'라는 용어도 함께 사용하였다. 유격대, 인민유격대, 공산유격대, 인민해방군 등은 모두 제

주도 남로당의 무장조직을 의미한다. 정부보고서가 작성되기 전에 제주도 현지인들은 이들을 산사람, 산폭도, 산쪽사람 등의 용어를 부르기도 하였다. 일반적으로 공비 등으로 칭하였다. 그런데 정부의 2003년 4·3사건 진상조사보고서에서는 이들 조직을 중립적 성격의 '무장대'라고 칭하게 된다. '무장대'의 행동을 보면 적기가를 제창했고 '조선민주주의인민공화국'을 건국하려고 하였으며 대한민국에 반대했다는 점 등을 참고하여 중립적 성격의 '무장대'라는 용어와 남로당 무장대라는 용어를 혼용하여 사용하였는데, 무장대라는 표현은 정확히 남로당 무장대를 뜻한다.

- 조선국방경비대는 1946년 1월 15일 창설된 대한민국 국군의 전신이다. 국방경비대, 경비대 등은 모두 '조선국방경비대'를 뜻한다. 남로당 노획문서에서는 '국경'이라고 약칭을 쓰기도 했으며 경비대를 토벌대라고 칭하기도 했다.
- 현재의 초등학교인 과거 '국민학교', 현재의 부사관인 '하사관', 조선경비대 계급 등은 당시 실제로 사용했던 용어를 그대로 사용하였다.

- 향보단은 5월 10일 선거를 대비해서 경무부장 조병옥의 건의에 따라 전국적으로 조직되었다. 5월 10일 선거 후 해체되었고 이어 민보단을 결성하였다. 민보단은 경찰의 외곽조직으로 15세에 65세까지 남성을 대상으로 1948년 10월쯤에 전국적으로 조직하고 운영하였다. 비용은 주민의 후원금으로 충당했다. 제주도에도 이 조직이 있었으며 이들은 마을이나 지서 경비에 동원되었다.

- 민보단은 우익의 제주도민들이 중심이 되어 마을마다 젊은 성인 남성들

로 조직한 단체로 주로 남로당의 습격이나 테러에 대비하여 순찰 등의 과업을 했다. 민보단은 마을 보호나 경비는 물론 한라산의 제주도인민유격대 토벌에도 가담하여 길 안내나 전투물자 운반 등 지원 역할을 하기도 했다.

• 자위대는 1947년 3·1운동기념투쟁 직후부터 남로당 전남도당의 지령에 따라 조직하기 시작했으나 지지부진하다가 8월부터 활발해 졌고 1948년 2월에는 제주도 내 전 마을마다 조직이 완료되었다. 구성은 제주도 청장년층 다수가 가입한 민주애국청년동맹원(약칭 민애청원)이 근간을 이루었고 기능은 남로당 인민유격대의 마을 기지 제공, 임시보급창고 제공, 봉화, 삐라살포, 선전선동, 정보와 물자제공, 습격가담, 은신처 제공, 인민유격대 결손 인원 충원 등 후방지원대로서의 임무를 수행했다.

• 한반도에 조선민주주의인민공화국을 건설하려했던 남로당에서는 경비대를 '노랑개'로 경찰을 '검은개'로 불렀는데 이는 경비대의 제복이 황색 계열인 카키색이고 경찰의 제복이 검은색이었기 때문이었다.

목 차

발간사 4
추천사 | 제주4·3사건재정립시민연대 대표 전민정 17
용어 사용 관련 일러두기 20

제1부
박진경 출생부터 조선경비대 총사령부까지

제1장 박진경과 남해 32
금산(錦山) 보리암(菩提庵)과 이성계(李成桂)의 조선 건국 35
노량해전(露梁海戰)과 이순신(李舜臣) 장군이 순국(殉國)한 관음포 36
남해 노도(露島)와 김만중(金萬重), 관조의 세계 40

제2장 국민·중등학교 시절 42
국민학교 시절 43
중등학교 시절 45

제3장 대학·학도병 시절 49
일본군 장교로 임관 52

제4장 사설 군사단체 활동과 경비대 창설 56
사설 군사단체 활동 56
경비대 창설 62

제5장 국방경비대 입대와 경비대 총사령부 인사국장 보직 71
국방경비대에 사병으로 입대, 현지 임관 71
결혼 77
총사령관 부관 시절 81
총사령부 인사국장 82
박진경의 귀향, 요새화된 제주도 83

목 차

제2부

제주4·3사건과 박진경 대령

제6장 남로당과 제주도에서의 좌·우 갈등 88

박헌영과 남로당 투쟁 88

광복 후 제주도에서의 좌·우익 갈등 107

제7장 남로당 제주도당의 무장투쟁 결정과 4·3사건 발발 150

남로당 제주도당의 무장투쟁 결정과 준비 150

제주4·3사건 발발과 경비대 동원 실패 184

4·15 남로당 제주도당 대회 204

제8장 미 군정의 대응 210

경찰의 대응 210

미 군정의 대응과 경비대 1개 대대 증파 212

김익렬-김달삼 회담과 하산하는 주민 총격 사건 222

미 군정 대책 회의와 제11연대 이동, 9연대장 교체 244

남로당의 5·10선거 방해 251

제9연대 1대대의 집단탈영 258

제9장 미 군정의 진압작전과 박진경 대령 피살 263

미 군정의 진압 작전 준비 263

제11연대의 진압 작전 273

박진경 대령 암살범 재판과 암살의 배후 290
후임연대장의 진압 작전 307
진압부대를 제9연대로 교체 309
남로당의 지하 선거와 해주대회 311

제10장 박진경 대령 이후의 진압작전 323
국군의 진압 작전 323
경찰의 진압작전 330

제11장 피해 통계와 4·3사건의 성격 332
인명 피해 통계 332
4·3사건의 성격 333

제3부
박진경에 대한 평가와 음해, 예우 고찰

제12장 박진경에 대한 평가 340
긍정적인 평가 340
부정적인 평가 346

제13장 제주4·3사건 학살자라는 좌파들의 음해 356
정부 4·3 보고서 사실 왜곡 356
언론을 이용한 음해 362

제14장 전사자로서의 예우 368
장례 절차 368
추서(追敍) 문제 370
추도비 및 동상 건립 376

제4부

박진경 대령 왜곡의 실상을 밝혀주는 자료

자료#1 제주도 인민유격대 투쟁보고서 사본 386

'극비' 제주도인민유격대투쟁보고서 386

1. 조직면 [조직의 시발(始發)과 발전 과정 및 조직 현세(現勢)] 386

2. 작전면 400

3. 투쟁면 (각면별) 404

4. 국경(國警)과의 관계 431

자료#2 박진경 대령 부하들의 증언 442

1. 채명신 442

2. 김종면 452

3. 이세호 459

4. 류근창 467

자료#3 정부보고서 작성 관련 나종삼 증언 474

1. 제주4·3사건 정부 보고서 집필 및 채택 경위서 474

2. 정부 4·3보고서 왜곡 경위 497

3. 『인민유격대 투쟁보고서』가 4·3 자료집 제12권에 수록된 경위 501

자료#4 박진경 대령 장군 추서 건의서 504

자료#5 김익렬의 『국제신문』 기고문 514

1948년 8월 6일 同族(동족)의 피로 물들인 濟州參戰記(제주참전기) 514

1948년 8월 7일 動亂(동란)의 濟州參戰記(제주참전기) 522

1948년 8월 8일 動亂(동란)의 濟州參戰記(제주참전기) 527

자료#6 이동해 증언, "이도종 목사 일생, 남로당 유격대에 의한 피살" 538

자료#7 김동일의 글 546

1. 박찬식 씨에게 공개토론을 요구한다 546

2. 김익렬 대령의 미스터리 552

참고문헌 587

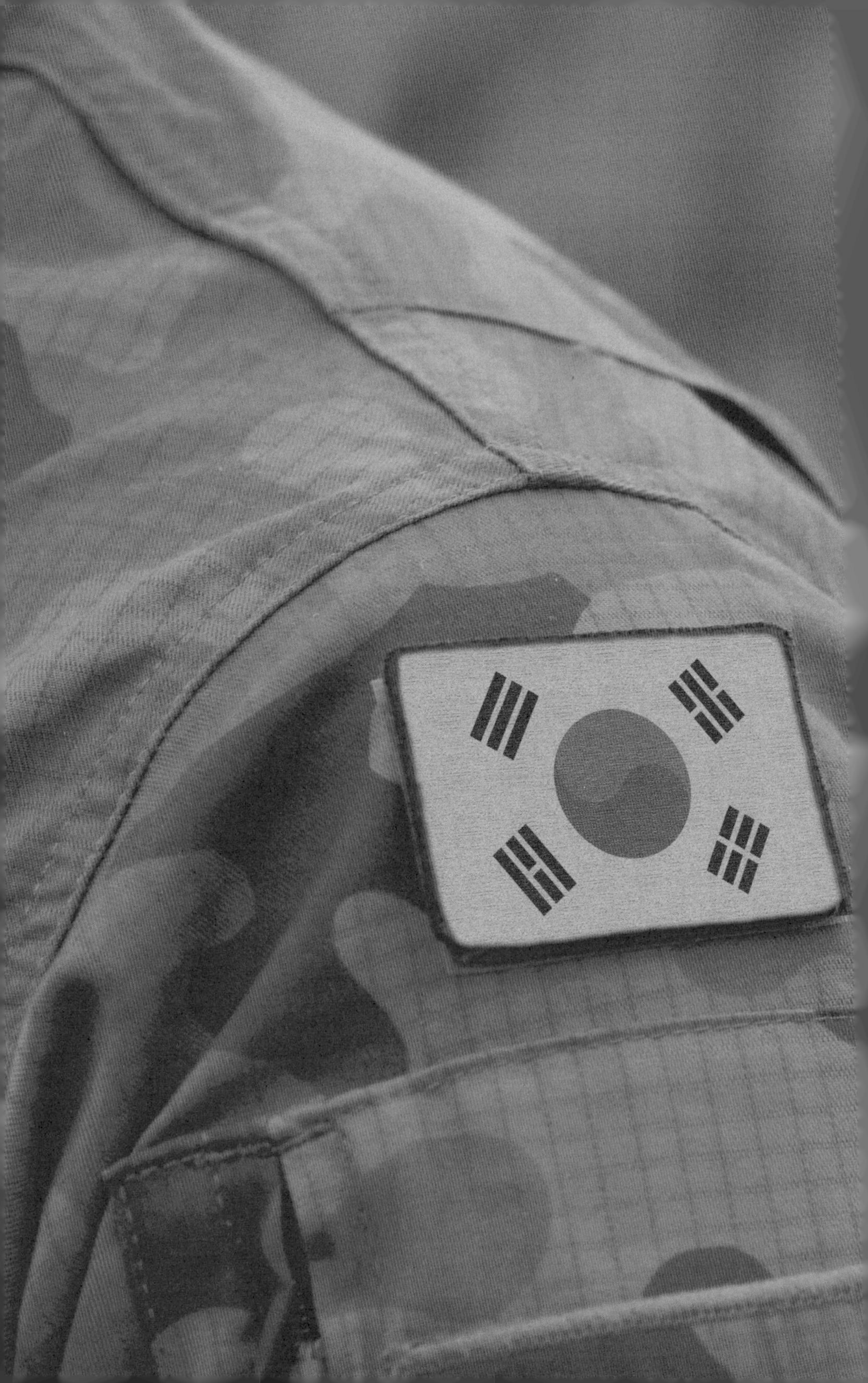

제1부

박진경 출생부터 조선경비대 총사령부까지

제1장

박진경과 남해

박진경(朴珍景)은 1918년 12월 22일 아버지 박병철(朴秉轍·1882~1966)과 어머니 김심(金心·1884~1943)의 5남 2녀 중 다섯째 아들로 경상남도 남해군 남면 홍현리 36번지에서 태어났다. 아버지 병철(秉轍)은 호를 금초(錦樵), 자를 용집(龍集)이라고 했으며 신라 시조 박혁거세의 60세손, 밀성대군의 30세손, 중조 언부(彦孚)의 16세손이고 어머니 김심(金心)은 김녕 김씨 김종섭의 장녀이다.

박진경(朴珍景)이 태어난 남해의 남서쪽 앵강만의 홍현리(虹峴里)에는 약 270년 전인 9대 조상 생이파(生伊派)의 효필(孝弼) 때 선조들이 이주하여 현재에 이르기까지 그때 그 집터에서 한 번도 옮긴 적이 없다. 박진경은 고옥 다섯 칸(25평, 사랑채는 별도)에서 5남 2녀의 형제·자매는 물론 맏형 진용의 자녀들과 함께 성장했다. 집안의 화목한 분위기를 미루어 짐작할 수 있다.

동네 이름을 홍현리(虹峴里)라 한 것은 일제강점기에 지은 것으로

서쪽(임포·荏浦)으로 가는 무지개[虹] 고개[峴]를 따서 지었다고 하며 동네 어르신네들의 말에 따르면 자신들이 어렸을 때는 동네 이름을 '소라'가 많이 나서 '난라[螺]'라고 불렀다고 한다.

남해도(南海島)는 면적이 357.52㎢ 로 우리나라에서 5번째로 큰 섬이며, 인구는 42,266명(2021년 12월 기준)으로 남자가 20,450명, 여자가 21,816명이다. 인구는 1964년에 137,914명으로 가장 많았으나 산업화의 영향으로 농어촌 인구가 도시로 빠져나가면서 계속 줄어들었다. 이런 현상은 남해도뿐만이 아닌 전국적인 현상이다.

섬의 북쪽으로는 하동과 광양, 서쪽으로는 여수반도와 여수 및 순천, 동쪽으로는 사천 및 통영과 거제도가 있으며, 남쪽은 바다이다. 남해섬은 남해군(郡)으로 1개 읍과 9개 면이 있고, 유인도 3개와 무인도 76개 등 79개의 섬으로 이루어져 있으며, 교육시설은 대학 1, 중고교 15, 초등 13 등 29개교가 있다.

남해는 신라 때부터 전야산군, 남해군, 남해현, 해양현 등 여러 이름으로 불렸으며, 행정관으로는 경상우도 진주목 예하의 남해현령이 있었고, 군사적으로는 수군장인 웅천첨사 예하에 평산포 만호가 있었다. 그러나 전란이 지속된 임진왜란이나 정유재란 시에는 무인지경이 되어 군 체계가 무너지기도 했다.

하동군과 남해군(남해도) 사이에 좁은 물길이 있는데 이를 노량 또는 노량해협이라 한다. 노량해협의 서쪽은 광양만이고 동쪽은 진주만이다.

1973년 6월 22일에 남해군 설천면 노량리와 하동군 금남면 노량리를 연결하는 전장 660m에 이르는 남해대교가 준공되어 남해군이 하동군과 연결되고 차량이 자유롭게 운행됨으로써 남해도는 지금은 육지와 다름이 없다. 그리고 2018년 9월 12일에는 남해대교 부근에 남해군과 하동군을 연결하는 990m 되는 노량대교가 준공되었다. 남해대교와 노량대교는 인접해 있고 교량 양단의 지명은 모두 노량리이다. 남해대교의 길이가 660m라는 것으로 노량해협의 제일 좁은 곳의 폭이 660m라는 것을 알 수 있다.

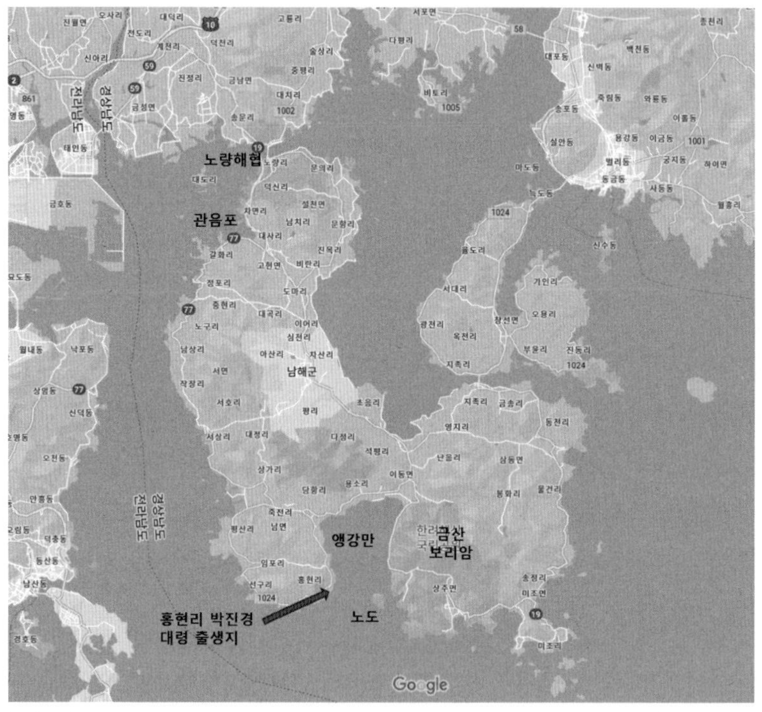

남해도 지도

남해에는 태조 이성계 건국의 힘찬 기운이 서린 금산과 이순신 장군이 왜군을 격파한 노량해전이 있었던 노량해협과 이순신 장군의 구국혼을 모시는 충렬사가 있다. 그리고 김만중의 관조 세계가 자리하고 있는 앵강만의 노도가 있는 유서 깊은 곳이다. 또 금산은 박진경이 태어난 홍현리에서 앵강만을 사이에 두고 바라볼 수 있는데 이곳의 비경은 서포 김만중에게 관조의 영감을 준 곳이기도 하다. 남해와 관련된 역사적 사건을 소개하면 다음과 같다.

금산(錦山) 보리암(菩提庵)과 이성계(李成桂)의 조선 건국

박진경이 태어난 홍현리에서 앵강만을 사이에 두고 동쪽으로 마주 바라보이는 곳에 솟은 금산(錦山,681m)은 삼남(경상도, 전라도, 충청도) 지방의 명산 중의 하나이다. 기암괴석이 금강산을 빼닮았다고 하여 소금강 혹은 남해의 금강이라 불린다. 남해 금산 하면 정성 들여 기도 올리면 한 가지 소원은 꼭 이뤄진다고 하는 한국 최고의 기도처 보리암이 떠오른다. 신라 신문왕 때 원효대사가 이곳에 처음으로 수도하면서 관세음보살을 친견한 뒤로 이곳 이름을 보광산, 절 이름은 보광사라 하였다.

이성계는 조선 개국을 앞두고 정통성을 인정받기 위해 전국의 명산을 누비며 산신 기도를 올렸으나 어느 산에서도 감응이 없었다. 가장 영험하다는 지리산 산신마저 "아직 그럴 만한 인물이 못 된다"라고 하며 돌아가라고 했다고 한다. 낙담한 이성계는 지리산에서 아래쪽을 바라보는데, 어디선가 서광이 비쳤다. 그곳은 바로 남해의 금산(당시는 보광산)이었다. 이성계는 금산의 삼불암이 보이는 절벽 아래 자리를 잡고 새로운 나라를 만들겠다는 마지막 기대를 걸고 산신에게 백일기도를 올렸다. 그 자리가 보리암 동쪽 삼불암 아래 '이태조기단(李太祖祈壇)'이라고 전한다. 남해 산신은 이성계가 마침내 왕이 될 운명이라는 사실을 꿈으로 알렸다. 태조 이성계(李成桂, 1335~1408)가 조선을 건국한 후 현종(1660년) 때 고마움의 보시로 비단 금(錦)자를 써서 이름을 보광산을 금산(錦山)으로 바꿔 부르고 절 이름을 보리암(菩提庵)이라 부르게 하였다.

남해 보리암은 양양 낙산사의 홍련암, 강화도 보문암, 여수 향일암과 더불어 한국 4대 기도처로 알려져 있다. 보리암은 조선시대 이래로 가장 영험한 도량으로 널리 알려져 있는데 이는 이성계의 조선 건국과 관련된 일화의 영향이 매우 크다.

노량해전(露梁海戰)과 이순신(李舜臣) 장군이 순국(殉國)한 관음포

조선 침략의 원흉 도요토미 히데요시(豊臣秀吉)가 1598년(선조 31년) 8월 18일에 63세를 일기로 병사하면서 조선에서의 철군을 명령하였다. 왜군은 순천, 사천, 울산 등 3곳으로 집결하여 일본으로 철군하려 하였다. 울산의 가토 기요마사(加藤淸正)와 사천의 왜군은 무난히 철수하였으나 순천의 고니시 유키나가(小西行長, 15,000명) 군은 조·명 연합수군에게 바닷길이 막혀 철수할 수 없었다.

노량해전(露梁海戰) 3일 전, 조·명연합군이 수륙 양면으로 광양만 쪽 해안에 축성된 순천의 왜교성을 공격하였으나 성을 함락하지 못하자 조·명 연합수군은 철수로인 바닷길을 봉쇄하고 있었다.

이에 왜장 고니시는 명나라 장수 진린에게 뇌물을 보내 무난한 철수를 시도했으나 이러한 제안을 받은 이순신은 "장수는 강화를 말할 수 없으며, 원수를 그냥 놓아 보낼 수 없다."라고 단호히 거절하였다. 그 후 통신선 한 척이 명 수군 쪽에서 빠져나가고, 왜성에서 봉화가 오르자 곧 구원군이 올 것을 직감한 조·명 연합수군은 봉쇄를 풀고 함대를 이동시켜 노량해협을 거쳐 오려는 왜군 구원군에 대비하였다.

1598년 12월 16일(음력 11월 19일) 자정이 넘은 시간인 오전 2시경, 조·명 연합함대는 노량(露梁)해협 입구에서 해협을 빠져나오는 왜군 구원군과 격전을 벌였으며, 전투는 부근의 관음포에서 정오경에 끝났다. 노량해협에서는 야간전투이고 관음포에서는 주간전투였다.

먼저 전투력을 개관하면 명나라 수군은 전함이 300척이고 조선 수군은 명량해전 이후 재건하여 80척[16] 이었으며 왜군은 구원군으로 나선 시마즈군이 500척[17], 순천의 고니시군이 300척이었다. 노량해전은 이중 조·명연합군의 380척과 왜군 시마즈 군의 500척 등 880척이 어우러져 싸운 동양 최대의 해전이며, 고니시군 300척은 전투에는 참여하지 않고 양군이 격전을 벌이는 틈을 이용하여 육전병력을 태우고 전장을 빠져나가서 남해 남단을 돌아 거제도로 철수한다.

16 조선 수군의 전함이 42척 또는 60척이라고 주장하는 학자도 있다.

17 왜장 시마즈군의 전함이 450척이라고 주장하는 학자도 있다.

광양만쪽의 노량해협 입구에는 명 수군이 북쪽(육지쪽)에, 조선 수군이 남쪽(남해도쪽)에 대기하고 있었는데, 왜 수군이 해협을 빠져나오면서 하현달이 비추는 가운데 02시경부터 야간전투가 시작되었다. 전투는 배끼리 부딪치는 근접전이 되었으며, 명 수군장 진린의 배가 왜선 10여 척에 둘러싸여 위급해지자 이순신이 직접 구출하는 등 격전을 치렀는데, 왜선들은 격전중 동이 틀 무렵에 남해도 해안 쪽에 빈곳이 있음을 발견하고 그곳으로 빠져나갔다. 조선 수군이 함선 숫자가 적어 바다를 전부 막을 수가 없어 틈이 있었다.

그런데 섬을 따라 전장을 빠져나간 왜선들은 해안이 섬쪽으로 깊숙이 들어간 곳으로 갔는데, 그곳이 관음포였다. 왜선들은 길이 잘못되었음을 알고 뱃머리를 돌려 나오려 했으나 뒤따라온 조·명 연합 수군이 입구를 봉쇄함으로써 왜선들은 독안에 든 쥐의 신세가 되었다. 왜선들은 포위를 탈출하려 함으로써 다시 격전을 치렀는데, 왜군들은 조총으로 지휘자를 노렸다. 이순신의 지휘선에서도 독전하던 송희립 장군이 적탄에 중상을 입고 쓰러졌고, 이에 이순신이 달려가 독전하다가 역시 적탄을 맞아 쓰러졌다. 이순신 장군은 왼편 겨드랑이에 총탄을 맞고 "지금 싸움이 한창 급하니 내가 죽었단 말을 하지 말라."는 최후의 명령을 내리고 54세를 일기로 관음포 앞바다에서 장렬하게 전사하였다.

이 격전의 결과 왜군은 전선 200척 이상이 격침되고 100여 척이 나포되었으며, 병력 10,000명 이상이 전사하였고, 겨우 50여 척이 탈출하는 괴멸에 가까운 참패를 당하였다. 한편 명군은 29척이 격파되었고, 조선군은 4척이 격파되었으므로 조·명 연합군이 완승했으나 조선 수군장 이순신 장군을 잃었다.

왜장 시마즈 요시히로는 2년 전 조선 수군이 격파된 칠천량 전투를 지휘한 왜군장이었는데, 이날 이순신에게 노량에서 격파되었다. 이순신 장군은 자신을 희생시키면서 칠천량 전투의 패배를 깨끗이 설욕한 셈이다.

한편, 고니시는 전선 300척에 육상병력 15,000명을 태우고 조·명 연합함대와 시마즈 함대가 격전하는 틈을 타서 순천 외교성을 출발하여 전투현장을 멀리서 지나쳐 남해 남단을 우회, 거제도로 갔다. 고니시군은 구원군이 괴멸당하는 사이에 전장을 이탈하여 도주한 것이다. 고니시군이 거제도에서 일본으로 철수함으로써 조선 침략전쟁은 7년 만에 막을 내렸다.

노량해전이 전개된 노량해협과 관음포는 임진왜란의 마지막 격전지이며 충무공 이순신 장군이 순국한 곳으로서 이순신이 순국한 바다라는 뜻에서 '이락파(李落波)'라고도 부르는데, 이 부근에는 이락사(李落祠)가 있다. 그 후 순조 32년(1832)에 왕명에 따라 제사를 지내는 단과 비, 비각을 세웠다. 이락사와 관음포 앞바다는 임진왜란의 명장 이순신의 충의가 휘감아 도는 역사의 옛터일 뿐 아니라 이순신 장군의 구국혼이 서려 있는 현장이기도 하다.

이곳은 이충무공 전몰 유적으로 관리되고 있으며, 매해 4월에는 충무공의 노량해전 승첩제를 남해 충렬사와 노량 일대에서 개최하여 이순신 장군의 공적과 얼을 기리고 있다.

남해 노도(露島)와 김만중(金萬重), 관조의 세계

김만중(金萬重,1637~1692)은 조선 시대의 문신이자 소설가로 현종 6년(1665) 정시문과(庭試文科)에 장원 급제하여 1685년 홍문관 대제학 등을 거치는 동안 정쟁에 휘말려 관직이 삭탈 되고 유배를 당하기도 했다. 1689년에는 다시 박진규, 이윤수 등의 탄핵으로 남해에 유배되어 적소(謫所·유배된 곳)에서 구운몽(九雲夢)을 집필하였다. 그의 유배지는 남해도에서도 앵강만의 서남쪽 끝자락에 있는 노도(露島)라는 섬인데 이 곳은 박진경이 태어난 홍현리에서 바라다 보인다.

김만중(金萬重)의 저서로는 구운몽(九雲夢) 외에도 사씨남정기(謝氏南征記), 서포만필(西浦漫筆), 서포집(西浦集), 고시선(古詩選) 등이 있다. 구운몽은 한글로 지어진 최초의 소설로 알려진 허균(許筠,1569~1618)의 홍길동전에 이어 두 번째로 하룻밤에 썼다고 하며 국문학 발전은 물론 소설 문학의 선구자가 되었다. 김만중은 효심이 지극하여 홀로 계시는 어머님을 위해 유배지(앵강만의 노도)에서 구운몽을 썼다고 알려져 있다.

소설의 줄거리는 승려인 성진(性眞)이 여덟 선녀와 함께 인간으로 환생 되어 입신양명(立身揚名)하고 부귀·향락을 마음껏 누리다가 깨고 보니 모든 것이 하룻밤의 꿈이었다는 것이다.

구운몽을 관통하는 핵심 사상은 불교의 관조(觀照) 사상인데 이는 모든 것을 비추어 보고 깨달음을 얻는다는 뜻이다. 김만중은 사후 숙종 24년에 관직이 복구되고 숙종 32년 효행에 대한 정표(旌表, 선행을 칭송하고 세상에 널리 알림)가 내려졌다. 김만중이 관조의 세계에 빠져

들어 구운몽을 집필하게 된 것은 앵강만의 고요함과 절경이 그 영향을 주었던 것이 분명해 보인다.

제2장

국민·중등학교 시절

박진경 대령의 집안은 대대로 불교 영향을 많이 받았다. 박진경 대령 출생지 홍현리 마을 바로 뒤편 도성산에 도성암이 있다. 이 암자는 쌍계사의 말사 용문사의 암자로 신라 원효대사가 남해에 왔다가 풍광이 좋아 쉬어갔던 곳에 암자가 건립되었다고 하는 이야기가 전해오고 있다. 불심이 강했던 박진경 대령의 부친 병철 옹은 이 암자 건립에 관심을 두고 물심양면으로 지원하였고 그 후손들 또한 선대의 불심을 이어받아 공양물을 등짐으로 암자에 올려 드리는 등 불심이 가득한 집안이기도 하다.

생존한 동네 어르신들은 "진경이의 아버지 병철은 기골이 장대하고, 거지나 못사는 사람을 보면 먹을 것뿐만 아니라 옷도 주었으며, 이웃에 정성을 다하여 주변의 인심을 샀으며, 큰 복을 받았다"라고 말하였다. 병철 옹은 배 2척과 선원 12명을 거느린 어장을 갖고 번창했었으나 박진경이 중학교에 입학했을 무렵에 어업이 잘 안되어 한때 가세가 기울기도 했다. 이때 병철의 장남 진용이 다시 가세를 일으켰다고 한다. 이에 대하여 박진경의 조카이며 부산 수산시험장 대표를 역임한 박민주(朴敏柱) 씨는 다음과 같이 말하였다.

> "요즘처럼 어업조합이 있다든가 얼음이 풍부하였다면 그렇게 안 했을 터인데, 그 많이 잡은 고기를 보관하기 어렵고 소비가 안 되어 여름엔 빨리 썩으니 밭에 비료로 뿌릴 수밖에 없어 실패하였다. 그러나 장남 진용이 다시 일으켰다."

박진경의 맏형 진용은 동생 진경이 제주도에서 4·3사건을 진압하다가 남로당 프락치들에게 암살당하고, 비록 당시 결혼은 했으나 슬하에 자손이 없음을 알고 삼남인 익주(翊柱)를 양자로 보내 대(代)를 잇게 하였다.

국민학교 시절

박진경은 만 9세가 넘은 1928년 4월 1일에 4㎞ 거리에 있는 지금의 초등학교 격으로 4년제 학교인 남명(南明) 공립보통학교에 입학하였다. 보통학교는 6년제인데, 인구 탓인지 면 소재지의 보통학교에서 4년을 수료하고, 2년은 군청 소재지에 있는 보통학교에서 수업하게 되어있었다. 남명 공립보통학교의 학급 편성은 학년마다 1개 학급이었으며, 학생은 40명 정도였다.

박진경의 반에는 여학생이 1명 있었다. 인구는 남성보다 여성이 많았는데 남학생 40명에 여학생 1명이란 것은 당시 남녀칠세부동석(男女七歲不同席)이란 유교 사상 때문인지 학부모들의 딸들에 대한 교육 열의가 매우 저조했음을 말해주고 있다. 박진경은 남명 공립보통학교의 학적부에 의하면 1928년 4월 1일 입학해서 1932년 3월 23일 제5회로 졸업했는데, 학교 성적은 매우 우수했다.

남명 공립보통학교에 박진경의 재학시절 학적부를 의뢰했던 바 다음과 같이 전해왔다.

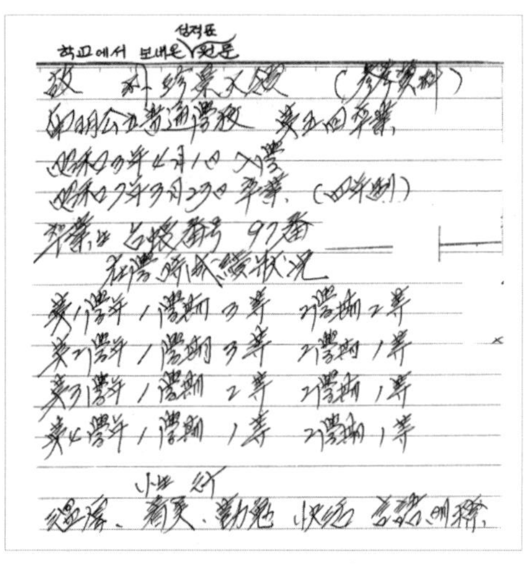
학교에서 보내온 성적표

남명 공립보통학교에서 보내온 학적부
남명공립보통학교 제5회 졸업
소화 3년(1928년) 4월 1일 입학
소화 7년(1932년) 3월 23일 졸업(4년제)
졸업생 대장 번호 97번
재학시 성적 상황
제1학년 1학기 3등 2학기 2등
제2학년 1학기 3등 2학기 1등
제3학년 1학기 2등 2학기 1등
제4학년 1학기 1등 2학기 1등
성행
온후, 착실, 근면, 쾌활, 언어 명료

남명 공립보통학교 졸업 직후인 1932년 4월에 군청 소재지에 있는 남해 공립보통학교(6년제)에 5학년으로 편입해서 6학년까지 모두 수료하고 1934년 3월에 21회로 졸업하였다. 박진경은 남해 공립보통학교 졸업식에서 졸업성적이 1등이어서 상품으로 큰 돼지 1마리를 받았는데, 돼지는 머슴 2명이 끌고 가서 마을에서 큰 잔치를 하였다고 한다.

같이 학교에 다녔던 동창들에 의하면 박진경은 공부를 잘했고, 반장을 했으며, 다른 학생에 비해 키가 컸고, 과묵하며, 침착했고, 쓸데없는 농담을 하지 않는 등 어른스러웠으며, 친구가 많은 편은 아니었고, 성격은 온순하였고 매사에 착실하고 성실하였다고 한다. 동창들의 증언은 남명 공립보통학교에서 제공해준 참고자료 내용과도 일치된다.

남해 공립보통학교 시절인 5, 6학년은 학년마다 2개 학급이었고, 6학년은 11학급, 12학급으로 불리었는데, 12학급은 중학교 진학반으로서 공부를 스파르타식으로 시켰다. 박진경은 진학반이었다. 진학반의 교육 방법은 아침 7시에 등교하여 수업하고 아침밥은 집에서 가져온 도시락으로 하고 9시부터 오후까지 다시 수업하였으며, 저녁은 집에서 먹고, 오후 7시에 다시 등교하여 밤 9시까지 공부하는 강행군 교육이었다.

박진경과 국민학교 동창이었던 김홍래(金洪來, 국민학교장 역임)는 박진경(珍景)의 공책을 봤더니 글씨가 마치 인쇄한 것과 같이 또박또박 깨끗하게 쓴 것을 보고 놀란 일이 있었다고 말했다. 박진경의 성실하고 치밀한 성품을 알 수 있는 대목이다.

중등학교 시절

남해 공립보통학교를 졸업한 박진경은 1934년 4월에 진주에 있는 진주 공립고등보통학교(5년제)에 입학하였다. 진주는 남해에서 통학이 어려워 진주읍에 사는 백부인 박병한(朴秉瀚)씨 집에서 숙식하면서 학교에 다녔다. 박진경은 이때부터 영어에 지대한 관심을 두고 열심히 공부했다. 진주에서 학교에 다니다가 매주 토요일이 되면 홍현리의 집에 와서 부모님께 인사하고는 하룻밤을 자고 일요일에 다시 진주로 가곤 했는데, 부친 병철은 막내아들이 길을 걷거나 화장실에 갈 때도 책을 보거나 무얼 외우는 듯 웅얼웅얼하는 것을 보고 무척 근심하였다.

후일 양자가 된 박익주는 "나는 어릴 때 할아버지의 사랑을 받아 할아버지와 할머니 방에서 잤는데, 삼촌(박진경, 후일 양부)이 집에 올 때마다 새벽 4시쯤이면 일어나 소리 내어 영어를 중얼거렸다. 그러면 할아버지가 "무슨 저렇게 영어만 하는지…"라고 하셨으며, 할아버지는 아들이 너무 공부에 매달려 몸이 쇠약해지는 것을 걱정했다고 한다.

현재의 중학교 과정인 진주 공립고등보통학교는 5년제인데 박진경은 3학년 때 1년을 휴학함으로써 6년 만에 졸업하였다. 이에 대하여 동창으로 절친이었던 정원수(鄭元수, 전 진주공업고등학교장) 씨는 다음과 같이 말하였다.

나는 3학년 때 각기병(비타민B 결핍으로 오는 병)으로 몸이 좋지 않아 1년간 집에서 휴양하려고 하였다. 그런데 내 말을 들은 박진경이가 "다정한 친구가 쉰다는데 난들 무슨 재미로 학교에 나가겠는가? 실은 나도 몸이 좋지 않으니 같이 휴양하자."라고 해서 같이 쉬게 되었다. 당시 우리 3학년은 2개 학급이었는데, 나와 박 군은 같은 학급이었으며 둘이 손을 맞잡고 다닐 정도로 친했다. 우리 학급의 일본인 담임교사가 "친구가 아프다고 너도 따라가려 하느냐?"고 휴학을 막으려 하자 "너무 친하니 그럴 수밖에요"라고 대수롭지 않게 말하는 것을 옆에서 듣고는 "재는 1등

박진경 대령의 진주 공립고등보통학교 학적부

學 籍 簿

※ 박진경(朴珍景)의 학적부를 참고로 첨부함. 학교 측에서는 어떤 이유에서인지 생년월일을 호적과 달리 기록하고 있다.

으로 달리고 있는데….” 라고 걱정하기도 하였던 것으로 기억된다. 나는 병으로 집에서 휴양을 했고, 진경이는 용문사에 갔는데, 거기서 휴양하는 게 아니라 공부에 열중하였다는 말을 들었다. 박 군이 너무 영어에 전념하기에 어느 날 물었더니 “미국말을 알아야 할 때가 온다.”라고 말하더니 끝내 일본 오사카 외국어 대학으로 유학했다.

4학년 때 중·일전쟁이 일어나자 전 학생이 3개월간 일본군 병영에 들어가 기초군사훈련을 받았다. 박진경은 5학년으로 진학하면서 재학생으로 구성되는 대대의 대대장직을 위해 ‘대대장 후보 교육’을 받았다.

그리고 5학년 때 대대장 학생(전교생 500여 명)을 맡았다. 3학년 때 1년간 휴학하였고, 5학년 때에는 힘든 대대장 학생을 맡았음인지 박진경의 5학년 때 성적은 4학년까지의 성적에 비해 좋지 않았다.

박진경(朴珍景)의 진주 공립고등보통학교 학적부상 주요 내용은 아래와 같다.

- 학년별 성적 : 1학년 102명 중 1등, 급장 / 2학년 101명중 2등, 급장 / 3학년, 88명중 1등 / 4학년 84명중 4등 / 5학년 졸업, 78명중 13등
- 성행 : 성질은 온순, 성실하고, 지휘 통솔 능력이 있고 사상은 극히 온건하다. 근타(勤惰·부지런함과 게으름)는 극히 근면하고 취미는 화분 재배와 그림을 감상할 줄 알며 기타 교훈적인 책을 즐겨 읽는다.
- 상벌 : 1, 2학년 때 품행 방정, 학업 우등상을 받았으며 4학년 때는 학예부위원, 5학년 때는 부형회상을 수상
- 가정 : 가정이 원만하고 교육을 이해한다.
- 신체 : 3학년 때의 신장 169.5cm, 체중 58.7kg.

제3장

대학·학도병 시절

박진경은 1940년 봄에 진주 공립고등보통학교를 졸업하고 일본으로 건너가 동경 제국대학 등 일류대학에 들어가기를 원했다. 그렇게 하기 위해서는 고등학교를 나와야 하는데, 당시는 일본이 중국과 전쟁 중이어서 한국인은 고등학교에 들어가기가 어려웠다. 그래서 박진경은 방향을 바꾸어서 2년여 동안 준비를 한 뒤 전문학교인 '오사카(大阪) 외사전문학교'(2년 후에 오사카 외국어 대학으로 개칭)에 가기로 했다. 박진경은 1942년 4월 7일 오사카 외사전문학교 영어과에 입학하였으며, 1944년 9월 22일에 졸업하였다. 총 2년 6개월의 교육 과정을 이수했다.

이 학교는 박진경이 졸업하기 전인 1944년 3월 21부로 '오사카(大阪) 외국어대학'으로 개칭되었는데, 학업성적증명서 발행기관이 오사카 외국어대학장으로 되어있다. '외사전문학교'란 교명을 '외국어대학교'로 개칭한 것임을 알 수 있다. 오사카 외국어대학교의 학업성적증명서에 의하면 성적은 갑, 을, 병으로 표시되었는데, 박진경은 대부분 '갑' 과

'을'을 받았으며, 전공인 영어는 전 학년을 통하여 '갑'을 받았다.

오사카 외국어대학의 박진경(朴珍景) 대령 학업성적증명서와 졸업증명서

- 졸업증명서의 씨명(氏名·姓名)란에 松山武市로 기재된 것은 박진경(朴珍景)을 일본식 이름으로 바꾼 것이다.
- 성적을 나타내는 갑·을·병(甲·乙·丙)은 수(秀)·우(優)·양(良)과 같은 등급임.
- 전공인 영어는 전 학년을 통하여 甲이란 우수한 성적을 기록했다.

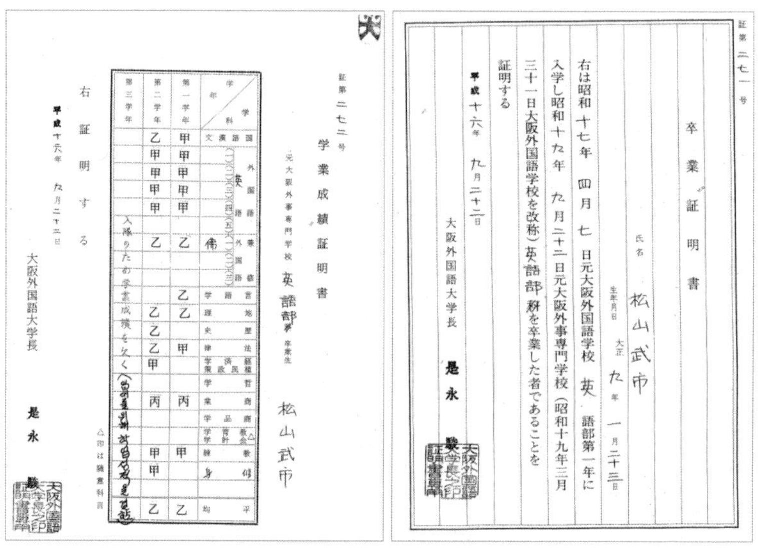

証第二七二号

学業成績証明書

元大阪外事専門学校 英語部 卒業生 松山武市

学科	第一学年	第二学年	第三学年
国語漢文	甲	乙	入隊のため学業成績を欠く
外国語 英語 (一)	甲	甲	
(二)	甲	甲	
(三)	甲	甲	
(四)	甲	甲	
(五)			
兼修外国語 佛 (一)	乙	乙	
(二)			
(三)			
言語学	乙		
地理	乙	乙	
歴史		乙	
法律	甲	乙	
経済 植民政策		甲	
哲学			
商業	丙	丙	
商品学			
△教育学 会計学			
教練	甲	甲	
修身		甲	
平均	乙	乙	

△印は随意科目

右証明する

平成十六年九月二十二日

大阪外国語大学長 是永駿

証第二七一号

卒業証明書

氏名 松山武市

生年月日 大正九年一月二十三日

右は昭和十七年四月七日元大阪外国語学校英語部第一年に入学し昭和十九年九月二十二日元大阪外事専門学校（昭和十九年三月三十一日大阪外国語学校を改称）英語部を卒業した者であることを証明する

平成十六年九月二十二日

大阪外国語大学長 是永駿

박진경이 오사카를 선택한 건 당시 둘째 형인 진성(珍星)이 오사카에 지내고 있어서 외롭지 않고, 필요한 도움을 받을 수 있기 때문이었다. 박진경의 5촌 조카인 박정례(定禮)는 오사카에서 박진경의 식사도 챙겨주는 등 2년간 함께 생활했는데 박정례에 의하면 박진경은 항상 다정하고 따뜻하게 대해주었으며 저녁에 집에 올 때는 빵이나 과자를 사 와서 늘 챙겨주었다고 한다. 박진경과 함께 생활했던 5촌 조카(박정례)의 아들 홍영명에 의하면 어머님의 박진경 대령에 대한 존경심을 성장하면서 늘 들었다고 한다. 어머님을 통해서 들었던 박진경의 진지한 생활 태도, 성실성 등은 형제들의 인생 좌표가 되었다고 전했다.

박진경이 외사전문학교를 다닌 기간은 제2차 세계대전 중으로 일본은 중국, 미국, 영국 등과 치열한 전쟁을 하는 기간이었다. 일본은 1941년 12월 8일에 진주만을 공격하고 말레이시아, 싱가포르, 필리핀을 석권하는 등 개전초기에는 상승세를 탔으나 1942년 6월 5일의 미드웨이 해전을 전환점으로 하여 과달카날섬 전투(1942.8.~1943.2.)에서 크게 패배하여 수세에 몰렸다. 박진경 대령의 오사카 외국어대학 입학 직후인 1942년 4월 18일부터는 미군 항공기가 일본 본토를 폭격하는 상황에 이르기까지 하였다.

이런 전황은 우리나라에도 영향을 미쳐 1942년 4월에는 한국인에게도 징병제가 시행되었고, 일본식 이름을 쓰도록 강요하였다. 그리하여 한국 청년들은 일본식 이름으로 바꾸고 강제로 전쟁터에 끌려갔다. 일본의 징병제로 한국 청년 40만여 명(군무원 15만 명 포함)이 끌려갔으며, 그중 2만여 명이 전사하고, 16만여 명이 행방불명되었다.

또한 일본은 군 간부의 부족을 충당하기 위하여 1944년 1월 20일에 '학도특별지원병제(학병제)'를 선포하여 한국인 대학생은 물론 전문학교 학생 등 우수 학생들을 간부 요원으로 강제로 입대시켰다. 학병제로 인해 한국 청년 중 일본 유학생 719명, 귀국 중인 학생 1,431명, 국내 재학 대학생 959명, 졸업생 1,276명 등 총 4,385명이 입대하게 된다. 이 제도는 지원제란 명칭을 사용했으나 실은 강제 입대였다. 일부 유학생은 징집을 피하고자 귀국길에 올랐으나 대부분 부산으로 오는 연락선에서 체포되어 끌려갔고, 요행히 귀국한 학생도 일본 경찰의 수사망에 걸려 끌려갔다.

일본군 장교로 임관

이런 와중에 박진경도 1944년 9월 22일에 오사카 외국어대학교를 졸업하자마자 학병으로 끌려가 일본 치바현(千葉縣)에 있는 마쓰도(松戸) 공병 예비사관학교를 수료하고 1945년 2월에 육군 공병소위로 임관되어 제주도의 제58군사령부 예하 공병연대에 배치된다. 공병 예비사관학교 동기생 중에는 최영희(崔榮喜, 12대 육군참모총장, 16대 국방부장관) 장군이 있다.

최영희의 증언을 통해 공병 예비사관학교의 교육실태와 8·15해방 당시의 군내 상황을 알아보면 다음과 같다.

> 나는 1944년에 박진경과 함께 일본 마쓰도 공병 예비사관학교에 학병으로 입교하여 6개월간 교육을 받고 1945년 2월에 수료하고 견습사관이 되었다. 학교의 교과과정에는 도하공병과 야전공병이 있는데, 나는 도하공병, 박진경은 야전공병이었다. 도하공병은 병력을 도하시키고 교량을 폭파하는 것이 주 임무였다. 일본군의 훈련방식은 기합에서 시작하여 기합으로 끝나는 스파르타식 교육이었다. 예를 들면 승마교육과 배 젓는 교육을 들 수 있다. 공병은 말을 타고 지형정찰을 하는 경우가

많으므로 승마훈련은 필수였다. 승마 시간이 되면 학생들의 승마 경험을 묻지도 않고 몇 시간 동안 기본교육을 한 다음에 말을 태워 마치 경마장의 기수처럼 채찍을 가해 달리도록 했다. 말들 중에는 성질이 사나운 야생마도 있어서 제멋대로 날뛰어 낙마자가 속출하여, 훈련기간에 2~3명이 죽고, 수십 명이 허리나 팔다리가 부러지는 중상자가 발생하기도 하였다. 그러나 교관들은 눈 하나 까딱하지도 않았다. 도하훈련 교육도 이런 식이었다. 배도 잘 모르는 학생들에게 철주(鐵舟, 도하 또는 도보교용 철로 된 배)의 노 젓는 방법을 몇 시간 교육하고는 실습을 하는데, '배를 저을 줄 모른다'고 채찍으로 후려갈겼다. 배를 처음 대하는 학생이 겁에 질려 주저하면 발길질로 겨울 강물에 처넣는다. 학생이 물에 빠져 허우적거리다 동태 꼴이 되어 나오면 젖은 옷을 벗기고 팬티만 입힌 채 구보를 시켰다. 이에 학생은 얼어 죽는 것이 두려워 사생결단하고 땀이 날 때까지 뛸 수밖에 없었다. 이렇게 해서 파죽음이 돼서 돌아오면 냉수마찰을 해서 몸을 풀게 한 후 비로소 마른 내의와 군복을 입게 하니 그 가혹성은 대단하였다. 나는 오랫동안 운동을 하였기에 일본군의 훈련쯤은 능히 이겨낼 수 있었다. 그런데 어려웠던 점은 고된 훈련보다는 배고픔이었다. 나는 남보다 체격이 큰 데 비해 식사량이 다른 훈련생과 같아 항상 배고픔에 시달려야 했다. 나는 너무 배가 고파 취사장에 숨어 들어가 말의 양식인 콩을 훔쳐 먹기도 하고, 사병들이 먹다 남은 밥이나 밥통에 붙은 밥알을 손으로 떼어 먹기를 몇차례나 했는데, 결국에는 들통이 나 취사반장이나 주번사령에게 볼때기를 맞거나 밥통을 물고 연병장을 몇 바퀴 도는 얼차려를 받기도 하였다. 공병 예비사관학교를 수료하고 나는 용산의 공병연대에, 그리고 박진경은 제주도의 공병연대에 배치

받았으며 6개월 후에 해방을 맞이하였다.

1945년 8월 15일 아침이었다. '전 장병은 오늘 정오에 천황의 특별방송이 있으니 빠짐없이 경청하라'라는 지시가 내려왔다. 일본 천황의 특별방송 내용은 일본이 연합군에게 '무조건 항복한다'라는 것이었다. 이는 우리나라가 해방된다는 것을 의미했다. 방송이 끝나자 그동안 당당했던 일본군들은 어깨가 축 늘어진 듯하였고, 한국 출신들은 온몸에 생기가 흐르는 듯하였다. 그런데 시간이 좀 흐르자 한국 출신들은 '해방된 이 마당에 일본군의 지휘를 받아야 하는가?' '우리에게 그동안 인간 이하의 차별을 한 일본군에게 본때를 보여주어야 한다'라고 주장하는 자들이 있었고, '이런 때일수록 자중해야 한다'라는 신중파도 있었다. 이때 나는 '서두를 일이 아니니 당분간 자중하면서 귀추를 지켜보자'라고 말하면서 이들을 진정시켰다. 이런 어수선한 분위기가 가라앉았을 때 공병 연대장으로부터 나를 만나고 싶어 한다는 전갈이 왔다. 이에 나는 연대장실로 가서 만나보니 그는 침착한 어조로 "이제 일본은 망했고, 한국은 독립할 것이다. 우리 연대에서 폭동이 일어나지 않도록 도와달라"고 간곡히 부탁하였다. 당시 연대는 출동 준비상태였고, 언제 무슨 일이 일어날지 아무도 예측할 수 없었다. 나는 이에 대한 답변 준비가 되어있지 않아서 다음에 답변을 드리겠다고만 말하고 연대장실을 나왔다. 그리고는 한동안 숙고를 한 후 한국 출신 후보생들을 만나서 "나와 여러분들은 곧 귀향길에 오를 것이다. 지금 연대는 출동 준비상태이기 때문에 우리가 무기를 들고 보복하거나 무기를 들고 대치되는 상황이 된다면 양쪽 모두 피를 보는 것은 자명하다. 우리는 지금까지 잘 참아왔고, 참는 것이 결국 이기는 것이다. 내가 책임지고 조속한 귀향을 교섭할 것이니 우리는 좀 더 참아서 고향에 가서 독립된 우리 조국을 위해 각자 충성을 바치자"라고 설득했다. 이런 나의 말에 후보생 들이 동의를 해 주어서 그 길로 연대장을 찾아가 "우리들을 조속히 귀향시켜 달라"고 우리들의 뜻을 전하였으며, 연대장은 "1주일 내로 귀향시켜주겠다"라고 하였다. 이렇게 해서 우리는 1주일 후에 귀향길에 올랐다. 그 후 조선 국방경비대에 참여하여 1948년 3월 15일에 중령으로 진급한 얼마 후에는 총사령부 인사국장으로 영전하였는데, 이 자리는 전임자인 박진경 중령의 추천에서였다.

제4장

사설 군사단체 활동과 경비대 창설

사설 군사단체 활동

해방되면서 국내외에서 활약했던 광복군, 일본군(만주군 포함) 출신들은 사설 군 단체를 만들었으며, 군 단체들은 좌·우로 갈라져서 세력 확장에 나섰다. 앞에서 언급되었듯이 일본군에 40여만 명이나 동원되어 2만여 명의 전사자와 16만여 명의 행방불명자를 내고 22만여 명이 귀환하였는데, 시대의 흐름에 불안을 느낀 귀환자들은 자구책으로 사설 군사단체를 결성하거나 이에 가담했다. 이들은 연고 관계를 중심으로 여러 사설 군사단체를 결성하였다. 이때 공산주의자들까지도 무력 수단의 보유가 정권 수립에서 주도권을 행사할 수 있는 수단이라 판단하고 사설 군사단체를 결성하였다. 이런 연유로 30여 개의 군소 사설 군사단체가 난립하였다.

대표적인 서울의 좌파 군사단체로는 조선학병동맹, 조선국군학교, 육군사관예비학교, 조선국군준비대 등이 있고, 우파 군사단체로는 학병단, 대한무관학교, 한국장교단군사주비회, 광복군국내지대, 육해공군출신동지회 등이 있었다.

좌파 조선국군준비대는 실상 박헌영의 조선공산당 당군이었다. 조선국군준비대 총사령관은 이혁기(李赫基)로 그는 당시 25세였으며 학병 출신이었다. 해방 직후인 1945년 8월 20일에 이 단체를 조직하였으며, 한때는 상비대원 15,000명, 예비 대원 60,000명에 달하였다. 이 단체는 국군의 기초를 준비한다는 강령을 내세우고, 국방력을 키운다는 목표를 표명하여 많은 군 출신자들의 동조를 받았다. 이들은 조선국군학교를 흡수(1945. 12. 15)하여, 훈련소를 현 육군사관학교가 있는 태릉에 설치하고, 이해 12월 26~27일에는 국군준비대의 전국대회를 열었는데, 이날 비로소 이 단체가 공산당 조직인 것이 드러났다.

이 대회 집행부 선출에서 명예회장에 김일성 등이 선출되었고, 축사를 한 인사 중에는 김규식(임정 요인), 안재홍(국민당 당수) 등이 있었으며, 참석 인사 중에는 이호재(후에 인민유격대장으로 태백산에서 활동), 이현상(후에 인민유격대장으로 지리산에서 활동), 김원봉(독립군 출신, 후에 북한 정권 노동상) 등이 있었다. 이 단체는 조선공산당의 재정지원도 받고 있었다.

그리고 부산에는 좌파에 조선국군준비대(약 400명, 서울의 조선국군준비대의 하부조직)가 있었고, 우파에 건국대(약 300명, 후에 경남 국군준비대로 개명하는데, 좌파의 조선 국군준비대와는 무관함), 군관학교(약 50명) 등이 있었다.

8·15 광복 후 제주도에서 일본군을 떠나 고향으로 귀환한 박진경은 부모님께 인사를 하고는 부산으로 가서 우파단체인 건국대에 참가하였다. 건국대는 경남 국군준비대의 전신으로 간부에는 박진경, 오덕

준, 김익렬, 최갑중 등이 있었다.

이들 좌.우익 사설 군사단체들은 서울, 부산을 막론하고 걸핏하면 서로 싸우곤 했다. 이에 미 군정은 1946년 1월 15일에 남조선 국방경비대를 발족시키면서 "모든 사설 군사단체의 해체"를 명령함으로써 좌우익 사설 군사단체들은 해체되었고, 여기에 몸 담았던 군 출신들은 경비대에 입대하거나 지하로 몸을 숨겼다.

당시 부산에서 건국대나 군관학교 활동에 관여했던 몇 분(김청기, 김구영, 서갑성)의 증언은 다음과 같다.

광복 직후 부산에는 좌파의 국군준비대(400명), 우파의 건국대(300명, 후에 경남 국군준비대로 개칭), 군관학교(50명), 광복군(30명) 등이 있었다. 군관학교는 1945년 9월경에 창설되었고, 우리들은 1기, 2기로 들어갔다. 이때 시험관은 오덕준, 김익렬, 최갑중이었으며, 필기시험과 구두시험을 보았고 박진경은 영어 교관을 했다. 그리고 교장은 최수법이었으며, 학교는 부산진역 앞의 옛날 초등학교 자리인 공생원에 있었다. 군관학교는 우파 국군준비대의 간부교육기관이었다.

학교가 세워진 지 1주일이 안 돼 국군준비대에(좌파)에서 우리를 습격하여 우리도 다음날 죽창을 들고 보복하였는데, 이는 좌·우익 싸움이었다. 이때 박진경은 머리와 눈 밑을 찔리는 등 중상을 입었다.

국군준비대와 건국대 등 좌우익 사설 군사단체 간 충돌이 있자 이를 수습하기 위하여 서울에 있는 아놀드 군정장관이 부산에 내려왔는데, 영어로 의사소통을 할 수 있는 자가 없자 중상당한 박진경이 나서서 상황을 설명해 주었다. 이런 일이 있고난 뒤 아놀드 군정장관은 박진경의 인품을 신뢰하고 자문하곤 하였다. 또한 다른 우파에게는 무기를 안 주면서도 군관학교는 무장을 시켰으며 신탁통치문제로 좌·우가 충돌하자 미 군정은 경비책임을 경찰을 제치고 박진경에게 맡기기도 했다.

1946년 1월 29일 제5연대가 부산에서 창설되자 박진경을 포함한 우리 대부분은 경비대에 입대하였다. 박진경의 조카인 박민주(朴敏柱, 전 부산수산시험장 간부) 씨는 다음과 같이 증언하였다.

> 해방 직후 부산에서는 국군준비대와 군관학교는 늘 싸웠다. 부산 국제시장에서 불이 났을 때 저녁 무렵에 박진경 숙부에게서 나에게 전화가 왔다. 내용인즉 "그들(좌파 국군준비대)이 죽창을 갖고 습격해 와서 나는 그들에게서 머리와 눈 밑을 찔렸다."라고 했다. 즉시 치료하고 있다는 안과에 달려갔더니 "내가 여기서 오랫동안 치료를 받고 있으면 그들이 알고 또 나를 습격할 테니 여기서는 대강 치료만 하고 다른 데로 옮겨야겠다"라고 하므로 동래의 아저씨 벌 되는 분의 안과로 옮겨서 치료했다. 이때 내가 "건국대니 국군준비대니 하지 말고 영어 실력이 좋으니 공무원이나 교원을 하는 것이 어떠냐?"라고 했더니 박진경 숙부는 한마디로 "안된다"라고 했다. 그 후 군대에 입대한다고 하기에 내가 "군은 정말 그만 두시라"라고 했더니 숙부께서는 정색하면서 "지금 우리나라가 건국을 하는 마당인데 나는 일제 때 현해탄을 건널 때부터 목숨을 나라에 바치기로 했다. 나는 나의 갈 길을 알고 있으며, 그 길을 갈 뿐이다"라고 강한 어조로 말했다.

또한 이 당시의 상황에 관하여 노재현(盧載鉉, 전국방부장관) 씨는 다음과 같이 증언하였다.

나는 해방 후 고향 마산에 있었다. 어느 날 친구인 김금동이 허름한 군복을 입고 마산에 나타났는데, 내가 "너 그런 복장을 하고 왔다갔다 하는데…지금 무얼 하고 있느냐?"라고 물으니 "우리는 부산에 모여 훈련하는데, 너도 갈래?" 하면서 훈련 과정을 설명하였다. 나는 조시형(趙始衡, 전 농림장관)과 함께 그를 따라나섰다. 학교 위치는 부산 초량역 앞 건물인데 정문에 '부산 군관학교'란 간판이 있었고, 생도는 약 50명 정도로 기억한다. 학교 운영은 박진경, 최갑중, 김노식 등이 하였으며 박진경은 영어를 잘하여 부산 주둔 미군과 협조를 잘했다. 철수한 일본군 부대 창고에 있던 식량·피복·군장 등을 얻어와 대원들에게 지급하였다. 그때 박진경의 영어 실력은 부산에서 제일이라고 했다. 박진경은 "이제 일본군이 떠나고 미군이 진주했는데, 어차피 우리는 앞으로 군대가 생기면 우리 젊은이들이 나서야 하지 않겠느냐"라고 늘 훈시하였다. 우리는 군대처럼 아침저녁으로 점호를 하는 등 내무생활을 하였고, 구보와 제식훈련 등을 하였으며, 영어도 배웠다. 이 군관학교의 교육목적은 장교 양성이었다. 국군의 전신인 조선경비대가 창설될 무렵이었다. 하루는 박진경이 전 대원을 집합시키고는 "이제 우리나라에도 군대가 생겼으니 우리 젊은이들이 가야 하지 않겠느냐? 그러나 군에 가는 것은 어디까지나 너희들의 자유다. 경비대로 갈 사람은 경비대로 가고, 경찰로 갈 사람은 경찰로 가고, 집으로 갈 사람은 집으로 가도 좋다. 각자의 희망을 내가 듣고 싶다."라고 하였다.

이에 5~6명의 경찰 희망자가 나오자 박진경이 직접 경찰로 인솔해 가서 시험을 보게 하였다. 이들이 합격 후 경찰복을 입고 학교를 방문한 기억이 난다. 이때 박진경이 "나는 경비대로 간다"라고 하여 나머지 50여 명이 그를 따라 부산 감천동(甘川洞)에 있던 제5연대 모병소의 모병관 박병권 부위(현 중위)에게 가서 신원 기록을 제출하고 입대하였다. 이때 박진경, 최갑중, 조시형, 권재구, 김구영 등이 입대하였고, 나는 박진경을 따라가야 하겠다고 생각하였다. 그때 나는 어렸지만, 그분의 타고난 지도력과 앞을 내다보는 안목에 믿음이 갔고, 부하(5연대 병사들)들은 그가 앞으로 큰 인물이 될 것이라고 하면서 그를 따랐다.

그리고 남명초등학교(4년제) 동창인 강명찬(姜明贊, 전 진주 국제대학교 이사장) 씨는 다음과 같이 증언하였다.

나는 해방 후 제5연대에 들어가기 직전에 부산에서 박진경을 만난 일이 있다. 내가 "너는 공부도 잘했고, 영어도 전문학교를 나와서 잘하니 교육계통에서 후학을 가르치는 게 낫지 않나? 일본군에서 그 고생했고, 이제 영어도 써먹을 때가 됐는데 또다시 군 생활을 하려고 하느냐?"라고 했다. 이에 박진경은 "난 들 그것을 왜 모르겠느냐? 우리나라가 해방되었으니 나라를 지키는 데에 내 역할을 해야 한다고 생각해서 다시 군대 생활을 하려고 한다. 군에 가서도 영어를 써먹을 데가 있다고 본다."라고 하면서 입대할 의지를 강하게 나타냈다.

경비대 창설

이런 시기에 미 군정의 한국 측 치안 책임자인 조병옥(趙炳玉) 경무과상이 군 출신인 이응준(李應俊), 원용덕(元容德) 등의 조언을 받아 시크(Shick) 경무국장에게 창군을 위한 국방부의 설치를 건의하였다. 미 군정 내에서도 군의 모체를 만들어야 한다는 의견이 활발히 개진되자 주한미군 사령관 하지(John R Hodge) 중장은 한국의 국방계획을 수립하라고 지시하였다.

미 군정 당국은 사설 군사단체가 우후죽순처럼 생기는 정당과 합세한다면 더욱 혼란해질 것을 우려하여 사설 군사단체를 해산한다는 전제하에 1945년 11월 13일에 공포된 군정법령 제28호에 따라 국방사령부를 설치하고 예하에 군무국과 경무국을 두었고, 군무국에는 육군부와 해군부를 두었다.

군정 당국은 군정법령 제28호 제3조에 따라 사설 군사단체의 활동을 규제하도록 하였으며, 국방사령부를 중심으로 군 경력자 이응준 등이 제시한 국방군의 창설계획을 수립하였는데, 골격은 다음과 같다.

1. 국립경찰의 보강을 위해 국방군을 창설·발전시킨다.
2. 국방군 병력은 45,000명으로 하며, 육군과 공군으로 하되 육군은 3개 보병사단으로 구성된 1개 군단을 편성하고, 공군은 2개 전투비행중대와 1개 수송비행중대와 근무부대로 편성한다.
3. 해군, 즉 해안경비대는 5,000명으로 한다.[18]

---

18 국방군사연구소, 『한국전쟁(上)』, 1995.8.13. 42쪽.

군정법령 제28호 공포 후 제일 먼저 군사영어학교가 설치되었다. 군사영어학교는 1945년 12월 5일 서울 감리신학교 건물에서 창설되었으며, 목적은 한국인에게 기초 군사영어를 가르쳐 장차 한국군의 기간 요원으로 활용할 뿐만 아니라 미군과의 군사교육, 훈련 시 필요한 통역관을 양성하는 것이었다. 군 창설에 앞서 간부 양성이 시급했기 때문이었다. 학생 숫자는 애초 60명이었으나 수시로 추가 입학하여 총 110명이 졸업과 동시에 임관하였다. 군사영어학교는 최초의 육군 장교 임관 과정이었다. 이 학교 졸업자들이 육군 장교 군번 1~110번까지이다.

그리고 111번부터 육사 1기생들의 군번이 된다. 육군기록(장교 임관 순 대장)에는 군 창설을 주도했던 이응준 장군이 군사영어학교 출신 마지막 군번인 110번으로 임관하였는데 임관 일자는 육사 1기생들과 같은 날짜로 되어 있다. 백선엽 장군은 "대부분 군사영어학교를 거쳤지만 나는 과거 경력을 인정받아 군사영어학교를 거치지 않고 부위(중위)로 임관되었으며, 임관되자마자 제5연대에 가서 갓 창설된 A 중대장이 되었다"라고 자신의 저서(군과 나)에 기록했다. 공적이 있거나 주요 경력자 또는 영어에 능통한 자는 군사영어학교를 거치지 않고 임관시키기도 했다.

국방사령부는 군사영어학교 폐교 후 경비대 간부 양성을 위해 1946년 5월 1일, 조선 국방경비사관학교를 새로 창설하였는데, 이 학교는 창군 시 간부 양성의 본산이 되었다. 미 군정은 군사영어학교를 운영하여 군 창설에 대비하면서 한국군 창설계획을 맥아더 사령부에 제출하였다. 맥아더 장군은 한국군 창설은 자신의 권한 밖이라는 판단하에 이 계획을 미국의 국무·육군·해군 조정위원회에 건의하였다. 이에 대해 조정위원회는 미·소 공동위원회에서 정치적 문제가 해결될 때까지 한국군 창설에 관해 어떤 결정을 내릴 수 없으며, 그 대신 점령군의 경비업무 부담을 덜기 위해 경찰이 미군 무기로 장비를 갖춘다는 조금 애매한 방침을 세웠다.

이러한 방침에 따라 하지 사령관은 국방부장 참페니(Arthur S Champeny) 대령에게 더욱 규모를 축소한 새로운 방안을 마련하라고 지시하였다. 이에 참페니 대령은 군 기능보다 경찰 기능에 가깝게 병력과 장비를 축소한 경찰예비대 창설안을 건의하였다. 이 안의 핵심은 기존 조선경비대 창설 인원 45,000명을 총병력 25,000명으로 조정하는 것이었다. 이 안은 경상 남·북도, 전라 남·북도, 충청 남·북도, 경기도, 강원도 등 8개 도에 예비 경찰력 성격으로 1개 연대씩 8개 연대를 창설하는 것으로서 이를 뱀부(Bamboo) 계획이라고 불렀다.[19]

연대편성 방법은 도마다 장교 6명과 사병 225명으로 먼저 1개 중대를 편성하는데, 장교는 중앙에서 양성하고 사병은 각 도에서 현지인으로 모병한다는 것이다. 그리고 훈련이 끝나면 같은 방법으로 다음 중대를 편성하며, 계속 모병을 해서 3개 중대로 대대까지 편성하며, 1개 대대 편성이 완료되면 다음 대대를 같은 방식으로 편성하여 연대까지 편성하는 방식이었다.

이 계획 수립 시 국방사령부 이응준 고문은 각 도에 1개 사단 규모를 유지해야 한다고 조언했으나 채택되지 않았다. 뱀부계획이 확정되자

19 위의 책, 43쪽.

조선경찰예비대, 조선국방경비대, 조선경비대 등의 이름으로 군 창설이 이루어졌는데, 경찰 측은 경찰예비대로 부르기를 선호하였고, 군 측은 경비대로 부르기를 선호하였다. 조선국방경비대 창설에 따라 사설 군사 단체들은 강제 해산되었고 그 요원들은 대부분 경비대에 흡수되었다.

뱀부계획과 미군정법령 제42호(1946. 1. 14)에 따라 조선경비대 25,000명과 해안경비대가 창설되었다. 조선경비대는 1946년 1월 15일에 경기도 태릉에서 모병으로 제1연대 1대대 A 중대 창설을 시발로 4월 1일까지는 각 도에 1개 중대씩 창설을 완료하였다. 이어서 점차 모병을 증가시켜 3개 중대로 대대, 3개 대대로 연대를 창설하게 된다. 각 연대의 A 중대 창설 일자가 연대 창설 일자가 되었다.

이때의 교육훈련은 전투 훈련이 주가 아니고 집총훈련, 총검술, 폭동진압법 등 치안 유지 위주로 시행하였다. 그리고 제주도(濟州島)는 당시 전라남도 제주군이었는데 1946년 8월 1일부로 제주도(濟州道)로 군(郡)에서 도(道)로 승격됨으로써 제9연대가 11월 16일 제주도에 창설된다. 또한 경비대 총사령부도 1946년 2월 7일에 설치하였다.

연대별 A 중대(1대대 1중대) 창설 일자, 장소, 창설책임자(초대 연대장)는 다음과 같다.

제1연대 1946. 1. 15 경기 서울(태릉)	정위(대위) 채병덕
제2연대 1946. 2. 28 충남 대전	정위 이형근
제3연대 1946. 2. 26 전북 이리	부위(중위) 김백일
제4연대 1946. 2. 15 전남 광주(광산)	부위 김홍준
제5연대 1946. 1. 29 경남 부산	참위(소위) 박병권

제6연대 1946. 2. 18 경북 대구 참위 김영환
제7연대 1946. 2. 7 충북 청주 참위 민기식
제8연대 1946. 4. 1 강원 춘천 부위 김종갑
제9연대 1946. 11. 16 제주 대정(모슬포) 부위 장창국[20]

제1연대부터 제9연대까지 창설한 후에는 3개 연대를 묶어 여단편성을 하였는데 1947년도에 편성한 여단의 창설일, 창설지, 초대 지휘관, 구성 등은 다음과 같다.

제1여단 1947. 12. 1 서울 대령 송호성 제1연대·7연대·8연대
제2여단 1947. 12. 1 대전 대령 원용덕 제2연대·3연대·4연대
제3여단 1947. 12. 1 부산 대령 이응준 제5연대·6연대·9연대[21]

1947년에 3개 여단을 편성한 후에 1948년에는 제10연대부터 제15연대까지 6개 연대를 창설하였는데, 이때의 부대 창설 방법은 이미 창설된 연대에서 1~4개 중대를 차출하여 대대는 4개 중대, 연대는 3개 대대로 하여 12개 중대로 연대를 편성하였고, 병력을 차출당한 부대는 다시 현지 모병으로 부족한 병력을 충당하는 방식이었다. 1948년도에 창설한 연대의 창설일, 창설 장소, 초대 지휘관은 다음과 같다.

20 위의 책, 46쪽.

21 위의 책, 46쪽.

제10연대 1948. 5. 1　　강릉 소령 백남권

제11연대 1948. 5. 1　　수원 중령 박진경

제12연대 1948. 5. 1　　군산 중령 백인기

제13연대 1948. 5. 4　　온양 중령 이치업

제14연대 1948. 5. 4　　여수 소령 이영순

제15연대 1948. 5. 4　　마산 중령 조암

경비대 창설 시 명칭 문제로 잡음이 일기도 하였다. 최초계획(뱀부계획)시 미군측은 명칭을 '경찰예비대'란 명칭을 썼는데, 이는 미·소 관계를 고려하여 남쪽에 군사 조직 창설을 드러내지 않으려는 조치였다. 소련도 북한에 군사 조직을 만들 때 '철도보안대'란 명칭을 사용한 것과 같은 맥락이었다. 이런 관계로 경찰 총수인 조병옥 경무부장은 "경비대란 장차 경찰의 보조기관이다"란 담화를 발표하기도 하였다. 그런데 한국 측 군 관계자들이 "경찰예비대가 무어냐? 국방경비대로 하여야 한다"라고 하면서 경비대로 바꿔 불렀다.

그리고 모병 과정에서 한 가지 혼선이 있었는데, 미 군정에서 모병 시 불편부당(不偏不黨, 어떤 당이나 주장에 치우치지 않는다)을 강조하였다. 당시 국방사령부 군무국장 아고 대령은 "사상이나 성분 등을 초월하여 경비대 창설 취지를 찬동하는 자는 누구든지 응모할 수 있다"라는 성명을 발표하였다. 이에 몇몇 군 인사들이 "한국의 현 실정으로 보아 사상이나 성분을 가려야 한다"라고 건의했으나 미 군정측은 "그럴 필요가 있느냐? 신체만 건장하면 되지 않느냐"라고 하면서 한국 측의 건의를 받아들이지 않았다. 이를 빌미로 경찰에 쫓기던 공산 청년들이 경비대에 많이 침투함으로써 제주4·3사건 시 남로당 측이 경비대를 동원하려 했고, 집단탈영, 박진경 대령 암살 및 여·순 반란 사건 등이 발생하고 급기야는 숙군으로 이어졌다. 제주4·3시 남로당 측에서 제9연대 남로당 프락치 고승옥 하사관에 국방경비대 내 동원 가능한 숫자를 문의하였는데, 고 하사관은 "800명 중 400명은 마음대로 할 수 있다"[22]라고 남로당 측에 보고했다. 이는 당시 9연대 부대원 중 절반에 이르는 수가 남로당 계열인 것을 의미했다.

경비대 창설을 위하여 모병관들이 1946년 1월 12일부터 각 도에 파견되는데, 지원 자격은 만 21세부터 만 30세까지이며, 초등학교 이상의 졸업자로서 신체가 건강한 자였으며, 군대 경력자를 우대하였다. 8개 도의 모병 책임자가 결정되었는데, 경남지구 모병관은 박병권(朴炳權) 참위(소위)였다.

이처럼 국방사령부가 경비대 창설에 몰두하던 1946년 3월 29일에 군정청의 '국'이 '부'로 승격되는 조직개편에 따라 '국방사령부'는 '국방부'로 그리고 예하 조직도 '조선국방사령부'와 '조선국방경비대'로 개칭되었다. 그런데 이를 알게 된 미·소공동위원회의 소련 측 대표가 회의에서 미 측 대표에게 "국방부라는 정부 기관을 의미하는 명칭을 사용하는 의도가 무엇이냐?"라고 따져 물었다. 당시 미·소공동위원회에서는 남·북한 통일 정부를 논의하고 있었는데 남측에서 단독으로 정부를 구성한 게 아니냐는 투로 항의한 것이다.

---

22 문창송 편, 『한라산은 알고 있다. 묻혀진 4·3의 진상』, 대림인쇄사, 1995, 76쪽.

미 군정에서는 이를 받아들여 6월 15일부로 '국방부'를 '국내 경비부'로 개칭하였다. 그리고 예하의 조선국방사령부는 조선경비대총사령부로, 조선국방경비대를 조선경비대로, 해방병단은 조선해양경비대로 개칭하였다.

이런 명칭 개칭에 관하여 한국 측 군 관계자들이 항의하였으나 하지 미군 사령관은 미·소 관계를 고려할 때 불가피하다는 견해를 밝혔다. 이에 한국 측에서는 '국내경비부'를 '통위부'로 변경하고 초대 통위부장에 광복군계 인사인 유동렬 장군을 천거하였고. 1946년 9월 12일 유동렬 통위부장의 취임을 계기로 군의 지휘권이 미국인에서 한국인에게 이양되었으며, 미군은 고문관으로 그 역할이 축소되었다.

그리고 1947년 10월에 미·소공동위원회에서 소련 측이 점령군 철수 문제를 제기하자 미군 측은 한국군의 국방군 창설 문제를 검토하였으나 아직은 '시기상조' 라는 결론을 얻고 그 대신 경비대를 25,000명에서 50,000명으로 증원하기로 하였다. 이에 따라 통위부에서는 기존의 9개 연대를 3개 연대씩 묶어 1947년 12월 1일부로 3개 여단을 편성하고, 모병에 박차를 가하여 1948년에는 6개 연대를 추가로 창설하고 2개 여단도 편성한다. 그리고 지원부대인 포병, 보급, 병기, 공병, 병참, 통신, 의무부대 등도 창설한다. 이들 지원부대 중 최초의 보급중대는 1946년 7월 1일에 제1연대에 창설되나 나머지 부대는 1948년에 창설된다.

1948년 8월 15일 대한민국 정부 수립과 더불어 국방부 설치에 따라 조선경비대는 육군으로, 해안경비대는 해군으로 개칭되어 국군으로서의 면모를 갖추게 된다. 그리고 1949년 5월 12일부로 1·2·3·5·6·7

여단을 사단으로 승격시키고 동년 6월 20일부로 8사단과 수경사가 창설되어 국군이 사단 편제를 갖추게 된다.[23]

23 위의 책, 65쪽.

제5장

국방경비대 입대와 경비대 총사령부 인사국장 보직

국방경비대에 사병으로 입대, 현지 임관

제5연대의 창설 위치는 부산시 사하구 감천동의 일본군 해군이 주둔했던 곳이었다. 부산에서 박병권 참위(소위)는 미군 우드 소위와 함께 제5연대 A 중대를 창설하기 시작했는데, 미 군정이 주도하던 시절이어서 사실상의 중대장은 우드 소위였고, 박병권은 부중대장이었다. 모병은 곳곳에 국방군을 모집한다는 모병 벽보를 붙이고 모병 요원들이 길거리 연설을 하는 방식이었다. 모병을 시작한 지 2~3일 만에 100여 명이 지원했는데, 박병권 참위의 권유를 받고 제1기로 입대한 자 중에는 박진경을 비롯하여 노재현, 서종철, 조시형, 김종수, 김창룡, 연일수 등이 있었다.

박병권 참위는 박진경이 학병 출신 육군 소위임을 알고 먼저 병사로 입대시키고, 후일에 군사영어학교에 입교시킬 계획이었다. 박병권은 다음과 같이 증언하였다. “내가 제5연대를 창설할 목적으로 부산에 내려갔을 때 경남 국군준비대의 박진경이 일본 오사카 외국어대학을 졸업했으며 육군 소위로 임관했었고, 두뇌가 명석하다는 말을 듣고 수차례나 그를 만나 하사관으로 입대시켰고, 그 뒤 현지 임관시켰다. … 박진경은 이미 자기의 갈 길을 굳히고 있었고 창군의 역군이 되었다.”

그런데 박진경이 경남 군관학교의 교관이며 학병 출신 장교임을 알고 있는 입대 동기들은 “과거 장교 생활도 했고, 장교 양성기관으로 군사영어학교가 있는데, 왜 병사로 입대하느냐?”고 충고하는 투로 말했으나 박진경은 이미 결심한 듯 “나라가 해방된 마당에 사병이면 어떻고 장교면 어떠냐?”라고 답하였다.

1946년 2월 26일부로 부위(중위)로 임관한 백선엽이 5연대에 와서 3월 1일부로 A 중대장을 맡았다. 이전까지는 미군이 지휘관이었고, 한국군은 부지휘관으로서 주로 통역관 역할을 했는데 3월 초부터는 지휘권을 한국 장교에게 인계함으로써 비로소 한국군 장교가 지휘관을 하게 되었다.

당시 소대장이었던 이치업은 “박진경은 군번이 사병 군번 1번으로서 5연대 입대와 동시 일등중사가 되어 A 중대 보급계를 맡았으며 곧 이등상사가 되어 중대 인사계가 되었다. 당시는 모든 게 부족해서 박진경은 보급·행정과 교관이 되어 병사들을 교육훈련이라는 교관 임무도 수행하였다.”라고 증언하였다.

박진경은 5연대장 박병권으로부터의 권유와 제5연대 미 고문관으로부터 ‘일본군에서 습득한 전투기술과 전공인 영어 실력을 살려 민주 한국을 위해서 최대한 활용해야 하지 않겠는가?’라는 권고를 받고 군사영어학교를 거치지 않고 1946년 4월 25일 현지임관을 해서 장교 군번 91번으로 참위(소위)가 되었다.[24]

노재현(전 국방부 장관) 장군은 "박진경이 현지임관을 할 때는 대대 편성 이전이었는데, 서울에서 딘(후에 군정장관) 소장이 내려와 계급장을 달아 준 것으로 기억한다"라고 증언하였다. 일본 군사 작가 사사키 하루타카(佐左木春隆)씨는 그의 저서 '조선전쟁(朝鮮戰爭)'에서 "박진경 대령은 부산 5연대에서 병사로 입대했으며, 백선엽 연대장의 추천으로 군영(軍英) 졸업 인정 자격으로 현지에서 소위로 임관한 사람이다"라고 했다. 박진경이 임관된 일자는 4월 25일로 당시 연대장은 박병권이었다. 따라서 추천자는 박병권으로 보아야 하나, 백선엽 중대장이 중대 인사계인 박진경을 추천했다고 해도 틀린 말은 아니다.

박진경의 임관 일자는 1946년 4월 25일이며 현지 임관했다고 동료들은 증언하고 있다. 그러나 공식적인 육군 기록인 장교 임관순대장(任官順臺帳)[25]에는 1946년 3월 23일 군번 67번 조병걸(趙炳杚)부터 군번 92번 한춘(韓椿)까지 26명이 군영교육을 수료한 것으로 정리되어 있다. 박진경 대령의 군번은 91번으로 기록상에 있는 공식 임관 일자는 3월 23일이었다.

박진경은 장교로 현지 임관된 후에는 중대장 부위 백선엽 밑에서 참위로 A 중대 행정관(부중대장), 1대대가 편성된 후에는 대대장 소령 백선엽 밑에서 중위로 1대대 부관(인사장교), 5연대가 편성된 후에는 연대

24 『육군 장교임관순 대장』, 확인관 육군준위 김영문, 작성년도 1966년.

25 앞의 기록, 확인관 육군준위 김영문, 작성년도 1966년.

장 중령 백선엽 밑에서 대위로서 5연대 부관(인사과장)을 하면서 백선엽과 깊은 인연을 맺는다.

박진경은 1947년 6월 1일부로 소령으로 진급한 후 경비대 총사령관 송호성 장군의 전속부관이 됨으로써 1년 반 동안 근무했던 제5연대를 떠나게 된다. 제5연대 사병 1기로 박진경과 함께 입대했거나 같이 근무한 동료들의 박진경에 관한 증언을 소개하면 다음과 같다.

김청기(金請起, 예비역 대령)

나는 경남 국군준비대(군관학교) 때부터 박진경과 같이 근무하다가 제5연대에 함께 입대하여 경리 선임하사를 했으며, 1년 6개월을 박진경과 함께 근무하였다. 박진경은 영어를 잘하여 미국의 사정을 꿰뚫고 있으며, 미군들도 장비(예를 들면 불도저) 신청을 잘 못해 쩔쩔매는 판인데도 박(朴)은 일본군 공병 예비사관학교 출신이어서 확실하게 신청하여 획득하였다. 그래서 우리는 미군이 우리 고문관이 아니라 박(朴)이 미 고문관의 고문관이라는 우스갯소리를 하였다. 박(朴)은 상사(중대 인사계 시절 계급) 때부터 미 야전교범(FM)을 번역했는데, 그가 팀장이 되고 정규백과 박태준(후에 포항제철 회장)이 동원되어 도와주었다.

서갑성(徐甲聖, 예비역 대령)

박진경은 나보다 5~6세 위였는데, 그의 인품이나 배움 등은 하늘과 땅 사이였다. 그는 눈부시게 빛나 우리는 똑바로 바라보지를 못했다. 당시 우리 연대는 미 군정청에서 예산을 타 쓰기 때문에 예산 문제는 경비대 사령부는 별 권한이 없었다. 우리 전 장병들은 박진경에 대해 놀란 일이 있는데, 그는 그 어렵다는 미 야전교범(FM)을 번역하면서 사무실은 물론 숙소에까지 들고 가서 작업하는 것이었다. 그 집념과 열의에 모두가 칭찬한 것을 지금도 생생하게 기억하고 있다. 박진경은 경남 국군준비대에 있을 때도 그랬지만 술 마시는 것을 못 보았으며, 술은 입에 대지도 않았다.

정영홍(鄭永洪, 육사 3기, 예비역 준장)

나는 과거에 군 경험이 없이 제5연대에 1기생으로 입대하였으며, 1중대(A중대) 3소대 선임하사로 있었는데, 하루는 대대부관 박진경 중위가 나를 불러 "너 같은 실력이면 사관학교에 갈 수 있으니 졸업하여 군에 일꾼이 되도록 노력하라"라고 사관학교 입교를 권유하기에, "나는 사관학교에 응시할 자격이 없습니다"라고 했는데, 박 중위의 노력으로 결국 사관학교에 입학하여 육사 3기로 임관하였다. 이때 나는 박 부관이 대범하며, 그 많은 병사들의 신상을 세밀히 파악하고 있음을 알았다. 나는 후일에 그분이 제주도에서 4·3사건을 진압하다 비명에 가신 후에 2대대 6중대장으로서 그의 시신을 보게 되는 비운을 겪기도 하였다.

백선엽(白善燁, 예비역 대장)

국방경비대 창설에 관한 인사업무는 중앙청(전 국립박물관, 지금은 없음) 203호실에서 아고 대령이 관장했고, 이응준(李應俊, 전 체신부장관)이 장교 채용에 관해 아고 대령에게 조언하고 있었다. 군사영어학교는 리스 소령이 원용덕(元容德)과 함께 관장했으며, 군사 영어를 가르쳤다. 나는 평양에서 월남해서 이응준의 추천을 받아 1946년 2월 27일 국방경비대

부위로 임관되었다. 창군 초기의 장교들은 대부분 군사영어학교를 거쳤으나 나는 과거의 군사 경력을 인정받아 군사영어학교를 거치지 않고 곧바로 부산에서 창설 중인 5연대(당시는 중대 규모)에 부임했다.

국방경비대 창설을 주도한 것은 미 24군단 소속의 장교와 하사관들이었다. 최초에는 현지 모병으로 A중대에 200명을 우선 편성하고, 인원이 차는 대로 B중대, C중대, D중대를 편성하여 대대 창설을 완료하였다. 그리고 2개 대대가 창설되면 연대를 창설하였다. 내가 부산의 5연대에 도착했을 때는 우즈, 사이머스 소위가 중사 1명, 일본계 2세 1명 등 4명이 이미 창설에 착수해 있었고, 우리 측 장교로는 박병권, 이치업, 오덕준, 박진경 등이 있었다. 뒤이어 신상철, 김익렬, 백남권, 송요찬, 이후락 소위 등이 합류했다.

나는 이들 중 계급상 상급자였기 때문에 중대장으로 근무했으며, 모병이 진척됨에 따라 대대장을 거쳐 연대장으로서 부대편성을 담당했다. 계급도 부위에서 중령까지 단기간에 승진하였다. 1947년에 접어들어 부산 감천리에 연대본부와 제1대대, 진해에 제2대대, 진주와 통영에 제3대대를 창설했다. 제5연대가 3개 대대로 완전히 편성된 일자는 1947년 1월 25일로 내가 중령으로 진급한 직후였다. 연대가 창설되자 미 고문관도 위관급에서 영관급으로 교체되었는데, 맨스필드 중령이 부임해 와서 한동안 우리를 지도했다.

경비대에 입대하는 장병은 모두 미 군정 당국과 곧 수립될 정부에 충성할 것을 빠짐없이 선서하도록 했다. 미군은 이 선서를 조금의 의심없이 액면 그대로 받아들였다. 좌익이든 우익이든 불문하고 선서라는 의식을 거치면 일단 충성스러운 군인으로 간주했다. 이 때문에 경찰에게 쫓기던 좌익 청년들이 상당수가 군에 입대해 도피처를 찾는 결과를 빚고 말았다. 박진경이 제5연대에 입대하여 1947년 6월에 소령으로 진급하였으며, 조선경비대 총사령관 송호성(宋虎聲) 장군의 전속부관으로 전출할 때까지 연대에서 여러 가지 일을 하였다.

결혼

박진경은 1947년 당시 부산에 주둔했던 5연대 부관(인사과장) 시절, 1947년 늦은 봄, 당시로서는 늦은 나이인 29세에 결혼하였다. 신부는 남해군수를 지낸 정임환(鄭任煥)씨의 딸 정봉운(鄭鳳雲)으로 진주여자중학교를 나왔고, 처남은 정수봉으로 동아대학교 총장과 동아의숙 명예 이사장을 지냈다. 박진경보다 3살 아래인 조카 박민주(朴敏柱)는 두 집안의 모친들은 어릴 때부터 잘 알고 있었다는 것을 기억하고 있다. "할머니(박진경의 모친)와 박진경 부인의 어머니하고는 보통학교 동창 사이다. 그런데 할머니가 나에게 '신부감으로 어떠냐'고 묻기에 '결혼하면 알 텐데요'라고 대답한 기억이 난다"라고 증언했다. 어머니들이 동창 관계로 잘 알고 있어 혼담이 이루어진 셈이다.

박진경이 결혼 1년여 만에 비명에 가자 부인은 충격으로 정신이상을 일으켜 생을 마감할 때까지 50여 년을 고생 고생하면서 정신병원을 전전하였다. 부인 정여사는 임신 중에 남편의 사망 소식을 듣고 충격으로 여아를 사산하였고, 정신착란으로 집을 뛰쳐나가 행방이 묘연했다가 청량리 정신병원에 입원해 있음을 알게 되어 20여 년간 치료했고,

부산의 자매여숙 정신요양원으로 옮겨 장기간 치료하다가 생을 마감하였다. 정여사는 그동안 정부의 어떤 도움도 받지 못했으며, 많은 고생을 한 것으로 알려졌다.

하우스만 대위는 경비대 정보책임자로 박진경 대령과 가까운 사이였으며, 미 군정장관 딘 소장에게 박 중령을 9연대장으로 추천한 장본인이었다. 하우스만은 1946년 8월 12일 육군 대위로 조선경비대총사령부 창설요원으로 부임하였으며 주한미군사령관 특별보좌관을 끝으로 35년간의 한국 근무를 마치고 1981년에 귀국하였다. 하우스만의 정여사에 관한 증언(1980년 6월 18일, 동작동 국립묘지, 32주기 추도사에서)은 아래와 같다.

> 고 박진경 대령 사망 당시 그의 부인 정봉운 씨는 만삭의 몸으로 출산일만을 기다리고 있었습니다. 그러나 남편의 사망 소식에 의한 충격으로 사산을 하였고, 뒤이어 정신착란이 되었습니다. 불행한 전쟁미망인 정봉운 씨는 현재까지도 정신장애로 고통을 받으며, 부산에 위치한 정신요양원에서 정부의 어떤 보조도 없이 지내고 있습니다.

김종표(金鍾杓, 예비역 대령, 전 다부동 구국용사회 부회장) 증언[26]

당시 제5연대는 창설 중이어서 업무량이 폭주하고 있었다. 대대본

26 김종표 증언, "5연대 군번 1호 박진경 대령", 『50동우회·편 국군의 뿌리 창군·참전 용사들』, 삼우사, 309쪽-312쪽.

부나 연대본부란 게 편제만 되어 있었고, 참모도 결원상태였다. 그러다 보니 박진경은 인사·정보·작전·교육·군수 업무까지 도맡아 했으며, 나중에는 군감대[27]가 설치('46. 11)되자 군감대장까지 겸무하였다. 그때 나는 하사로서 군감대 서무계를 맡아 그를 가까이에서 보좌하였다. 얼마 후 군감대는 군기대로 개칭되어 정보에서 관장하게 됨으로써 박진경 동우(동료)와 나는 인사(S-1)업무에만 전념하게 되었다.

연대 인사장교인 박진경은 교육용으로 미군 교범까지 번역하여 사용토록 했다. 이러한 그의 능력은 총사령부에까지 알려져서 송호성 초대 총사령관 전속부관으로 발탁되어 총사령부로 전출되었다.

박진경의 연대부관 시절, 그의 일과를 보면 일벌레처럼 일했음을 알 수 있다. 그는 연대본부 본관 2층 계단 옆의 방에서 기거했는데, 일석 점호가 끝나도 전등불은 꺼지지 않았으며, 자정이 넘어서야 꺼졌다. 그는 새벽 5시에 기상하여 흰 유니폼 차림으로 말을 타고 영주동 산길을 넘어 대신동 전차 종점으로 달려가 감천리의 제3중대 부관인 신상철(예비역 공군 소장, 전 체신부 장관) 부위와 함께 대청동, 부산 역전, 초량, 부산진을 돌아 6시 전에 연대본부에 도착하면 기상나팔이 울렸다. 박진경은 점호를 받은 후 구보가 시작되면 다시 대열을 뒤따랐다.

일과가 시작되면 밤새 영문으로 된 초안을 내놓고 타자수에게 해야 할 일을 지시하였고, 국문 문서는 필사들에게 프린트 시켜 각 예하부대에 전달하도록 하였다. 이때 전령들인 박태준(朴泰俊), 이병규(李炳

27 군사경찰, 헌병, 군기사령부의 전신으로 1947년 3월에 설치되었다.

奎), 김주택(金周澤), 배무남(裵武男), 송선양(宋善陽) 등이 대기했다가 출발하였다. 이들은 후에 모두 육사 6기로 임관한다.

주말이면 토요일 오후에는 일주일간 밀린 세탁물을 영도에 사는 형님 집에 맡기고 일요일에는 일주일 전에 맡긴 옷을 찾아 귀대하였다. 연대 군수과장 이후락(전 중앙정보부장, 전 청와대 비서실장) 부위가 미군측과 교섭해서 C레이션(전투식량)을 보급해 주어 중대 오락회를 자주 열었는데, 이럴 때면 박진경은 호주머니를 털어 음료수를 사 오고 꼭 참석하였다.

이해 6월, 소령으로 진급한 박진경이 총사령부로 전출되고 나도 태릉에 있는 통신 교육대에 입교하게 되었다. 첫 주일은 외출이 없는데, 어떻게 알고 왔는지 박진경이 태릉 육사에 나타났다. 태릉에는 육사 5기와 헌병교육대, 통신교육대 등에서 교육받고 있는 5연대 출신들이 15명이 있었다. 박진경은 이들 15명을 전원 불러서 가지고 온 과일, 음료수, 빵 등을 나누어 주고 같이 먹었다. 피교육 중에는 누구나 춥고 배고픈 법인데 때를 맞추어 방문해 준 그의 빈틈없는 배려에 감사한 마음을 어찌할 바 몰랐다. 그는 "곧 외출이 있을 텐데, 한번 찾아오라"고 하였다. 그래서 교육이 끝날 무렵에서야 나를 포함해서 일행 4명이 총사령부로 박진경 동우(동료)를 찾아간 일이 있었다. 그때는 총사령관 부관에서 비서실장을 거쳐 인사국장이 되어 있었고, 박동우는 결혼생활 중이어서 우리는 총사령부 내무반 별실에서 인사국 하사관이 준비해 준 야전침대로 하룻밤을 자고 돌아왔다.

박진경은 5연대 인사장교로 있을 때 능력 있는 하사관들을 적극적으로 사관학교에 추천하였다. 박진경이 추천했던 인사 중에는 국방장관 또는 참모총장을 역임한 서종철, 노재현, 박희동 등 4성 장군 3명과 김용순, 김종수, 고광도 등 3성 장군 3명 및 박태준 등 2성 장군 11명, 그리고 김현옥, 박영수 등 2명의 서울시장 등이 있다.

총사령관 부관 시절

박진경 소령은 경비대 총사령부 사령관 송호성 준장의 전속부관으로 보직되었다. 박 소령이 누구의 추천으로 송 사령관 부관이 되었는지는 알려진 것은 없으나 사령관은 미 군정과 많은 접촉을 하는 직책이므로 영어를 잘하는 장교를 찾다 보니 미 군정 고위급에게까지 소문이 난 박진경 소령을 낙점한 것으로 보인다. 어쨌든 사령관의 부관 자리는 군인들에게는 선망의 자리였다.

박진경 소령이 모신 송호성(宋虎聲) 사령관은 창군의 주역 중 한 사람이기에 그의 행적을 알아보면 다음과 같다.

송호성(본명 宋虎, 중국군 대령, 광복군 소장)은 함경남도 함흥 출신으로 중국으로 망명하여 삼립(三立) 전문학교에서 1923년 한전(邯戰) 군관 강무당을 졸업하고 장개석(莊介石)의 북벌군에 가담하여 공적을 세웠다. 1940년 중국에서 임시정부의 광복군이 창설되자 중국군 대령을 떠나 광복군에 참여하여 소장으로 제1지대 대장을 지냈다. 1946년 귀국 후 통위부장 유동렬의 권유로 육사 2기에 응시했으나 낙방했는데, 통위부장의 특별배려로 육사 1기에 편입, 1946년 10월 17일 소령으로 임관(군번 156번)하였다. 그리고 동년 12월 1일 중령 진급, '47. 1월 1일 대령 진급, 2월 25일 준장 진급 등 초고속으로 진급하여 경비대 사령관이 되었다.

총사령부 인사국장

박진경은 송 사령관의 신임을 받았으며, 부관 보직 3개월 만인 1947년 9월에 중령으로 진급함과 동시에 초대 총사령부 인사국장에 보임되었다. 박진경 중령 보임 전까지 이 자리는 인사과장, 인사 차장으로 호칭되었다.

박진경이 인사국장을 하던 시기는 경비대가 1개 도에 1개 연대씩 8개 연대와 1946년 11월 16일에 제주도에 제9연대가 창설됨으로써 총 9개 연대가 편성되어 있었다. 이러한 상황에서 3개 연대를 묶어 1개 여단으로 편성하며, 보급부대. 병기대대, 병참부대, 통신대대, 의무대대, 병원 등을 창설하고, 향토연대가 아닌 6개 연대[28]를 창설하는 시기였다. 이때 부대창설은 향토연대에서 병력을 빼내어 창설하고, 향토연대는 추가 모병을 하여 결원된 병력을 보충하는 식으로 했다. 이런 부대창설을 뒷받침하는 인력 충원계획을 마련하는 것은 인사국장의 몫이었다. 이러한 상황이어서 인사국장인 박진경은 바쁜 일정을 소화해야 했다.

이런 와중에서도 박진경은 미군의 제도를 받아들여 인사제도의 틀을 마련하는 데 주력하였다. 그뿐만 아니라 제5연대에 근무할 때 미 야전교범(FM)을 번역한 경험을 살려 각종 미 교범을 번역하여 전술 전기 연마에 도움을 주었으며, 일본군이 철수하면서 남기고 간 노후화된 무기와 장비를 미군의 최신무기로 바꾸어 창군 초기 전력 증강에도 크게

28 5월 1일에 10, 11, 12연대, 5월 4일에 13, 14, 15연대.

이바지하였다. 또한 인사국장 박진경의 업무능력과 영어 실력은 미 군정으로부터 원만한 협조를 얻는데 크게 기여했다. 특히 성실함과 원만한 의사소통으로 인하여 1947년 10월 부임한 미 군정장관 윌리 F. 딘 소장으로부터 두터운 신임을 받았다. 박진경 중령은 제9연대장으로 인선 되자 후임 인사국장에 최영희 중령을 추천하고 1948년 5월 6일 아침 일찍 항공편으로 제주도로 떠났다.

이에 관하여 최영희 전 국방장관은 다음과 같이 증언하였다.

> 나는 1947년 12월 1일 제1여단 인사참모로 부임하여 3개월 후인 1948년 3월 15일 중령으로 진급하였고, 2개월 후에는 경비대 총사령부 인사국장으로 영전하게 되었다. 경비대는 오늘날의 육군본부다. 이번 영전은 전임자 박진경 중령의 추천 때문이었다. 박 중령과 나는 일본군 학병시절 마쓰도(松戸) 공병예비사관학교 동기생이다. 그는 동교를 수료하고 제주도에 배치되었다가 해방을 맞이했는데, 제주도의 지리는 물론 일본군의 요새 진지를 잘 알고 있었다. 제주도에서 폭동이 일어나자 상부에서는 진압지휘관으로 박진경 중령을 보냈는데, 그는 누가 보아도 적임자였다.

박진경의 귀향, 요새화된 제주도

여기서 대한민국 광복 직전의 상황을 잠시 살펴보면 일본은 미드웨이 패전을 시작으로 태평양에서 미국에 계속 밀리기 시작하였으며, 유황도와 오끼나와 섬을 빼앗기자, 본토 방위를 계획하였다. 그 계획 중의 하나가 미군이 한반도에 상륙하는 것을 저지하는 것이었다. 오끼나와를 점령한 미군이 한반도에 상륙하려면 반드시 제주도를 점령해야 하므로 제주도 방어계획이 수립되었다. 이 계획을 위해 1945년 4월에 제주도 방어 책임부대로 제58군을 창설하였는데, 이 부대는 96사단, 111사단, 121사단, 108 혼성여단 등 보병부대와 포병연대, 공병연대, 치중병연대 등 지원부대로 편성되었다. 96사단은 서울에서 제주도로 이동했고, 111사단과 121사단은 만주의 관동군으로부터 차출되었으며, 108 혼성여단은 일본 본토에서 제주도로 이동해 왔다. 그리고 그당시 장교로 임관된 박진경 소위는 공병장교로 공병연대에 배치되었다.

갓 창설된 제58군은 방어 준비에 박차를 가했는데, 우선 보병부대에 책임 지역을 할당하고, 방어에 유리한 지형에 동굴 진지를 구축했다. 동굴 진지에 관하여 제주도 동굴연구소 손인식 소장은 2001년 2월 9일 자 조선일보에 연구 결과를 발표하였는데 주요 내용은 다음과 같다.

> "일본군은 제주 전역을 7개 권역으로 나누어 모두 80군데에 동굴 진지를 구축했다. 제주의 오름 367개 중 77개가 동굴 진지 때문에 파헤쳐졌다. (중략) 일본군이 구축한 동굴 진지는 주 저항 진지 30개소, 전진 거점 진지 25개소, 최후방어진지인 복곽진지 6개소, 위장 진지 19개소 등 80개소였다. 이를 지역별로 보면 제주시 지역의 경우는 주 저항 진지로 민오름 등 9개소, 전진 거점 진지로 별도봉 등 4개소, 복곽 진지로 견월

악 1개소 등 14개 소이다. 또한 서귀포 지역은 17개소, 한림지역 7개소, 모슬포 지역 23개소, 성산지역 13개소, 표선지역 5개소, 추자지역 1개소 등 총 80개소이다. (중략) 한라산 어승생악에는 6개의 진지가 있고, 정상에는 대공 진지가 2개나 있는데, 대공 진지는 제주 비행장 방어가 주 임무로 보인다."

이런 요새진지 구축에 공병장교로 5~6개월간 참여하여 실상을 잘 아는 박진경은 제주지역 사령관으로서는 적임자였다. 박진경 소위는 8·15광복을 맞이하자 한국 출신들은 동원이 해제되어 8월 말에는 제주도 일본군영을 떠나 고향인 남해로 귀향하였다.

제2부

제주4·3사건과 박진경 대령

제6장

남로당과 제주도에서의 좌·우 갈등

박헌영과 남로당 투쟁

모스크바 3국 외상 협상과 신탁통치 논쟁

박진경이 조선국방경비대 장교로 임관했던 1946년 한국의 정치사는 '반탁과 찬탁을 둘러싼 정치논쟁과 격렬한 좌우익 대립'[29]으로 특징지을 수 있다. 1945년 12월 말 모스크바가 몰고 온 신탁통치안은 국내 정치세력의 이데올로기적 대립을 최초로 명백하게 표출한 계기가 되었을 뿐만 아니라 한국 현대정치사에 가장 특기할 만한 정치논쟁을 불러일으켰다.

일본이 항복한 지 4개월 후인 1945년 12월 17일부터 28일까지 모

29 金學俊, 「분단의 배경과 고정화 과정」, 『解放前後史의 認識』 1, 한길사, 1979, 84쪽.

스크바에서 미·영·소 3개국 외상 회담이 있었는데, 이 회의에서 한반도 문제에 관해 카이로 선언을 이행하는 데 합의하고, 12월 27일에는 다음과 같은 요지의 합의문을 발표하였다.

모스크바 삼상 회의 합의문[30]

1. 독립국가로 재건하는 모든 조치를 강구하는 한국임시정부를 수립한다.
2. 한국 주둔 미·소 양군 대표로 구성되는 공동위원회를 설치한다. 이 공동위원회는 한국의 정당 및 사회단체와 협의해야 한다.
3. 미·영·소·중 4개국이 5년간의 신탁통치를 실시하여 한국 독립의 준비단계로 삼는다.

이 모스크바 삼상 회의 합의는 자국의 이익을 바탕으로 미·소 양국의 타협안이었다. 한국임시정부 수립을 위한 원칙에 '한국의 정당 및 사회단체와 협의해야 한다'라는 내용은 당시 우세를 보이는 한국 내 좌파정당과 사회단체를 임시정부 수립과정에 참여시키겠다는 소련의 의도가 담겨 있었다. '미·영·중·소 4개국이 5년간 신탁통치를 실시한다'라는 내용은 영국과 중국(국민당) 등 친미적 국가를 신탁통치 주도국가에 포함함으로써 소련에 비해 수적 우위를 확보하겠다는 미국의 의도가 내포돼 있었다.[31]

신탁통치 결정 소식이 국내에 알려지자 대다수 국민은 '신탁통치'를

---

30 國防部 戰史編纂委員會, 『韓國戰爭史-第1券, 解放과 建軍』, 1976, 72쪽.

31 이완범, 「한반도 신탁통치문제 1943~46」, 『解放前後史의 認識』 2, 한길사, 1987, 232쪽.

일본의 식민지 통치와 다름없는 것으로 받아들였다. 단지 한국을 지배하는 나라가 종래의 1개국이 아니라 4개국으로 늘어난다는 인식 아래 매우 모욕적으로 생각하였다. 남한에서는 우익진영은 물론이고 좌익진영까지도 신탁통치안을 격렬히 비난하였다. 이러한 반탁 열기는 전국 각지로 파급되었으며, 주민들은 생업을 포기하면서까지 연일 반탁 시위에 참여했다.

김구 중심의 임정 세력은 즉각 '신탁통치반대 국민총동원위원회'를 구성하고 강력하게 반탁 시위를 주도해 갔다. 이승만(李承晩)과 한국민주당('한민당'으로 약칭)도 처음엔 신중하고 조심스러웠으나 날이 갈수록 반탁의 강도를 높여 나갔다.

이에 반해서 좌파 세력들은 처음엔 신탁통치에 반대하다가 해가 바뀐 1946년 1월 2일에는 평양방송에서 "삼상회의 결정은 신탁제도가 아니라 후견인제도이며, 주권은 한국에 있다"라고 하면서 찬탁을 종용하자 다음 날인 1월 3일의 서울운동장에서 열린 '신탁통치 반대 서울시민대회'에서 돌연히 삼상회의 내용을 지지한다고 하면서 찬탁 시위까지 하는 등 갑자기 찬탁으로 돌아섰다. 이는 조선공산당 당수인 박헌영이 급히 평양에 갔다가 한반도의 공산화를 획책한 소련군의 지령을 받고 1월 2일에 돌아와서 태도가 급변했기 때문이었다. 인민공화국 중앙인민위원회는 정보 부족 때문에 반탁의 태도를 보인 것은 '과오였다'라고 하면서 "삼상 결정이 해방과 독립을 보장하는 진보적 결정이며 국내 사정에 비추어 가장 적절한 해결책이다.[32] 라고 주장하고 찬탁 지지로 돌아섰다.

한편, 북한에서는 민족지도자인 조만식 선생이 소련군이 제시한 정부 수립 시 최고위직까지 거절하면서 신탁통치안을 반대하다가 결국 고려호텔에 감금되어 정계에서 강제 퇴출당하는 수모까지 겪어야 했다. 결국 조만식 선생은 전술한 바 같이 6·25전쟁 와중에 총살당하였다. 그리고 다른 민족주의자들은 소련군의 위세에 눌려 적극적인 반탁 주장을 하지 못했다. 이에 반해서 소련군의 지시를 받았던 김일성을 위시한 공산주의자들은 신탁통치안을 열렬히 지지하였다.

미·소공동위원회 결렬과 남한지역 총선 결정

한국 내의 찬탁, 반탁운동 격화에도 불구하고 미·소 공동위원회는 준비되고 있었다. 미 군정은 이에 대비해서 우파세력의 결집이 필요하다고 판단하고, 1946년 2월 14일 하지 사령관의 자문기구로 우파중심의 대한국민대표민주의원(이하 '민주의원'으로 약칭)을 발족시켰다. 의장에는 이승만, 부의장에는 김구·김규식(金奎植)이 선임되었다.

이에 맞서 좌파 진영에서는 1946년 2월 15일 인공 중앙위원회를 계승한 민주주의민족전선(이하 '민전'으로 약칭)을 결성하였다. 이 민전은 조선공산당, 인민당, 신민당을 비롯한 좌파정당과 노동단체, 농민단체,

32 『朝鮮日報』·『서울신문』, 1946년 1월 4일.

청년단체, 부녀단체, 문화단체 등을 망라한 좌파세력의 통일전선이었다. 공동의장으로 여운형·박헌영(朴憲永)·허헌(許憲) 등이 추대되었다.

한국임시정부 수립을 위한 제1차 미·소공동위원회가 3월 20일부터 서울에서 개최되었다. 그런데 '미·소공동위원회는 민주주의 정당 및 사회단체와 협의해야 한다'라는 규정에 따라 협의 대상 단체를 선정하려 했으나 협의 대상 단체의 자격 문제로 미소 양국 대표들이 합의하지 못했다. 이 회의에서 소련 대표는 삼상 회의 결정 사항인 신탁통치를 반대하는 남한의 민족 세력들을 협의 대상에서 제외하려 하였고, 미국 대표는 이들 단체를 협의 대상으로 인정하려고 하였는데, 이는 수립될 임시정부의 주요 요직을 자신들에게 우호적인 세력으로 채우려는 주도권 싸움이었다. 결국 5월 9일에 소련 대표들이 평양으로 철수함으로써 미·소공동위원회는 결렬되었다.

미 군정은 임시정부에 참여할 정당·단체의 자격 문제를 둘러싸고 첨예한 대립 끝에 제1차 미·소 공동위원회가 실패한 후에는 온건파를 중심으로 좌우합작위원회, 그리고 이어 과도입법의원 설치를 추진하게 된다.

제2차 미·소공동위원회가 1947년 5월 22일에 서울에서 재개되었는데, 처음에는 상당히 진전되는 듯하였다. 그러나 소련 측이 1차 때와 마찬가지로 반탁을 주장하는 우익정당 및 단체를 협의대상에서 제외시킬 것을 요구하자 미국이 이에 불응하였고, 이에 소련 대표들이 10월 말에 평양으로 철수함으로써 제2차 미·소공동위원회도 결렬되었다. 이에 미국은 1947년 9월 17일에 한국 문제를 유엔으로 이관시켰다.

한편, 유엔에서는 '유엔 감시하에 남·북 총선거를 하고 한국 정부 수립과 동시에 미·소 양군 철퇴에 대한 감시협의체로서 유엔한국임시위원단을 설치하자'라는 미국 측 안이 11월 14일의 본회의에서 가결되었다.

이리하여 유엔한국임시위원단이 8개국 대표로 구성되었다. 한국 정부 수립과 남·북 총선거를 위한 유엔한국임시위원단 대표들이 1948년 1월 8일 서울에 들어와서 총선 문제를 토의하는 등 활동을 개시하였다.

이들은 북한의 소련군 사령관 면담을 신청했으나 거절당했고, 소련 정부에 몇 차례나 북한 방문을 요청하였으나 역시 거절당하였다. 북한에 진주한 소련군은 '북한에 부르주아 민주정권을 수립하라'라는 1945년 9월 20일의 스탈린 지시에 따라 김일성을 정점으로 사실상의 단독정부를 수립하였다. 이들은 남한마저 공산화하려고 했으므로, 유엔이 주도하는 자유 총선거를 받아들일리 없었다.

북한정권수립 4단계[33]

단계	날짜	명칭	구분	비고
1	1945. 10. 8.	북조선5도인민위원회	태아적 정부	북조선제행정국
2	1946. 2. 8.	북조선임시인민위원회	사실상 정부	대한민국보다 2년 반 前
3	1947. 2. 20.	북조선인민회의와 북조선인민위원회	확실한 정부	대한민국보다 1년 반 前
4	1948. 9. 9.	조선민주주의인민공화국		

입북이 좌절된 유엔한국임시위원단은 남한 정치지도자들과 협의하였고 이승만은 '소련이 북한에 있는 한 남한만이라도 단독선거를 해

33 김학준, 『북한의 역사』 1권, 서울대학교 출판부, 2008, 843~846쪽; 김영중, 『제주 4·3사건 문과 답』, 나눔사, 2022, 176쪽.

야 한다' '공산당과는 자리를 함께할 수 없다'라고 하면서 단독선거와 공산당 배제를 주장하였다. 우익인 김구는 '영구적인 국토분단이 염려되는 단독선거는 반대' '미·소 양군이 철퇴한 후 남·북한 자유선거'를 주장하면서 남·북한 간 협상의 필요성을 호소하였다. 월북해 있던 박헌영은 남한만의 단독선거는 우익정부 수립을 의미하며 이는 곧 남한에서 좌익의 소멸을 의미하므로 단독선거를 반대하였다. 특히 그는 단독선거를 저지하기 위하여 1948년 2월 7일을 기하여 남로당에 대규모 폭동을 일으키도록 지시하였다.

유엔한국임시위원단은 소련이 입북을 불허하고, 공산주의자들의 폭동으로 한국 사회의 혼란이 가중되자 남·북한 총선거가 불가능함을 유엔에 보고하였고, 유엔은 2월 26일에 자유선거가 가능한 남한 지역에서만 총선거를 하기로 하였다. 이리하여 남한에서 정부 수립을 위한 '제헌국회의원' 선거일은 1948년 5월 10일로 결정되었다.

| 박헌영과 남로당의 투쟁

박헌영은 남로당의 정치노선과 활동을 지도했던 핵심 인물이며 남로당 제주도당은 4·3사건을 일으켰다.

1917년 이후부터 일부 인사들이 국내 또는 중국 등지에서 공산주의 활동을 했다.[34] 안동 출신인 김재봉은 1922년 11월에 이루쿠츠크파 고려공산당에 입당했고, 1925년 4월 17일에 조선공산당을 창당하

34 김영중,『제주4·3사건 문과 답제4판』, 나눔사, 2022, 55쪽.

고 초대 책임 비서가 되었는데, 이때 박헌영은 조선공산당 예하 기구인 조선공산청년회 책임 비서가 되었다. 조선공산당이 유일한 코민테른(국제공산당)의 한국지부로 승인받았다. 그런데 조선공산당은 일본 경찰의 탄압으로 와해와 재건을 거듭했다. 1926년 4월에는 박헌영 주도로 제2차 조선공산당이 결성되었고, 동년 12월 6일에는 제3차 조선공산당이 결성되었으며, 1928년 2월 27일에는 제4차 조선공산당이 결성되었는데, 이마저 같은 해 8월 일본 경찰의 검거 선풍으로 와해되었다. 이에 코민테른은 계급혁명 의지가 부족하고 파벌싸움이 심하다는 이유로 1928년에 당을 해체하고 재조직을 명령하였다. 그런데 당원들은 옥고를 치르거나 일본당국의 집요한 추적을 받아 지하로 숨어들었으므로, 당을 재조직하지 못하고 있다가 해방을 맞이하였다.

공산계의 대부격인 박헌영은 옥고를 치르고 전남 광주(光州)에 3년 동안이나 은신해 있다가 광복이 되자 서울로 올라왔다. 서울에서 옛 동지들을 규합하여 1945년 8월 20일에 '당 재건위원회'를 발족시키면서 '현 정세와 우리의 임무'라는 제목의 이른바 '8월 테제'를 발표하여 당의 진로를 제시하였다. 박헌영이 제시한 8월 테제 중 혁명단계에 관한 내용의 요지는 다음과 같다.

> 소련의 승리와 국제적 지위 향상은 우리에게 혁명 달성을 위한 유리한 여건을 만들어 주었다. 오늘날 조선은 부르주아민주주의혁명 단계에 있으며, 주된 과업은 완전한 독립과 토지문제의 혁명적 해결에 있다. 우리는 대중운동을 전개하고, 조직을 강화하며, 통일전선을 결성하여야

하고, 궁극적으로 프롤레타리아 혁명으로 전환해야 한다.[35]

당 재건위원회를 발족시킨 박헌영은 건국준비위원회(건준)을 장악하기 시작하였다. 건준의 여운형은 조직 기반이 약하여 박헌영의 조직원들을 대거 건준에 참여시킴으로써 건준은 점차 박헌영의 영향 아래 놓이게 되었다. 박헌영은 9월 11일에 조선공산당을 발족시켰으며, 9월 6일에 선포된 조선인민공화국(인공)을 장악하게 되었는데, 그는 가능하면 미 군정과의 마찰을 피하려 하였다. 박헌영은 인공이 미 군정을 도와주어 그들로부터 '정부'의 지위를 인정받기를 희망했는데, 이러한 그의 희망은 미 군정의 방침 때문에 좌절되었다.

박헌영은 11월 12일에 온건 중도좌파인 여운형이 인공을 탈퇴하고 조선인민당을 결성하자 인공에 대한 집착을 버리고 광범위한 통일전선을 위하여 외곽조직을 구축하기로 하였다. 공산당의 외곽조직으로는 노동자를 중심으로 한 조선노동조합전국평의회(전평으로 약칭), 농민을 중심으로 한 전국농민조합총연맹(전농으로 약칭), 청년 학생을 중심으로 한 전국청년단체총연합(청총으로 약칭), 여성을 중심으로 한 전국부녀총연맹(부총으로 약칭)' 등과 국군준비대·학병동맹·문학가 동맹 등 직능별 동맹 등 많은 외곽단체의 조직을 주도하였다. 그리고 마지막으로 좌익 진영의 집결체라고 볼 수 있는 민주주의민족전선(민전으로 약칭)을 1946년 2월 15일에 결성하였다.

35 金南植, 『南勞黨硏究』, 돌베개, 1984. 4, 22~24쪽.

이처럼 외곽조직을 결성하는 와중에 신탁통치에 관한 찬반 논쟁이 벌어졌다. 박헌영은 처음에는 신탁통치를 맹렬히 반대하다가 북한을 방문하고 귀국한 1946년 1월 3일부터는 갑자기 찬탁으로 돌변하였다. 이에 따라 많은 지지자가 공산당을 이탈하여 우익진영으로 돌아서는 등 정치적으로 큰 타격을 받았다.

박헌영은 반탁에서 찬탁으로 변신하면서 미·소공동위원회를 통하여 권력장악을 시도했으나 위원회가 결렬되어 뜻을 이루지 못하였고, 정판사(인쇄사)사건으로 미 군정의 추적을 받게 되자 이에 강력히 맞서겠다는 판단하에 7월 26일 폭력 전술을 발표하였다.

정판사사건이란 조선공산당이 소공동 소재 정판사에서 위조지폐를 인쇄하여 유통하려다가 경찰에 적발된 사건으로서, 공산당과 박헌영의 정치 행보에 커다란 영향을 미쳤다. 조선공산당은 일제강점기에 조선은행권을 인쇄하던 소공동의 근택(近澤) 빌딩을 인수하여 조선 정판사를 설립하고, 여기에 조선공산당 본부와 당 기관지인 해방일보사를 두었다. 그런데 경찰이 1946년 5월 4~5일에 지폐인쇄기를 압수하는 한편 조선정판사와 공산당 본부를 수색하여 위조지폐 1200만 원(12억 달러 상당)을 압수하고 사건관련자 15명을 검거하였다. 미 군정은 이 사건이 조선공산당이 필요한 자금을 조달하고 남한경제를 어지럽힐 목적으로 일으킨 것으로 파악하고, 관련자들이 조선공산당 간부들이란 점을 중시하여 근택빌딩을 폐쇄하고 해방일보를 정간시켰으며, 조선공산당에 대한 감시를 강화하였다. 이 사건으로 공산당의 활동이 위축되었다.

박헌영은 스탈린의 '면접' 지시에 따라 1946년 6월 27일부터 평양을 비밀리에 방문했으며, 1946년 7월 1일 김일성과 함께 평양에서 항공편으로 모스크바를 방문하고 7월 12일 귀환했다.[36] 스탈린 면접 시의 좌석 배치는 스탈린을 중심으로 우측에 김일성, 좌측에 박헌영, 정면 중앙에 스티코프, 그리고 좌·우측에 군부의 로마넨코와 외무부의 샤브신 이었다. 김일성과 박헌영으로부터 남·북한 정세 보고를 받은 스탈린은 김일성에게 "소련 군정의 협력을 받아 북한의 소비에트화 정책을 조기 실현하도록 투쟁하라"라고 지시했고, 박헌영에게는 "어려운 여건 속에서 분투하는 그대의 혁명 투쟁을 높이 평가한다"라고 격려했다.[37]

스티코프 등 배석자들은 스탈린의 우측(소련에선 우측이 상석)에 김일성을 앉힌 점으로 보아 김을 한반도의 지도자로 낙점하였음을 쉽게 알게 되었다고 한다. 또한 김일성에게 북한의 소비에트화 정책을 조기 실현하라는 스탈린의 명령은 그들에게는 김일성을 북한 정권의 지도자로 지명한다는 뜻이기도 했다.

박헌영은 비록 스탈린으로부터 지도자로 지명받지는 못했지만 "그대의 혁명 투쟁을 높이 평가한다"라는 격려를 받았고, 스탈린의 배려로 3일 동안 모스크바에 머물면서 모스크바에 살고 있는 딸(비바 안나, 무용가, 국립무용학교 교수)과 함께 기업과 공장을 견학한 후 귀국하였다. 그는 귀국한 후인 1946년 7월 26일 '현재까지의 무저항적인 태세를 청산하고 적극적인 공세로 우익진영에 일대 타격을 가하자'는 요지의 폭력 전술을 발표하였다.[38] 스탈린으로부터 지도자로 선택 받지 못한 데

36 중앙일보 특별취재반, 『조선민주주의인민공화국』, 1992.5.5, 228~229, 237쪽.

37 중앙일보 특별취재반, 위의 책, 326~329쪽.

38 박일원, 『남로당의 조직과 전술』, 세계출판사, 1984. 11, 30~32쪽 ; 김남식, 『남로당 연구』,

따른 충격으로 폭력투쟁을 채택한 것으로 추정된다.

이러한 폭력 전술에 따라 외곽조직인 전평은 1946년 10월에 총파업을 계획하였는데, 9월 6일에 남로당 간부인 이주하가 체포되고, 미 군정으로부터 인민일보·현대일보·중앙신문 등 3개 좌익계 신문이 포고령 위반으로 정간되며, 9월 7일에는 극좌 노선을 걷고 있는 박헌영의 체포령이 내려졌다. 박헌영은 정판사사건이 빌미가 되어 미 군정에 쫓기는 신세가 되어 있었다.

이에 공산당 지도부는 10월로 예정한 총파업을 9월로 앞당기기로 긴급히 계획을 수정하였다. 이리하여 전평 주도하에 9월 24일 철도종업원 1만여 명이 파업에 들어갔고, 25일에는 출판노조가 파업에 동참했으며, 계속해서 우편·전화·전기·식료 등 전평 산하 각 노조원이 파업에 들어갔다. 이에 미 군정은 경찰·우익청년단·대한노총 등을 동원하여 용산역에 있던 파업본부를 진압하고 1,200여 명을 검거함으로써 서울에서의 파업이 일단락되었다. 철도노조 파업을 진압하는 데는 진압에 앞장선 청산리 전투 영웅 김좌진 장군 아들인 김두한의 활약이 컸다. 김두한은 종로 주먹패 두목으로 한때 박헌영의 밑에서 좌익으로 활동했으나 부친이 공산당의 총에 죽었다는 사실을 알고 우익으로 전향하였다.

서울에서의 총파업이 대구폭동으로 이어졌다. 대구지역에서도 9월 24일부터 철도종업원을 시작으로 파업이 시작되었으며, 이에 따라 생

돌베개, 1984. 4, 22~24쪽.

필품 유통이 중단되었다. 10월 1일 정오경, 쌀을 무상 배급한다는 남로당의 허위 선전에 속아 시청으로 몰려간 1,000여 명의 부녀자들이 쌀을 달라고 시위하였고, 오후 3시경에는 대구역에서 파업노동자 500여 명이 시위하였다. 이에 경찰이 시위군중을 해산시키는 과정에서 발포하여 1명이 사망하였다. 10월 2일 아침, 수천 명의 군중이 대구경찰서 앞에 집결하였는데, 이들은 전날에 죽은 노동자의 시체라고 하면서 들것에 시체를 들고나왔다. 시위대가 사용한 시체는 전날 죽은 노동자의 시체가 아니라 대구 의대생들이 병원에서 연구용으로 사용하는 코레라로 사망한 시체 4구였다.[39] 시위군중은 시체를 앞세워 경찰서로 밀고 들어가 경찰서를 점령하고, 무기고를 개방하여 총기를 들고 시내로 나와 대부분의 파출소를 점령하였다. 이렇게 시작된 대구폭동은 경남·북 등 여러 지방으로 확산하였고, 진압과정에서 많은 희생이 뒤따랐다.

한편, 김일성과 박헌영이 소련을 방문하고 귀국한 직후부터 남과 북에서는 좌익계의 합당 문제가 전격적으로 추진되었다. 김일성은 모스크바에서 돌아온 직후인 7월 10일경 합당 문제를 토의할 비밀회의를 소집하였다. 이리하여 북에서는 김일성의 북조선 공산당과 연안파 김두봉이 이끄는 조선신민당의 합당이 순조롭게 진행되어 8월 28~30일에 북조선노동당(북로당으로 약칭)을 결성하고 김두봉이 위원장, 김일성은 부위원장이 되었다. 김일성이 위원장이 못된 것은 반대 세력이 만만치 않을 뿐만 아니라 소 군정이 아직은 김일성이 전면에 나설 시기가

39 지만원, 『제주4·3반란사건』, 2011.10.20, 53~54쪽.

아니라고 판단하였기 때문이다.

남한에서도 좌익 3당 합당이 박헌영과 소 군정에 의해 추진되었다. 소련과 북한 방문을 마치고 7월 12일 귀국한 직후 박헌영은 조선공산당(박헌영), 조선인민당(여운형), 남조선신민당(백남운) 등 좌익 3당의 합당을 제의하였다. 합당 문제는 순조롭지 못하였는데, 이는 박헌영의 과격 행동 때문에 인민당의 여운형이나 신민당의 백남운이 합당을 반대했다. 합당 문제는 박헌영이 미 군정의 체포령을 피하려고 10월 6일 월북하고, 소 군정과 김일성이 개입하고서야 11월 23~24일에 해결되었다. 당명은 남조선노동당(남로당으로 약칭)으로 결정되었고 허헌이 위원장, 박헌영은 부위원장이 되었다. 박헌영이 위원장을 맡지 못한 이유는 그가 북한으로 피신한 상태여서 남로당을 직접 지도할 수 없었기 때문이었다.

남로당 결성식은 미 군정의 허가를 받았고, 하지 중장의 대리인이 참석함으로써 합법 정당으로 인정되어 경찰의 보호를 받았다. 박헌영은 미 군정의 체포령을 피하려고 철도파업 중인 9월 29일부터 산악지역으로 피신하였으며 10월 폭동이 한창이던 10월 6일에 상여의 관속에 숨어 월북하였다.[40]

남로당과 북로당은 겉으로는 동격이지만 남로당 지도자인 박헌영이 월북하여 북의 보호를 받게 됨으로써 소련군이나 김일성의 지시를 받는 신세가 되었고, 남로당은 북로당의 실질적인 지배하에 들어갔다.

---

40 『스티코프 비망록』1(일지).

소 군정은 이에 만족하지 않고 1949년 6월 30일부로 남로당과 북로당을 통합하여 '조선노동당'을 창설하고 위원장에 김일성, 부위원장에 김두봉, 박헌영, 허가이 등을 임명하고 본부를 평양에 두었다. 이로써 김일성은 한반도에서 조선노동당 책임자가 되었고, 남로당은 조선노동당의 예하 조직으로 전락하였다. 이로서 공산당 활동에서 박헌영과 김일성간 '주도권' 및 '상하관계'가 역전되었다.

한편, 박헌영은 1948년 9월에 북한 정권이 수립되자 부수상 겸 외상이란 요직을 차지하고 2인자가 되었다. 박헌영은 "일단 서울만 점령하면 남한 전역에 잠복해 있는 20만 남로당 당원이 봉기하여 남한 정권을 전복시킬 것"이라고 호언장담하여 김일성의 무력 남침 의지를 부추기는 등 6·25전쟁 발발에 깊이 개입하였으며, 결국 이 발언이 빌미가 되어 전쟁이 끝나면서 김일성에게 숙청된다.[41]

스티코프 비망록에는 '46년 9월 9일 박헌영은 스티코프에게 당이 사회단체들을 어떻게 지도해야 하는지를 문의했고, 9월 11일 스티코프는 테러와 압제에 반대하는 대중적인 시위를 벌이고 항의 집회를 개최하라는 지시를 내렸다'라고 하면서 '500만 엔을 요청하였으나 9월 28일에 200만 엔을 지급하면서 파업 투쟁에 관한 지침을 내렸다'라고 되어 있다. 10월 2일에는 '다시 300만 엔을 지급했다'라는 내용과 좌익 3당을 합당하여 남로당을 창당하는 과정에도 깊이 개입했음이 명시돼 있다.[42] 스티코프가 박헌영의 조선공산당 활동 방향을 지도하고 9월 총

41 國防軍史研究所,『韓國戰爭(上)』, 1995, 76쪽.

42 『스티코프 비망록』1(일지), 2(3당합당)』

파업과 10월 폭동에 자금까지 지원했으며 남로당 창당에 깊이 개입했다는 사실은 소련군이 남로당을 조종하고 있음을 입증하고 있었다. 더구나 박헌영이 북한에 있었기 때문에 그는 소련군의 지시대로 움직일 수밖에 없을 뿐만 아니라 김일성의 요구에도 응할 수밖에 없었다.

남로당은 공산당 시절보다 더 좌경화되고 폭력적인 노선을 견지하였고, 미 군정을 전복하려는 의도까지 보였다. 1946년 9월부터 시작된 소요 사태는 1947년에도 남로당의 조종과 선전에 의한 소요와 충돌로 얼룩졌으며, 1948년에는 미 군정과 남로당 간에, 우익과 좌익 간에 폭력투쟁이 전개되었다.

남로당은 1946년 9월에 서울대학교가 국립으로 발족하자 '국립대학 안 반대투쟁'을 전개하였다. 또 남로당은 다음 해인 1947년 2월까지 전국적인 동맹휴학 투쟁을 하면서 이에 반대하거나 참여하지 않는 학생을 구타하고 납치하기도 하였다. 그리고 동년 3월 1일 3·1절 행사 후의 시위 및 우익과의 충돌과정에서 경찰의 발포로 서울, 부산, 전북(정읍), 전남(영암, 순천), 제주 등에서 16명이 사망하고 22명이 부상하는 등 38명의 사상자를 내는 불상사가 발생하였다.[43] 이날 제주에서는 6명이 사망하고 8명이 부상하였으며, 부산에서는 5명이 사망하고 6명이 부상했다.

1948년에 들어서자 남한에 단독정부가 들어설 것이 명확해졌다. 미·소공동위원회가 결렬되자 미국은 한반도 문제를 유엔에 상정하였

43 『獨立新報』·『서울신문』, 1947년 3월 4일.

고 소련은 이를 반대하였다. 전술한 바와 같이 결국 1947년 11월 14일 유엔 감시 하의 남·북한 총선거가 결정되었다. 남·북한에서 동시에 인구비례에 따라 보통선거 원칙과 비밀투표에 의한 총선거는 소련의 한반도 정책과 어긋난 것이어서 소련은 1948년 초(初)에 입경한 유엔한국임시위원단의 입북을 거부하였다.

소련군은 '북한에 단독정권을 수립하라'라는 1945년 9월 20일 자 스탈린의 지령을 받아 사실상의 정부를 구성한 상황에서 인구비례에 따른 비밀·보통선거를 수용할 수가 없었다. 소련군의 유엔임시위원단 입북 거부로 결국 남한만의 단독선거를 할 수밖에 없는 상황이 되었다. 남한만의 단독선거가 명백해지자 많은 정당과 단체에서 잇따라 반대 성명을 발표하는 등 격렬하게 반발하였는데, 반대이유는 한반도가 남과 북으로 영구히 분단된다는 것이었다. 이 반대대열에는 좌파뿐만 아니라 우파와 중도파까지도 가세하였는데, 우파 중 김구와 김규식은 단독정부를 반대하면서 남·북 협상을 추진하였고, 이를 위하여 방북했다가 성과 없이 귀국하였다. 이에 반하여 이승만과 김성수 등은 미 군정과 보조를 맞추어 단독정부 수립을 추진했다.

한편, 남로당은 다급해졌다. 남한만의 단독선거를 한다면 우익 정부 수립이 명확해졌고, 이는 좌익의 합법적인 활동무대가 없어지는 결과를 의미하므로 좌익에게는 치명적인 타격이었다. 정치적 경쟁 관계에 있는 김일성은 소련군의 비호하에 북한에서 권력을 굳히고 있는 상황에서 박헌영은 어떻게 하든 남한의 선거를 파탄시키고 가능하면 폭력으로라도 정권을 장악하려고 하였다. 아니 어쩌면 남한마저 적화하라는 소련군 스티코프 상장의 지시가 있었는지도 모른다. 전술한 바와 같이 스티코프는 박헌영이 주도한 1946년도의 9월 철도파업과 10월 대구폭동에 거액을 지원하였고, 남한의 좌파 3개당을 합당하여 남로당을 탄생시키는 데 깊이 개입하였다. 그는 미·소공동위원회 소련 측 수석대표로서 활동하였고, 초대 주북한 소련 대사로서 북한의 6·25남침에도 깊이 개입했다.

남로당 지도자 박헌영은 단독선거를 저지하기 위한 강력한 투쟁계획을 세우고 유엔이 남한만의 단독선거를 결정하기 전인 1948년 2월 7일을 기하여 폭동을 일으키도록 예하 조직에 지령을 하달하였다. 이것이 이른바 2·7폭동으로서 좌익은 이것을 구국투쟁(救國鬪爭), 즉 나라를 구하는 투쟁이라 선전하였다. 남로당은 남한에 우익정부가 수립되어 자신들이 소멸하는 것을 막기 위해 선거를 파탄 내려고 했다. 이는 남로당에는 생존의 문제였다. 따라서 2·7폭동은 남로당이 당원뿐 아니라 민전과 전평 등 외곽조직을 동원하여 남한에서 선거를 저지하기 위하여 조직적으로 폭동과 파업을 결행한 것이었다. 정확히 말하면 나라를 구하는 구국투쟁이 아니라 남로당을 구하는 구당투쟁(救黨鬪爭)이었다. 대한민국 정부가 수립된 지 100여 일 후인 1948년 12월 1일에 국가보안법이 법률 제10호로서 제정, 공포되자 박헌영이 우려한 대로 남로당은 불법화 되어 소멸의 길로 들어서게 된다.

남로당은 구국투쟁이라고 하면서 "정권을 인민위원회로 넘겨라" "조선민주주의인민공화국 만세!" 등 공산국가 건설을 요구하는 구호를 내걸기도 하였다. 남로당의 지령으로 2월 7일 새벽부터 전평 산하의 각 단위노조를 시발로 전국 각 지역에서 총파업이 일어났으며, 민전도 이에 호응, "전 조선인은 노동자 계급의 총파업을 선두로 위대한 구국 투쟁에 궐기해야 한다"라는 성명을 발표했다. 철도·전신·전화·체신·공장·광산 등이 일제히 파업에 돌입했고, 부산에서는 선박 데모도 있었으며, 학생들도 동맹휴학에 들어갔다. 일부 지방에서는 경찰관서 습격, 살인, 방화, 전선 절단, 전신주 파괴, 철로와 기관차 파괴 등 폭력을 행사하였다.

이러한 2·7폭동은 경인 지방을 비롯하여 영남과 호남 일대를 휩쓸었다. 총파업에 참여한 노동자의 수는 약 30만 명에 달했다.[44] 경찰관서 습격, 기관차의 파괴, 전신주의 절단, 교량의 파괴 등 극렬한 행동도 있었다. 그러나 2·7폭동은 이를 사전에 인지한 경찰의 효과적인 조치로 비교적 짧은 시일 내에 진압되었다. 2월 7일부터 2월 20일까지 전국적으로 집계된 통계에 의하면 2·7폭동으로 파업 30건, 동맹휴학 25건, 충돌 55건, 시위 103건, 봉화 204건과 검거 8,479명 등이 있었다.[45] 그리고 당시 경무부는 사망 39명, 부상 133명이라고 사상자 집계를 공식 발표했다.

남로당 폭동에도 불구하고 2월 26일, 유엔은 남한지역에서의 자유선거가 가능한 남한만의 단독선거를 하기로 하고 선거일은 5월 10일로 결정하였다. 그동안 단독정부 수립을 주장하던 이승만이 선거에 적극적으로 참여하고, 단독정부 수립을 반대하던 김구와 김규식 등은 선거에 불참하였다.

남로당은 최대위기인 우익정부 수립이 현실로 다가오자 예하 조직

44 하성수, 『남로당사』, 세계, 1986, 191쪽.

45 金南植, 『南勞黨研究』, 돌베개, 1984, 306쪽.

에 5·10선거 저지를 위한 2·7폭동을 지령하였던 것이며, 이는 남로당이 생존을 위하여 내린 전략적 결정이었다. 남로당 중앙당의 '단독선거 저지'와 '2·7폭동' 지령은 제주도에서 남로당 측의 '조직수호'와 맞물려 4·3사건이 발발하는 도화선이 된다.

광복 후 제주도에서의 좌·우익 갈등

| 일본군 송환과 제주민 귀환

일본군 송환

제주도는 한반도 남서 해상에 있는, 한국에서는 가장 큰 섬이다. 면적은 1,825 ㎢이고, 동서로 73km, 남북으로 41km인 타원형의 사화산으로 최고봉인 한라산의 높이는 해발 1,950m이다. 여자. 돌. 바람 등 3가지가 많다고 하여 삼다도라 부르는 섬이다. 제주도는 북쪽 목포와는 142㎞, 북동쪽 부산과는 286㎞가량 떨어져 있으며, 동으로는 일본, 서로는 중국, 남으로는 동중국해가 펼쳐져 있다.

일본군사령부가 제주도의 방어 태세에 관심을 두기 시작한 것은 1944년 10월 필리핀이 미군에 의해 함락되면서부터였다. 그때까지만 해도 제주도 방어는 해군이 담당하고 있었으며 병력도 수백 명에 지나지 않았다. 그러나 1945년 초부터 전황이 일본에 불리하게 돌아가면서 제주도 방어 태세 문제가 새로운 국면을 맞게 되었다. 일본 방위 총사령부는 1945년 2월 9일 미군의 본토 침공에 대비해 북해도에서 제주도를 포함한 7개 방면의 작전을 준비했다. 작전 암호명은 '결호(決號)작전'으로 '결 7호 작전'은 제주도 방면의 방어책이었다.

1945년 4월 제주도에 제58군사령부가 창설되었고[46], 제96사단, 제111사단, 제121사단 등 3개 사단과 1개 여단(독립혼성 제108여단)과 야전 포병 연대, 공병 연대, 치중병 연대 등이 배속되었다. 제96사단은 1945년 4월 서울에서 제주도 북부지역으로 이동해 왔다. 제111사단은 만주 관동군으로 활동하다 5월에 제주도 서부 해안에, 역시 관동군 예하 부대였던 제121사단은 제주도 서부지역에 각각 배치되었다. 독립혼성 제108 여단은 일본 본토에서 5월에 제주도로 왔으며 제주도 동부지역의 방어를 담당했다.[47] 1945년 8·15 당시 제주도 제58군사령부 휘하의 일본군 병력은 6만여 명[48]에 이르렀다.

이때 일본군은 미군이 제주 섬에 상륙했을 때 최후까지 싸운다는 이른바 '옥쇄(玉碎) 작전'을 상정하고 있었다. 일본군은 미군이 섬에 상륙하게 되면 주민들을 한라산으로 끌고 가 일본군과 함께 미군에 대항하여 싸우도록 할 계획이었다.[49] 그것은 20여만 명의 제주도민들을 최후 결전에 동원하겠다는 매우 잔인하고 소름이 끼치는 계획이었다.

일본군은 제주·고산·모슬포·서귀포·성산포 등 해안가 곳곳에 굴

---

46 Hq. United States Army Forces in Korea(USAFIK로 약칭), G-2 Weekly Summary, No. 3, September 30, 1945.

47 Ibid.; 林鍾國, 『日本軍의 朝鮮侵略史』 II, 일월서각, 1989, 121~122쪽.

48 朝鮮軍殘務整理部에서 1946년 2월 작성한 「濟州島部隊一覽表」에는 총계 74,781명(『朝鮮軍概要史』, 198쪽)으로 기록되어 있으나, 부대별 병력 수를 합산해보면 61,090명으로 혼선을 빚고 있다. 留守業務部의 「朝鮮部隊概況表」와 國防部 戰史編纂委員會에서 발행한 『韓國戰爭史』第1卷(437쪽)에는 60,668명으로, 미군 정보기록에는 조선인 출신 병사와 노무자를 합쳐 66,780명으로 정리되어 있다.

49 林鍾國, 앞의 책, 140쪽.

을 파서 견고한 진지를 만들었다. 기존의 모슬포 비행장 이외에도 제주읍 동쪽 10㎞ 지점의 '진드르' 지역과 서쪽 2㎞ 지점의 '정뜨르' 지역 등 제주읍 동·서쪽에 비행장을 건설하였다. 중산간지대도 일본군의 요새로 변해 갔다. 어승생악·관음사·녹산장 부근 등지에 거대한 기지가 구축되었다. 산봉우리마다 토치카가 만들어지고 땅속으로는 갱도가 뚫렸다. 어승생악(御乘生岳·해발 1,169m)에는 산을 깎아내고 미로와 같은 수많은 견고한 굴을 파서 최후 저항본부로 삼았다.

이런 엄청난 작업은 제주도민들의 몫이었다. 전쟁 말기 젊은 사람들은 이미 강제 징용이나 징병을 당하여 사할린이나 홋카이도 탄광, 남양군도로 보내졌다. 따라서 청년 인력이 절대 부족했다. 일제가 강제 동원한 노무자의 나이는 만 16~50세 사이이다. 그러나 제주에서는 이런 기준도 소용없었다. 일손을 구하기가 어려우면 예순 살, 심지어 일흔 살의 노인까지 동원되는 경우가 있었다.[50]

한편, 서울에 9월 9일 입성한 미 24군단장 하지(John R. Hodge) 중장은 아베 노부유키(阿部信行) 조선총독으로부터 항복문서에 서명받은 후 일본군 제17방면군 사령관 고즈키(上月食夫)와 사전 협의를 마친 뒤 맥아더 최고사령관에게 "미군 배치가 끝나는 대로 제주도에 무장 해제팀과 조사팀을 공수하겠다"라고 보고했다.[51]

9월 28일, 제184보병연대장 그린(Roy A. Green) 대령과 38명의 장

---

50 제주4·3연구소, 『이제사 말햄수다』 II, 한울, 1989, 169쪽.

51 USAFIK, *History of the United States Army Forces in Korea(이후 HUSAFIK로 약칭), part I, chapter VII, (Tokyo and Seoul, 1947-1948), p.526.*

교와 사병으로 구성된 항복 접수팀이 제주공항에 도착하여 일본군의 항복을 받았다. 항복조인식이 끝난 후 미군과 일본군 사이에 한 시간가량 협의가 있었다. 항복 접수팀 그린 대령 일행은 정오께 곧바로 상경했다.

항복 접수팀과는 별개로 무장 해제팀이 제주에 들어왔다. 제7보병사단 요원들로 구성된 무장 해제팀이 2척의 상륙함정(LSM) 편으로 28일 오전 8시에 제주항에 도착하였다. 무장 해제팀은 군단 병기장교 파우웰(G. F. Powell) 대령의 인솔 아래 9월 26일 인천항을 출항, 이날 제주에 도착한 것이다. 무장 해제팀은 군복차림으로 제주 비행장에 주둔하면서 무기와 폭발물을 바다에 버리고 비행기들을 폭파했다.

제주에는 일본군 약 5만 명가량이 남아있었다. 미군이 1945년 10월 1일 제58군사령부를 감찰한 자료에 의하면 "제58군의 일본군 총병력은 49,619명이며, 그 외에 한국 출신 병사와 노무자는 17,161명이었다. 한국 출신들은 동원이 해제되어 8월 말까지 고향에 돌아갔다."[52]고 기록되어 있다.

남한에 있던 일본군의 송환은 1945년 9월 27일부터 시작되었다. 대전 이남은 부산항, 대전 이북은 인천항을 이용했다. 그러나 제주도에서의 일본군 송환작업은 그보다 한 달가량 늦어진 10월 23일에 이르러 비로소 시작되었는데, 이는 송환업무를 책임질 부대 확보가 늦어졌기 때문이었다. 제주의 일본군 송환업무를 전담할 임무를 띠고 10월

52 Hq. USAFIK, G-2 Periodic Report, No. 26, October 5, 1945.

22일 제주에 파견된 미군팀은 제749야전포병대대였다. 이 부대는 인천항을 통한 일본군 후송업무를 마치고 제주에 배치되었다.[53]

제주에서 승선한 일본 군인들은 규슈의 사세보(佐世保)항으로 옮겨졌다. 10월 23일부터 11월 12일까지 10차례에 걸쳐 실시된 일본군 송환작업에 동원된 미 상륙함정(LST)은 30여 척에 이르렀다. 이때 제주에 살았던 일본 민간인 860명도 송환되었다.

제주민 귀환

종전 후 제주도는 급격한 인구이동이 있었다. 6만여 명의 일본군이 철수하는가 하면, 일본 등지로 나가 있던 제주인 6만 명[54] 가량이 귀환했다. 1945년에는 일본군에 의해 제주 섬이 요새화되면서 전쟁을 피해 본토로 이주하는 제주도민이 많았다. 또 "전쟁 기간에 제주도에서 대략 3만 명의 젊은이들이 공장 노동자나 전쟁 노무자로 일본에 보내졌다."[55]는 내용이 미군 보고서에 나와 있듯이 징병·징용으로 제주를 떠난 청년들도 많았다.

이에 따라 1945년 8·15 당시 제주도 인구는 일본군을 제외하면 22만 명 안팎으로 추산된다. 이것이 1년 사이에 28만 명을 넘게 되었다. 따라서 해방 전후의 인구 변동률은 30% 선에 육박했던 것으로 보

---

53 USAFIK, *HUSAFIK, part 1, chapter VII, pp.536~545.*

54 제주도 귀환인구에 대해 『東亞日報』 1946년 12월 21일자에는 '5만~6만 명', 『濟州新報』 1947년 2월 10일자에는 '8만 명'으로 기록되어 있다.

55 Hq. USAFIK, G-2 Periodic Report, No. 26, October 5, 1945.

이는데, 특히 고등교육을 받은 젊은 사람들도 대거 귀환하였다.

일본은 오사카를 중심으로 중공업을 육성하다 보니 노동 일손이 절대 부족했다. 일본인의 눈에는 가난한 제주 섬이 조선 전체에서 값싼 노동 인력을 뽑아낼 수 있는 '가장 좋은 노동력 시장'으로 비쳤다. 제주~오사카 정기항로는 바로 이런 노동 인력을 유입하는 통로로 이용되었다. 제주항 외항에 정박해 있다가 출항할 때는 애월·한림·고산·모슬포·서귀포·표선·성산포·김녕·조천 등 섬을 한 바퀴 돌면서 포구마다 종선을 대어 승객을 실어 날랐다. 오사카까지에는 꼬박 이틀이 걸렸지만, 당시 제주인들은 본토의 부산이나 목포보다 일본과의 왕래가 더 빈번했다.[56]

1930년대 중반에는 제주민 5만여 명이 일본에 머물고 있었다. 이 가운데는 여자들도 적지 않았으며 이 노동자들은 공장이 밀집된 오사카에 집중되어 있었다. 이들은 비록 낮은 임금을 받았지만, 생활비 등을 절약해 고향에 송금함으로써 일정 부분 제주도 경제에 보탬을 주었다.

일본에 진출했던 젊은 사람들이 전쟁이 끝나고 고향에 돌아왔을 때 그들은 이제 더 이상 농민도 아니었고, 그렇다고 노동자도 아니었다. 그들은 일본 노동시장에서 저임금과 민족적 차별을 경험했던 자들로 일정하게 민족의식과 사회의식을 가지고 있었다. 그들은 고향에서 자치활동과 야학, 학교를 세우기도 했다.

---

56 任暢準,「濟州開發史」,『濟州新聞』, 1983년 4월 5일.

급작스럽게 해방된 조국 제주에는 이들을 수용할 만한 공장이나 일터가 없었다. 실업률도 증가했다. 이들은 곧 심각한 경제문제에 부닥치게 되었다. 특히 8·15 직후에 귀환자의 반입 물품 제한과 일본과의 물자교역 불법화는 그동안 일본 오사카 중심의 노동시장 생활권을 유지해왔던 출가노동자들의 경제생활에 큰 타격을 주었다.

| 군정 및 도제 실시

미 군정 실시

9월 12일 제7사단장 아놀드(Archibald V. Arnold) 소장이 군정장관에 임명되면서 주한미육군사령부 군정청이 가동되었다. 그러나 처음에는 지방에 군정 요원들이 배치되지 않아서 지역별로 1~2개월 늦게 군정 업무가 시작되었다.

제주도의 군정은 11월 9일 제59군정중대가 상륙하면서 비로소 실시되었다. 8·15 이후 86일 만의 일이었다. 제59군정중대가 9일에 제주에 진주했고, 11월 10일에는 전술부대로서 보병 제6사단의 제51야전포병대대 분견대가 파견되었다.

59군정중대는 장교 7명, 사병 40명 등 47명으로 구성되어 있었다.[57] 중대 병력은 계속 늘어나 1947년 1월에는 장교 11명, 사병 63명 등 모두

57 "Unit History," January 23, 1946, Record Group(이하 RG로 약함) 407: The Adjutant General's Office Entry 427: WW II Operations Reports, 1940-48, Central File, Box 21878, National Archives and Records Administration(이하 NARA로 약칭), Washington, D. C.

74명으로 증원되었다.[58] 이 군정중대의 지휘관은 스타우트(Thuman A. Stout) 소령이었다. 그는 제주도의 최고 자리로서 제주도사(島司) 자리에 올랐으며, 1946년 8월 제주도가 도(道)로 승격될 때는 도지사를 맡기도 하였다. 그 직책에 대해서 언론 등에서는 제주도의 '군정장관' 또는 '군정관'으로 호칭하였다.

제주도 미 군정본부는 제주도청(濟州島廳) 건물을 사용하였다. 스타우트 소령 역시 도사(島司) 사무실에서 집무하였다. 얼마 지나지 않아 미국인, 한국인 공동 도지사제도가 도입되면서 1946년 2월 박경훈(朴景勳)이 한국인 제주도사로 부임하였다. 스타우트와 박경훈 도사는 통역관을 사이에 두고 한 사무실에 근무했다.[59]

스타우트 휘하에 미군 장교로서 법무관, 정보관, 공보관, 재산관리관, 의무관 등을 두어 군정 업무를 수행하였다. 초기 군정 중대에서 역점을 두었던 분야는 치안유지와 적산(일본재산) 관리였다. 따라서 경찰권과 사법권을 관장하는 공안 담당 장교인 법무관과 일제가 흡수한 국유재산 등을 관리하는 재산관리관이 주목받았다.

미 군정은 남한에 자유민주주의 대한민국을 건국하고 현재의 대한민국을 있게 한 역할이 지대했음에도 불구하고 당시 미 군정의 일부 초기 정책의 시행착오로 일반 국민에게 실망감을 주기도 하였다. 한국인의 반일 정서의 심각성을 고려하지 못한 채 행정적인 효율성만을 고

---

58 "Cheju Task Force," January 1947, The Orlando W. Ward Papers, Korea, 1946-1949 and other materials, Box 5, US Army Military History Institute, Pennsylvania.

59 濟州道, 『濟州道誌 第1券, 第2卷』, 65쪽.

려하였는데 제주도의 사정도 비슷했다.

도제(道制) 실시

행정기구 확대

제주도는 1946년 8월 1일 행정구역상 전라남도에서 분리, 도제(道制)를 실시하게 되었다. 행정구역으로 제주도는 전라남도 제주군(濟州郡)이었는데, 제주군(濟州郡)이 제주도(濟州道)로, 즉 군(郡)이 도(道)로 승격된 것이다.

도제 실시로 제주도에는 행정기구가 확대되고, 경찰기구도 확대되었으며, 경비대도 1개 연대가 창설되는 등 정부 통제력이 강화되었다.

군정법령 제94호는 모두 6조로 되어 있는데, 제1조는 제주도가 전라남도에서 분리됨을, 제2조는 도명을 '제주도(濟州道)'로, 제3조는 도 산하에 북제주군과 남제주군 등 2개 군을 구성하며, 제4·5조는 북제주군과 남제주군의 관할구역을 명시하였다. 제주도의 행정구역이 2군 1읍 12면으로 편성됨을 명시하고 있다. 또 제6조는 이 법령이 1946년 7월 31일 24시에 효력을 발한다고 되어 있다.[60]

도(道)의 기구로는 도지사 밑에 총무국·산업국·보건후생국 등 3개국을 두었으며 산하에 북제주군과 남제주군 등 2개 군을 설치하였다. 그리고 도지사에는 스타우트 도사가 미국인 제주도지사로, 박경훈 도사가 한국인 도지사로 발령되었고, 김두현(金斗鉉)이 총무국장, 임관

60 미 군정 관보 제94호, 1946년 7월 2일.

호(任瑨鎬)가 산업국장, 박영훈(朴永勳)이 보건후생국장으로 임명되었다. 그리고 북제주군수에는 박명효(朴明效), 남제주군수에는 김영진(金榮珍)이 발탁되었다.

경찰조직 확대

제주도제가 실시되면서 경찰조직도 확대 개편되었다. 제주 경찰은 1945년 10월 21일 제8관구(전남) 경찰청 제22구 경찰서로 출발하였으며, 1946년 8월 1일에 제주 감찰서로, 9월 11일에는 제주 감찰청으로 승격되었다.[61] 그 산하에 총무과, 공안과, 통신과, 수사지도과, 사찰과 등 5개 과를 두었다. 12월 14일에는 제주읍 소재 제1구경찰서 이외에 서귀포에도 제2구경찰서가 설치되었다.[62] 따라서 종전 1개 경찰서 체제였던 제주 경찰이 도 승격 이후 1개 감찰청, 2개 경찰서 체제로 그 기구가 확대된 것이었다.

1946년 4월 경찰제도가 관구(管區) 경찰제로 개편되면서 각 도의 경찰조직은 종전의 경찰부에서 관구경찰청으로 개칭되었다. 따라서 경기는 제1관구경찰청, 강원은 제2관구경찰청으로 호칭했는데, 당시 제주도가 속해 있던 전남은 제8관구경찰청으로 불렀다. 따라서 이런 기준이라면 제주도가 도로 승격하면서 제9관구경찰청이 설치되어야 하는데, 그렇게 하지는 않았고 감찰청 기구를 두었다.

제2차 세계대전 종전 당시 제주 경찰은 총 101명으로 이중 일본인

61 김영중, 『제주4·3사건 문과답』, 도서출판나눔사, 2022, 504-506쪽.

62 濟州道警察局, 『濟州警察史』, 1990, 90쪽.

이 50명, 한국인이 51명이었다.[63] 이들 중 일부도 자리를 이탈했다가 복귀하였다. 그러다 제주도제 실시를 계기로 경찰력이 증강되면서 경찰은 점차 영향력을 확대해 갔다.

군정경찰은 해방 이후 치안에 관한 강제력을 갖는 최대 기구로서, 그리고 전투경찰로서의 성격도 갖고 있었다. 경찰인력은 계속 증원되었으며, 무장에서도 경비대보다 앞섰다.

경비대 9연대 창설

제주도가 도로 승격됨에 따라 1946년 11월 16일 제주도 모슬포에서 조선경비대 제9연대가 창설되었고 초대 연대장에는 육사 교수부장이던 23세의 장창국(張昌國) 부위(중위)가 발령되었다.[64] 9연대 창설 요원으로는 장교는 경비사관 1기 출신인 안영길 참위(소위)를 비롯하여 2기 출신인 윤춘근, 김복태, 김득룡 참위 등이 발령되었고, 사병은 광주 4연대에서 54명이 차출되었다.

1부에서도 언급된 바 있지만, 1946년 1월 15일에는 미 군정에서는 조선국방경비대를 발족하고 지역별로 향토연대를 창설하기 시작하였다. 창설 순서는 도별로 중대를 먼저 창설하고 2개 중대가 창설되면 1개 대대를 창설하며 2개 대대가 되면 연대를 창설하는 식이었다. 그런데 제주의 9연대 창설은 후발 부대로 출범한 탓인지 연대부터 창설하고 대대와 중대를 창설하는 식으로 진행되었다. 제9연대는 4·3사건 발

63 Hq. USAFIK, G-2 Periodic Report, No. 26, October 5, 1945.

64 國防部 戰史編纂委員會, 『韓國戰爭史 第1卷-解放과 建軍』, 1967, 301쪽.

발까지 겨우 1개 대대(3개 중대)만 창설되었으며, 연대장이 직접 병력을 장악한 탓에 대대에는 참모가 없었고, 대대장 요원으로 명령이 나도 부연대장(소령 김익렬 경우) 이나 연대 부관[65](대위 김도영 경우) 또는 연대작전(대위 임부택 경우) 등 다른 임무를 수행했다.

제9연대가 주둔한 곳은 일제강점기 해군항공대가 사용했던 모슬포 '오무라(大村)병사(兵舍)'였다. 일본군이 사용했던 병영의 남문 쪽 일부를 대정중학교가 쓰고, 병영의 많은 부분을 제9연대가 사용했다.[66] 연대는 1947년 3월부터 제주도 내 청년들을 대상으로 모병 활동을 벌였다. 3월 25일 제주북국민학교 운동장에서 제식훈련을 선보이는 등 섬을 일주하면서 읍면 소재지에서 모병 활동을 전개하였다. 9연대는 이런 모병 활동을 거쳐 1947년 한 해 동안 모두 8차례에 걸쳐 많게는 80명, 적게는 40명 단위로 청년들을 입대시켰다. 이들 병사는 입대 기수 별로 '1기생'에서 '8기생'으로 불렀다. 1948년 1월에 와서야 9연대의 병력이 비로소 500명에 이르게 되었다. 이후에 제주뿐만 아니라 경상도 청년들을 대상으로도 모병 활동을 벌여 '4·3사건' 직전에는 800명에 달하였다.[67] 1중대장 이세호 중위는 "1월에 제주에 온 나는 연대병력이 500~600명이었는데, 3월에 경남 산청·함양·거창 등지에서 200~300명 정도를 모병해서 제주에 돌아왔다."[68]고 증언했다. 이를 통해 제

---

65 인사업무를 수행했던 참모로 현재 인사과장에 해당.

66 제민일보 4·3취재반, 『4·3은 말한다』3권, 전예원, 1994, 112쪽.

67 9연대 병력은 김익렬 유고에는 900명으로 기록되어있다.

68 이세호(77, 서울시 용산구 동부이촌동, 주월사령관, 육참총장, 200.3.12 채록) 증언.

3중대는 4·3 발발 직전에 편성되었음이 확인된다.

이때만 해도 전국적으로 경비대 모병 심사를 할 때 사상 문제가 크게 드러나지 않았다. 미 군정은 초창기 '불편부당'을 내세워 비 이념화의 뜻을 고수하였다. 공산주의자들의 경비대 침투를 막기 위해 신원 보증제를 도입하자는 한국인 고문의 조언도 무시하였다. 이런 결과 조선공산당에서 후원한 국군준비대 대원들이 대거 경비대에 침투하게 되었고, 공산당 후신인 남조선노동당은 군사부를 두어 이를 관리하였다.[69]

제주도의 도제 실시는 제주도민들의 전폭적인 지지를 못 받았다. 특히 박헌영·여운형 등이 마음대로 조직(1945. 9. 6)한 조선인민공화국(이하 '인공'으로 약칭)의 지방 행정기구였던 인민위원회의 반대에 부딪혔다. 그동안 전남과는 상당 부분 독자 노선을 걸었던 제주도 인민위원회는 막상 미 군정이 제주도를 전남과 분리하려 하자 오히려 이를 반대하고 나섰다. 인민위원회는 경제적 부담 등을 이유로 내세웠지만, 실제로는 통제력을 강화하려는 미 군정의 의도를 의심하고 이를 경계하기 위한 목적도 있었다.

인민위원회로서는 미 군정으로 인해 자신들의 활동 영역이 더욱 좁아지고 제한받는 여건이 되리라는 것을 예상할 수 있었을 것이다. 제주도의 승격 문제를 미 군정 시기가 아닌 우리 정부가 수립된 후 결정해야 한다는 주장도 바로 이런 우려에서 나온 것이었다. 제주도 인민위원회는 제주도제를 반대하는 뜻에서 도(道) 승격 이후에도 그들의 기구

69 國防部 戰史編纂委員會, 앞의 책, 401쪽.

명칭에 '도(道)'를 쓰지 않고 종래의 '도(島)'를 그대로 사용하였다.

인민위원회와 정치 동향

미 군정이 행정조직, 경찰조직, 법원조직, 군조직 등의 기능을 하고 있어서 인민공화국('인공'으로 약칭)의 지방 행정기구였던 인민위원회는 정부 행세를 할 수가 없었다. 인민위원회의 태생은 건준에서 비롯되고 있다. 앞에서 살펴본 바와 같이 건준은 해방 직후 일본인의 생명과 재산을 보호하기 위한 조선총독부의 제안을 수락한 여운형(呂運亨)을 중심으로 결성됐다. 그리고 지방조직은 신정부 출범에 참여하려는 인사들에 의해 읍·면 등 아래로부터 자생적으로 조직되었으며, 제주도도 예외는 아니었다.

제주도에서도 광복절 다음 날인 8월 16일부터 각종 자생 단체들이 나타나 시위와 노래 등으로 세를 과시하였다. 이들은 해방 직후 우리 군경으로 대체되기 전까지 활동 중이었던 일본군과 충돌 직전까지 가기도 하였고, 일부는 건준 결성 문제로 일본 경찰의 간섭을 받기도 하였다.

서귀포에서는 지역 유지와 리 대표가 모여 모든 신생 단체를 건국준비위원회 산하에 일원화하는 데 합의하고 8월 20일에 서귀면 건국준비위원회를 결성하였다. 해방되고 미군이 진주한다는 소식이 전해지자 조남수 목사는 주변의 인사들로부터 건준에 참여를 제의받고 적극적으로 참여하기로 하였다. 이리하여 8월 20일에 서귀면의 각 리장이 참석한 가운데 건준이 결성되었는데, 오용국이 위원장을, 강성모가 부위원

장을 맡고 강성건이 치안부장을, 조남수 목사는 문화부장을 맡았다.[70]

이를 전후하여 다른 면에서도 건준이 결성되었으며, 20여 일 후인 9월 10일에는 제주농업학교에서 각 읍면의 건준 대의원들이 모여 제주도 건국준비위원회를 결성하였다. 이날 임원진 구성도 있었는데, 위원장에 오대진(吳大進·대정면), 부위원장에 최남식(崔南植·제주읍), 총무부장에 김정노(金正魯·제주읍), 치안부장에 김한정(金漢貞·중문면), 산업부장에 김용해(金容海·애월면)가 선출되었다.

제주도 건준 결성모임에 참석했던 한 증언자는 "건준 면대표 선출을 마을 대표들이 모여 투표로 한 것이 아니라 자연스럽게 추대하는 형식을 취했다"라고 말했다. 그는 건준 결성 회의에서는 주로 당면한 치안 문제, 물가대책 등이 논의됐으며 건준의 참여 범위에 대해서 "과거 악질적인 친일분자는 어쩔 수 없지만, 비록 공직에 몸담았다 할지라도 안 그런 사람은 건국 사업에 참여시키자"라는 의견이 있었다고 전했다.[71]

제주도 건준은 미 군정이 실시될 때까지는 좌·우익의 색채가 없이 서로가 협조하면서 잘 나갔으나 얼마 가지 않아 좌·우로 분열하였다. 미 군정은 행정과 사법기관을 만들었으나 업무를 원활히 수행하기 위해서는 한국인으로 구성된 정당이나 사회단체 등의 협조 기관이 필요했는데, 당시에는 건준뿐이어서 건준 간부들과의 접촉이 필수적이었다. 그런데 건준 위원장 오대진이 미 군정과 상대할 때는 사사건건 트집을 잡는 등 협조적이기보다는 비협조적이고 반항적이었다. 이에 미

---

70 趙南洙, 『四·三眞相』, 1988. 12. 5, 10~11쪽.

71 李運芳(92세·대정읍 하모리, 대정면 건준 대표, 남로당 대정면책, 2001. 11. 9. 채록) 증언.

군정은 자연스럽게 협조적인 우익 인사들과 많은 접촉을 하게 되었다. 이런 요인들이 작용하여 건준이 분열하였다.

초기 읍·면의 건준이나 인민위원회 위원장들은 대체로 이념과 무관하게 지역 원로들이 추대되었다. 읍·면 위원장은 제주읍 현경호(玄景昊), 애월면 김용해(金容海), 한림면 김현국(金顯國), 대정면 우영하(禹寧夏), 안덕면 김봉규(金奉奎), 중문면 강계일(康桂一), 서귀면 오용국(吳龍國), 남원면 현중홍(玄仲弘), 표선면 조범구(趙範九), 성산면 현여방(玄麗芳), 구좌면 문도배(文道培), 조천면 김시범(金時範) 등이었다. 이들 가운데 대정의 우영하, 안덕의 김봉규, 남원의 현중홍, 표선의 조범구, 조천의 김시범 등 5명은 미 군정 하에서 초대 면장을 지냈으며, 김봉규, 현중홍은 '4·3' 발발 이후인 1948년 5월까지 면장직에 있었다.[72]

제주도 인민위원회의 초기 활동은 행정기능을 발휘했다기보다는 오히려 치안활동에 주력했다. 이것은 인민위원회가 본래 행정기구를 표방했지만, 미 군정에서 이를 인정치 않았기 때문이다. 비록 인민위원회가 행정기관을 인수하지는 못했지만, 실질적인 내용 면에서는 읍·면 사무소의 인적 구성 등에서 영향력을 발휘했다. 여기에는 제주도 군정 업무를 맡은 59군정중대의 묵인 또는 협력이 있었다.

제주도 미 군정 당국은 1945년 말 인민위원회 치안대 간부들을 소집해 치안유지에 협조해 달라는 요청을 하기도 했다. 인민위원회 산하에는 청년동맹·부녀회·소비조합 등이 있었는데, 치안대의 활동은 주

72 濟民日報 4·3취재반, 『4·3은 말한다』 1권, 전예원, 1994, 69~70쪽.

로 청년동맹 제주도위원회 간부들이 맡아보았다. 대부분의 면사무소에서는 중요한 행정업무를 추진할 때 사전에 인민위원회 간부들과 협의하는 것이 관행처럼 되어 있었다. 인민위원회에서는 치안 활동 이외에도 농사법에 대한 교육, 학습회, 체육대회 등을 개최했고, 마을마다 야학을 통해 문맹 퇴치 운동도 전개하였다. 또한 대정중학원, 조천중학원 등 학교설립 사업도 추진했다.

그러나 미 군정과 제주도 인민위원회의 협력관계도 1947년 3·1절 발포사건을 계기로 첨예한 대립 관계로 접어들게 된다.

8·15 직후 제주에서 최초로 결성된 정당조직은 조선공산당(이하 '조공'으로 약칭) 전남도당 제주도(島) 위원회였다. 1945년 10월 초 제주읍 한 민가에서 일제강점기 사회주의 운동을 벌였던 20여 명이 참석하여 결성했다.[73] 당원 가입은 엄격한 심사를 거쳐 이루어졌다.

조공 제주도위원회는 간판을 내걸지도 않았고, 특별히 조공의 이름을 내세워 활동하지도 않았다. 다만 대중적인 인민위원회 활동에 주력했고, 청년동맹 등의 외곽조직을 통해 대중 활동을 전개하였다. 당시 제주도의 유일한 좌파 정당인 조공 제주도위원회는 1946년 11월 23일 중앙에서 조선공산당·조선인민당·남조선신민당 등 3개 좌파 정당의 통합으로 남조선노동당(이하 '남로당'으로 약칭)이 결성되면서 남로당 제주도위원회로 개편되었다.

---

73 李運芳(92세. 대정읍 하모리, 당시 조공 결성모임 참가자, 2001. 11. 9. 채록) 증언. 결성 시기에 대해 金奉鉉·金民柱의 『濟州島人民들의 4·3武裝鬪爭史』, 文友社, 14쪽에는 12월 9일로 기록하고 있다.

남로당은 미 군정청에 합법 정당으로 등록되었다.[74] 남로당의 결성식에는 미 군정 간부와 미 군정의 방첩부대(CIC)[75] 관계자들도 참석하기도 하였다. 위원장은 인공의 지도자 허헌, 부위원장으로는 박헌영이 선출되었지만, 조직의 주요 직책을 조선공산당 계열이 맡게 되었다. 조선공산당 계열이 주요 직책을 맡았다 해도 당시 체포령을 피해 월북하여 북한에 있던 박헌영이 실권을 쥐고 있었다.

제주의 경우는 당시 조선공산당(조공)만 조직되어 있었기 때문에 바로 명칭의 변화과정만 거쳤다. 조선공산당 제주도위원회 임원들은 3·1운동기념투쟁을 위하여 1947년 2월 12일 애월면에서 비밀리에 회합하고 남로당제주도위원회로 명칭을 변경하였으며 간판을 바꿔 달았다.[76] 위원장은 일제강점기 사회주의 운동으로 옥고를 치렀던 조천의 안세훈(安世勳)이 맡았다.

남로당은 대중정당을 표방하고 나섰기 때문에 초기부터 활발하게 당원 배가운동을 전개하였다. 제주읍 내 중심가인 칠성통에 남로당 간판도 걸려 있었다고 한다.[77] 남로당 제주도위원회는 1947년 3·1절 기념 집회를 배후에서 주도하게 되는데 이 무렵에는 제주도 전체 당원 수가 3,000명가량으로 늘어났다고 한다.[78] 남로당 제주도위원회는 이에 앞서 좌파 외곽조직 정비작업을 함께 추진하였다. 본토에서 이미 조직이

---

74 하성수, 『남로당사』, 세계, 1986, 172쪽.

75 Counter Intelligence Corps.

76 濟民日報 4·3취재반, 앞의 책, 535~536쪽.

77 金時鐘(74세. 日本 生駒市 喜里, 당시 남로당 제주읍당 당원, 2001. 12. 24. 채록) 증언.

78 金生玟(77세. 제주시 연동, 당시 남로당 제주도당 조직부 당원, 2001. 7. 13. 채록) 증언.

완료된 민전, 민청, 부녀동맹 등이 그때까지도 제주도에는 조직되지 않은 상태였는데, 이들 조직도 3·1절 기념행사를 앞둔 1947년 1~2월 사이에 결성되었다.

제주도 민전 결성식은 1947년 2월 23일, 도내 각 사회단체 대표 및 대의원 등 315명과 방청객 200여 명 등 5백여 명이 참석한 가운데 조일구락부(당시 제주 극장터)에서 있었다.[79] 중앙의 민전에 비해 1년 늦게 조직된 것이다. 이것은 제주도에서 우파세력이 미약했지만 좌파 조직은 하나의 조직으로 통일되어 있었고, 그때까지도 인민위원회의 대중적인 영향이 온존했기 때문이다.[80]

한편 좌파 청년단체는 초기에는 청년동맹(제주도 위원장 文在珍)으로 결성되어 주로 건준 및 인민위원회 산하의 치안대로 활동하였다. 그러다가 1947년 1월 12일 조선민주청년동맹(이하 '민청'으로 약칭) 제주도위원회가 창설되었다.[81] 민청 제주도위원회는 읍·면·리 단위까지 편성될 정도로 광범위한 조직체를 갖게 되었다. 당시 민청 면 단위 결성대회 보도기사를 보면 지서 주임 등이 참석, 축사를 했다는 내용도 있다.[82]

미 군정은 1947년 4월 행정명령 제1호[83]로 우파 청년단체인 대한민청을, 5월에는 행정명령 제2호[84]로 좌파 청년단체인 조선민청을 각각

---

79 제민일보4·3취재반. 『4·3은 말한다』 제1권, 전예원, 1994, 219쪽.

80 『제주4·3사건진상조사보고서』, 선인, 2003, 94쪽.

81 『濟州新報』, 1947년 1월 10일.

82 『濟州新聞』, 1947년 1월 28일.

83 미 군정 행정명령 제1호, 1947년 4월 22일.

84 미 군정 행정명령 제2호, 1947년 5월 16일.

테러단체로 규정, 해산명령을 내렸다. 이에 따라 중앙에서는 민청 조직을 기반으로 그해 6월 6일 조선민주애국청년동맹(이하 '민애청'으로 약칭)으로 재편하였다. 제주도 민청도 6개월 만에 해산하여 7월경 민애청 제주도위원회(위원장 姜大錫)로 바꾸게 되는데, 명칭만 변경됐을 뿐 조직이나 구성원 등의 큰 변화는 없었다. 이 민애청 조직이 4·3사건 시 자위대와 유격대의 핵심 조직이 된다. 민청과 더불어 읍·면·리에 이르기까지 광대한 조직을 갖게 되는 제주도 부녀동맹도 1947년 1월 15일 결성되었다. 이런 조직 정비를 끝낸 남로당 제주도위원회는 중단된 미·소 공동위원회 재개를 촉구하는 행사를 3·1절 기념 대회와 결부시켜 대대적으로 개최하기로 하고 그 준비에 들어간다.

제주도 주민의 70-80%가 좌파라는 주장이 경찰이나 미 군정 보고서에 나오는데, 이는 좌익 인사들이 직접 언급한 바도 있었다. 제주도에서 입법 의원에 당선된 인민위원회 출신 문도배(文道培)와 김시탁(金時鐸)은 1946년 12월 13일 서울 민전회관 기자회견에서 "제주도 내는 인민위원회가 거의 8할의 인구를 통일하고 있으며…."[85]라고 말하였다. 이는 당시 제주도에서 좌익세력과 그 동조세력이 다수의 강자였음을 말해주고 있다.

제주도 우파진영은 홍순녕(洪淳寧)을 중심으로 건준에 참여했으나 점차 좌파세력에 밀리어 인민위원회 활동에는 소극적으로 대응하였다. 그러다 이승만과 김구의 귀국과 반탁운동을 계기로 활기를 띠기 시작

---

85 『서울신문』,『自由新聞』,『獨立新報』에서 1946년 12월 15일자 기사로 보도했다.

하였다. 좌파세력에 밀렸던 우파진영은 반탁운동을 통하여 대중을 어느 정도 자기편으로 끌어들이는 데 성공하였다.

1945년 12월 26일 이승만 계열의 대한독립촉성국민회('독촉'으로 약칭) 제주도지부가 발족하였으며, 위원장은 박우상(朴雨相)이 맡았다.

1946년 5월에 제1차 미·소 공동위원회가 결렬되면서 중도 우파진영은 지도자를 중심으로 세 갈래의 노선으로 분열되었다. 이승만을 중심으로 한 단독정부 수립 움직임과 김규식을 중심으로 한 좌우합작의 움직임, 반탁 노선을 견지하면서도 이승만과 김규식의 중간 위치에 있던 김구의 노선 등이었다. 이승만은 공산주의자와 결별하고 단독정부를 수립해야 한다고 주장했지만, 김구는 조금 늦더라도 통일 정부를 수립해야 한다고 주장하였다. 신탁통치 문제를 둘러싸고 독촉 발족으로 손을 맞잡았던 이승만과 김구는 이 무렵 소원한 관계에 있었다.[86] 김구는 독촉을 탈퇴하고 한국독립당(이하 '한독당'으로 약칭)을 창당했다.

이런 흐름 속에서 1946년 7월 14일 김구가 제주를 방문, 현지의 우파진영을 고무시켰다. 김구의 제주 방문은 그가 당수로 있던 한독당 조직을 강화하는 데 목적이 있었다. 이미 한독당 제주도 당부가 결성되어 있었지만, 당세는 미미하였다. 미 군용기 편으로 제주에 도착한 김구는 제주 북국민학교에서 열린 시국 강연을 통해 "우리 민족이 대동단결하여 통일 조국을 건설하는 데 매진하자"라고 역설했다. 이날 한독당 제주도 당부 개편대회도 열렸는데, 새로운 위원장에는 홍순용이 선

86 이완범, 『解放前後史의 認識』3, 265쪽.

출됐다.[87]

이 같은 우파진영의 세력 확장 노력에도 불구하고 1947년 초까지 우파진영은 지방으로 갈수록 더욱 열세를 면치 못하였다.

한편, 우파 청년단체의 결성과정을 보면 중앙무대에서는 복잡하지만, 제주에서는 더 단조로운 양태를 띠고 있다. 제주도의 우파 청년단체가 태동한 시점은 정국이 찬탁과 반탁 논쟁에 휩싸여 전국적으로 우파 청년단체의 조직이 확대되던 시기였다.

1946년 3월에 대한독립촉성청년연맹 제주도지회(위원장 김충희)가 처음으로 발족하였으며[88] 1947년 2월에 광복청년회 제주도지회(단장 김인선)가 창립되었다.[89] 이들 두 단체가 1947년 10월 대동청년단(이하 '대청'으로 약칭)으로 합쳐지는데, 대청 단원들은 '4·3'의 소용돌이 속에서 진압대의 일원으로 참여하게 된다. 우파 청년단체 결성 당시 지방에는 이미 건준과 인민위원회 산하 청년단체가 그 뿌리를 내리고 있어서 단원을 포섭하는 데 애로가 많았다. 광복청년회와 대동청년단 단장을 계속 맡아 우파 청년운동의 주도적 역할을 했던 김인선은 "이들 단체가 태동할 때는 이념 중심보다 사람 중심으로 결성된 면이 없지 않다"[90]고 회고하였다.

이밖에 1947년 11월 서북청년회(이하 '서청') 제주도 지부(위원장 金在能)

---

87 濟州道,『濟州道誌 第2卷』, 1993, 54쪽.

88 姜龍三·李京洙,『大河實錄 濟州百年』, 泰光文化社, 1984, 575쪽.

89 『濟州新報』, 1947년 2월 1일.

90 金仁善(당시 대청 제주단장) 증언 (濟民日報 4·3취재반, 앞의 책, 149쪽에서 재인용).

와 12월 조선민족청년단(이하 '조청') 제주도 지부(지부장 白燦錫)가 결성되었다. 제주도 우파진영은 1947년 3·1사건 이후 좌파 세력에 대한 검거 선풍이 일면서 좌익 활동이 제약받게 되자, 더욱 활기를 띠고 세력 확장에 나섰다. 그런데도 우파정당의 중심인 한민당이 제주도에는 그 뿌리를 내리지는 못했다.

3·1절 발포와 관민 총파업

1946년 11월 23일 창당된 남로당은 합법적인 대중정당을 표방하고 조직 정비를 서두르는 한편, 대중투쟁의 핵심과제를 미·소 공동위원회의 재개에 두었다. 1947년 제28주년 3·1절이 다가오자 남로당은 무기 휴회에 들어간 미·소 공동위원회의 재개 투쟁과 결부시켜 3·1 기념행사를 대대적으로 개최할 것을 각 지방당에 지시했다.[91]

이 해의 3·1 기념행사는 좌파 정당·사회단체뿐만 아니라 우파진영에서도 준비위원회를 결성, 대중적 집회를 모색해 갔다. 이에 따라 서울·인천 등 여러 지역에서는 좌파 따로, 우파 따로 기념식을 준비하게 되었다.

좌파 진영에서는 민주주의민족전선(민전)이 3·1절 기념행사 준비를 주도하도록 했다. 이 같은 전국적인 동원계획에 당황한 미 군정 당국은 3·1절 기념행사는 각 직장 단위로 간소하게 치르는 등 되도록 제한하되 특히 길거리 행렬과 행진에 대해서는 엄금한다는 지침을 전국 미군

---

91 金南植, 『南勞黨硏究』, 돌베개, 1984, 275~278쪽.

군정 부대와 경찰에 지시하였다. 그리고 3·1절이 다가오자 전국 경찰에 비상경계령을 내렸다.[92]

한편 제주도 좌파 진영에서는 이런 전국 흐름에 민감한 반응을 보이기 시작했다. 그때까지도 제주도 좌파 세력은 온건성을 유지해 왔으며 미 군정과의 전면적인 대립 국면도 없었다. 그러다가 47년 초부터 민청·부녀동맹·민전 등의 결성을 통해 조직 확대에 들어가며, 3·1절 기념행사를 전환점으로 하여 대립 국면으로 들어서게 된다.

남로당 제주도위원회는 이 3·1절 기념행사를 앞둔 2월 16일에 조직적이고 세밀한 행사 준비 지침을 산하단체와 각 읍·면, 직장 세포들에 지시하였다. 이러한 3·1절 투쟁방침은 단순히 3·1절을 기념하는 데 목적이 있었던 것이 아니라 3·1절을 핑계로 전 도민을 동원하여 시위하고 자기들 주장인 남한의 자유민주주의 및 시장경제 질서를 파괴하고, 미 군정을 전복하기 위한 투쟁으로 이용하려는 것이었다.

전국적으로 전개된 1947년 3·1기념투쟁은 남로당의 조종하에 민주주의민족전선(약칭 민전) 주도로 전국적 규모로 치밀하게 추진되었다. 제주에서도 민전이 구성되어 3·1기념투쟁을 준비했다. 제주도에서는 3·1기념투쟁의 확실한 물증이 되는 3·1기념투쟁지령서 16건이 발견되었다. 이 지령서는 제주대학교 사회학과 조성윤 교수가 발굴하여 제주 4·3연구소에 기증하였고 1991년 『제주 항쟁』 창간호에 그 전문을 게재하여 알려졌다.[93]

92 『濟州新報』, 1947년 2월 18일.

93 김영중, 『제주4·3사건 문과답』 4판, 나눔사, 2022, 216~217쪽.

이 지령서 16건 중 의미 있는 일부 내용을 정리하면 아래 표와 같다.

3·1기념투쟁지령서 중 일부

하달 일자 (개요)	주요 내용	출처
1947년 2월 20일 (신탁통치지지, 남로당 노선에 따른 인민민주주의 정부 수립)	• 10월인민항쟁과 현 정세에 결부시켜 민주주의 임시정부[94] 수립의 방향에로 전인민의 진로를 밝힐 것 • '최고지도자 박헌영 선생 체포령 즉시 철회하라! 입법의원 타도하라!, 삼상회의 결정 즉시 실천, 근로인민은 남로당 깃발 아래로'라는 구호 지령 • 각 읍, 면에서, 각 직장에서 3·1기념준비위원회를, 각 부락 및 직장에서도 이에 준하는 준비위원회를 조직할 것 • 우익이라 칭하는 반동분자들을 철저히 숙청함으로써만이 우리의 승리를 기대할 수 있음	제주4·3연구소, 『제주 항쟁』 창간호, (실천문학사, 1991), 161~164쪽.
1947년 2월 25일 (선전 선동 요강)	• 중앙선전부 지시에 의하여 2월 10일부터 3월 10일까지를 캄파(정치적 목적의 대중운동) 기간을 정하였으니 치밀하고 상세한 만단의 준비와 반동배에 대해 맹공세를 취할 것 • 동원된 대중을 광범하게 대량으로 조직에 흡수하는 공작을 수행해야 할 것 • 혁명 과업을 담당하는 세력은 자주·자본가 계급이 아니라 혁명적인 노동자·농민계급이라는 것 • 대중의 호흡을 같이 할 수 있고 감정을 격발시켜 전취하고(싸워서 취하고) • 위대한 10월인민항쟁(1946년 10월 대구 폭동) 만세! 북조선 민주개혁 조선민주주의 완전 독립의 토대를 든든히 구축하고 있고 남조선에도 북조선과 같은 민주개혁을 즉시 실시하라	제주4·3연구소, 『제주 항쟁』 창간호, (실천문학사, 1991), 171~175쪽.

민전 도위원회 공동대표인 안세훈은 남로당 제주도위원회 위원장이자 3·1 기념행사 준비위원장을 겸하고 있었다. 안세훈을 비롯한 민전 의장단은 2월 25일 경찰고문관 패트릿지 대위를 방문, 집회 허가를 신청했다.[95]

좌파 측에서 3·1절 기념행사를 준비 중이라는 정보를 입수한 제

94 인민 민주주의 정부, 공산주의 정부를 의미함.

95 『濟州新報』, 1947년 2월 26일.

주 경찰은 2월 21일에 3·1절 기념행사 준비위원회 안세훈 위원장 등 5명을 불러와 3·1절 기념행사와 관련 시위는 절대 불허한다고 통고하였고, 다음날인 22일에는 다음과 같은 요지의 경고문을 발표하였다.

경고문

1. 각 관공서, 기타 각 단체의 기념행사는 각자의 직장에서 행할 것.
2. 가두 행렬과 데모 행진을 전적으로 금지함.
3. 기타 일반의 기념행사는 리·동 또는 읍·면 단위로 하고 다른 지역 주민의 참가를 금함.
4. 리·동이나 읍·면 단위로 기념행사를 할 시 반드시 집회허가원을 당국에 제출할 것[96].

경찰 측의 경고에도 불구하고 남로당 3·1절 기념행사위원회에서는 지방에서는 면 단위로 기념식을 하되 제주읍과 인접 지역인 애월면·조천면 지역만은 제주북국민학교에 모여 대대적인 기념식을 한다는 계획을 세웠다. 안세훈 등 민전 의장단은 2월 25일 제주도군정청의 패트리지(John S. Patridge) 경찰고문관을 방문하여 3·1절 행사에 관하여 집회허가를 신청하였다.[97]

좌파 움직임이 심상치 않자 경찰 당국은 만일의 사태에 대비하여 경찰력을 증강했는데, 2월 23일 충남·북 경찰청 소속 각 50명씩 100

96 『濟州新報』, 1947년 2월 24일.

97 『濟州新報』, 1947년 2월 26일.

명으로 편성된 응원경찰대가 제주에 들어왔다.[98] 이에 대해 경찰 자료에는 "군정 당국은 중앙에 제주도의 불안한 상태를 보고하여 특별대책을 세워주도록 한 결과 1백여 명의 경찰응원대가 도착하였고, 연이어 서북청년단이 입도하였다."[99]고 기록하고 있다.

한편, 2월 28일, 제주도 수석민정관 스타우트(Thurman A. Stout) 소령이 3·1 기념행사위원회 대표 안세훈 등 수명을 미 군정 장관실로 초치, 3·1절 기념행사에 대한 협의가 있었다. 스타우트 소령은 강인수 감찰청장, 패트릿지 대위, 강동효(姜東孝) 제1구 경찰서장이 배석한 가운데 '시위행렬은 절대 금지하고, 기념행사를 하려면 읍내 서쪽의 (정뜨르) 비행장에서 거행하라'라고 하였다.[100] 그런데 안세훈 등이 시위행렬까지 허가를 요청하자 부득이 기념행사까지 취소하였다.[101]그러나 3·1절 기념투쟁 제주도위원회는 이런 군정 당국의 집회 및 시위 불허를 무시하고 3·1절 행사를 애초 계획대로 강행하기로 방침을 세웠다.[102]

1947년 3월 1일 오전 11시, '3·1절 기념 제주도대회'가 열리던 제주북국민학교 주변에는 많은 사람으로 붐볐으며, 이날의 군중 수는 대략 22,000~30,000명으로 추산됐다.[103] 그리고 남로당 내부 문건에는

---

98 『漢城日報』, 1947년 3월 4일.

99 濟州道警察局, 『濟州警察史』, 1990, 277쪽.

100 濟州道警察局, 위의 책, 282쪽.

101 『朝鮮日報』, 1947년 3월 4일; 『京鄕新聞』, 1947년 3월 4일.

102 趙南洙, 『四·三 眞相』, 1988, 539쪽, 濟民日報, 『4·3은 말한다』 제1권, 262쪽,

103 『東亞日報』(1947년 3월 4일)와 趙炳玉 경무부장의 '3·1사건 담화문'(『濟州新報』, 1947년 3월 22일), 金奉鉉·金民柱의 『濟州島人民들의 4·3武裝鬪爭史』 44쪽 등에는 3만명으로, 『濟州警察史』와 주최측의 「3·1기념행사의 진상보고서」(제주4·3연구소, 『제주항쟁 창간호』, 185쪽)에는

25,000명 중 조직군중 17,000명, 기타 거리로 나온 관람 군중 8,000명이라고 기록되어 있다.

경찰은 원래의 제주경찰 330명에 응원경찰 100명을 보강한 430명 중 150명을 제주읍 내에 배치,[104] 시골에서 올라오는 군중을 막아보려 했지만 역부족이었다. 농촌에서는 아침부터 머리에 수건을 동여매고 구호를 외치며 동문통과 서문통 지역[105]에서 제주북국민학교로 기세 당당하게 들어오기 시작하였다. 행사장 주변에는 제주읍뿐만 아니라 애월면·조천면 등 주변 주민들이 모여들었으며, 학생들도 대거 참여했다. 제주읍 내 사람들도 밀려드는 인파를 보고 좋은 구경거리를 보기 위하여 거리로 나섰다.

학생들은 이미 이날 오전 9시께 오현중학교에 집결, 한 차례 행사를 치른 다음이었다. 학생들은 3·1절과는 아무 상관도 없는 '미·소 공동위원회 재개 촉구' '모스크바 삼상회의 절대 지지'라는 정치성을 띤 플래카드를 들고 '미 군정은 물러가라'는 구호를 외치며 거리로 나와 북국민학교로 들어갔다.

기념식은 애국가, 적기가, 김일성 장군 노래 등을 제창한 뒤 행사가 진행되었으며[106] 군중 들은 "우리의 지도자 박헌영, 허헌 선생, 김일

2만 5천명(주최측은 조직군중 1만 7천명, 기타 군중 8천명으로 구분)으로, 한성일보(1947년 3월 4일)에는 2만 2천명으로 기록되어 있다.

104 6th Division, G-2 Periodic Report, No. 497, February 27, 1947.

105 동문통과 서문통은 당시 제주읍 중심가의 일본식 지역 명칭임.

106 김하영(2005.4.2. 부산시 금정구 부곡2동, 부곡 대우 Apt 107-304호) 증언.

성 장군 만세!" 등의 글이 쓰인 플래카드를 들고 있었고,[107] 각계 대표들의 연설이 끝나자 진행자가 '경찰서를 습격하여 피검자의 석방을 요구하며, 불응하면 강력한 태도를 취한다.'라는 내용의 결의를 박수를 유도하여 찬동을 얻고, '조선인민공화국 수립 만세!'를 삼창한 후 기념식을 끝냈다.[108] 그리고 가두시위에 들어갔다.

이 대회에서 '김일성 장군 만세!'란 플래카드와 '김일성 장군' 노래 및 '적기가' 제창과 '인민공화국 수립 만세', '경찰서 습격' 등 시위 구호를 볼 때 제주도 남로당 측에서 3·1절 기념행사를 극단적 정치 행사로 탈바꿈시켰음을 알 수 있다. 이들의 궁극적 목표는 김일성이 주도하는 조선민주주의인민공화국에 의한 한반도 남북통일이었으며 이를 달성하기 위한 투쟁 수단으로 3·1절 기념행사를 이용하려고 했던 것임을 알 수 있다.

이날 오후 2시께부터 군정 당국의 반대에도 불구하고 남로당의 계획대로 불법 가두시위가 시작되었다. 시위대는 청년(민애청)들이 5열 종대로 스크럼을 짜고 깃발과 표어가 쓰인 플래카드를 앞세우고 기세등등하게 구호를 외치면서 쏟아져 나왔는데, 제주북국민학교를 나온 시위행렬은 두 갈래로 나뉘어 한 대열은 감찰청이 있는 동문통 방향으로, 다른 한 대열은 미 군정청과 경찰서가 있는 관덕정 광장을 거쳐 서문통 방향으로 나아갔다. 제주읍을 중심으로 서쪽 지역 주민은 서쪽

---

107 제주 4·3 연구소, 『제주항쟁 창간호』, 실천 문학사. 1991, 181쪽; 김영중, 『남로당 제주도당 분석』, 삼성 인터컴, 2014, 57쪽.

108 김영중, 『남로당제주도당 지령서 분석』 제2판, 퍼플, 2023, 124쪽.

대열에, 동쪽 지역 주민들은 동쪽 대열에 합류하여 자기 마을로 복귀하면서 시위했다.

동문 방향으로 행진한 시위대는 감찰청 앞에서 무장경관대와 시위대 간에 대치상황이 벌어졌다. 시위대를 막아선 경찰은 기관총을 장착한 스리쿼터(3/4톤차량)를 앞세운 50명가량의 무장경찰로 사격 자세를 갖추고 있었다. 이 상황에서 기마경관이 타고 있던 말 2필이 거꾸러지는 등 한때 기마경관과 시위대 간에 실랑이가 있었다. 말 2필이 경관을 태운채 거꾸러졌다는 것은 시위군중이 경관이 타고 있던 말에게 플래카드용 장대 등으로 매타작하거나 항문을 쑤시는 등 심한 타격을 했기 때문이었다. 이는 사건을 일으키기 위한 시위대의 도발적인 행위였다. 그러나 쌍방이 자제력을 발휘하여서 한 시간 이상 대치하고 있다가 제주신보 기자들의 설득으로 시위대는 자진 퇴각하였다. 이로 인한 쌍방의 인명피해는 없었다.[109]

서문 방향으로 행진한 시위대는 관덕정 옆으로 빠져나갔다. 도지사 관사 부근과 관덕정 부근과 식산은행 건물 옆쪽에 듬성듬성 100~200명의 관람 군중이 남아있었다. 오후 2시 45분경, 보고차 경찰서로 가던 한 기마경관의 말발굽에 5~6세가량의 소년이 치여 옆길 배수로에 떨어졌다.

그런데 기마경관이 어린이가 치인 사실을 몰랐던지 그대로 가려고 하자 누군가가 '경찰이 어린애를 말로 치어 죽였다' '살인경찰 잡아라'라

109 『濟州新報』, 1947년 4월 6일.

고 선동하였고, 이에 주변에 있던 군중들이 야유하고 돌을 던지는 등 흥분하기 시작했으며, 기마경관을 뒤쫓아 경찰서 쪽으로 몰려갔다. 그런데 이때 경찰서 건너편인 식산은행 부근에서 경비중이던 기마경관 한 명이 부근에 있던 관중들에게 다리가 붙들려 말에서 끌어 내려지고 있었다. 이런 광경을 목도한 경찰서 망루에서 근무하던 경찰이 동료를 구하기 위해 사격했다.[110] 당시 경찰서의 정문이나 망루 및 관덕정 등에는 응원 경찰이 무장을 한 채 경계를 서고 있었다.

관람 군중이 돌맹이를 던지면서 경찰서 부근까지 기마 경관을 뒤쫓아 왔고, 경찰들은 경찰서 습격으로 오인하여 자위권 차원의 발포를 하였다. 경찰서 방어를 위하여 자위권 차원에서 발포하게 되었다고 주장할 수 있는 상황이었다.

경찰의 발포로 6명이 숨지고, 6명이 중상을 입었다. 희생자 가운데는 초등학생과 젖먹이를 안고 있던 20대 여인도 포함되어 있었다. 희생자들은 경찰서 건너편에 있는 식산은행 앞 노상이나, 골목 모퉁이에 쓰러져 있었는데, 검시 결과 희생자 중 1명을 빼놓고 나머지 모두 등 뒤에 총탄을 맞은 것으로 판명됐다.[111]

이날 도립병원 앞에서 두 번째 발포사건이 발생했다. 당시 도립병원에는 그 전날 교통사고를 당한 한 응원경찰관이 입원해 있었고, 동료 2명이 병원에 있었다. 그런데 갑자기 관덕정 쪽에서 총성이 나고,

---

110 제주도경찰국, 『濟州警察史』, 1990, 284쪽; 강용삼·이경수, 『대하실록 제주 백년』, 557쪽; 고문승, 『제주사람 들의 설움』, 314쪽.

111 『獨立新報』, 1947년 4월 5일.

피투성이된 부상자들이 업혀 들어오자 그들 중 한 명인 이문규(李文奎·충남 공주경찰서 소속) 순경이 공포감을 느낀 나머지 총을 난사, 장제우(張濟雨) 등 행인 2명에게 중상을 입혔다.[112] 이는 응원경찰의 불안정한 심리상태가 극명하게 표출된 사건이었다.

『제주경찰사』는 "제주의 3·1절 사건은 경찰이 가해를 하고 민중이 피해자가 되었기 때문에 민심수습에 큰 어려움이 있었다"[113]고 기록했다. 그런데도 당시 경찰당국은 민심 수습보다는 발포의 정당성 강조에 주력했다. 도립병원 앞의 발포에 대해서는 '무사려한 행위'로 잘못을 시인하면서도, 관덕정 앞의 발포에 대해서는 경찰서 습격에 대비한 정당방위였다고 주장했다.

경찰은 사건이 발생한 3월 1일 초저녁부터 통행금지령을 내렸다. 통금시간은 저녁 7시부터 다음 날 오전 6시까지였다. 이미 충청남·북도에서 50명씩 응원경찰 100명이 들어와 있었으나 비상경계령을 펴다 보니 경찰력이 모자라 가까운 전남 경찰에 응원경찰 지원을 요청했다. 1일 저녁 무렵에 목포 경찰 100명이 제주를 향해 출발했다.[114] 제주 경찰은 2일부터 3·1절 행사위원회 간부와 중등 학생들을 임시로 구속했다. 2일 하루 동안 학생 25명이 경찰에 연행되었고, 곧이어 무조건 구타와 고문을 한다는 소문이 나돌았다.[115]

---

112 『濟州新報』, 1947년 3월 22일.

113 濟州道警察局, 앞의 책, 289쪽.

114 Hq. USAFIK, G-2 Periodic Report, No. 469, March 2, 1947.

115 『濟州新報』, 1947년 3월 8일·14일.

남로당 제주도위원회는 3월 7일 각 읍·면 위원회에 '3·1사건 대책 투쟁에 대하여'란 지령서를 내려보냈는데, 여기에는 투쟁방침, 조직활동, 요구조건 등이 상세히 적혀 있었다. 이에 따라 남로당 제주도위원회 간부들이 모여 '제주도 3·1사건 대책 남로당 투쟁위원회'를 결성하고 위원장에 김용관(金龍寬), 부위원장에 이시형(李著珩)을 선출했다. 또 3월 9일에는 제주읍 일도리 김두훈(金斗壎) 집에서 사회 인사 수십 명이 모여 '제주 3·1사건 대책위원회'를 조직했는데, 위원장에 홍순용, 부위원장에 안세훈을 선출했다.[116] 당시 안세훈은 남로당 제주도위원장이었고, 홍순용은 대표적인 우익인사였다.

1947년 3월 10일경부터 제주도에서 한국에서는 유례가 없었던 민·관 총파업이 시작되었다. 관공서뿐만 아니라, 통신기관, 운송업체, 공장 근로자, 각급 학교, 심지어는 미 군정청 통역단 등 공무원과 회사원, 노동자, 교사, 학생까지 참여하는 대규모 파업이었다. 이 파업은 경찰의 3·1 발포와 그 대응에 항의하는 성격을 지니고 있었다. 그리고 이 파업은 앞에서 살폈듯이 남로당 제주위원회가 배후에서 조직적으로 지원하고 있었다.

10일 정오 제주도청에서 직원 간담회가 개최됐다. 이 간담회를 통해 3·1사건 진상조사단에 진상보고를 요구했지만 거절당하자 즉각 청원(廳員)대회를 소집했다. 오후 1시 박경훈 도지사와 김두현(金斗鉉) 총무국장 등을 비롯한 100여 명의 직원이 참석한 가운데 제주도청 청원

116 濟州道警察局, 앞의 책, 289~290쪽.

대회가 열렸다.

10일에는 제주도청 이외에도 항무서, 측후소, 신한공사, 제주·남일버스 등 운수업체, 제주농업중학교·오현중·제주중·교원양성소의 교원과 학생, 제주동·남·북초등학교 교직원들이 파업에 돌입했다. 11일에는 북제주군청과 제주읍사무소, 우편국, 식량사업소, 전매서, 무선국, 식량영단, 금융조합, 제주여고, 남진운수 등이, 12일에는 세무서, 세관, 통역단, 식산은행, 남전, 신한공사 농장, 생필품조합, 이용사회 등으로 확대됐다. 관공서, 학교, 기업체 등 파업단체 대표들은 3월 11일 회동, 파업의 효과적인 실효를 거두기 위해 연합적인 전선을 펴기로 하고 '제주읍 공동투쟁위원회'(위원장 高禮龜)를 구성했다.[117] 파업은 제주읍뿐만 아니라 삽시간에 각 면으로 퍼졌다.

『독립신보』는 제주도 파업사태에 "156개 단체 직원이 총파업에 참여했다."[118]고 보도했다. 그리고 경찰은 『제주경찰사』에서 그 당시의 자료를 인용, 경찰과 사법기관을 제외한 전 기관 단체가 총파업을 해 그 숫자는 166개 기관·단체에 41,211명이 참여했다고 밝히고 있다.

3월 14일 목포항을 떠난 전남 경찰 122명과 전북 경찰 100명은 다음날 제주항에 도착했다. 3월 18일에는 경기 경찰 99명이 파견됐다. 이로써 2월 말 제주에 들어온 충남·북 경찰 100명을 합치면 응원경찰은 총 421명으로 불어났다.[119]

---

117 『濟州新報』, 1947년 3월 12일, 3월 14일.

118 『獨立新報』, 1947년 4월 5일.

119 7th Division, G-2 Periodic Report, No. 59, March13, 1947; 『獨立新報』, 1947년 4월

이 같은 응원경찰 수는 원래 있었던 제주경찰 330명을 능가하는 것이었다. 응원경찰대가 속속 제주에 도착하면서 제주경찰은 뒷전으로 밀리기 시작했다. 특히 제주경찰관 가운데 일부가 파업에 동조, 근무지를 이탈하는 바람에 더욱 불신받는 계기가 되었다. 3월 16일에는 제주 경찰감찰청 내에 본토 경관들을 중심으로 특별수사과(과장 李虎)가 설치됐다.[120]

조병옥 경무부장은 응원경찰대가 충원된 15일부터 파업 주모자를 검거하라는 명령을 내렸다. 맨 처음 단속한 곳이 제주도 총파업 투쟁위원회 본부였다. 투쟁위원회 간부들이 검거되고, 민전 간부들과 남로당 간부들도 연행됐다. 3월 18일 강인수 제주 경찰감찰청장은 기자회견을 통해 "이번 사건으로 검거된 사람은 전도적으로 약 200명 가량 된다"[121]고 밝혔다. 검속 강도는 시간이 흐를수록 더욱 높아졌다.

제주도에 6일 동안 체류한 뒤 귀경한 조병옥 경무부장은 3월 20일 군정청 기자실에서 제주도 3·1절 발포사건에 대한 담화를 발표했다. 그는 2건의 발포사건 책임 문제를 언급하면서 1. 제1구 경찰서에서 발포한 행위는 당시에 존재한 제 사정으로 보아 치안유지의 대국에 입각한 정당방위로 인정함 2. 제주도립병원 앞에서 발포한 행위는 당시에 존재한 모든 사정으로 보아 경찰관의 발포는 무사려의 행동으로 인정

5일.

120 『濟州新報』, 1947년 3월 18일.

121 『濟州新報』, 1947년 3월 20일.

한다[122]고 밝혔다.

3월 10일부터 시작된 제주도 총파업은 3월 20일 전후해서 소강 국면으로 접어들었다. 미군 정보보고서는 "3월 19일 오전 8시에 접수된 보고서에 따르면 파업 중인 군정청 고용원의 90%와 운송 분야 고용원의 50%가 직장으로 복귀했으며, 상황은 진정되고 있다"라고 기록하고 있다.[123] 국내 언론에서도 3월 20일부터 일제히 '제주 관공리 파업 일단락'이란 제목 아래 보도하기 시작했다.

그런데 경찰 당국의 대량 검속[124]이 새로운 쟁점으로 드러났다. 조병옥 경무부장의 지시로 3월 15일부터 파업단 관련자 검거에 나선 경찰 당국은 단속 첫날 3·1절 기념행사를 주도한 김두훈·고창무 등 제주 민전 간부들을 구속하는 것을 시발로 파업 중이던 직장의 간부들을 속속 연행 취조하기 시작했다. 3월 18일 강인수 제주 경찰감찰청장이 밝혔듯이 이틀새 검거된 사람은 200명에 이르렀다. 이런 검속은 계속돼 연행자는 3월 말 300명, 4월 10일께는 500명에 달했다.[125]

이들 연행자에 대한 심문은 주로 서울 등 다른 지역에서 파견 나온 경찰들이 맡았다. 검거자 수가 계속 늘어나면서 그 당시 전국적으로 유명한 수사요원들이 속속 제주에 추가 파견됐다. 이러다 보니 경무부 자체에서 제주사건 수사 지휘관의 격상 필요성이 제기돼 3월 말에

---

122 『大東新聞』, 1947년 3월 21일.

123 Hq. USAFIK, G-2 Periodic Report, No. 483, March 19, 1947.

124 공공의 안전을 해롭게 하거나 죄를 지을 염려가 있는 사람을 경찰에서 잠시 가두던 일.

125 『濟州新報』, 1947년 4월 12일.

는 제1관구 경찰청(경기) 김태일(金泰日) 부청장이 수사 총지휘관으로 제주에 파견됐다.[126]

이 무렵 연행자의 취조 과정에서 심한 고문이 자행된다는 소문이 나돌았다. 경찰 당국자는 이를 부인했지만, 당시 경찰에 연행됐던 사람 중 많은 사람이 고문이 있었다고 주장했다. 제주도청 공무원이었던 한 증언자는 "육지 경관들이 취조하면서 파업 주동자와 배후를 대라면서 무조건 때렸다. 옆방에서도 비명이 그치지 않았고, 동료 직원 한 사람은 무수히 구타당해 걷지도 못할 정도였다"고 주장했다.[127]

| 경찰–주민 충돌과 고문·치사사건

경찰–주민 충돌사건

3·1사건 이후 주민들과 경찰이 충돌하는 사건이 자주 발생했다. 1947년 3월 우도와 중문리 사건을 시발로 6월 종달리 사건, 8월 북촌리 사건 등으로 이어졌다.

우도 사건은 1947년 3월 14일 우도의 민주청년동맹(민청) 대원들이 대중 시위를 감행한 후, 우도 경찰관파견소의 간판을 파괴하고 소각한 사건이다. 이날 성산포 동쪽 해상에 있는 우도 주민 절반가량인 1,000여 명은 국민(초등)학교에 집결, 3·1사건 대책위원회를 조직하는 한편 경찰의 발포에 항의하는 성명을 발표했다. 그리고 우도 섬 한 바퀴를 돌면서 시위행진을 벌였다. 시위가 끝난 후 민청 간부 몇 명이 경찰관

126 『獨立新報』, 1947년 4월 5일.

127 高順協(당시 제주도청 축산계장) 증언 (濟民日報 4·3취재반, 앞의 책, 364쪽 재인용).

파견소에 찾아가 전단을 압수한 데 항의하고 출장소 간판을 불태워 버렸다.[128] 당시 우도에는 경찰관 3명이 근무하고 있었으나 손을 쓸 수 없었다. 이 사건은 사건 발생 12일 만에 비로소 경찰서에 알려져 응원경찰대 15명이 급파됐다.[129] 그러나 민청 간부들은 이미 우도 섬을 떠난 뒤여서 현지의 관련 혐의자만이 검거됐다.

중문리 사건은 1947년 3월 17일 시위군중에게 응원경찰이 발포, 주민 8명이 부상당했던 사건이다. 3월 13일 중문지서 주임 양경한(梁慶漢) 등 제주 출신 경찰관 6명 전원은 제주읍에서 일어난 3·1 경찰 발포가 부당하다면서 사직했다. 당황한 경찰 측은 3월 15일 김경술(金京述) 경위를 반장으로 한 응원경찰대 20여 명을 중문지서에 배치했다.[130] 응원경찰대는 곧이어 총파업에 가담했던 지역 인사들을 연행했다. 구금자 중에는 지역 주민의 신망을 받던 중문중학원 원장 이승조(李承祚)와 중문민청 위원장 김성추(金性秋)도 포함됐다. 이승조는 일본 간사이(關西)대학 법문학부 출신으로 해방 후 중문면장까지 지냈으며, 김성추는 일제 때 노동운동으로 옥고를 치렀던 인물로 해방 후에는 청년운동과 야학운동을 주도해 왔다.

3월 17일 오전 11시 중문면 사무소 소재지 중문리 향사에서 지역 주민 1,000여 명이 모인 가운데 면민 대회가 열렸다. 이 집회에서 3·1 사건으로 인한 수감자들을 즉시 석방할 것을 요청하자고 결의하고, 오

---

128 『濟州新報』, 1947년 4월 2일.

129 『濟州新報』, 1947년 3월 28일.

130 『濟州新報』, 1947년 3월 24일.

후 1시께 중문지서로 몰려갔다. 사태가 심각해지자 면장 등 지역유지들이 먼저 지서에 들어가 석방 교섭을 벌였지만, 응원경찰대는 완강했다. 시위행렬이 지서 앞에 이르자 경찰 지휘관은 해산 명령을 내렸다. 여러 차례 해산 요구에도 응하지 않자 경찰은 발포했다.[131] 이 발포로 강상준(姜祥俊) 등 지역 주민 8명이 중경상을 입었다.[132]

종달리 사건은 1947년 6월 6일 민청의 불법 집회를 단속하던 경찰관 3명이 오히려 집회 참석 청년들로부터 집단 구타를 당해 중상을 입은 사건이다. 이날 밤 8시를 전후해 구좌면 종달리 바닷가에서는 마을 청년 200명가량이 참석한 가운데 마을 민청 집회가 열리고 있었다.

이런 집회 개최 정보를 입수한 제주경찰서 세화지서 소속 김순형(金淳亨), 황종욱(黃鍾郁) 최한수(崔漢洙) 경찰관 3명이 집회 현장에 접근했다. 그런데 보초로부터 이런 보고를 받은 종달리 민청 위원장인 부옥만(夫玉萬)이 "우리가 잘못한 일이 없으니 도망칠 이유가 없다"라고 하면서 20여 명의 참석자를 선동했다. 곧이어 청년들과 경찰관 사이에 몸싸움이 시작됐고, 수세에 몰린 경찰관들이 급한 김에 바다에 뛰어들었다. 부옥만은 해초를 긁어모으는 갈고리가 달린 장대로 경찰관들의 제복 옆구리를 걸고 잡아당겼다. 결국 실신 상태의 경찰관들은 자신들이 소지했던 포승줄에 묶이는 신세가 됐다.[133]

집단폭행으로 피투성이가 된 경찰관들은 마을 주민들에 의해 마

131 『濟州新報』, 1847년 3월 24일.

132 濟州道, 앞의 책, 80쪽.

133 金汝玉(당시 사건현장 목격자) 증언 (濟民日報 4·3취재반, 앞의 책, 446쪽 재인용).

차에 실려 세화지서로 옮겨졌다. 경찰은 곧 비상을 걸었으며, 사건에 관련된 청년들은 피신하기 시작했다. 이때부터 경찰과 집회참석자 사이에 쫓고 쫓기는 추격전이 계속됐다. 폭행당한 경찰 3명 중 2명은 치료 중 후유증으로 죽었고, 황종욱은 장애인이 되었다. 수배자 71명 중 42명이 검거돼 재판에 넘겨졌다.[134] 사건 주모자 부옥만에게는 가장 무거운 징역 4년이 선고됐다.

북촌리 사건은 1947년 8월 13일 조천면 북촌리에서 불법 전단을 단속하던 경찰관과 지역 주민들이 충돌, 쌍방이 부상자를 낸 사건이다. 광복절 비상근무에 들어간 경찰은 이날 오전 11시께 순찰 도중 북촌리에서 전단을 붙이던 사람들이 달아나자 뒤쫓으면서 총격을 가했다. 이 발포로 10대 소녀 장윤수(張允洙)를 비롯해 여자 2명과 남자 1명 등 주민 3명이 총상을 입었다. 이에 흥분한 한 소녀가 사이렌을 울려 마을 주민들을 집결시키고, 경찰과 대항할 것을 결의했다. 때마침 마을을 벗어나지 못한 김병택(金秉澤) 순경 등 경찰관 2명이 붙잡혀 집단 폭행을 당했다.

북촌 주민들은 이에 직성이 풀리지 않았던지 마을에서 3㎞가량 떨어진 함덕지서에 찾아가 항의 시위를 벌였다. 함덕지서에서는 지서 지붕에 기관총을 거치하고 공포를 쏘면서 시위군중들을 해산시켰다.

이를 전후해서 제주도에서 마을마다 전단 부착과 무허가 집회가 성행했다. 경찰은 이를 불법행위로 간주하고 단속을 강화했다. 미군

134 『濟州新報』, 1947년 6월 26일.

정보보고서에 의하면 1947년 8월에 이르러 반미 전단도 살포되고 있다고 보고되고 있는데, 그 보고내용은 "자신들의 이익을 위해 한국을 강탈하려는 미군을 몰아내자'라는 등 미군을 공격하라는 선동적인 전단이 최근 제주도에 뿌려지고 있다"라는 것이었다.[135]

고문·치사사건

도민들의 감정을 자극하고 미 군정과 경찰에 대한 신뢰가 추락하는 사건이 발생했는데, 고문·치사사건이다. 2·7폭동 이후에도 검거 선풍이 계속되었으며, 경찰은 남로당 조직을 철저히 파악하기 위해 구금자들에 대한 심문 강도를 더욱 높였다. 그러다가 1948년 3월 경찰에 연행됐던 청년 3명이 고문으로 잇따라 숨지는 사건이 발생, 제주 사회의 민심을 동요시켰다.

조천지서에 연행됐던 조천중학원 2학년 학생 김용철(金用哲, 21세)은 학생회장으로서 '47년의 3·1절 집회 및 시위에 적극적으로 참여했으며, 남로당 측으로부터 '정열적인 혁명 일꾼' '동무' 등으로 불렸다. 그는 그간 경찰의 수배를 받아오다가 '48년 3월 4일 검거되었는데, 유치 이틀 만인 3월 6일 별안간 숨졌다. 사체의 검시 결과 그는 고문에 의해 사망한 것으로 밝혀졌다. 3월 14일 모슬포지서에서 유치 중이던 대정면 영락리 청년 양은하(梁銀河, 27세)도 경찰의 고문으로 목숨을 잃었다. 3월 말에는 서청 경찰대에 붙잡힌 한림면 금릉리 청년 박행구(朴行

---

135 Hq. USAFIK, G-2 Periodic Report, August 8, 1947.

九, 22세)가 붙잡혀 총살당한 충격적인 사건이 발생했다.

조천지서의 김용철 군 고문치사 사건은 사건 발생 6일 만에야 지방언론인 제주신보에 보도됐다. 이에 조천중학원 학생들은 사인 규명을 요구하며 시위를 벌였다. 지역 유지들도 사태가 심각하다고 보고 철저한 조사를 군정 당국에 요구했다.

경찰 측에서는 이북 출신이며 의사였던 제주도청 보건후생국장 송한영을 검시 의사로 추천했으나 검찰 당국은 제주 출신 장시영을 선택했다. 부검은 이례적으로 두 차례 실시됐다. 1차 부검은 경찰 측의 훼방으로 건성으로 마쳐졌다. 이 문제가 논란이 되자 미 군정에서는 재부검을 지시했다. 다음날 실시된 2차 부검 결과 외부 충격에 의한 뇌출혈이 결정적인 사인으로 밝혀졌다. 의사 장시영은 "타박으로 인한 뇌출혈이 치명적인 사인으로 인정된다"라는 감정서를 제출했다.[136]

조천지서 사건의 여파가 채 가라앉기도 전인 3월 14일에는 모슬포지서에서 청년 양은하가 고문치사 당하는 사건이 발생했다. 양은하는 마을에서 선동적인 연설을 잘하는 사람으로 알려져 있었다. 경찰에 검거되기 직전에도 양은하는 소련 측이 유엔의 남·북한 인구비례에 의한 총선 결정에 반대하여 선거 준비를 위한 유엔 임시위원단의 입북이 거절된 것은 거론도 하지 않고, '조국이 분단되기 때문에 단독선거를 반대해야 한다'라는 요지의 연설을 했다.

고문·치사사건은 민심이 돌아서는 요인으로 작용했으며, 경찰의

---

136 張時英(81세. 제주시 일도2동, 당시 부검의사, 2002. 10. 19. 채록) 증언.

주민탄압 사례로 제시되곤 했다. 김달삼은 1948년 8월 25일의 해주연설에서 3건의 고문·치사사건을 거론하면서 고문·치사사건은 4·3이 발발한 원인 중 하나라고 강변하였다. 즉 경찰의 폭압 때문에 주민들이 자발적으로 항거하였다는 주장이다. 그러나 후술하겠지만 4·3사건은 고문·치사 사건이 발생하기 전인 1948년 2월 22일의 신촌회의에서 결정된 무장 투쟁 노선의 일환이었다.

제7장

남로당 제주도당의 무장투쟁 결정과 4·3사건 발발

남로당 제주도당의 무장투쟁 결정과 준비

| 신촌 회의와 무장투쟁 결정

1946년 10월 당시 남로당 지도자 박헌영은 미 군정의 체포령을 피해서 월북해 있었다. 박헌영은 1947년 유엔의 결정으로 남한만의 총선이 결정되자 북한에는 김일성을 정점으로 하는 사실상의 좌익정부가 세워진 상황에서 남한만의 단독선거는 우익정부가 세워질 것이 확실하다고 보았다. 전술한 바 있지만, 우익정부가 세워지면 좌익인 남로당은 소멸할 것이 예상되자 남로당은 당의 생존 차원에서 총선을 저지해야만 했다. 실제로 남로당은 우익정부가 세워진 지 100여 일 후인 1948년 12월 1일에 국가보안법이 법률 제10호로 공포됨으로써 불법화되어 소멸한다. 박헌영은 남로당에 제헌의원 선출을 위한 선거를 전국적으로 저지하기 위하여 2월 7일 폭동을 일으키라는 지령을 내렸다. 이 폭동지령은 전남도당을 거쳐 제주도당에 문서로 하달되었다. 제주도당에 2·7폭동은 박헌영이 월북해 있는 상황에서 시달되었으므로 스티코프 상장과 협의했거나 지침을 받았을 가능성이 충분히 있다.

남로당 제주도위원회는 1947년부터 세력 확장을 하면서도 당원들을 비밀리에 관리했다. 특히 3·1사건 이후 몇 차례 검거 선풍이 불어닥치면서 철저한 점조직으로 당원들을 관리했다. 당시 미 군정이나 경찰 측에서는 남로당 제주도당의 조직이 막강하다는 사실을 감지하면서도 그 구체적인 계보나 당원 범위 등에 대해 정확히 파악하지 못하고 있었다. 그것은 남로당의 철저한 비밀 조직관리에 기인하고 있었다. 또 경찰의 정보망이 주민과의 거리감으로 대중 속을 파고들지 못한 한계도 있었다. 이처럼 비밀의 베일에 가려있던 남로당 제주도당의 조직과 그 체제가 노출되는 사건이 일어났다.

1947년 12월 하순, 경찰은 남로당원으로 파악한 중문면 강정리의 김석천을 체포하였으며, 20여 일간의 끈질긴 회유 끝에 '저와 연락을 취하는 사람은 도당 조직부의 김생민이며, 조직부 아지트는 조천면 신촌리에 있습니다'라는 김석천의 자백을 받아냈다. 신촌리는 김생민의 고향이자, 당시 도당 조직의 핵심인 조직부 아지트가 있었다. 당시 조직부장은 4·3사건을 주도한 김달삼이었다. 1948년 1월 15일 밤에 제주도당 조직부 차장(연락책) 김생민이 경찰에 검거되었다.

김생민은 체포된 지 일주일 만에 김영배 제주 감찰청장의 설득으로 입을 열기 시작했다. 남로당 제주도당 조직부 연락책의 전향으로 베일에 쌓였던 남로당 제주조직 체계의 전면적인 실체를 파악할 수 있게 되었다. 이렇게 하여 경찰은 남로당 제주도당의 조직 및 주요 인사 명단을 파악하게 되었다.

한편, 경찰은 먼저 체포되어 입을 연 김석천을 통해 남로당 제주도당에 관한 정보를 수집하였다. 김석천은 고위급 당원이 아니어서 제주도당에서는 그가 경찰에 구속되었던 사실을 모르고 있었다. 김석천은 '1월 21일 밤에 조천면 신촌리의 모 씨 집에서 남로당의 비밀회의가 개최된다'라는 정보를 경찰에 알렸다. 이를 보고받은 제주경찰서장은 경찰을 출동시켜 회의가 진행되고 있었던 집을 포위하고 자정이 넘은 22일 새벽 3시경에 일시에 회의장을 덮쳤다. 이리하여 경찰은 폭동 지령문을 압수하고 회의참석자 일부가 탈출했으나 106명을 체포하였다.[137] 그리고 당일 정오까지 63명을 추가 검거하였다. 미군 보고서에 기록된 폭동지령 관련 2건의 내용은 다음과 같다.

남로당의 음모

1948년 1월 22일 제주도 조천에서 열린 남로당의 비밀모임을 급습했다. 압수된 여러 문건 가운데 한 특별문서의 내용 일부는 다음과 같다.

1. 1948년 2월 중순부터 3월 5일 사이에 제주도 전역에서 폭동을 시작하라.
2. 경찰 간부와 고위 관리들을 암살하고 경찰 무기를 노획하라.
3. 유엔(한국 임시)위원단과 총선거, 군정을 반대하라. 인민공화국을 수립하라. (1948년 1월 26일자 〈정보요약〉)[138]

---

137 이선교, 『제2차 한국전쟁』, 2003, 226~229쪽.

138 97Counter Inteligence Corps. USAFIK, Semi Monthly Report. 1948. 2. 1~1948. 2.

1월 22일 남로당 조천 지부에서 열렸던 공산 분자들의 불법 회의장을 급습한 경찰이 입수해서 번역한 문건에 따르면 공산 분자들은 "2월 중순부터 3월 5일 사이에 제주도에서 폭동을 일으키라"고 지시했다. 또한 문건에는 "경찰 간부와 고위 공무원을 암살하고, 경찰 무기를 탈취하라"라는 지시가 적혀 있었다.

> 몇몇 남로당 간부들이 새벽 3시에 회의장을 급습한 경찰을 피해 달아난 것으로 여겨지지만, 모임에 참석했던 106명이 체포되었고, 같은 날 정오 이전에 63명이 추가로 검거되었다. 등사기와 다량의 서류가 압수되었다. (방첩대 정보요약, 2월 5일)[139]

이 문건은 제주도에서 폭동을 시작하라는 명령서로 제주도당보다 상급 기관인 전남도당이나 남로당 중앙당의 지령으로 보아야 한다. 이러한 폭동지령은 전남도당이 독자적으로 지시할 수 없는 사안이다. 이 지령문은 2·7폭동 관련하여 중앙당에서 전남도당을 거쳐 하달한 지령문이었다.

상기 2건의 자료에 나오는 2월 중순이란 일자는 2월 15일임이 주한 미 제6사단 일일 정보보고서에 의해 확인되었다. 보고서의 내용은 다음과 같다.

15(No.3).

139 Hq. USAFIK, G-2 Periodic Report, No. 752, February 6, 1948.

1948년 2월 12일, 제주도에서 경찰과 방첩대는 남로당 본부를 급습해 많은 유인물과 1948년 2월 15일부터 3월 5일까지 계속하여 소요를 일으킬 것을 지시하는 서류를 찾아냈다. 조사가 진행 중이다.[140]

경찰은 회의장 탈출자 추가검거에 들어갔으며, 1948년 1월 22일 정오까지 63명을 검거하였는데 이날 새벽녘에 경찰에 연행된 18세 소년 허춘섭은 다음과 같이 증언하였다.

그날 새벽에 경찰 2명이 집으로 오더니 '새로 부임한 경찰서장의 강연이 있으니 학교로 나오라'고 말했다. 초등학교로 갔더니 신촌 주민이 거의 나와 있었는데, 주변에는 경찰 70~80명이 깔려 있었고 트럭 7~8대도 있었다. 노인과 어린애 및 장애자들을 제외하고는 강연을 들으러 트럭을 타고 제1구 경찰서로 갔다. 경찰서로 갔던 사람들은 모두 유치장에 분산 수용되었다. 수백 명이 갔으니 앉을 자리도 없었다. 그날부터 차례로 불러다 심문하였는데, 주로 남로당 가입 여부를 물었고, 이를 부인하면 장작과 쇠좆매(소의 신으로 만든 매)로 쳤다. 경찰은 연행했던 사람들을 몇 차례에 걸쳐 석방했는데, 이덕구 등 6명이 마지막으로 42일 만에 풀려났다. 이때 이덕구는 심한 고문으로 고막이 터지고 발가락이 골절되는 부상을 입었다.[141]

---

140 6th infantry Division, USAFIK, G-2 Periodic Report. 1948.2.12~2.13(No제847).

141 허춘섭(許春燮) (72세. 조천읍 신촌리, 2001. 9. 26 채록) 증언.

미군의 기록과 허춘섭의 증언을 종합하면 경찰이 주민들을 '경찰서장의 강연을 들으라'고 하면서 경찰서까지 유인하여 유치장에 수용하는 등 당일 정오까지 남로당원 63명을 추가로 체포하였다는 것이다.

1월 21일 밤 회의는 조직부 연락 책임자 김생민이 경찰에 체포된 데 따른 대책 회의로 알려졌으나 100명 이상이란 많은 인원이 참석하다. 뿐만 아니라 비밀문건인 '폭동지령문'이 압수된 점으로 보아 남로당 상급당(중앙당)의 폭동지령에 따른 대책 회의였었다. 폭동지령문이 압수되고 당원 169명이 검거되자 남로당은 이에 대한 대책을 마련하기 위한 회의를 했으며, 회의참석자 115명이 추가로 검거되었는데, 이에 대한 미군의 기록은 다음과 같다.

> 폭동지령 문건이 발견된 공산주의자들의 불법 회합과 관련하여 1월 22일 체포된 106명 외에 1월 26일까지 좌익분자 115명이 추가로 검거되었다. 총연행자 221명 중에서 63명이 경찰의 심문을 받은 다음 방면되었다. 방면된 자들은 공산주의자인 남로당 당원이었다. 방면되지 않은 자들의 정치적 성향은 보고되지 않았다. (방첩대 정기보고 제32호, 경찰 보고)[142]

한편, 비밀회의장이 경찰의 급습을 받아 많은 당원이 연행되었다는 보고를 받은 남로당 제주도당위원장 안세훈은 연행자들의 구출 방법으로 시위, 석방 공작, 경찰서 공격 등의 방법을 고심했다. 안세훈은 이에

142 Hq. USAFIK, G-2 Periodic Report, No. 753, February 7, 1948.

대한 대책을 논의하기 위하여 1월 26일 밤에 애월에서 당 간부들과 지역 대표들이 모여 비밀회의를 개최하려고 하였다. 그런데 김석천은 이 정보도 알아내어 경찰에 보고하였다. 이 보고를 받은 경찰은 트럭 4대에 경찰을 가득 싣고 애월로 출동하였다. 은밀히 마을에 도착한 경찰은 신속히 길목을 장악하고 포위망을 좁히다가 일시에 회의장을 덮쳤다.[143]

이리하여 이날 회의에 참석했던 안세훈, 조몽구, 김달삼 등 115명이 경찰에 연행되었는데, 연행 도중 김달삼과 조몽구는 탈출에 성공하였다. 이들은 호송차가 관덕정 부근을 지나갈 때 경찰의 감시가 허술함을 알아채고 차에서 뛰어내렸는데, 김달삼은 젊은 혈기로 죽자 살자 뛰어 도망쳤고, 조몽구는 일단 금강약국에 숨었다가 도망쳐 경찰을 따돌렸다.

경찰은 연행된 남로당원들을 심문하면서 애를 먹었는데, 이들의 죄목을 적으려 해도 죄목이 없었다. 결국 경찰은 1차로 63명을 풀어주었다. 미 군정 하에서 남로당은 합법 정당이었다. 그때까지도 남로당원이란 이유만으로 구속되지는 않았다. 남로당원들이 구속될 때는 당원이란 이유에서가 아니라 허가받지 않은 집회 참석, 혹은 폭동 모의 등에 가담했다는 이유 등으로 미 군정 포고령에 저촉받을 때가 많았다.

제주도 남로당 조직을 전면으로 드러낸 이 검거 선풍의 사후 처리는 흐지부지됐다. 폭동음모 사건에 대한 구체적인 근거를 밝히지 못한데다, 1948년 3월에 이르자 5·10선거를 앞둔 유엔한국임시위원단은

143 이선교, 앞의 책, 229~130쪽.

미 군정에 언론, 출판, 집회의 자유가 보장되는 자유 분위기에서 선거할 것을 요청했다. 미 군정은 유엔한국임시위원단의 요청을 받아들여 정치범에 대한 대대적인 특별사면령을 발동했고, 아울러 경찰에게는 정치활동 금지령을 내렸다. 이에 따라 경찰에 구금되었던 제주도 남로당 당원들은 모두 3월 중에 석방된다.

그런데도 당 조직의 폭로는 단순히 제주도 남로당 조직이 노출됐다는 사실에 그친 것이 아니라, 제주도당의 진로에 결정적인 영향을 미치는 계기가 됐다. 남로당 조직원 사이에는 조직의 와해는 물론 생명의 위협을 느낀 긴장감이 팽배했다. 결국 이런 위기의식은 남로당 제주도당의 무장투쟁을 촉발하는 한 동인(動因)이 됐다.

전술한 바와 같이 남로당 제주도당에 내린 폭동지령은 상급 당인 남로당 중앙당의 지시였다. 이는 제주도당이 전남도당의 예하여서 중앙당의 폭동지시를 전남도당이 예하인 제주도당에 이첩 하달했다. 그리고 지령문 중 폭동 일자가 육지에서처럼 2월 7일이 아니라 '2월 중순부터 3월 5일 사이'라고 융통성을 부여하였는데, 이는 폭동의 장기화를 목표로 삼은 게 아니냐고 분석할 수 있는 부분이다.

2월 7일 제주도는 육지에서와는 달리 의외로 조용했다. 미 24군단의 정보보고서도 처음에는 "제주도는 2월 7일 소요 기간 내내 아주 조용하다. 제주도의 소요는 불법 집회나 전단 살포로 제한되어 있다"라고 간단히 기록하고 있다.

그러나 2월 8일부터는 제주도의 여러 지역에서 시위가 벌어졌다. 시위, 전단 살포, 지서 습격 등 제주의 소요 사태는 2월 8~10까지 3일간 지속되었으며, 이 기간에 주요 사건으로는 사계리 경찰관 린치 사건과 저지지서 습격 및 고산지서 발포사건 등이 있었다.

사계리 경찰관 린치 사건은 1948년 2월 9일 일어났다. 안덕면 사계리 청년들은 이날 향사에 모여 남한 단독선거 반대 집회를 계획했다. 그런데 청년들이 새벽녘부터 집집이 돌면서 집회 참석을 독려하다가 송죽마을의 모 술집에 안덕지서 주임과 오 순경 등 경찰관 2명이 들어와 하룻밤을 지새운 것을 알고 다음 날 아침 9시경에 이들을 급습하였다. 청년들은 휴대한 총기를 빼앗고, 경찰관들을 향사로 끌고 가 여러 시간 동안 마을에 머물게 된 경위와 밀고자를 대라고 추궁하면서 구타했다. 청년들은 3·1사건 이래 마을에 집회가 있을 때마다 정보가 누설되고 있다고 보고 내통자를 찾는데 눈을 밝히고 있었다. 청년들에게 뭇매를 맞던 경찰관들은 오후 3시경에야 출동한 경찰대에 의해 구출되었다.[144] 청년들은 경찰 트럭 2대가 마을 어귀에 나타나자 뭇매를 맞아 녹초가 된 경찰 2명을 향사에서 300m가량 떨어진 밭에 팽개치고 달아났다.

경찰은 달아난 주동자들의 가족들에게 '은신처를 대라'고 강하게 추궁하였으며, 결국 주모자 7~8명이 자수하고 총기 1정을 회수함으로써 수사가 일단락되었다. 그런데 제1구 경찰서장은 이를 '생매장 미수사건'으로 발표하였으므로 일부 자료에는 '경찰관 생매장사건'으로 기록되고 있다.

저지지서 습격 사건도 2월 9일 발생하였다. 당시 지서에는 지서 주임 등 4명이 근무 중이었는데 4개 마을 청년 150여 명이 어두어질 무

---

144 濟民日報 4·3취재반, 앞의 책, 543~544쪽.

렵에 몰려와 시위를 벌였다. 이에 지서 주임은 분위기가 심상치 않음을 직감하고 부하 직원들에게 총기를 감추고 일시 몸을 피하라고 하였다. 이에 저지지서는 곧 불을 껐고 문은 굳게 잠겨졌다. 시위 청년들은 지서를 향하여 고함을 쳐도 아무 반응이 없자 돌을 던졌는데 지서의 유리창이 부서졌다. 그래도 반응이 없자 시위 청년들은 제풀에 죽었는지 한 뭉치의 전단을 뿌리고는 흩어졌다. 경찰은 다음 날에 주모자 20여 명을 체포하고 그중 일부를 검찰에 송치하였다.

고산지서 발포사건은 2월 10일 시위군중을 해산하기 위해 발포, 주민 1명이 중상을 입은 사건이다. 음력 설날인 이날 한림면 고산리 청년 100여 명은 아침부터 마을을 돌며 '왓샤시위'[145]를 한 뒤 어두워질 무렵에 지서 앞으로 몰려왔다. 이때 지서 안에는 경찰관 3명뿐이었다. 경찰은 총알이 장전된 총을 겨누며 해산할 것을 명령했다. 경찰은 청년들이 응하지 않자 발포, 마을 청년 신응선(申應善)의 다리에 총상을 입혔다. 시위대는 '설마' 하다가 경찰이 진짜로 발포하자 혼비백산하여 뿔뿔이 흩어지고 말았다. 나중에 시위 주모자 10여 명이 검거됐다.[146]

이러한 상황은 조직 노출이란 치명타를 받은 남로당 제주도당의 세대교체와 노선 변화를 촉진했다. 남로당 자료에는 이 상황에 이르자 '앉아서 죽느냐' 아니면 '일어나 싸우느냐'는 양자택일의 갈림길에 서게

---

145 앞사람의 허리를 양손으로 잡고 '왓샤'라는 구호를 외치면서 행진하는 시위, 제주도에서 흔히 볼 수 있는 시위 모습이었다.

146 梁淳鳳(81세. 제주시 일도2동, 당시 高山 지서 주임, 2002.1.23) 증언 ; 『濟州新報』, 1948년 2월 14일.

됐다고 기록되어있다.[147] 무장투쟁 논의 과정에 직·간접으로 참여했던 사람들의 증언을 종합하면 무장투쟁에 대해서는 도당 지도부 내에서조차 시기상조론과 강행론이 팽팽히 맞섰다. 정세 판단과 대응책에 대한 열띤 토론이 벌어졌고, 결국 명분론과 위기설을 앞세운 강경파가 당 조직을 장악하게 됐다는 것이다.

강경파에게 5·10선거는 (공산)통일[148]을 가로막는다는 논리로 대중 선전의 좋은 명분이 됐다. 경찰과 서청 등의 탄압으로 이반 된 민심을 끌어모을 수 있다는 기대도 있었다. 이와 함께 만약 우익의 단독정부가 수립된다면 남로당이 존립할 수 있는 기반 자체가 무너지므로 조직 수호 차원에서도 단독선거를 막아야 한다는 주장을 앞세웠다.

강·온건파 간의 노선 갈등으로 '4·3' 발발 직전에는 제주도당 지도부 핵심 세력이 종래의 온건층에서 급진적인 세력으로 교체됐다. 급진 세력의 대표적인 인물은 청년 김달삼으로 본명은 이승진이었다. 이승진은 일본에 서 간부교육을 받고 장교로 임관하였으며 해방이 되자 귀국하여 대구의 형 집에 있으면서 대구폭동에 참여했다. 그리고 검거를 피해 고향인 제주도로 내려와 있었다. 이승진은 대정초급중학교 공민과 촉탁교사(임시교사)를 하면서 남로당 대정면 조직부장이었는데, 3·1 사건 때 도당에 총파업을 건의한 바 있고, 그 이후 도당으로 진출하여 조직부 차장, 조직부장으로 급부상했다. 이승진은 조직부장 시절부터

147 『노력인민』(남로당 기관지), 1948년 5월 25일.

148 대중들에게는 통일이라는 단어를 사용하였으나 이들이 사활적 투쟁을 하면서 쟁취하고자 했던 것은 공산통일이었다.

김달삼이란 가명을 쓰기 시작했다. 48년 2월의 신촌 회의에서 조직부장 김달삼은 강경파의 선봉으로서 경찰과의 투쟁을 주도하였고, 무장투쟁이 결정된 다음에는 유격대 조직을 총괄하는 군사부 책임을 맡게 되어 무장투쟁을 이끌게 된다. 나이 어린 김달삼이 이처럼 급부상한 데에는 남로당 중앙위원이자 선전부장이었던 장인 강문석(姜文錫)의 후광이 어느 정도 작용했다는 주장도 있다. 김달삼이란 가명도 강문석이 썼던 것을 이어받았다고 한다.

제주도당 내부에서 무장투쟁이 결정된 것은 1948년 2월 22일 신촌 회의에서였다. 제주도당은 많은 당원이 경찰에 연행돼 가자 진로 문제를 검토하기 위하여 체포를 면한 제주도당과 제주읍당 간부 및 면당 책임자 등 주요 간부만이 참석하는 대책 회의를 2월 초순부터 개최하였다. 이 회의는 한 보름 동안 구좌면과 조천면에 오가면서 몇 차례나 개최되었으며, 최종 회의는 신촌에서 열렸다. 신촌 회의는 연 3일 동안 밤낮으로 진행되었으며, 항쟁파와 항쟁반대파로 갈리어 열띤 논쟁 끝에 경찰에 대한 반격으로 무장투쟁을 결정하였다. 항쟁파로는 김용관, 김달삼, 문도배, 송필순, 김양근 등이고 항쟁 반대파는 안세훈, 조몽구, 김유환 등이었다.[149] 이 신촌 회의에 직접 참석하고 무장투쟁에 참여했다가 일본으로 피신하였고, 2002년 당시 신촌 회의 참석자 중 유일한 생존자로서 일본 도쿄에 살고 있던 이삼룡은 당시의 상황을 이렇게 증언했다.

무장봉기가 결정된 것은 1948년 2월 그믐에서 3월 초 즈음의 일이

149 제주4·3연구소, 『이제사 말햄수다.Ⅱ권』, 한울, 1989, 41~42쪽.

다. 신촌에서 회의가 열렸는데, 도당 책임자와 각 면당의 책임자 등 19명이 신촌의 한 민가에 모였다. 참석자는 조몽구, 이종우, 강대석, 김달삼, 나(이삼룡), 김두봉, 고칠종, 김양근 등 19명이다. 이덕구는 없었다. 이 자리에서 김달삼이 봉기 문제를 제기했다. 김달삼이 앞장선 것은 그의 성격이 급하기 때문이다.

그런데 강경파와 신중파가 갈렸다. 신중파로는 조몽구와 성산포 사람 등 7명인데, 그들은 "우린 가진 것도 없는데, 더 지켜보자"라고 했다. 강경파는 나와 이종우, 김달삼 등 12명이다. 당시 중앙당의 지령은 없었고, 제주도 자체에서 결정한 것이다. 오르그(상급기관의 정치지도원)[150]는 늘 왔으며, 김두봉의 집이 본거지였다. 해방 후 강문석은 한 번도 제주에 오지 않았다. 김달삼은 20대의 나이이지만 조직부장이니까 실권을 장악했다. 그리고 장년파는 이미 징역살이하거나 피신한 상태였다. 안세훈, 오대진, 강규찬, 김택수 등 장년파는 이미 제주를 떠난 뒤였다.

그런데 우린 당초 악질 경찰과 서청을 공격 대상으로 삼았으니 경비대는 아니었다. 미군에게도 맞대응할 생각이 없었다. 미군에 대해 다소 감정이 있었지만, 그들은 신종 무기가 많은데…. 우리가 공격한 후 미군이 대응할 것이라는 것을 예상하지 못했다. 우선 시위를 하면 어느 정도 효과가 있을 것이라는 정도의 생각이었다. 장기전은 생각하지 않았다. 그래서 김익렬(9연대장)과도 회담한 것이다.

아무튼 우리의 지식과 수준이 그 정도밖에 되지 않았다. 우리가 정

150 증언자나 참고서적 등의 원문을 그대로 인용하여 '오르그' 또는 '올구'라는 표현 모두 사용함.

세 파악을 못하고 신중하지 못한 채 김달삼의 바람에 휩쓸린 것이다. 그러나 봉기가 결정된 후 고문치사 사건이 발생하니까 '우리의 결정이 정당한 것 아닌가' 하는 분위기였다. 김달삼은 "내가 군사 총책을 맡겠다"라며 날짜를 통보했다. 사건 발발 10일 전쯤에 날짜가 결정됐다. 노출이 안 된 것은 그래도 조직이 지켜진 것이다. 4·3 발발 후 나는 정치위원으로서 김달삼과 함께 대정면 신평리에 소재한 도당 아지트에 있었다.[151]

이삼룡의 증언은 그동안 회자하던 '신촌 회의'의 실체를 구체화했다. 무장투쟁이 강·온건파의 논쟁 속에 투표를 통하여 12대 7로 결정됐다는 것도 새롭게 알려진 사실이다. 무장투쟁 대상을 경찰과 서청으로 한정했지 결코 경비대나 미군이 나서리라는 걸 예견하지 못했다는 것은 다른 남로당 관여자들의 증언에서도 언급되고 있다. 무장투쟁을 결정한 후에 고문·치사사건이 발생했다는 사실도 확인되었다. 이는 경찰의 고문·치사 등 폭압 때문에 제주도민이 무기를 들고 항쟁에 돌입했다는 저간의 주장이 사실이 아님을 입증하고 있다.

또한 그동안의 대책 회의에서 무장봉기에 관하여 거론이 없었는데, 이삼룡은 신촌 회의에서 김달삼이 '무장봉기' 문제를 맨 먼저 제의했다고 하면서 "김달삼이 앞장선 것은 그의 성격이 급하기 때문이라"고 성격 탓을 했다.

남로당 중앙당의 고위 간부를 역임했던 박갑동은 그의 저서에서

151 李三龍(79세. 日本 東京 荒川區, 당시 남로당 제주도당 정치위원, 2002. 7. 11. 양조훈·김종민 채록) 증언.

중앙당이 제주도당의 김달삼에게 폭동을 지시했다고 기록했다.

> 그러던 중 중앙당의 폭동지령이 떨어졌다. 아마도 그 지령은 3월 중순쯤에 현지의 무장행동대 두목 김달삼에게 시달된 것으로 안다. 이에 따라 김달삼은 조몽구와 국방경비대 안에서 밀명을 받고 있던 문상길 중위 등과 밀회하여 치밀하게 행동계획을 짰던 것이다. (중략)[152]

| 제주도당 개편과 4·3 공격계획

2월 22일에 신촌 회의에서 무장투쟁을 결정한 제주도당은 2월 25일에 투쟁위원회 체제로 조직을 전환하였다. 무장투쟁을 지도할 기구로써 군사부를 신설하고 도당 위원장에 강규찬, 부위원장에 김용관, 신설한 군사부장에 김달삼을 선임하는 등 간부들을 강경파 인물로 교체했다.[153] 그리고 모슬포에 주둔한 경비대 제9연대 내 남로당 프락치와 동조자들을 동원하여 제주읍에 있는 경찰력의 주력을 제압하려고 하였다. 조직 정비 시 그동안 도당을 이끌었던 온건파 위원장 안세훈과 부위원장 조몽구는 2선으로 후퇴하였다.

'무장투쟁 전개'와 '경비대 동원' 등은 중앙당의 승인이 필요하였다. 이는 남로당의 중대한 '투쟁전략 수정'을 의미하기 때문이며, 일선 지도원이나 전남도당 차원의 문제가 아니기 때문이었다. 전남도당에서 파견된 올구(정치지도원) 이(李) 씨는 조직 정비가 끝난 후 2월 29일에 '무

152 박갑동, 『박헌영, 그 일대기를 통한 현대사의 재조명』, 인간사, 1983, 198쪽.

153 고재우, 『濟州4·3暴動의 眞相은 이렇다』,1998. 7, 30-31쪽.

장투쟁'과 '경비대 동원'에 관한 승인을 요청하러 육지로 나갔다가 3월 중순에 제주도로 복귀하였다. 그리고 3월 15일, "이번의 무장 반격에 경비대를 최대한 동원하라"라고 지시하였다. 이 부분에 대하여 『제주도 인민유격대 투쟁보고서』에는 다음과 같이 기록하고 있다.

> 3·1 투쟁 직전에 내도한 도(道) 올구 이(李)동무의 상도편(上道便)에 국경(國警) 문제에 대한 시급한 대책을 요청하였던바 이(李)동무는 재차 3월 중순에 내도함과 동시에 무장 반격에 관한 지시와 아울러 "국경(國警) 프락치는 도당(島黨)에서 지도할 수 있으며, 이번의 무장 반격에 이것을 최대한으로 동원하여야 된다"라고 언명하였음.[154]

전남도당 정치지도원은 경비대에 침투한 남로당 프락치는 제주도당에서 지도할 수 있으니 경비대를 동원하라고 지시하였다. 이는 당시 정치지도원이 경비대 내의 남로당 프락치가 하사관 프락치와 장교 프락치의 2중구조로 된 비밀 조직으로 운영되고 있었다는 것을 제대로 알지 못하고 내린 지시였다. 제주도당 차원에서는 하사관 프락치만을 지도할 수 있었다.

지도원 이(李氏)가 전남도당에 가서 누구의 지시를 받았는지는 기록

---

154 濟州道 人民遊擊隊 鬪爭報告書(문창송 편, 한라산은 알고 있다, 1995. 8. 15, 76쪽), 이 보고서는 1949년 6월 7일 경찰특공대가 李德九를 사살하는 과정에서 입수했으며, 文昌松이 『한라산은 알고 있다.-묻혀진 4·3의 진상-』이란 제목으로 1995년 8월 15일에 발간했다. 이 책은 4·3사건 공식 자료집 제12권에 포함되었으나 4·3사건 공식자료집 제12권은 30여 권만 인쇄하여 정부보고서 작성시 사용하였고 제1권부터 제11권까지만 일반 대중들에게 배포하였다.

이 없어 명확하지 않으나 약 15일간이란 시간은 광주(전남도당)는 물론 서울(중앙당) 왕복에도 충분하다는 점과 중앙당에서만 결정할 수 있는 주요 정책인 '무장투쟁'을 지시하면서 '경비대를 최대한 동원하라'라는 명령을 내린 점 등으로 보아 중앙당에서 지침을 받은 것이 분명하다.

'무장투쟁' 방침은 1948년 3월 15일에 전남도당 조직지도원까지 참석한 가운데 열린 남로당 제주도상임위원회(도상위 島常委)에서 최종적으로 결정되었다. 「제주도 인민유격대 투쟁보고서」에는 이 과정을 이렇게 기록하고 있다.

> 제주도에 있어서 반동 경찰을 위시한 서청, 대청의 작년 3·1 및 3·10 투쟁 후의 잔인무도한 탄압으로 인한 인민의 무조건 대량검거, 구타, 고문 등이 금년 1월의 신촌사건을 전후하여 고문치사 사건의 연발로써 인민 토벌 학살 정책으로 발전 강화하자 정치적으로 단선·단정 반대, 유엔 조위(朝委) 격퇴 투쟁과 연결되어 인민의 피 흘리는 투쟁을 강조하게 되었다.
>
> 3·1 투쟁에 있어서의 각급 선전 행동대의 활동은 그 후의 자위대 조직의 기초가 되었으며 3·1 투쟁 직후 도당의 지시에 의하여 각 면에 조직부 직속 자위대를 조직하게 되었으나 별로 진전을 보지 못하였다. 그후 사태가 더욱 악화됨을 간취한 도(島)상위는 3월 15일경 도(道) 파견 '올구'를 중심으로 회합을 개최하여 첫째 조직의 수호와 방어의 수단으로서, 둘째 단선·단정 반대 구국투쟁의 방법으로서, 적당한 시간에 전 도민을 총궐기시키는 무장 반격전을 기획 결정…(중략)…무장 반격전을

전개하기로 결정하였음.[155]

결국 수세에 몰린 남로당 제주도당은 두 가지 목적, 즉 하나는 조직의 수호와 방어의 수단으로서, 다른 하나는 당면한 단선·단정을 반대하는 '구국투쟁 '으로서 무장투쟁을 결정하였으며, 무장투쟁에 경비대를 동원하려고 하였다. 새롭게 부상한 제주도 남로당 내 급진세력들이 국내외 상황을 낙관하고 무리하게 무장투쟁 쪽으로 몰고 갔으며, 그들의 정세 판단이 무모했다는 남로당 내부 지적도 있다.

정세 오판에 관하여 이삼룡, 이운방, 김생민 등의 증언을 주목할 필요가 있다. 이삼룡은 앞에서 기록해 놓은 바와 같이 애초 악질 경찰과 서청을 공격 대상으로 삼았고 경비대와 미군은 공격할 생각이 없었고, 또 자신들의 공격 후 미군이 대응하리라는 것을 예상하지 못했다고 증언하였다. 남로당에서 정세 파악을 제대로 못 하고 신중하지 못한 채 김달삼의 주장에 휩쓸렸다는 증언도 있었다.

1947년 3·1사건 시 남로당 대정면 책임자였던 이운방은 "무장투쟁을 주장한 신진세력들은 정세를 낙관했다. 당시 단선을 저지해야 한다는 인식이 팽배해진 상황에서 제주도 봉기는 일종의 기폭제가 되어 전국적인 봉기를 유발시켜 제주도에 진압 병력을 추가로 내려보내지 못할 것으로 파악했다. 경비대는 중립을 지킬 것이고 그러면 경찰력만으로는 진압이 어려울 것이라 예상했다. 미국 또한 제주도의 사태가 국제문

155 문창송 편,『한라산은 알고 있다』, 대림인쇄사, 1995, 16~17쪽.

제가 될 수 있다는 염려가 있었기 때문에 직접적으로 진압에 관여하지 못할 것으로 인식했다"라고 밝혔다.[156]

김생민은 남로당 제주도당 조직부장 김달삼 밑에서 조직부 차장(연락책)으로 활동하다가 경찰에 체포되어 남로당의 조직을 폭로했다. 또 그는 그 후 무장대에 끌려가 한라산에서 남로당 간부로 활동하다가 다시 붙잡혀 전향하여 경찰관 생활하는 등 특이한 경력을 갖고 있다. 김생민은 "우리는 북한이 1949년에 쳐들어올 것으로 예상했다. 남·북에서 미·소 양군이 철수하면 이젠 국내문제이고, 그러니까 미군이 철수하고 남로당 세력이 강하고 이북에는 팔로군이 들어와 있어서, 국제정세나 국내정세나 모두 유리하다고 보았다. 강경파들은 그래서 무장투쟁을 하여 조금만 견디면 된다고 본 것이고, 온건파들은 '우리만 고립된다'라고 반대한 것"이라고 진술했다.[157]

남로당 제주도당은 무장투쟁에 대비해 조직을 정비하는 한편 무장인력과 보급, 무기 등의 확보 작업에 들어갔다. 「제주도 인민유격대 투쟁보고서」는 3월 15일 이후의 조직 정비과정을 이렇게 설명했다.

> (3월) 25일까지를 준비 기간으로 하여 도상임위원회(島常任·특히 투위 멤버)로써 군사위원회(軍委)를 조직, 투쟁에 필요한 자위대 조직(200명 예정)과 보급, 무기 준비, 선전 사업 강화에 대하여 각 책임을 분담, 예정 기간을 넘어 3월 28일 비로소 재차 회합을 가져 기간의 준비 사업에 관

156 李運芳(92세. 대정읍 하모리, 당시 남로당 대정면 책임자, 2001. 11. 9. 채록) 증언.

157 金生玟(78세. 제주시 연동, 당시 남로당원에서 전향, 2002. 10. 24. 채록) 증언.

한 각자의 보고를 종합 검토한 결과, 4월 3일 오전 2시~4시를 기하여 별항의 전술하에 무장 반격전을 전개하기로 결정하였음.[158]

남로당 제주도당은 당 조직을 투쟁위원회로 개편하고 군사부를 신설했다. 군사부 밑에 군사위원회를 설치했는데 군사위원장은 군책과 총사령관을 겸하도록 했다. 무장투쟁의 실권이 주어진 이 자리는 조직부장이던 김달삼(본명 이승진)이 맡았다. 제주도 남로당 무장대 조직으로는 각 면의 군사위원회 직속의 유격대와 자위대, 도의 군사위원회 직속의 특경대 등 3개 그룹으로 구성했다.

3월 28일 점검 결과 제주도 내 13개 읍면 중 제주·조천·애월·한림·대정·중문·남원·표선 등 8개 읍면에서 유격대 100명, 자위대 200명과 도당직속의 특경대 20명 등 모두 320명이 편성됐다.[159] 무장대는 소대 10명, 중대 20명, 대대 40명 등의 소단위 인원으로 부대 체계를 갖췄다.

확보된 무기는 99식 소총 27정, 권총 3정, 수류탄 25발, 연막탄 7발, 나머지는 죽창이었다.[160] 일부 자료에는 일본군의 무기들을 확보, 대단한 무장을 했고, 심지어 기관총과 대포로 중무장했다고 표현한 글들이 있으나 4·3 발발 당시에 실제 확보된 총은 30정에 불과했다.

한편, 이 무렵 한라산 중턱 오름에서 지역 청년들이 모여 군사훈련 받는 모습이 목격됐다. 3월 20일께 애월면 중산간지대인 '새별오름'에서

158 문창송 편, 앞의 책, 1995, 17쪽.

159 문창송 편, 위의 책, 11쪽.

160 문창송 편, 위의 책, 19쪽.

남로당 무장대와 경찰 간의 첫 충돌이 있었다. 당시 새별오름에서 한림면 일대 자위대 67명이 합숙하며 훈련을 받던 중이었다. 이 훈련장을 애월지서 경찰관과 서청·대청 단원 등 9명이 급습한 것이다. 이에 남로당 무장대 측에서 발포하자 경찰관들이 퇴각했다. 이날 충돌로 자위대 1명이 경상을 입었을 뿐 쌍방의 인명피해는 없었다.[161]

4월 3일(일요일)을 거사 일로 잡은 남로당 제주도당은 전남도당에서 파견된 올구의 지도하에 경찰력의 핵심인 제주읍에 있는 경찰 감찰청과 제1구 경찰서는 경비대 병력을 동원해 공격하고, 도내 24개 지서 중 14개 지서는 유격대와 자위대가 습격하기로 하는 등 다음과 같이 계획하였다.

4·3 공격계획

1. 공격일시 : 4월 3일 오전 2시~4시

2. 공격 대상과 책임분담

   1) 제주읍 내 감찰청과 제1구서는 국경(國警, 국방경비대)이 담당, 분쇄한다.

   2) 도내 14개 경찰지서는 유격대 및 자위대 400명을 배치, 습격키로 한다.

   3) 국경 공작원인 도상위청책(島常委青責)을 경비대에 파견, 감찰청 및 제1구서 습격 지령과 함께 차량 5대를 보낸다.

   4) 거점분쇄 연락병으로 학생특무원 20명을 성내(제주읍내)에 침투시킨다.[162]

161 문창송 편, 앞의 책, 46쪽.

162 문창송 편, 위의 책, 12~13쪽, 76쪽.

경비대 동원에 관해서는 프락치(고승옥 하사관)에게 무장 반격에 동원할 수 있는 병력수를 사전에 문의한 결과 800명 중 400명은 확실성이 있고, 200명은 마음대로 할 수 있으며, 반동은 주로 장교 및 하사관 18명이므로 이들만 숙청하면 문제없으니 병력동원에 필요한 차량 5대만 보내달라는 요청과 함께 만약 배차가 안 될 때는 도보로라도 습격에 가담하겠다는 연락이 있었기 때문이란 설명도 덧붙였다.

이 공격계획은 전남도당에서 파견한 지도원 주관하에 작성한 계획으로서, 경찰력의 핵심인 제주읍 내에 있는 감찰청과 제1구서는 경비대가 담당, 분쇄하고, 이를 위하여 연락병으로 학생으로 편성한 특무원 20명을 제주읍에 침투시키며, 지방의 24개 중 14개 경찰지서는 제주도당에서 양성한 400명의 유격대와 자위대가 습격한다는 내용이었다.

| 남로당 유격대 편성과 무기

남로당의 조직과 지도체계

남로당에서는 도제(道制)를 인정하지 않았기 때문에 제주도당(濟州島黨)은 전남도당(全南道黨)의 하부조직으로서 위원회 체제로 운용되고 있었다. 제주도위원회는 위원장과 부위원장 및 간부부장 등의 지휘부 밑에 총무부, 조직부, 선전부, 군사부, 농민부, 청년부, 재정부, 경리부, 정보부, 부녀부 등의 부서가 있었다. 간부부장은 다른 부장들을 조정·통제 함으로써 군 조직의 참모장과 같은 역할을 하는 직책이고, 군사부는 4·3사건 직전에 무장투쟁을 위하여 신설된 부서이다.

또한 제주도당의 외곽조직으로는 인민위원회, 민주주의민족전선(민전), 농민위원회, 민주애국청년동맹(민애청), 민주여성동맹(여맹), 인민유격대, 도·군·경·직장위원회 등이 있는데, 인민위원회와 민전은 위원장 등 지도부에서, 농민위원회는 농민부에서, 민애청은 청년부에서, 여맹은 부녀부에서, 인민유격대는 군사부에서, 도·군·경·직장위원회는 조직부(특별과)에서 관장하였다.[163]

도당의 하부조직으로는 제주읍위원회와 면별로 면위원회가 있다. 제주읍위원회는 일반위원회와 특별위원회로 2원화되어 있었다.[164] 일반위원회는 읍내 당의 합법 활동에 대한 사법권을 갖고 있다. 특별위원회는 제주도위원회로부터 명령을 받아 당의 지하조직을 지휘하는데, 임무는 군정청, 도청, 경찰, 경비대, 검찰, 학교, 우익단체 같은 전략적 정보청취소에 프락치를 심는 것과 위에 언급된 조직 내에 비밀 세포를 증강해 당의 사업을 계속해서 추진하는 것이다. 이런 비밀 세포들은 특별위원회 위원장에게 정보를 지속해서 제공한다.

이 특별위원회는 전복활동을 수행하며 남로당이 불법화되면 제주도위원회의 기능을 맡기 위하여 만들어졌다. 따라서 특별위원회는 제주도 지하조직의 최고위원회라고 볼 수 있다.

---

163 金奉鉉·金民柱, 『濟州道人民들의 4·3武裝鬪爭史』, 1963, 89쪽 ; 고재우, 『濟州4·3暴動의 眞相은 이렇다』 1998. 7, 31쪽 ; 브라운 대령, 『제주도 활동보고서』(주한미육군 군정청, 1948. 7. 17).

164 United States Army Military Government in Korea, USAFIK, 'Report on South Korea Labor Party, Cheju do frome Colonel Rothwell H.Brown(브라운 대령의 제주도 남로당원을 조사해 얻은 제1차 보고서, 1948. 6. 20).

남로당 제주도위원회 편성

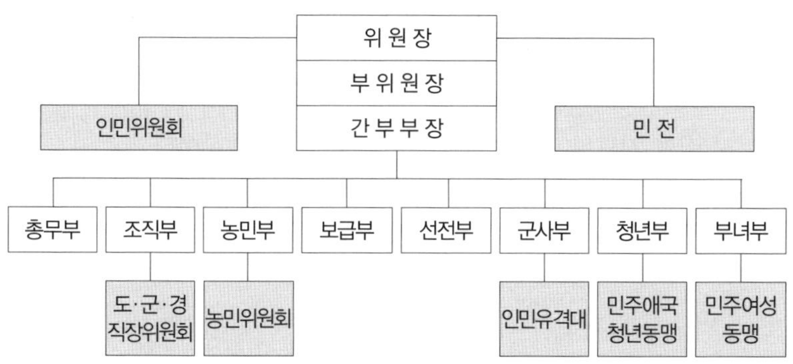

면 위원회는 제주도위원회와 같이 여러 부서로 조직되어 있으나, 면마다 사정에 따라 조금씩 다르게 축소 운영하였다. 대정면당의 경우는 케(캡틴, 위원장), 조직부, 자위부(군사부), 총무부, 선전부가 있었고, 주요 사항은 케, 조직부책, 자위부책 등 3명이 결정했다.[165] 구좌면당의 경우에는 총책(K동지, 위원장) 밑에 총무, 조직책, 선전책 등 3개 부서가 있었다.[166]

각 마을에는 마을위원회가 조직되었는데 통상 마을의 인민위원회로 불렸으며, 인력 부족시는 한 조직원이 여러 부서의 임무를 겸하기도 하였는데, 최소한 위원장, 선전부장, 조직부장 등 3명의 조직원으로 구성되었다. 인민위원회가 자력으로 구성되지 않은 마을에는 유격대들이 내려와 마을 사람들을 소집하여 특정인을 지명하고 환호하게 하는 등 강제적인 방법으로 마을책임자를 선출하기도 하였다.

165 제주4·3연구소, 『4·3長征』6, 1993, 76쪽.

166 제민일보 4·3취재반, 『4·3은 말한다』2, 100쪽.

제주도당의 지도체계를 보면 위원장(당책)이 마음대로 당을 운영할 수 없게 되어 있었다. 이는 위원장 위에 구국투쟁위원회가 있고, 그 위에 전남도당에서 파견된 지도원(올구)과 중앙당에서 파견된 지도원이 있어서 이들 지도원이 최종결정권을 행사하였기 때문이다.

지도원(올구)에 관해서 남로당 무장대 내부 문건(제주인민유격대투쟁보고서)에는 중앙올구 이명장이란 이름과 도 올구 이동무가 등장한다. 또 경찰 출신 고재우는 전남도당의 지도원으로 조창구와 이창욱을, 중앙당 지도원으로 이두옥과 김서옥을 그의 저서에서 거명하였고, 김봉현과 김민주 공저인 〈제주도인민들의 4·3무장투쟁사〉 239쪽에는 인천과 여수지구에서 김두옥과 김서옥이 파견되었다고 했다. 군의 사진첩인 〈제2연대 제주도 주둔기〉에는 전남도당 지도원 이창희와 김서옥, 그리고 서울서 파견된 이두옥의 사진과 직책 및 이름이 있다.

전향한 제주도당 간부 출신은 "남로당에서 상급당의 지도원은 상급당의 전권대사와 같아서 그의 결정은 절대적이므로 모든 문제는 중앙당 또는 전남도당의 지도원이 결정하였다"라고 하였다.[167]

그러므로 남로당 제주도당의 지도체계는 중앙당 지도원 → 전남도당 지도원 → 제주도 구국투쟁위원회 → 제주도 위원회 위원장(당책) → 해당 부서장 순이었다. 말하자면 4·3사건은 중앙당에서 파견된 지도원이 실질적인 최고 지휘자였다는 의미이다.

구국투쟁위원회는 상임위원회와 의사 결정기관으로 분류할 수 있

---

167 金生玫(78세, 제주시 연동, 남로당제주도당 간부, 2002. 10. 24 채록) 증언.

다. 4·3사건 발발 초기의 상임위원회는 위원장(강규찬), 부위원장(김용관), 군사부장(김달삼), 조직부장(이종우, 후에 김양근), 농민부장(김완배), 선전부장(고칠종), 청년부장(고영수) 등 7명으로 구성하였다. 의사 결정기관으로는 위원장, 부위원장, 군사부장 등 3명으로 구성되었다.[168] 이종우가 1948년 4월 14일 경찰에 사살된 후 김양근이 조직부장이 되었다.

한때 남로당 제주도당 간부로 있다가 전향한 김생민은 "지도원은 사람은 바뀌지만, 항상 있었다"라고 증언했는데, 중앙당 지도원 이두옥이 1948년 8월에 파견되고 김서옥이 같은 해 9월에 파견된 점으로 보아 지도원은 한 달씩 교대한 것으로 보인다. 정치지도원의 파견 기간에 대해 무장대 출신 강두봉은 다음과 같이 증언하였다.

> 오르그라고 해서, 남도오르그하고 중앙오르그가 있었는데 봉개(지명)에 와서 잡혔다. 그 사람들은 귀순할 사람이 아니었다. 당의 주모자들인데, 중앙오르그는 중앙에서 파견된 것이고 남도오르그는 전남도당에서 보낸 것이다. 한 달씩 지시받아서 오면 한 달 동안 같이 지내다가 다른 곳으로 가곤 했다. 어디로 가는지 몰랐다. 중앙오르그와 남도오르그는 항상 있었다. 거기서 교대할 사람이 오면 암호판을 주어야 그 사람들이 나간다. 오르그는 다 관여를 했다. 한 사람이 조직을 다 관여한다…(중략). 오르그 이름은 모른다. 가명을 써서 본명은 모른다. 다 육지 사람들이다.[169]

---

168 고재우, 앞의 책, 31쪽.

169 姜斗奉(75세, 북제주군 조천면 조천리, 제주도당선전부, 2001. 9. 26 채록) 증언.

남로당 제주도당 무장대 편성과 무기 현황

남로당 제주도당의 병력은 한라산에 입산하여 군·경과 전투하는 유격대와 마을에 산류하여 활동하는 자위대로 구분되었다. 유격대는 도당에서 직접 관장하는 정규부대로서 소총 등으로 무장하고 있어 군·경 토벌대와 전투를 벌이는 등 남로당 전투력의 핵심이었다. 자위대는 각 면 및 마을을 지키는 부대로서 면과 마을마다 편성하였고, 총기류가 부족하였으므로 철창이나 죽창 등으로 무장하였다.

유격대의 편성은 4·3 초창기인 김달삼 사령관 시절은 자료가 있으나 이덕구가 사령관으로서 군과 정면으로 부딪친 시기인 1948년 10월 이후의 편성은 자료가 없어 정확히 알 수가 없다. 따라서 4·3사건의 초창기인 김달삼이 유격대 사령관이었던 시기의 3개 편성만을 알아본다.

4·3 당시 무장력은 도당 군사부에 20명으로 편성된 특별경비대가 있었고, 각 면에는 유격대와 자위대가 편성되었다. 유격대는 제주읍, 조천, 애월, 한림, 대정, 중문, 남원, 표선 등 8개 면에 소대 또는 중대 규모로 편성되었는데, 3명으로 1개 분대를, 3개분대로 1개 소대를(소대장 포함 10명), 그리고 2개 소대로 1개 중대를 편성했다.

유격대는 처음에는 면별로 편성하였는데, 1948년 4월 15일의 제주도당 대회의 결정에 따라 이를 도당에서 통합하여 군사부에서 관장하게 되었다. 처음에는 3개 연대 체제였으나 그 뒤에는 4개 지대로 전환하는 등 효율적인 운용을 위해 편성을 조정했다. 4개 지대 편성과 면마다 1개 특무부를 편성한 것은 정보수집과 테러를 하기 위한 편성이었다.

군사부는 3월 25일에 신설되고 4월 15일의 도당대회에서 정식으로 승인되었는데, 정보과, 작전과, 병기과, 통신과, 의무과, 경리과 등으로 편성되었고 군사위원회를 두었다. 군사위원회는 위원장, 총사령관, 부사령관, 참모로 구성하였는데 위원장은 군책(군사부책임자)이 겸임하였다.[170] 총사령관도 통상 군책이 겸임하였다. 따라서 4·3사건의 주동자인 김달삼은 도 구국 투쟁위원회 상임위원, 군사부장(군책), 군사위원회 위원장, 인민해방군 총사령관 등의 직함을 가지고 있었다.

유격대의 보급은 면내 마을에 있는 남로당 조직을 통해 이루어지는데, 남로당은 사전 계획에 따라 인력 충원, 식량, 의류, 자금, 정보 등에 관하여 명령을 하달했다. 자위대는 1948년 2월경에 13개 면과 마을 단위로 제주도 전역에 조직되었는데, 병력 규모는 총 200명이었고, 편성은 유격대와 마찬가지로 3명으로 1개 분대를, 3개 분대로 1개 소대(10명)를, 2개 소대로 1개 중대를, 2개 중대로 1개 대대를 편성하였다. 그리고 마을마다 형편에 따라 소규모의 자위대가 편성되었다. 이들은 위에 언급한 데로 철창이나 죽창 또는 곤봉 등으로 무장하였다.

자위대는 표면상으로는 마을을 보호하기 위하여 조직되었으나 사실은 무장 상태가 빈약하였다. 이들은 남로당 도당 직할의 인민유격대가 마을 습격 시 합류하여 공격에 가담하거나 유격대의 보급품을 조달하고, 반동으로 낙인찍힌 우익인사를 납치·테러하기도 하였다. 자위대의 임무는 유격대의 인력을 보충하고, 필요시 유격대의 공격 활동에 협력하며, 개인 테러를 감행하고, 마을과 유격대 사이의 연락 임무를 수행하며, 필요한 정보를 수집하고, 유격대의 보급기능까지 수행하는

---

170 文昌松(문창송) 편, 앞의 책, 18쪽.

것이었다.

남로당 제주도당은 유격대와 자위대로 편성된 320명으로 4·3사건을 일으키려고 계획하였는데, 4월 3일 당일에 동원된 유격대와 자위대는 계획보다 많은 400여 명이었다. 동원된 인원이 계획 인원보다 많았다는 것은 4·3 초창기에는 인적자원이 풍부하여 남로당이 많은 인원을 동원할 수 있는 능력이 있음을 의미하였다.

제주도당은 5·10선거를 전후하여 정비한 유격대의 초기 편성을 크게 변화시켰는데 변화의 핵심 내용은 연대편성과 특무부 신설이었다.

특무부는 연락 임무 위주의 20명으로 편성된 특별경비대를 해체하고 같은 20명으로 특무부를 신설하였다. 이 특무부는 정찰과 반동(경찰, 서청, 군 등)들의 동정과 자위대의 폐단을 감시하는 임무를 수행하도록 했다.

그리고 각 면에 조직된 유격대를 도에서 통합하여 도 사령부 직속으로 연대 단위로 편성함으로써 사령부에서 계획하는 대규모 작전을 가능하게 하였다. 이러한 편성방침은 4월 15일의 도당대회에서 결정되었다.

개편 이유는 4·3 투쟁 후 유격대와 자위대가 경찰의 진압을 피하여 모두 한라산으로 입산하여 공동생활을 한 결과 혼란과 보급 문제 등이 제기되자 엄격한 규율과 기밀 확보 및 신속한 행동이 요구되고 작전상의 필요성이 제기되었기 때문이다.

유격대 역시 자위대 편성과 같이 3명이 1개 분대, 3개 분대가 1개 소대(10명), 2개 소대가 1개 중대(23명), 2개 중대가 1개 대대(49명), 2개 대대가 1개 연대(110명)이었으며, 병력은 1연대, 2연대, 3연대 등 3개 연대와 특무부 20명을 합하여 370명으로 조정하였다. 이처럼 조정한 결과 각 면에는 면 자위대만 남게 되었고 자위대는 마을마다 유지되었다.

당의 강력한 정치적 지도통제와 엄격한 규율 확립, 철저한 기밀보장, 신속한 행동, 신축성과 기동성을 보유하기 위하여 6월 중순부터 7월 중순까지 정비한 유격대는 사령부에 있던 특무부를 폐지하고, 4개 지대로 편성하였다. 지대명은 30지대, 31지대, 43지대, 50지대 등이었다. 각 지대에는 30명의 유격대와 면 단위로 면이나 부락에 상주하면서 정보수집, 테러, (남로당)군 활동 호응, 보급 원조 등의 임무를 수행하는 12명으로 구성된 특무대를 편성했다. 특무대는 제주읍에 2개, 각 면에는 1개씩 편성했다. 또 통신 요원을 7명으로 강화하였으며 사령부 및 지대의 지도부를 사령관, 정치부원, 작전참모 등 3명으로 구성하였다. 지도부에 정치부원을 둔 것이 특징이었다. 30명씩으로 편성된 유격대는 1개 소대 10명씩 3개 소대로 편성되었다.

남로당 제주도당 무장대 편성 (1948년 7월 15일 기준)

유격대의 무기와 탄약은 99식 등 일제 소총이 주류를 이루었으나 M1이나 칼빈 등 미제 총도 있었으며, 유격대도 총기류가 없어 죽창으로 무장하기도 하였고, 실탄은 공격이 계획되었을 때만 20~50발씩 지급하였다. 그리고 실탄 절약을 위해 공격이 끝난 뒤에는 사용하지 않은 실탄은 회수하였다.

4·3 발발 당시 남로당 인민해방군의 총기 보유 상황은 매우 빈약했다. 확보된 무기는 99식 소총 27정, 권총 3정, 수류탄 25발, 연막탄 7발, 나머지는 죽창이었다.[171] 그러다가 4·3이 진행되면서 경찰이나 군으로부터 탈취하거나 일본군이 바다나 동굴 등에 버린 것을 찾아내어 무장력이 강화되었다.

4월 3일 성산포지서를 포위했던 40명가량의 무장대의 무기 중 총기류는 일제 99식 총 등 2정뿐이고 나머지는 갈고리·죽창·몽둥이 등을 들고 있었다.[172] 남로당 대정면책 출신인 이운방은 "궐기 당초의 무기 조달 상황을 보면 소총이 약 30정 정도였다고 하며 대정면에는 소총이 3정뿐이었다"라고 증언했다.[173] 미군 사령관인 브라운 대령은 7월 1일자 보고서를 통해 "10% 정도는 총으로 무장하였고, 나머지는 일본도와 재래식 창으로 무장하였다"고 밝혔다.[174]

---

171 文昌松(문창송) 편, 앞의 책, 19쪽.

172 金暘洙(당시 성산포지서 순경) 증언 (濟民日報 4·3취재반, 앞의 책, 96쪽).

173 제주4·3연구소, 『이제사 말햄수다 Ⅰ』, 한울, 1989, 225쪽.

174 "Report of Activities on Cheju-Do Island from 22 May 1948 to 30 June 1948," July 1, 1948,The Rothwell H. Brown Papers, Box 3, US Army Military History Institute,Pennsylvania,U.S.A.

빈약했던 무장대의 병기는 첫 무장 폭동 이후 다소 보강됐다. 4월 3일 지서 습격 때 총기를 일부 탈취했고, 이후 일부 경비대원들이 총기를 휴대하고 제주도인민유격대에 측에 가담했기 때문이다. 미군보고서는 이에 대해 "폭도들은 4월 3일 하루 동안에 미제 카빈총 6정과 일제 99식 총 1정, 그리고 탄약 119발을 탈취해 갔다"라고 기록했다.[175] 1948년 5월 20일에는 9연대 군인 41명이 탈영했는데, 이때 탈영병들은 개인 병기와 장비, 그리고 실탄 5,600발을 가져갔다.[176] 탈영병 41명 중 20명이 이틀만인 5월 22일 체포되면서 소총 19정과 실탄 3,500발이 회수되었지만[177], 체포되지 않은 나머지 21명의 무기로 인해 무장대의 병기 현황이 크게 늘었다.

또한 무장대는 1948년 7월 24일까지 소총 56정과 실탄 3,858발을 탈영병이나 프락치 등 군으로부터 보충받았다.[178] 제9연대장 김익렬은 경찰이 무장대와의 교전에서 많은 무기를 빼앗겼다고 기록하였는데, 무장대가 경찰로부터 탈취한 무기 규모는 확실치 않다. 무장대 내부 문건에는 1948년 7월 15일 제5차 조직 정비가 끝났을 때의 무기 현황은 소총 147정과 실탄 7,740발 및 경기관총 1정 그리고 권총 8정과

---

175 Hq. USAFIK, G-2 Periodic Report, No. 801, April 5, 1948.

176 Hq. USAFIK, G-2 Periodic Report, No. 842, May 24, 1948. 이 문건에는 탈영일자가 5월 21일로 되어있으나 탈영이 발생한 시점은 5월 20일 밤이다. 이는 당시 9연대 군인과 대정지서 경찰의 증언, 그리고 사망한 대정지서 경찰과 급사의 사망일자 등을 통해 확인된다.

177 Hq. USAFIK, G-2 Periodic Report, No. 844, May 26, 1948.

178 문창송 편, 앞의 책, 82-83쪽.

동 실탄 119발이라고 하였다.[179] 이는 군으로부터 탈취한 소총 56정보다 더 많은 무기 증가로 경찰로부터의 추가적인 무기 탈취가 없었다면 불가능했다고 보아야 한다.

1949년 2월 4일에는 경비대 제2연대의 한 중대가 총기를 교체하고 전에 사용하던 구식총기 반납을 위하여 운반하다가 무장대의 습격을 받아 99식 총 150정을 탈취당하기도 했다.[180] 그러나 무장대는 이런 총기의 탈취에도 불구하고 늘 탄약이 부족했고 미군 측으로부터 계속 신식 무기를 공급받는 군·경에 대항할 만한 수준은 아니었다. 또한 한때 북한이나 본토로부터 무기를 지원받는다는 풍문이 돌았으나 그것은 억측이었다. 이 같은 사정은 주한미군사령부가 1949년 4월 1일 제주도 사태를 종합 분석한 기밀문서에서도 엿볼 수 있다.

> 현재 반도(반란을 꾀하는 무리)들의 가장 시급한 문제는 탄약 부족이다. 노획하고 탈취한 식량은 풍부하다. 일본 군대가 남긴 동굴은 꽤 안전한 은신처가 되어 주고 있으나, 탄약 공급에 대한 대책이 없다. 한국군으로부터 탈취한 경기관총 3정과 박격포도 탄약 부족으로 무용지물이 되어 버렸다. 생포된 반도들에 따르면 현재 탄약 저장량은 M-1 소총 실탄 800발, 카빈 소총 실탄 90발, 일본제 99식 소총 실탄 400발에 불과하다 한다. 탈취한 미제 무기의 탄약은 토벌대로부터 탈취하는 것이 유일한 공급원이다. 그러나 반도들은 99식 소총의 경우 실탄 2,000발

179 문창송 편, 앞의 책, 27~28쪽.

180 Hq. USAFIK, G-2 Periodic Report, No. 1058, February 8, 1949.

정도의 재장전 설비를 보유하고 있는 것으로 보인다. 일부에서는 반도들이 본토나 북한으로부터 병참 지원을 받고 있다는 소문도 있으나 이러한 보고를 증명할 아무런 증거도 없다. 한국 해군함정의 지속적인 순찰과 공중 정찰 및 경찰의 해안 마을에 대한 빈틈없는 방어는 외부 지원 가능성을 차단하고 있다.[181]

4·3사건 발발시 남로당 인민유격대의 빈약했던 무기는 활동이 본격화되면서 상당 양이 늘어났다. 1949년 3월 26일에는 제주도지구 전투사령부의 선무공작에 따라 귀순한 소년(김영배, 17세)의 제보에 따라 제2연대장이 직접 인솔한 수색대가 어승생악의 한 동굴에서 소총 370정과 실탄 수천 발을 노획하였다.[182] 또한 제2연대는 포로의 진술에 따라 무장대가 일시적으로 군의 토벌을 피하려고 가묘 등 땅속에 숨겨둔[183] 소총 수백 정을 찾아내기도 하였다.[184] 제2연대의 사진첩에는 수많은 소총 등 노획 장비의 사진이 있어 제2연대가 많은 총기류를 노획한 사실을 확인해 주고 있다.[185]

일본군은 철수할 시 일부 무기를 미군에 반납하지 않고 한라산의

181 Hq. USAFIK, G-2 Periodic Report, No. 1097, April 1, 1949.

182 國防部,『韓國戰爭史』제1권, 1967. 10, 446~447쪽.

183 제2연대 1대대장 전부일은 '유재흥 사령관이 타고있던 경비행기가 떨어져서 그안에 있던 작전계획이 이덕구 손에 들어가므로서 무장대는 국군의 토벌내용을 알고, 무기 등을 지하에 감추고 병력을 일정기간동안 해산하였다가 재집결하였다'고 증언(2001. 2. 20)

184 이주흥(육사7기, 제2연대 소대장, 1965년 12월 9일 전편위에서 채록) 증언.

185 第2聯隊,「第2聯隊 濟州道駐屯記」, 檀紀 4282年 8月, 戰利品(其一).

동굴에 은닉하거나 바다에 수장했는데, 남로당 인민유격대가 이를 알게 되어 찾아내거나 인양했다. 모 경찰 출신은 “내가 살던 동네에 일본군이 파 놓은 굴이 엄청나게 많았다. 우리 형님이 4·3 이전에도 그 굴속에 있었던 무기를 가지고 꿩을 잡아 남들에게 주기도 했다. 그런 무기들이 폭도들의 무기가 되었다.”[186]라고 했고, 제9연대장 김익렬도 4·3사건 전날인 4월 2일 제주에서 모슬포로 귀대 중에 소지한 99식 소총으로 꿩사냥을 했다고 하면서 “탄환은 구 일본군이 바닷속에 버리고 간 탄환을 해녀를 시켜서 건져낸 것이었는데, 사용하는 데는 별 지장이 없었다.”[187]라고 하였다.

제주4·3사건 발발과 경비대 동원 실패

4월 3일 남로당 제주도당의 경찰·우익 공격[188]

1948년 4월 3일 새벽(2시경)부터 한라산 중허리 오름[189]마다 봉화가 올랐는데, 이는 남로당 제주도당이 전 조직원에게 무장 공격을 개시하라는 신호였다. 이 봉화를 신호로 미리 준비하고 있던 400여 명의 유격대는 3일 새벽에 지서를 공격하고 우익

---

186 안재만(71, 제주시 삼도2동, 2001. 7. 26, 제주4·3위원회 채록) 증언.

187 김익렬, 유고(4·3은 말한다. 2권, 294쪽).

188 구체적 피해 상황과 자료는 정부 보고서를 참고함.

189 제주도에서 측화산(側火山)을 일컫는 말.

인사 및 그 가족들을 살해했다. 인민유격대라고 자칭하는 공산무장대는 도내 24개 경찰지서 가운데 제1구(제주) 경찰서 관내 삼양·함덕·세화·신엄·애월·외도·조천·한림·화북지서와 제2구(서귀포) 경찰서 관내 남원·대정·성산지서 등 12개 지서 공격에 성공하였고, 저지와 모슬포 등 2개소는 공격이 실패하였다. 또한 경찰, 서북청년회 숙소와 독립촉성국민회, 대동청년단 등 우익단체 요인의 집을 지목해 습격하였다. 이와 아울러 경찰의 통신을 차단하기 전신주를 넘어뜨려 전선과 통신선을 절단하고, 경찰기동대의 차량 이동을 방해하기 위하여 도로상에 돌무더기를 쌓거나 웅덩이를 파서 교통을 차단하였다. 비극적인 4·3사건 유혈사태의 시발이었다.

그런데 이날 출동하여 감찰청과 제1구서를 공격하게 되어 있는 거사의 주력인 모슬포에 있던 국방경비대 제9연대 제1대대가 동원되지 않았다. 남로당측 문건에는 군내 남로당 프락치인 문상길 중위가 중앙당의 지시가 없다는 이유로 경비대 동원을 때문이라고 되어있다. 김익렬의 유고에는 4·3 발발 당시 탄약이 없었다고 되어 있다.[190] 어쨌든 4월 3일 당일에는 경비대 내의 남로당 프락치들이 동원되지 않아 제주읍에 있던 제주감찰청과 제1구 경찰서가 온존할 수 있었다.

제주읍 삼양리에 소재한 삼양지서는 무장대의 습격을 받았으나 인명피해는 없었다. 한 경찰 측 책자에는 이날의 삼양 상황에 대해 "공비 20명이 내습했으나 완전 격퇴 피해 무"라고 기록되어 있다.[191] 무장대 측

190 김익렬 유고 중 이 내용은 타당성이 있다고 평가 했다.

191 내무부 치안국, 앞의 책, 1952, 101쪽.

자료인 「제주도 인민유격대 투쟁보고서」에도 4월 3일 지서 습격 상황이 기술되어 있는데, 삼양 지서에 대해서 "경찰 6명, 아 부대 16명. 소지 무기 99식 소총 1정, 다이너마이트 2발, 휘발유탄 4발. 상호 접전 지서 정문까지 육박 가라스(유리)를 죽창으로 파괴시켰으나 적의 발포 극심하고 응원대가 올 것을 염려하여 퇴각. 상호 피해 무"라고 쓰고 있다.[192]

구좌면 세화지서는 이날 무장대의 습격을 받아 지서가 일시 점령당했다. 지서에는 10명가량의 경찰관이 근무하고 있었는데 급히 몸을 피해 모두 목숨을 구했으나 경찰 2명이 일본도에 맞아 다쳤다.[193] 그러나 무장대 측 자료에는 서북 출신 경찰관 1명을 살해하고 2정의 총을 노획했다고 기록돼 있다.[194]

이날 사건 중에서 신엄지서 관내 마을인 북제주군 애월면 구엄리는 가장 큰 피해를 입었다. 구엄리는 우익인사의 영향력이 큰 마을이었다. 무장대 측 자료에 의하면 이날 구엄리 습격에 모두 120명이란 인원이 동원됐으며, 무장은 소총 4정, 다이너마이트 5발, 나머지는 죽창이었다. 지서 주변에 40명을 배치해 습격하려는 순간, 이웃 애월지서를 공격하는 습격조가 예정 시간보다 30분 가량 앞당겨 행동에 옮기는 바람에 사전에 발각되어 지서 측으로부터 응전을 받아 지서 점령에는 실패했다.[195] 그러나 송원화(宋元和) 순경은 숙소에서 습격당하여 칼

192 文昌松(문창송) 편, 앞의 책, 62쪽.

193 趙太龍(당시 구좌면 대청 조직부장) 증언 (濟民日報 4·3취재반, 『4·3은 말한다』 2., 1994, 35쪽).

194 문창송 편, 앞의 책, 60쪽.

195 문창송 편, 앞의 책, 41쪽.

과 죽창에 열네 군데나 찔리는 중상을 입었으나 지서로 달려가 구사일생했다.[196]

남로당 인민유격대는 이날 우익인사뿐만 아니라 그 가족들까지 공격해 우익활동을 하던 문영백(文永伯)의 10대 딸 두 명을 살해했다. 무장대는 지서에서 싸이렌이 울리자 인민항쟁가(人民抗爭歌)와 적기가(赤旗歌)를 소리높이 부르면서 지서 습격조와 합류하여 새로운 공격을 시도하였으나 외도지서의 기동대가 접근하자 퇴각하였다. 결국 이날 구엄리에서는 우익인사와 그 가족 5명이 숨지고 10여 명이 부상을 당하였다. 경찰관 1명이 중상을 입었고, 교전 과정에서 무장대 2명이 사살됐다.

애월지서에는 지서 마당에 폭발물이 던져졌으나 불발하여 피해를 입지 않았다. 지서 마당에는 전날 내린 비가 고여 있었는데 사제 폭발물이 성능이 좋지 않아 터지지 않았다. 애월지서 습격에는 무장대 80명이 동원됐으며 지서장 송달호에게 경상만 입히고 퇴각했다.

제주읍 외도지서에서는 99식 소총 1정과 다이너마이트 등으로 공격하였으며, 이북 출신의 선우중태(鮮于仲泰) 순경이 무장대가 쏜 총에 맞아 숨졌다. 외도지서 습격에는 무장대 14명이 동원됐었다.

조천지서는 약 한 달 전인 3월 6일 고문치사 사건이 벌어지는 바람에 경찰관 대부분이 교체돼 상대적으로 방어하기에 불리한 상태였지만, 4월 3일 새벽 무장대의 공격을 받았을 때 한 사람도 피해를 보지

---

196 宋元和(81세. 제주시 이도2동, 당시 신엄지서 순경, 2002. 6. 1. 채록) 증언.

않았다. 이에 대해 당시 조천지서에 근무했던 정도일은 "어떤 순경이 우연히 밖을 내다보다가 은밀히 지서로 접근하는 무리를 발견해 한 발의 공포탄을 쏘았는데 모두 도망갔는지 그것으로 상황이 끝났다"라고 증언했다.[197] 무장대 측 자료에는 "40명이 99식 총 2정으로써 포위전은 완전히 성공했으나 사전 발각으로 퇴각했다"라고 되어있다.[198]

한림지서는 습격을 받자 지서를 지킬 뿐 대응을 하지 않았다. 이에 무장대도 적극적으로 공격하지 않아 지서의 피해는 없었다. 그러나 이북 출신 김록만(金祿萬) 순경이 숙소인 한림여관에서 무장대의 공격을 받아 숨졌다. 또 다른 경찰관 2명도 각기 숙소에서 잠을 자다 기습을 받고 부상을 당했다. 한편 무장대는 경찰을 지서 안에 고착시킨 후 지목했던 우익인사의 집을 찾아다니며 공격했다. 독립촉성국민회 제주도 감찰위원장 겸 한림면 위원장을 맡았던 현주선(玄周善) 등이 부상을 당했다. 이로써 이날 경찰 1명이 숨지고 2명이 부상을 입었으며, 국민회와 서북청년회 등 우익단체원 6명이 부상을 당했다.[199]

저지지서 습격은 공격 직전에 문제가 생겨 공격을 중단하고 대신 통신선과 도로 등을 절단하였다. 그런데 아지트 귀환 후 경찰이 금악을 공격한다는 정보를 입수하고 즉시 출동하여 이를 격퇴시키고 경찰후원회원 3명을 포로로 하였다.

화북지서도 피해가 심했다. 화북지서는 무장대의 방화로 불길에

---

197 鄭道日(당시 조천지서 순경) 증언 (濟民日報 4·3취재반, 앞의 책, 34쪽).

198 문창송 편, 앞의 책, 62쪽.

199 玄汝景(玄周善의 아들) 증언 (濟民日報 4·3취재반, 앞의 책, 30~32쪽).

휩싸여 전소되었고, 지서 안에서 숙직을 하던 사환이 불에 타 숨졌다. 또한 민가에 세들어 살던 김장하(金章河) 순경과 그의 아내가 무장대의 습격을 받고 살해되었다. 결국 화북에서는 경찰관 1명, 경찰관가족 1명, 경찰사환 1명 등 3명이 숨지고, 지서가 전소되는 피해를 입었다. 화북지서 공격에는 무장대 14명과 99식 소총 1정이 동원됐다.

남원지서를 습격한 인민유격대는 10명이었으며, 99식 총 2정과 일본도, 죽창 등으로 무장하고 있었다. 무장대에게 첫 희생을 당한 사람은 대청단원으로서 지서 경비를 거들던 협조원들이었다. 협조원 방성화는 무장대가 지서 안으로 뛰어들면서 쏜 총알에 복부를 맞아 숨졌고, 또 다른 협조원 김석훈은 각목과 칼에 맞았으나 가까스로 도망쳤다. 이어 무장대는 고일수 순경을 붙잡아 칼로 살해했다. 무장대는 마지막으로 지서 무기고를 부숴 미제 카빈총과 공기총 및 탄알 등을 탈취한 후 사라졌다. 이로써 이날 남원지서에서는 경찰 1명과 협조원 1명이 숨지고, 협조원 2명이 부상을 당하는 피해를 입었다.[200]

대정지서에서도 제주도인민유격대의 습격을 받아 경찰관 1명이 중상을 당했다. 보성리 향사를 사무실로 쓰고 있었던 대정지서는 경찰관이 3명뿐인 소규모 지서였다. 이날엔 2명의 경찰관이 지서를 지키고 있었는데, 이무웅(李武雄) 순경이 총탄에 맞아 중상을 입었다.[201] 그러나 무장대 측 자료에는 이날 7명이 습격에 참여, 2발의 사격으로 경찰관 1명

200 金碩訓(당시 지서협조원) 증언 (濟民日報 4·3취재반, 앞의 책, 23~26쪽).

201 高亨元(당시 대정지서 순경) 증언 (濟民日報 4·3취재반, 위의 책, 38쪽).

을 즉사시켰다고 기술돼 있다.[202]

모슬포지서 소재지인 모슬포는 경비대 제9연대의 주둔지이기도 했다. 그 때문인지 모슬포지서는 습격을 받지 않았다. 그러나 이날 무장대는 대동청년단 대정면 책임을 맡고 있던 강필생(姜必生)의 집에 폭발물을 투척하였다. 강필생은 폭발물 파편이 몸에 박히는 부상을 당했지만 목숨을 구했다. 이후 강필생은 경찰에 투신했다.

성산포지서에는 14명의 경찰관이 있었으나 이날 밤 근무자는 3명뿐이었다. 40명의 무장대가 99식 총 2정을 갖고 습격을 시도했으나 경찰이 발포하자 모두 도망가버려 아무런 피해를 입지 않았다. 무장대 측 자료는 2정의 총이 모두 고장이 나는 바람에 퇴각할 수밖에 없었다고 밝히고 있다.

한편 함덕지서에는 이날 무장대에 의한 직접적인 공격은 없었지만, 경찰관 2명이 행방불명되는 사건이 발생했다. 이에 관해서는 무장대와 연계된 경찰관 1명이 다른 경찰관 1명을 납치해 무장대에 합류했다는 설이 있는데, 무장대 측 자료에도 그렇게 표현되어 있다.

이상 현지 확인을 통해 살펴본 바, 4월 3일 하루 동안에 △경찰; 사망 4명, 부상 6명, 행방불명 2명 △우익인사 등 민간인; 사망 8명, 부상 19명 △남로당 무장대; 사망 2명, 생포 1명의 인명피해가 발생했다. 이 피해 상황을 지역별로 보면 다음과 같다.

△ 화북지서; 경찰 사망 1명, 민간인 사망 2명, 지서 전소

202 문창송 편, 앞의 책, 51쪽.

△ 신엄·구엄; 찰 부상 1명, 민간인 사망 5명·부상 10여명, 무장대 사망 2명, 민가 방화 4채

△ 남원; 경찰 사망 1명, 민간인 사망 1명·부상 2명

△ 한림; 경찰 사망 1명·부상 2명, 민간인 부상 6명, 무장대 생포 1명

△ 외도; 경찰 사망 1명

△ 함덕; 경찰 행방불명 2명

△ 세화; 경찰 부상 2명

△ 대정; 경찰 부상 1명, 민간인 부상 1명

위에 제시된 정부보고서 통계는 무장대 측 자료와 차이가 있다. 무장대 측의 자료는 4월 3일 공격에서 경찰관 10명이 사망했다고 밝히고 있다. 그러나 함덕지서에서 행방불명된 2명 중 납치해간 1명을 살해했다고 해도 5명이나 차이가 난다. 그런데 세화·대정 지서 등의 사례에서 보듯 무장대는 지서 밖에서 총격을 가해 경찰관이 쓰러지면 상부에는 '즉사'로 보고한 것으로 보이는데, 실제로는 죽지 않고 부상을 당했다는 증언들이 있었다.[203]

이날 숨진 경찰관들은 마을마다 순직비가 세워져 있다. 행정오류 등으로 빠진 경우가 있긴 했지만, 이때 사망한 경찰관들은 방침에 따라 순경은 경위로, 경사는 경감으로 대부분 2계급 특진되었다. 이날뿐만 아니라 제주4·3사건이 전개되는 동안 희생된 경찰관들도 대부분 2

203 대검찰청수사국,『좌익사건실록 제1권』, 광명인쇄공사, 1965., 376-377쪽에 보면 정부보고서의 통계와 다소 차이가 있다.

계급 특진하였다.[204]

남로당 제주도당은 4·3사건을 일으키면서부터 '단선단정 반대, 구국투쟁'이란 구호를 외쳤다. 이들은 단선단정은 나라를 두 조각으로 분단시켜 (공산)통일을 가로막는다는 논리를 펴면서 단선단정 반대만이 나라를 구하는 것이라고 선동하고 자신들의 5·10선거 반대 투쟁을 정당화시키려고 하였다. 주지하다시피 5월 10선거는 소련군의 저지로 북쪽에서는 이루어지지 못했으나, 유엔의 결정에 따라 한반도에 정부를 수립하기 위한 제헌의원을 선출하는 선거였고, 그 선거를 통해 자유민주주의 대한민국이 태어났다. 남한만의 단독선거와 단독정부 수립을 반대하는 것은 결코 나라를 구하는 행동이라 할 수 없다. 북한이 언제 어떻게 정부를 수립하였으며, 유엔이 주도하는 통일을 위한 남·북한 총선을 누가 거부하여 남한만의 단독선거를 하게 되었는가?

북한에 진주한 소련군은 1945년 9월 20일 "북한에 부르주아 민주정권을 수립하라"라는 스탈린의 지령을 받았는데[205], 이는 북한에 단독정부를 수립하라는 지시였다. 이에 따라 소련군은 김일성을 내세워 권력을 장악하게 하였다. 그리고 1946년 2월 8일에 북조선 임시인민위원회를 발족시켜 토지개혁을 단행하고, 세금을 결정하는 등 행정과 입법 기능을 갖추었다. 1947년 2월 20일에는 우리보다 1년 반 먼저 북조선인민회의(입법부)와 북조선인민위원회(행정부, 사법부)를 구성하였으며,

---

204 『東亞日報』, 1948년 5월 15일; 『國際新聞』, 1948년 10월 7일; 『漢城日報』, 1948년 11월 19일.

205 『한겨레신문』, 1993년 2월 27일.

1948년 2월 8일에는 조선인민군을 창군함으로써 사실상 국가형태를 갖추었다. 당시 미 군정하에 있었던 남쪽의 조선경비대는 1948년 2월에는 도별 1개 연대씩 9개 연대를 창설하고 3개 연대씩 3개 여단을 편성한 것이 고작이었다.

한편, 남한에 진주한 미군은 질서를 회복하면서 군정을 실시하였으며 북쪽의 소련과는 달리 특정 국내 정치세력이 권력을 장악하지 않도록 했다. 미 군정 외에는 중국에서 귀환한 임정이나 공산당 세력 등 어느 쪽에도 정부 기능이나 권력을 행사하지 못하도록 했다.

한반도를 미·영·중·소 4개국이 5년간의 신탁통치를 골자로 하는 모스크바 삼상회의 결과가 1945년 12월 말에 알려지자 남한의 제반 정파는 반탁의 목소리를 높였다. 그런데 소련의 사주를 받은 좌익계열은 1946년 1월 초부터 찬탁을 부르짖었다. 한반도에 통일 정부 수립을 위하여 서울에서 열린 미·소공동위원회는 협의 대상 단체의 자격 문제로 왈가왈부하다가 결국 결렬되었다. 소련 측은 통일정부 수립을 위한 협의 대상에 삼상회의에서 결정한 신탁통치를 반대하는 정당이나 단체는 삼상회의 결과로 열리는 미·소공동위원회와 협의할 자격이 없다고 주장했다. 이는 통일 정부에 반탁세력을 배제하려는 속셈이었다. 미국 측은 반탁세력도 통일정부에 참여시키자는 주장을 했다. 이는 양측 모두 통일정부 수립시 자신들에게 우호적인 세력이 정권을 잡도록 하기 위한 주장이었다.

미·소공동위원회가 결렬되자 한국 문제는 UN으로 이관되었고, 유엔은 통일을 위한 남·북한 총선거를 시행하려 했으나 소련군은 이들의 입북을 거절함으로써 남·북한을 아우르는 통일 정부 수립을 무산시켰다. 소련군은 이미 실질적으로 정부를 구성한 북한에서 유엔 감시하의 자유·평등·비밀 원칙이 적용되는 총선거를 할 의향이 없음을 명백히 밝혔다. 이리하여 유엔은 1948년 2월 26일에 자유 선거가 가능한 남한지역에서라도 선거를 시행하기로 했던 것이다.

박헌영은 기대를 걸었던 미·소공동위원회가 결렬되고, 소련군의 거절로 남·북한 총선거가 무산되어 남한만의 단독선거가 확실해지자 남로당의 생존에 대하여 대책을 세우지 않으면 안 되었다. 즉 북한에 김일성이 주도하는 좌익정권이 수립된 상황에서 남한에서 단독선거를 한다면 우익정권이 수립될 게 확실하고, 그러면 남로당은 소멸할 것이 명확하기 때문이다. 박헌영은 스티코프로부터 500만 엔이란 많은 공작금을 지원받아 '1946년 9월 총파업과 10월 대구폭동'을 일으켰다. 그뿐만 아니라 10월 6일 월북한 후로는 적화통일을 추구하고 있던 스티코프의 지시를 받았다. 이에 박헌영은 남쪽의 국내적 혼란을 이유로 유엔에서 단독선거를 결정하지 못하도록 예하 단체에 2·7폭동을 일으키라는 지령을 내렸다. 이때 제주도당에도 '2월 중순에서 3월 5일 사이에 폭동을 일으켜서 인민공화국을 수립하라'라는 지시가 하달되었다.

'단선단정 반대, 구국투쟁'이란 구호는 남로당이 자신들의 생존을 위하여, 그리고 유엔에서 결정한 남한에서의 정부 수립을 좌절시켜 공산정권으로 통일하려는 구호이지, 남한 주민이나 민족을 위하여, 또는 장차 수립될 자유 민주국가를 위한 것은 결코 아니었다. 이러한 구호는 한반도를 적화통일하려는 스탈린과 그의 부하였던 정치군인 스티코프 상장의 지시를 구현하기 위한 남로당 지도자 박헌영의 남로당 생존을 위한 전략이었다.

| 경비대 동원 실패

그런데 이날 출동하여 제주읍에 있는 경찰 감찰청과 제1구 경찰서를 공격하도록 되어 있는 거사의 주력인 모슬포에 있던 제9연대가 동원되지 않았다. 남로당 측 문건에는 남로당 제주도당의 지시를 받은 하사관 남로당 프락치 고승옥이[206] 거사 계획을 설명하고 병력동원을 요청하자 장교 프락치인 문상길 중위가 '중앙당의 지시가 없다'라는 이유로 병력동원을 반대한 것으로 되어있다. 이에 대한 무장대 측의 기록은 다음과 같다.

> 그런데 의외에도 4·3 당일에 국경(국방경비대)이 동원되지 않음으로 이것을 이상한 일로 생각하고 있든바 4월 5일에 상도한 도 파견 국경공작원(도상위 청책동무)의 보고에 의하여 다음과 같은 진상이 판명되었음.
>
> 즉 파견원이 최후적 지시를 가지고 국경 프락치를 만나려 갔던 바 프락치 2명은 영창에 수감되어 없었으므로 할 수 없이 횡적으로 문상길 소위를 만났던 바 이 동무의 입을 통해서 국경에는 이중세포가 있었다는 것. 그 하나는 문 소위를 중심으로 해서 중앙직속의 정통적 조직이며, 또 하나는 고승옥 하사관을 중심으로 한 제주도출신 프락치로의 조직이었음.

---

206 고승옥은 대정면 보성리 출신으로 일본 오사카 상업학교에 다니다 일본군에 지원, 전투기 조종사가 되었음. 해방으로 귀환후 제주도에서 인민위원회 할동중 경찰에 쫓기자 경비대에 1기생으로 9연대에 입대, 5월 말에는 사병 7명을 이끌고 소총 8정을 휴대하고 탈영, 입산하여 인민유격대에게 입대하였으며, 이덕구 후임으로 유격대 사령관까지 진출하였는데, 6·25전쟁 발발 후 지도노선으로 내분 시 허영삼, 김성규 등에게 숙청당했다.

그래서 4·3투쟁 직전에 고(승옥) 하사관이 문(상길) 소위에게 앞으로 무장투쟁이 있을 것이니 경비대도 호응 궐기해야 한다고 투쟁 참가를 권유했던 바 문 소위는 중앙지시가 없으니 할 수 없다고 거절한 바 있었다고 함. 이 말을 듣고 도 파견 국경공작원은 깜짝 놀랐으나 이렇게 된 이상 어찌할 수 없으니 제주도 30만 인민의 생명과 재산을 수호하고 또한 우리의 위대한 구국항쟁의 승리를 위하여 기어코 참가해야 한다고 재삼재사 요청하였으나 중앙 지시가 없음으로 어찌할 수 없다고 결국 거절당했음. 이리하여 4·3 투쟁에 있어서의 국경(국방경비대) 동원에 의한 거점분쇄는 실패로 돌아갔음.[207]

남로당의 조선국방경비대 내 프락치는 중앙당 직속의 장교조직과 지방당(제주도당) 직속의 하사관 조직 등 이중 조직으로 되어 있었다. 그런데 경비대 동원 명령이 전남 올구 → 남로당 제주도당→ 하사관 프락치 계통으로 하달되자 중앙당으로부터 아무런 지시를 받지 못한 문상길을 중심으로 한 장교 프락치들이 이를 거절한 것이다.

4·3사건 시 경비대 내의 남로당 세력 동원에 실패한 문제는 4월 20일 문상길–김달삼 회의와 5월 10일의 오일균–김달삼 회의 시에 거론되었다. 이 회의에서 김달삼은 동원 실패의 원인을 추궁하였고 문상길 등 경비대의 남로당 장교 프락치들은 일관되게 남로당 중앙당의 지시가 없어서 출동하지 않았다고 주장했다. 이 내용을 좌익에서는 4·3

207 문창송 편, 앞의 책, 76~77쪽.

사건 발발에 대한 '남로당 중앙당 지령설'을 부인하는 논거로 활용하고 있다.

그러나 경비대 동원을 못한 이유는 다른곳에 있었다. 남로당 제주도당에서 경비대 내의 남로당 하사관 프락치들에게 얼마나 병력을 동원할 수 있느냐를 문의했고 고승옥은 병력 200명이 확실히 동원할 수 있다고 하여 차량을 5대를 지원해 달라고 요청하였다. 이를 위해 남로당 인민유격대가 민간으로부터 강압적으로 동원한 차량 5대가 모슬포 주둔 경비대로 이동했다.

제주도당 파견원(청년책임자)이 차량 5대를 끌고 국경 프락치를 만나러 모슬포의 경비대로 갔다. 이들은 프락치 2명(하사관 고승옥, 문덕오)이 영창에 갇혀 있어 만나지 못하고 문상길 중위를 만나고서야 프락치가 2중으로 조직되어 있으며, '중앙당 지시'가 없어 경비대 출동이 불가하다는 상황을 파악하였다. 병력 동원을 책임진 하사관 프락치인 고승옥이 영창에 들어가 있다는 사실은 장교 프락치와 하사관 프락치 간에 모종의 '합의'가 있었다는 증거였다.

중요한 거사 일에는 프락치인 하사관 2명 모두가 설령 잘못이 있어 영창에 들어가 있더라도 장교 프락치들이 무슨 수를 쓰더라도 출정시켜야 하는데, 거사 일에 병력동원 책임자들이 연대에서 징계 절차도 없이 갑자기 영창에 들어가 있어 병력동원이 실패했기 때문이다.

이는 장교 프락치들이 어떤 사유로 하사관 프락치들을 입창시켰다는 의혹을 받을 수 있는 대목이다. 제주도에서 장교 프락치들의 개입으로 병력동원이 좌절되었다는 사례는 같은 해 10월 19일에 발발한 여·순 반란시 장교 프락치들이 배제된 채 하사관 프락치들이 병력을 동원하여 반란을 결행하는 요인으로 작용하였다.

경비대 동원 문제는 단순히 '남로당 중앙당의 지시가 없었다'는 이유만으로 장교프락치 문상길이 거절하였을까?

4·3사건 발발 당시에 제9연대는 보급된 탄약은 전투용이든 교육용이든 단 한발도 보유하지 않았다. 9연대는 일본군이 철수하면서 바다에 버린 99식 탄약을, 해녀를 동원해 건져 올리고 이를 부대에 소량을 비밀히 보관하였으며, 김익렬 연대장은 이것으로 가끔 꿩사냥을 하였다. 김익렬은 4·3 발발 당시 부대에 탄약이 없었다고 실토했다.[208]

김익렬 유고는 탄약이 없어 병사들의 사격 훈련도 못했으며, 4·3 발발 후 경찰의 진압 실패로 경비대에 진압 임무가 주어지면서 탄약이 보급되었음을 기록하고 있다. 4월 16일 딘 군정장관이 경비대 투입을 지시했고, 부산 5연대 병력 1개 대대가 4월 20일 아침에 제주도에 도착했으므로 탄약 보급 일자는 4월 18일경일 것이다.

제9연대는 창설 중이었고, 당시 남북을 갈라놓고 있었던 38선과는 멀리 떨어져 있는 제주도에서는 군이 출동할 가능성은 없었다. 따라서 경비대 사령부에서는 탄약 보급을 하지 않고 있다가 상급 기관인 미 군정의 출동 준비명령이 떨어지자 탄약을 보급한 것이다. 군대가 탄약이 없다면 전투를 할 수가 없다. 총기가 있다고 한들 자기 방어를 위

208 김익렬의 유고 내용 중, 평화 회담 문제, 박진경 대령 관련 사항 등은 자신을 미화하기 위해 왜곡되어 있으나 제민일보 4·3취재반, 『4·3은 말한다』 2권 297쪽, 305~306쪽에 언급된 탄약 문제는 당시 상황을 보았을 때 객관성이 인정된다. 김익렬은 4·3이 발발하자 보급관 전순기 중위를 전령으로 긴급히 경비대 사령관 송호성 장군에게 보내 탄약 보급을 요청했으나 거절 당했다. 그런데, 딘 장군이 4월 16일 경비대 출동을 지시하자 그때 서야 탄약이 보급되었다는 내용도 김익렬의 유고에 포함되어 있다.

한 육박전을 위한 도구에 불과할 뿐이었다.

경비대 내의 남로당 프락치들이 동원되었다면 그들은 제주읍 경찰본부를 공격하기로 되어 있었다. 부대에 탄약이 없다는 것을 모르고 있던 하사관 프락치 고승옥이 병력출동이 가능하다고 남로당 측에 보고하였는데, 병력출동 명령이 내리자, 고승옥 하사관은 장교프락치 문상길 중위에게 병력출동 명령과 함께 차량 5대가 지원되는 것까지 보고하였다. 그러나 탄약이 없다는 것을 알고 있던 문상길은 병력출동이 불가함을 설명하였다. 문상길 중위는 부대내의 탄약이 없는 것도 모르고 병력 200명이 출동 가능하다고 허위 보고한 하사관 2명을 보호하기 위해 이들을 영창에 넣었다. 그리고 남로당에는 '중앙당의 지시가 없어 출동할 수가 없다'고 했다. 탄약이 없는 상태로 제주읍에 있는 경찰 감찰청과 제1구 경찰서를 공격했다면 경비대 내의 남로당 조직에게 엄청난 피해를 초래했을 것이다. 문상길은 조직 보호차원에서 2명의 하사관을 입창시켰고 경비대 내의 남로당 프락치 동원을 막았던 것이다.

남로당의 계획대로 경비대 제9연대 800여 명 중 마음대로 동원할 수 있다고 보고한 200여 명이 차량 5대에 분승하여 야간 02시경에 기습했다면 경찰력은 분쇄되고, 경찰력의 중심인 경찰 감찰청과 제1구 경찰서는 물론이고 제주읍까지 점령되었을 것이다. 그리고 제주읍과 경찰서가 점령되면 그 외 지역의 예하 지서 점령도 쉽게 되어 여·순반란 시처럼 제주도 전역이 남로당의 지배하에 들어갈 것이며, 당의 상부에서 지령한 '인민공화국 수립'도 가능하였을 수 있었다. 그런데 탄약이 없어 거사의 주력인 경비대가 동원되지 않아 제주읍이 무사했을 뿐만 아니라 경찰 주력이 온존하여 그 역할을 할 수 있었던 것은 하늘이

도운 일이라 할 수 있다. 지방에서의 남로당의 무장 공격이 초기에는 상당한 성과를 거두었으나 결국 실패로 돌아가게 된다. 그리고 고승옥은 후일 입산해서 공산유격대에 합류했으며, 병력동원 실패에 관해 아무 책임추궁을 받지 않았고, 이덕구의 후임으로 인민유격대 사령관직에 오르게 된다.

| 4월 3일 이후의 상황

제주도 내 24개 지서 중 12개 지서와 경찰 가족 및 우익인사들을 공격하여 상당한 성과를 올린 공산무장대는 사기충천하여 인민항쟁가(人民抗爭歌)와 적기가(赤旗歌)를 부르면서 행진하다가 날이 밝아오자 한라산의 밀림 속으로 몸을 숨겼다.

인민항쟁가[209]

1. 원수와 더불어 싸워서 죽은 우리의 죽엄을 슬퍼 말아라
   깃발을 덮어다오 우리 깃발을 그 밑에 전사를 맹세한 깃발.
2. 더운 피 흘리며 말하던 동무 쟁쟁히 가슴속 울려 온다
   동무야 잘 가거라 원한의 길을 복수에 끓는피 용솟음 친다
3. 반동 테러에 쓰러진 동무 원수를 찾아서 떨치는 총칼
   조국의 자유를 팔려는 원수 무찔러 나가자 인민유격대

209 조선인민의용군 본부(문화선전부), 『인민가요집』, 1950년 7월 16일.

적기가[210]

날아가는 까마귀야 시체보고 울지마라. 몸은 비록 죽었으나 혁명정신 살아있다.

아세아 깊은 밤에 동이 텄다. 백두산 상상봉에 봉화 들렸다.

거룩하다 백의민족 울부짖었구나 자유 그것이 아니면 죽엄을 달라.

무궁화 핀 삼천리 화려한 강산 민족은 영원히 변치 않는다.

창에 찔리면서 부르짖었다. 쇠사슬에 엉키운 체 고함을 쳤다.

정의의 큰 길 위에 우뚝이 서서. 붉은 피를 뿜으며 꺼꾸러졌다.

찬란 호화스럽다 3·1운동. 우리는 싸웠도다 맨 주먹으로.

민중의 기 붉은 깃발은 전사의 시체를 감싸노라.

높이 들어라 붉은 깃발을! 그 밑에서 전사하리라.

이들은 경찰이 무력해지자 다음 날에도 지서 습격, 경찰관 및 우익인사 테러, 전선 및 도로 절단, 왓샤시위 등을 계속하였으며, 때로는 경찰과 몇 시간씩 교전을 벌이기도 하였다. 제주도는 밤에는 무장대, 그리고 낮에는 토벌대 측의 세상이었는데, 중산간지대 등 경찰력이 못 미치는 곳은 낮에도 무장대의 세력권이 되었다.

남로당 인민유격대는 경찰이나 경찰 가족, 대동청년단원, 선거관리위원, 우익인사 또는 자신들에게 비협조적인 사람들을 주로 밤에 납치하여 처형하고, 젊은이들을 동원하여 통신선과 전선 절단, 도로 차

---

210 『대하실록 제주백년』, 태광문화사, 554쪽 ; 자우수호협의회, 『제주도의 4월 3일은?』2집, 2011, 9쪽 재인용.

단, 왓샤시위 등을 하였는데, 모 경찰 출신은 "젊은이로서 도로 차단이나 왓샤시위에 한 번도 가담하지 않은 사람은 없을 지경"이라고 당시의 분위기를 설명하였다. 무장대 내부 문건에 나와 있는 4월 3일부터 7월 중순까지의 전과 통계는 다음과 같다.

무장대 측의 전과 통계[211]

지서 :	습격 31(개소)	소각 6	파괴 3
관공서 :	습격 2(개소)	소각 1	파괴 1
가옥 :	소각 122(동)	파괴 7	--
경찰관 :	사망 56(명)	부상 23	가족사망 7
반동(우익) :	사망 223(명)	부상 28	가족사망 12
포로 :	경찰 4(명)	반동(우익) 20	우익가족 2
시설파괴 :	전선절단 940(개소)	도로파괴 170	교량파괴 3
무기노획 :	소총 25(정)	공기총 1	일본도 4(본)
탄약노획 :	소총탄 1009(발)	수류탄 5	황린탄 4

위의 전과를 보면 남로당 무장대가 치안을 담당한 경찰지서를 31회나 습격하였는데, 이는 지서 1개소를 2~3회씩 습격하였음을 의미하며, 6개소는 소각하고 3개소는 파괴하였다는 것은 9개소는 습격에 성공하였음을 보여주고 있다. 그리고 경찰관 56명과 반동(우익인사) 223명을 살

211 문창송 편, 앞의 책, 73-74쪽.

해하고, 반동 가옥 120동을 소각하였다는 것은 이들이 경찰과 우익인사 및 비협조자를 집중적으로 공격하였음을 나타내고 있다. 이에 따라 주민들은 무장대의 통제하에 놓이게 되었다. 또한 940개소의 통신선을 절단하고 170개소의 도로와 3개소의 교량을 파괴하였다는 것은 이들이 특히 경찰의 통신과 기동력을 마비시키려 했음을 잘 보여주고 있다.

이 기간에 살해당한 우익(반동) 인사 223명 중에는 독립운동가이며 제주도 출신 1호 목사인 이도종 목사도 포함되어 있다. 이 목사는 제주도 최초 장로인 이덕련의 장남으로 제주도에 최초로 복음을 전한 이기풍 목사의 권유를 받아 평양 숭실중학교를 졸업(1926년)하였고, 조선 예수교 장로회 신학대학을 졸업(평양, 1926년)하였으며, 김제 중앙교회에서 목사 안수를 받았다(1927년). 이 목사는 중앙교회에서 얼마 동안 시무했으나 독립운동을 한 사실을 알게 된 일제강점기 경찰의 간섭이 심하여지자 고향으로 돌아와 1929년부터 제주도에서 목회 활동을 하면서 서귀포 교회를 비롯하여 중문교회, 남원교회, 고산교회, 두모교회, 용수교회, 안성교회, 화순교회 등 해방되기 전까지 16년 동안에 10개 교회를 개척하는 등 목회 활동을 열심히 하였다.

그리고 해방 후 이도종 목사는 북제주군 일대를, 조남수 목사는 남제주군 일대를 담당하여 교회발전과 복음 전파에 심혈을 기울였다. 이 목사는 4·3사건으로 제주도가 술렁이는 것도 아랑곳하지 않고 1948년 6월 18일[212] 복음 전파를 위하여 자전거를 타고 교인의 집에 가

212 16일이란 의견도 있으나, 이도종 목사의 손자인 이동해의 증언에 따르면 6월 18일이다. 남로당 내부 문건에는 6월 30일로 되어 있다. 이도종 목사와 관련된 상세한 내용은 책의 4

다가 산길에서 행방불명이 되었다. 그런데 그 후 붙잡힌 무장대의 자백으로 이 목사의 죽음이 알려졌는데, 이 목사는 산길에서 10여 명의 무장대에 붙잡혔으며, 강제로 구덩이를 판 후 생매장되었다. 이 목사는 순교 당시 55세였으며, 협재교회 전도사 시절에는 상해 임시정부 군자금 모금에 가담하기도 한 독립운동가였다.[213]

이도종 목사 생매장사건은 반일과 반미를 부르짖던 남로당이 독립운동가 여부는 고려하지 않고 종교인 특히 기독교인을 타도의 대상인 반동으로 분류하였음을 보여주는 사례였다.

4·15 남로당 제주도당 대회

남로당 제주도당은 1948년 4월 15일에 공식적인 도당대회를 열어 지금까지의 투쟁 결과를 분석하고 5·10 단독선거 저지 대책을 위한 조직개편을 단행하였다. 조직개편은 2월 25일의 군사부 신설 및 인사이동을 공식 추인한 성격이 짙다. 이에 대하여 제주4·3연구소에서 펴낸 자료에는 다음과 같이 기록되어 있다.

부 자료#6에 있다.

213 김찬흡 편저, 『20世紀 濟州人名事典』, 2000. 3. 10, 제주문화원, 323~324쪽 ; 『濟州日報』, 2003년 6월 11일(고 이도종 목사 기념비 제막) ; 『濟州道誌 제1권』, 1993. 2. 20, 1137쪽.

– 기록에 48년 4월 15일에 조직개편이 군사부 중심으로 되어 있는데 저는 2월 회의가 끝나면서 실질적인 개편은 끝났다고 보고 싶습니다. 그 때의 정황으로 보아 실질적인 조직개편은 2월 회의가 끝나면서 되었고, 이것을 뒤늦게 중앙당에서 사후 승인 식으로 추인한 것이 4월 15일의 공식적인 기록에 나온 조직개편이라고 봅니다.

– 결국 2월 회의의 전모가 좀 더 구체적으로 밝혀지면 이러한 문제는 해결될 수 있겠습니다.[214]

또한 제주 출신이 집필하여 일본에서 발간된 '朝鮮社會運動史事典'(조선사회운동사사전)에는 4월 15일의 도당대회에 관해서 다음과 같이 기록되어 있다.

> 남로당 중앙의 지시에 따라 남로당 제주도위원회가 1948년 4월 15일에 열려 구체적 토의가 거듭된 결과 당 조직과 그의 외곽단체가 조직을 적의 토벌에서 방어하기 위하여, 그리고 투쟁을 능률적으로 지속하기 위하여 당으로부터 무장대를 분리시키고 새로운 인민유격대를 편성하기로 결정이 되었다….(중략) 개편된 인민군의 주요 목표는 「반미 반이승만 구국투쟁」의 일환으로 해서 「5월 10일 남조선 단독선거 저지」에 있었다. 4월 15일의 남로당 도당대회에서는 당 중앙으로부터 다음과 같은 지시가 전달되었다.

214 제주4·3연구소, 『이제사 말햄수다』, Ⅱ권, 한울, 1989, 42~43쪽.

1. 4·3 봉기는 남로당 중앙에 의하여 계획되고 통제되지 않았다는 것을 설명하면서도 그러나 이 기정사실을 당 중앙은 승인하여 조정을 지시하고 있다.
2. 4·3 봉기는 당의 조직을 적 앞에 노정(露呈)하고 혁명 세력을 적의 총탄 앞에 던지게 하는 모험적 돌격행위라고 규정하면서도 이것을 조정하여 당 중앙의 노선에 소일(素一)하기를(조금도 다르지 않기를) 부르짖고 있었다.
3. 인민군(인민유격대)은 대중의 희생을 적게 하고 당 조직을 온전하게 무장투쟁을 효과적으로 전개하면서 장기전에 대비해서 적의 토벌 작전에도 유하게 대처하여 사전 사후의 수습책에 만전을 기하기를 원하고 있었다.(후략)[215]

김봉현·김민주의 〈濟州島人民들의 4·3武裝鬪爭史〉에는 1948년 4월 15일 남로당 도당대회의 실체를 정확히 알 수 있는 내용이 기술되어 있다. 정부보고서에서는 이 내용들은 일절 반영되지 않았다.

이와 같은 긴박한 정세하에 4·3봉기 무장투쟁의 총화에 대한 구체적이며 과학적인 분석에 기초하여 앞으로 도래할 〈5·10 망국 단선〉 보이코트에 대한 제 대책을 강구하기 위한 도당부대회(4·15)가 항쟁의 불꽃 속에서 진행되었다. 애초부터 전술상의 무력 봉기와 투쟁 과정에서의 여

215 文國柱, 『朝鮮社會主義運動史 事典』, 東京, 評論社, 1981, 107~123쪽(高文昇, 『제주사람들의 설 움』, 1991. 9, 235~236쪽에서 재인용).

러 부정적 면도 간과할 수는 없었으나 당시의 정세 발전의 주 객관적 제 조건으로 말미암은 불가피적인 봉기였던만큼 이러한 부정적인 제 현상을 투쟁 도상에서(투쟁 과정에서) 신속하고 대담하게 극복 타개하는 한편 봉기원들의 전취한 성과를 최대한으로 활용하면서 5·10 망국 단선을 완전 무효로 돌리고 조국의 통일 독립을 달성하기 위한 투쟁에 전진할 확고한 입장을 취하였다. 이에 기초하여 무장대를 일층 강화 발전키 위해 자위대를 해체하고 각 면에서 열렬한 혁명정신과 전투 경험의 소유자 30 명씩을 선발하여 인민유격대(속칭 인민군)을 조직하였으며, 또한 그의 기동성과 민활성을 보장하기 위하여 연대와 소대로 구분 편성하였다.

1연대 = 조천, 제주, 구좌면···3·1지대〈이덕구〉

2연대 = 애월, 한림, 대정, 안덕, 중문면···2·7지대〈김봉천〉

3연대 = 서귀, 남원, 성산, 표선면···4·3지대〈?〉

이 외로 독립대로 편성된 정찰 임무를 띤 특공대와 반동들의 동정과 지방자위대들의 폐단을 감시하기 위한 특경대로 조직되었고 유격대의 사상 – 정치성을 교양하기 위한 정치 소조원도 각 대와 소부대 배속되었다.(중략). 인민유격대의 재편성과 함께 자위대원들과의 애국적인 참가원들은 지방으로 돌리어 소여의 초소를 담당케 하였으며, 새로히 혁명군의 무력활동과 인민들의 대중적 투쟁을 가일층 주동성을 갖고 활발히 전개키 위하여 각 읍면과 행정단위로 강력한 자위대(10명)들도 조직되었다. 이들은 무장대와 인민들과의 긴밀한 연계를 갖고 호상 협동하면서 고을마다에서 준동하는 반동들의 패륜적인 만행을 격파하는 투쟁을 용감하게 수행하였다. 또 대중 속에 농민위원회를 비롯한 각종의 혁명조직들을 구성, 확대하여 군중 지반을 공고히 하는 일방, 적들을 타격하는 무장대를 소여의 초소에서 원호하였다.[216]

전술한 자료들을 보면 4월 15일의 도당대회는 중앙당의 지시로 열렸으며, 중앙에서는 4·3사건을 승인하고 투쟁 목표를 조정하였음을 알 수 있다. 중앙당은 2월 중순에서 3월 5일 사이에 폭동을 일으켜 인민공화국을 수립하라는 지령을 문서로 내렸다. 그러나 제주도당은 1월 하순에 두 차례에 걸쳐 221명이 체포되자 수 차례 대책회의와 최종적으로 신촌회의를 거쳐 무장투쟁을 결정하고 4월 3일 폭동을 일으켜 중앙당의 지령을 사후 이행한 것임을 알 수 있다. 김달삼은 그간의 대책회의에서 무장투쟁에 관한 언급을 하지 않다가 신촌회의에서 갑자기 무장투쟁을 주장하였다. 이 배경에는 남로당 중앙당의 구두지시가 있다는 주장이 있다. 여순반란사건시 군 수사관이 었던 빈철현 대위가 조경순(여순 반란사건의 주동자인 김지회의 처)을 조사하는 과정에서 확인한 내용이다. 그 내용은 아래와 같다.

남로당 군사부 총책 이재복은 광주에서 전남도당 위원장 김동백과 회동한 후 전남도립병원 간호원 조경순[217](당시 김지회의 애인)의 안내로 1948년 2월 중순 경에 제주도에 가서 제주도당 책임자 안세훈을 만나려

---

216 金奉鉉·金民柱, 『濟州島人民들의 《4·3》武裝鬪爭史』, 1988. 4, 88~89쪽.

217 『동광신문』, 1948년 11월 23일.

했으나 그가 검거된 상태여서 만나지 못하고, 검거 도중 탈출에 성공한 남로당 제주도당 조직부장 김달삼을 조천면 선흘리 아지트에서 만나 "제주도에서 단선 반대투쟁만이 남로당이 사는 길이요, 이곳 제주에서 강력히 단선 반대투쟁을 하면 육지에서도 적극 호응할 것이며, 그렇게 되면 단선을 못할 것이다. 단선을 못하게 해야지, 단선을 하게 되면 남쪽에 반공 국가가 탄생하게 되어 남로당은 설 자리가 없다"라고 하면서 제주도에서 단선반대투쟁을 강력히 전개하라는 지령을 내렸다. 이재복은 김달삼에게 직접 지령을 내렸으므로 9연대 남로당 중앙당 프락치인 문상길에게는 별도로 지령을 내리지 않았다.[218]

1948년 4월 15일 제주 도당 대회에서는 5·10선거를 파탄시키기 위한 제반 대책과 함께 남로당 제주도당 차원의 조직개편이 있었다. 이 조직개편은 본격적인 무장투쟁을 위한 것으로 면당에서 유격대를 해체하고 도당에서 관장하는 중앙 집권화된 3개 연대를 편성하는 것이었다. 이러한 3개 연대 편성은 5·10 투쟁 직후에 완성된 것으로 '제주도 인민유격대투쟁보고서'에도 같은 내용이 기록되어 있다.

김봉현·김민주의 '4·3 무장투쟁사'에는 제3연대장(4·3지대장)의 이름은 언급이 없는데, 4·3 증언자료집 등 다른 문건에는 3연대장의 이름이 김대진으로 나온다.

---

218 이선교, 『제주4·3진상조사보고서 수정의견 접수내용』. 790~792쪽.

제8장

미 군정의 대응

경찰의 대응

4월 3일 아침, 좌익분자들로부터 예하 지서와 경찰 가족과 우익 인사들이 습격당했다는 보고를 받은 제1구 경찰서장 문용채는 시체들이 즐비하게 쓰러진 신엄지서와 구엄마을을 둘러보고는 "이것은 폭동이다."라고 흥분된 어조로 외쳤다. 제주 경찰감찰청 수뇌부도 습격이 제주도 전체에서 이루어졌음을 확인하고는 남로당의 계획적이고 조직적인 폭동이라고 단정하게 되었고, 이는 곧 경무부에 보고되었다.

경무부장 조병옥은 민첩하게 대응하였는데, 그는 당일로 전남 경찰 100명을 응원대로 편성해 급파하였고, 제주 경찰감찰청 내에 제주 비상경비사령부를 설치하고 사령관으로 경무부 공안국장 김정호(金正

浩)를 파견하였다.[219] 이어 4월 10일 국립 경찰전문학교 간부후보생 100명을 제2차로 파견해 경찰력을 더욱 강화했다.[220]

또 서청(서북청년단) 단원들도 파견되었다. 당시 서청 중앙단장을 지낸 문봉제(文鳳濟)는 잡지 『북한』과의 인터뷰에서 "4·3사건이 나자마자 조병옥 경무부장이 나를 불러 반공정신이 투철한 사람들로 500명을 보내달라기에 보낸 적이 있다"라고 증언한 바 있다.[221] 대동청년단 중앙본부에서도 단원들을 파견했다.[222]

그런데 급파된 응원 경찰은 제대로 교육받지 못한 채 급파되는 바람에 무리한 행동으로 도민들과 갈등을 빚었다. 이에 따라 사태가 더욱 악화하자 딘 장군은 5월 6일 기자들과 만나 "제주도에 파견된 경찰의 반 수는 5일간의 훈련밖에 받지 않았으며 이 결과로 지나친 행위를 하였을지 모른다"라면서 "포학 행위를 한 경찰 2명이 미군 군법회의를 통해 처리될 것"이라고 해명하기도 했다.[223]

또한 북한에서 공산주의자들의 탄압으로 남으로 내려온 서청 단원은 공산주의자에 대해 증오심을 품고 있어 좌익으로 단정된 주민들에게 물의를 빚기도 했다.

---

219 『獨立新報』, 1948년 4월 7일 ; 『濟州新報』, 1948년 4월 10일.

220 『東光新聞』, 1948년 4월 13일.

221 北韓硏究所, 『北韓』, 1989년 4월호, 127쪽.

222 『大東新聞』, 1948년 4월 13일.

223 『우리新聞』, 1948년 5월 8일.

미 군정의 대응과 경비대 1개 대대 증파

경비대 1개 대대 증파와 최초 작전

1948년 2월로 접어들면서 단선(單選)을 지지하는 우파와 반대하는 좌파 사이에 첨예한 대립양상을 보이면서 전국적으로 무력 충돌이 빈발했다. 미군 비밀보고서에 의하면, 제주도에서 4·3사건이 일어나기 직전인 1948년 2월과 3월 두 달 사이에 무력 충돌에 의해 전국적으로 경찰관 55명이 숨지고 좌파 청년 144명이 사살되었다.[224]

미 군정은 제주도 사태 초기 이 사건을 '치안 상황'으로 간주하였다. 그러다가 소요 사태가 연일 계속되자 미 군정의 우려가 점차 커졌다. 경찰력만으로는 남로당의 유격대를 진압하기가 어렵다고 판단한 4월 16일의 군정장관 명령에 따라 1개 대대를 제주도에 증파하여 군병력을 증강하였다. 또 도령(道令)을 공포하여 선박의 운항을 금지하고, 다른 지역과의 해상교통을 차단하며, 미군 함정을 동원해 해안을 봉쇄[225] 하는 등 경계를 강화하도록 하면서 군 병력을 사용하는 진압 작전을 구상하게 되었다.

4월 16일, 군정장관 딘 소장은 제주도 군정관 맨스필드 중령에게 다음과 같은 지시를 내렸다.

---

224 Hq. USAFIK, G-2 Weekly Summary, No. 133, April 2, 1948.

225 『朝鮮日報』, 1948년 4월 17일.

1. 귀관은 제주도의 상황에 정통하라.
2. 4월 18일 제주도에 도착한 두 대의 L-5 연락기는 귀관의 지휘하에 있다.
3. 한국 국방 경비대 추가 병력이 4월 20일 제주도에 도착할 것이다. 도착 즉시 이 대대도 현재의 다른 한국 경비대와 같이 귀관 작전통제 하에 놓일 것이다.
4. 귀관은 귀관의 배치에 따라 제주도의 폭도들을 진압하고 법과 질서를 회복하는 데 군부대를 이용하라.
5. 대규모의 공격에 임하기 전에 귀관은 소요 집단의 지도자와 접촉해서 그들에게 항복할 기회를 주는 데 모든 노력을 다하라.
6. 경비대의 작전에 의해 붙잡힌 포로들은 경찰에게 인계하지 말라. 그들을 경비대에 의하여 준비되고 보호된 막사에 두고 최대한 빠른 시일 내에 본토로 후송하도록 조치하라.
7. 일일 상황 보고를 무선통신으로 본부에 보고하라.[226]

딘 장관의 이 지시는 몇 가지 중요한 내용을 담고 있다. 첫째, 4월 20일 파견될 추가 병력 1개 대대(제5연대 2대대)를 제9연대에 배속하지 않고 양 부대를 제주도 군정관겸 제59 군정중대장 맨스필드 중령이 직접 통제하라고 명시한 것이다. 둘째, 미군과 함께 사태 진압에 나설 대

---

226 "Cheju-Do Operation," April 18, 1948, RG 338: Records of US Army Command(1942-), US Army Forces in Korea, 1945-49, Entry No. 11071, Box No. 68, NARA, Washington, D. C.

상으로 경찰과 함께 군 부대, 경비대 투입을 결정했다는 점이다. 더 이상 경찰력만으로는 사태를 안정화할 수 없다고 판단했다. 셋째, 붙잡힌 포로를 경비대에 의해 준비되고 보호된 막사에 두라고 지시한 것은 작전중에 발생된 포로에 대한 합당한 처우를 보장하기위한 조치였다. 이러한 기본 사항이 구체적인 지시로 언급된 것은 딘 군정 장관의 포로들의 처우에 대한 우려를 반영한 것이었다. 포로에 대한 부당한 대우로 2명의 경찰이 재판받고 있었다고 미 군정보고서에 나온 내용을 전술한 바 있다. 넷째, 본격적인 진압 작전이 곧 개시될 예정인데, 이에 앞서 인민유격대가 귀순, 투항할 수 있도록 그들 지도자와 교섭하도록 지시한 점이다. 이는 향후 김익렬 제9연대장과 인민유격대 총책 김달삼 간에 열린 협상의 맥락을 파악하는 데 중요한 단서가 된다. 미군 기밀문서를 종합해 볼 때, 미 군정은 사태의 심각성을 인식하고 군을 투입한 진압방침을 세웠으며, 가능하면 남로당 무장대를 귀순, 투항시켜 큰 충돌 없이 사태를 해결하려고 했다.

미 군정은 4·3사건 발생 10여 일이 지나도 경찰이 이를 진압하지 못하고 상황이 오히려 악화하자 경비대 투입 결정을 내렸다. 군정장관은 1948년 4월 16일에 경비대에게 '출동명령'을 내리면서 제주도 현지의 제9연대의 실 병력이 1개 대대임을 고려하여 1개 대대를 추가로 제주도에 보내도록 하였다. 진주 주둔 경비대 5연대 2대대(대대장 오일균 소령)는 4월 19일 진해에서 승선하여 20일 아침 제주에 도착하였다. 5연대 2대대는 제주에 도착해서 제9연대와 함께 군정중대장 겸 군정관 맨스필드 중령의 지휘에 들어갔다.

이에 대한 미군 측 기록은 다음과 같다.

딘 군정장관은 이어 4월 18일 맨스필드 중령에게 "한국 국방경비대 추가병력이 4월 20일 제주도에 도착할 것이다. 도착 즉시 이 대대도 현재의 다른 한국 경비대와 같이 귀관의 작전통제 하에 놓일 것이다."라고 명령하였다.[227]

제5연대 소속 제2대대가 제주도에서 일어난 비상사태를 지원하기 위하여 1948년 4월 19일 19시에 해상으로 진해를 출발하여 1948년 4월 20일에 제주도에 도착했다.(후략)[228]

4월 16일의 미 군정장관 명령에 따라 경비대 1개 대대가 함정으로 19일 진해에서 출발하여 20일에 제주항에 도착할 예정이었다. 미 군정은 4월 17일 맨스필드(John S. Mansfield) 중령을 통해 경비대 9연대에 진압 작전 명령을 하달하였다.

경비대가 처음으로 남로당 무장대 토벌 작전에 나선 것은 4월 22일이다. 미 6사단 일일보고서는 "48년 4월 22~23일에 경찰과 경비대는 합동작전으로 최근의 소요에 참여한 혐의가 있는 60명의 좌익을 체포했다. 경찰은 남로당 인민유격대들이 은신했을 것으로 혐의가 가는 집들을 계속해서 수색하고, 경비대는 그 마을의 일정한 지역을 방어하는 것으로 지원했다"라고 기록했다.[229] 이 합동작전에서 경비대가 한 일

227 "Cheju-Do Operation," April 18, 1948, RG 338: Records of US Army Command(1942-), US Army Forces in Korea, 1945-49, Entry No. 11071, Box No. 68, NARA, Washington, D. C.

228 Hq. USAFIK, G-3 Weekly Operration Report, 1948. 4. 16~23(No.21).

229 6th Division, USAFIK, G-2 Periodic Report, No. 918, April 24, 1948.

은 남로당 인민유격대와 직접 충돌하는 것이 아니라 경찰작전을 지원하는 것이었다.

미 24군단장이자 주한미군사령관인 하지 장군은 사태의 심각성을 인식하고 24군단 작전처의 슈(M.W. Schwe) 중령을 제주에 파견해 무장대의 전력을 점검하도록 했다. 슈 중령은 4월 27일 제주도에 도착하자마자 우선 59 군정중대장 겸 제주도 군정관 맨스필드 중령, 제주도에 파견된 미 20연대 병력을 책임지고 있는 게이스트(Geist) 소령, 그리고 경비대 제9연대 고문관 드루스 대위(4월 20일경 9연대 부임) 등과 만나 상황을 논의했다. 이때 미 6사단 20연대장 브라운(Rothwell H. Brown) 대령은 상부의 명령에 따라 해당 지역의 연대장 자격으로 제주도에 온 것이었다.

이 자리에서 브라운 대령은 맨스필드 중령에게 다음과 같은 주한미군사령관 하지 장군의 지시사항을 전달했다.

주한미군 사령관의 지시사항

1. 경비대는 즉시 임무를 수행할 것.
2. 모든 종류의 시민 무질서를 종식할 것.
3. 무장대 활동을 신속히 약화하기 위해 경비대와 경찰이 확실히 결속할 것.
4. 미군은 개입하지 말 것.

슈 중령은 협의가 끝난 후 작전했는데, 제5연대 2대대(대대장 오일균 소령) 병력으로 마을을 수색했다. 모든 부두와 도로를 봉쇄한 가운데 무기, 삽, 곡괭이, 도끼, 전선 절단기 등을 찾기 위한 가옥 수색이 진행됐다. 4·3사건 시 폭도들이 이러한 도구들을 이용해 도로를 차단하고 전선을 절단하는 등의 질서와 민생 파괴행위를 한 바 있었다. 또 4·3사건 혐의자와 공산주의자들을 색출하기 위해 경찰을 동원했다. 그러나 전과는 거의 없었다. 마을에 젊은이는 거의 없었으며 여인들은 남편이 어디에 갔느냐는 질문에 대해, 죽었다거나 육지 또는 일본으로 갔다고 대답했다. 미군들이 이 대답을 거짓이라고 판단해 더 자세히 물으면 여인들은 '모르겠다'라고 대답했다.

4월 28일에도 작전이 진행됐다. 작전에 앞서 경비대 제5연대 장교들, 제9연대 고문관 드루스 대위, 경찰 고문관 번스(Burns) 대위, 범죄수사대(CID)의 메리트(Merritt) 등이 작전계획을 논의했다. 그리고 슈 중령이 L-5 정찰기로 상공에서 공중정찰을 하는 가운데 오전 10시부터 수색작전이 시작됐다. 제5연대 병력이 4개 마을에 진입하여 수색했고 도로상이나 마을에 있던 민간인들을 집결시켰다. 슈 중령은 오전 11시 50분경에 공중 점검을 마치고 착륙하여 낮 12시 40분 제주를 떠나 서울로 복귀했다.

4월 27일과 28일의 작전은 비록 수색작전에 그치긴 했지만, 경찰 대신 경비대가 주도한 작전으로는 최초의 작전이었다.

슈 중령은 보고서에서 제주도 상황에 대해 "미 59 군정중대장이 현재 제주도에 있는 병력을 확실히 통솔한다면 현재의 병력만으로도 상황을 진정시키는 데 충분하다. 공산주의자들과 게릴라 세력이 오름들에 있

으므로 그들을 진압하기 위해서는 신속하고 활발한 작전이 요구된다"라고 보고했다.[230]

| 남로당의 역 대책

1948년 4월 20일 제주도에 도착한 제5연대 2대대장 오일균 소령은 군사영어학교 교육 시절부터 공산주의 사상에 심취한 인물이었다. 육군사관학교 생도대장 시절에는 신상파악을 한다는 구실로 생도들을 면담하면서 3기생들을 좌익으로 끌어들였다. 오일균은 제주비행장에 주둔하면서 부하들의 정신교육에만 열중하고 출동에는 소극적이었는데, 정신교육의 개요는 '경찰이 나쁘다. 이번 사건은 무장대와 경찰 간의 충돌이기 때문에 경비대는 중립을 지키자'라는 것이었다. 오일균은 주민이 무장대에 대한 정보를 제공하여도 출동하지 않았다. 오죽하면 경찰이 경비대를 출동시키려고 '경찰이 무장대로 가장하여 부락을 분탕질하고는 공비가 만행을 한다고 민간인이 군에 신고하여 경비대를 출동시키는' 트릭을 사용하였지만 출동하지 않았다. 오히려 명령 없이 출동한 부하들을 질책하여 부하들은 오일균의 처사에 의아심을 갖기도 하였다.[231] 국방부에서 펴낸 『한국전쟁사』는 그 무렵의 군·경 갈등에 대해 이렇게 적었다.

---

230 "Disposition Form, Report of Activities at Cheju Do Island," April 29, 1948, RG 338 Records of US Army Command(1942-), US Army Forces in Korea, 1945-49, Entry No. 11071, Box No. 68, NARA, Washington, D. C.

231 玉明煥 少領(5연대 2대대, 사병, 1966. 3. 21 전사편찬위원회 채록) 증언.

경찰은 경비대의 진의를 타진해 보기로 하였다. 즉 반도들의 근거지를 차단하기 위하여 산간에 접한 부락을 소각시켰다. 주민들이 몰려와서 경찰이 부락에 불을 질렀다고 경비대에 신고하였다. 대대장인 오일균 소령은 출동을 허락하지 않았지만, 일부 하사관들이 대대장 모르게 출동하였다. 경찰 이야기는 반도들이 부락을 습격하여 방화 소각하고 경찰이 교전하다가 희생자가 많이 났다는 것이다. 그러나 사실은 경비대를 출동시키기 위한 계략에서 조작하였다는 것이 판명됨으로써 군·경 간에는 더욱 불미한 간격이 조성되었다.[232]

오일균 소령의 제주도에서의 구체적 행적을 보면 그가 골수 공산주의자였음을 쉽게 알 수 있다. 오일균은 4월 20일부터 5월 18일까지 약 1개월 정도 제주도에 있으면서 남로당 유격대와 내통하고 경비대의 유격대 진압 출동을 회피하였다. 4월 하순에 김익렬-김달삼-오일균 3자 회담을 했고, 5월 10일에는 경비대 남로당 프락치 대표로서 남로당 측 대표인 김달삼과의 대책 회의에서 박진경 연대장의 숙청을 결정하였다. 또 4월 중순, 인민유격대에 카빈총 실탄 1,600발, 제주도를 떠나기 직전인 5월 17일경에는 M-1 소총 2정과 동 실탄 1,443발 및 카빈총 2정과 동 실탄 800발을 제공하는 등 공산유격대에 소총과 탄약을 공급하였다.[233]

오일균은 사상 문제로 5월 18일경 대대장직에서 해임되어 제주도

232 國防部 戰史編纂委員會,『韓國戰爭史』 제1권, 439쪽.

233 문창송 편, 앞의 책, 78-80쪽.

를 떠났고 동년 11월부터 진행된 숙군에서 공산주의자로 확인되어 처형된다. 우리 군의 주요 지휘관이 인민군과 내통하는 공산주의자 간첩이었던 혼란의 시대였다.

제9연대는 경비대 사령부로부터 4월 17일에 출동 명령을 받고 제주4·3사건 진압작전에 착수하였다.[234] 그런데 제9연대 간부들은 "이번 사건은 경찰과 공비와의 관계이며 경비대와는 관계가 없다. 경찰 녀석들 혼 좀 나 봐라"라고 하는 등 대체로 출동에 반대였는데, 문상길 중위가 '출동 반대'에 적극적이었다고 한다.[235]

한편, 경비대 1개 대대가 제주도에 증파된다는 소식이 전해지자 제9연대 프락치인 문상길 중위는 인민유격대 사령관 김달삼에게 긴급 연락을 하여 이에 대한 대책을 논의하였다. 광복 이후 제주도의 경비대 제9연대와 대정초급중학교는 일본군이 일제강점기에 사용했던 모슬포의 일본군 해군 항공대 병영을 나누어 사용하였다. 9연대에 근무했던 문상길은 대정초급중학교 교사였던 김달삼을 일과 후 밤이나 휴일에 자주 만났고 서로 친하게 지냈다.[236] 이 회합에서 국경(국방경비대)의 출동 문제와 무장대에 대한 지원 문제 등을 논의하였는데, 김달삼은 국경도 항쟁에 직접 참여해야 한다고 주장했으나 문상길은 중앙당의 지

---

234 陸軍本部,『육군역사일지』, 1948. 4. 17.

235 李世鎬(78, 9연대 1대대 부대대장, 용산구 동부이촌동, 2002. 10. 4 채록) 증언.

236 제주4·3연구소,『4·3증언자료집Ⅰ 이제사 말햄수다』, 제주: 도서출판 한울, 1989, 200쪽을 보면, "문상길이 모슬포 제9연대의 소대장으로 근무 할 때 모슬포 주민들은 "문 소위, 문 소위" 하면서 애칭으로 불렀고 문상길은 말 타고 거닥거닥 와서 유유히 말을 메어놓고 김달삼의 집에 며칠 머무르다 가기도 했다." 라고 되어있다.

시를 받지 못했으니 도당의 지시에는 응할 수 없다고 하였다. 그리하여 다음과 같이 합의하였다.

> 국경의 세포는 중앙직속이므로 도당의 지시에 복종할 수 없으나 행동의 통일을 위하여 밀접한 정보교환, 최대한의 무기 공급, 인민군 원조 부대로서의 탈출병 추진, 교양 자료의 배포 등의 문제에 의견의 일치를 보았고, 더욱이 최후단계에는 총궐기하여 인민과 더불어 싸운다.[237]

이들 두 사람은 명령계통이 달라 지휘의 통일을 기하지는 못했으나 밀접한 협력을 하기로 합의한 것이다. 즉 남로당 군내 장교 프락치는 중앙당 지시를 받게 되어있으므로 문상길이 제주도당 군사부장인 김달삼의 지시에 따를 수 없다는 것이다.

문상길과 김달삼의 합의사항은 '최후단계에서 총궐기한다'라는 부분만 제외하고 나머지는 충실하게 실행되었다. 경비대가 작전을 실시할 때 작전계획이 사전에 남로당 무장대 측에 누설되어 별 성과를 얻지 못하였다. 그리고 4월 중순에 문상길은 99식 소총 4정을 무장대 측에 공급하였으며, 5월 21에는 문상길의 지시로 9연대 병력 41명이 탈영하는 사건이 발생하였다.[238] 이들 탈영병은 도중에 분리되어 절반은 입산하여 무장대와 합류하였으나 절반은 경비대에 체포되어 의법 처리되었다.

군 내부에서도 남로당 프락치들이 다수 활동하고 있어 당시 상황

---

237 문창송 편, 앞의 책, 78쪽.

238 문창송 편, 위의 책, 80~81쪽.

이 얼마나 위태롭고 어려웠는지 알 수 있다.

김익렬-김달삼 회담과 하산하는 주민 총격 사건

| 김익렬-김달삼 회담

딘 군정장관의 '인민유격대 지도자와 접촉하여 항복할 기회를 주라'는 명령에 따라 도지사와 경찰 책임자를 거쳐 제9연대장 김익렬 중령에게 '인민유격대의 항복을 받아 올 임무'가 부여되었다. 이에 김익렬은 인민유격대에 협상을 요청하는 벽보를 이곳저곳에 붙이거나 전단을 만들어 4월 22일부터 경비행기로 산간 지역에 살포했다. 협상을 요청하는 벽보나 전단의 내용은 다음과 같았다.

> 민족사상을 고취하고 동족상쟁의 비극을 피하며 평화적 해결을 하기 위하여 4월 24일 너희들이 원하는 장소에서 책임자와 직접 면담하되 신변은 절대 보장할 것이며 이러한 평화적 용의에 응하지 않으면 산상으로 올라가는 보급선을 중단하며 최신식 기계화 부대를 동원할 것이다.[239]

남로당 측으로부터 회답이 와서 김익렬-김달삼 회담이 성사되었다. 그런데 김익렬은 김달삼과의 회담을 1회만 하였다고 하나 남로당 무장대 노획문서인 『제주도인민유격대투쟁보고서』를 보면 회담 당사자

---

239 『국제신문』, 1948년 8월 6일.

인 김달삼은 김익렬을 2회나 만났다고 되어있다. 1차 때는 오일균까지 3인이 만났고, 2차 때는 김익렬과 단독회담이었다고 기록하고 있다. 1차 회담과 2차 회담을 따로 살펴보자.

1차 회담

1차 회담에 관한 미군 기록은 없다. 다만 남로당 무장대 자료인, 김달삼이 작성한 것으로 보이는 「제주도인민유격대투쟁보고서」에 "경비대의 산 토벌을 억제하기 위하여 김익렬 연대장의 회합 요청에 응했음. 김 연대장은 사건의 평화적 해결을 위하여 적극 노력하겠다고 약속했음. 4월 하순에 김 연대장과 2회 면담을 했는데 1차 면담에는 5연대 대대장 오일균씨도 참가, 열성적으로 사건 수습에 노력했음"이라고 기록되어 있다.

『제주도인민유격대투쟁보고서』의 내용은 아래와 같다.

> 9연대장 김익렬이가 사건을 평화적으로 수습하기 위하여 인민군 대표와 회담하여야 하겠다고 사방으로 노력 중이니 이것을 교묘히 이용한다면 국경의 산 토벌을 억제할 수 있다는 결론을 얻어 4월 하순에 이르기까지 전후 2회에 걸쳐 군책[240]과 김 연대장과 면담하여 금번 구국항행의 정당성과 경찰의 불법성 특히 인민과 국경을 이간시키려는 경찰의 모략 등에 의견의 일치를 보아 김 연대장은 사건의 평화적 해결을 위하여 적극 노력하겠다고 약속하였음(1차 회담에는 5연대 대대장 오일균씨도 참가

240 군책임자의 약자로 여기서는 김달삼 자신을 뜻함.

열성적으로 사건 수습에 노력했음)[241].

"경비대의 토벌을 면하기 위하여 회담에 응함"이라고 기록한 것으로 보아 김달삼은 경비대의 공산유격대 토벌을 면하기 위하여 김익렬-김달삼-오일균 3자 회담을 제의하여 본회담인 김익렬-김달삼의 양자 회담에 관하여 조율했을 가능성이 있다.

오일균까지 참여한 1차 회담의 일자·장소·회담 내용에 관해서 김익렬은 회담 자체를 숨기고 있어 김익렬의 기록은 없다.

미 군정이나 경비대사령부 등 상부의 사전 지시나 허락, 그리고 사후 보고가 있었다는 기록도 없다. 남로당 제주도당 인민유격대의 자료에 의하면 김익렬은 비밀리에 김달삼, 오일균 등과 회담을 진행한 것이 되고 이는 적장과 비밀리에 내통한 것이 된다.

김익렬은 박진경이 암살된 후 암살의 배후로 의심받아 조사받았는데, 1차 회담 사실을 숨기고 2차 회담 시의 상황인 '미군 측의 요청'으로 김달삼을 만났다고 말함으로써 의심을 피해 갔고 숙군에서도 살아남았다. 그런데 여·순반란 시(1948년 10월 하순) 제15연대장 최남근 중령이 토벌작전 도중에 반란군 사령관 김지회 중위를 몰래 만난 사실이 밝혀져 군법회의를 거쳐 사형에 처했다. 이러한 당시의 상황을 고려했을 때 만약 김익렬이 김달삼과 1차 회담한 사실이 미리 발각되었다면 김익렬은 적장과 내통한 사실로 군법회의에 넘겨졌을 것이다.

---

241 문창송 편, 앞의 책, 78쪽;『제주4·3사건 자료집 12권』, 270쪽.

김익렬은 1차 회담 사실을 철저하게 숨기고 3성장군까지 진급하며 생을 무사히 마칠 수 있었다. 그런데 사후에서야 남로당 무장대의 문서인 『제주도인민유격대투쟁보고서』가 공개됨으로써 김익렬이 적장인 김달삼과 내통한 사실(1차 회담)이 드러났다.

2차 회담

김익렬은 본인이 1988년 12월 사망하기 전 작성한 유고와 1948년 6월에 쓰고 8월 6일부터 8일까지 국제신문에 기고한 글에서 김익렬-김달삼 2차 회담에 대한 기록을 남겼다. 그런데 이 두 기록의 내용을 보면 회담 일자, 회담 장소, 대동 인원, 김달삼의 요구조건, 휴전기간, 회담결과 보고 후의 상황 등이 다르다. 김익렬은 유고에서 협상 날짜, 전투중지 기한, 김달삼의 요구 조건, 회담보고 후 상황등에 대해서 큰 오류를 남겼고 이는 4·3사건의 진실을 오도하고 진상 규명에 지대한 영향을 미치게 된다.

회담 일자는 기고문에는 분명히 4월 30일로 나오나 유고에는 메이데이(5월 1일) 4일 전으로 나와 있다.

협상 날짜는 소위 '4·28 평화회담'이라는 명칭이 있듯이 1948년 4월 28일로 알려져 있다. 이 문제에 대해 김동일은 그의 저서, 『제주 4·3사건의 거짓과 진실』[242]에 아래와 같이 서술했다.

---

242 김동일, 『제주 4·3사건의 거짓과 진실』, 비봉출판사, 2016, 177-178쪽.

4월 28일은 대단히 중요한 의미를 지닌다. 협상에서 전투 중지 기한을 72시간으로, 5일 후의 전투부터는 배신행위로 간주한다는 내용 때문이다. 이를 근거로 후대의 좌익들은 4·28회담에서 3일 후에 벌어진 5월 1일 오라리 사건과 5월 3일의 전투를 들어 경찰이 고의적으로 평화회담의 약속을 깼다고 주장한다. 이 협상 파기 논리는 좌익측이 경찰과 우익측을 공격하는 최고 최대의 무기였다. 이 논리를 이어받아 정부의 『제주4·3사건 진상조사 보고서』에도 '오라리 사건과 5월 3일의 공격 때문에 협상은 깨어졌고 이후 제주4·3사건은 걷잡을 수 없는 유혈 충돌로 치닫게 되었다'[243]라고 쓰고 있다.

4·3폭동의 유혈은 협상 파기 때문에 벌어졌으며, 협상 파기의 주범은 경찰과 우익이고, 그래서 4·3사건의 원흉은 대한민국이라는, 이 공식은 지금 거의 일반적인 '상식'으로 통할 정도이고, 이 공식을 만들어내는 원재료가 바로 4·28회담이었다. 그리고 4·28회담은 차차 미화되고 윤색되어서 김익렬을 '평화의 화신'으로 만들었다. 박진경의 동상을 무너뜨리고 대신 김익렬의 동상을 세우자는 좌익 측의 주장도 4·28평화회담이라는 것에서 출발한 것이다. 그러나 어쩔 것인가. 4월 28일은 가공의 숫자였고 평화회담의 존재조차도 불확실한 안개 속에 있으니. 기고에서는 전투 중지 기한을 조약일로부터 7일간으로 한다고 되어 있다.

협상조약을 위반했다고 우익 측을 공격하는 좌익 자료들은 4·28평화회담이라는 기준에서 파생된 논리들이다. 그러나 4·28평화회담은 존재하지도 않는 허깨비였고, 이 허깨비를 바탕으로 좌익들은 신기루의 강을

243 4·3중앙위원회, 『4·3정부보고서』, 198쪽.

만들고 허상의 산을 만들었다. 이 허구를 바탕으로 한 「4·3정부보고서」도 '소설'을 쓴 셈이 되었다. 어느 소설가는 김익렬의 유고를 소재로 소설까지 썼다고 하니 말 그대로 4·28평화회담이라는 소설을 쓴 셈이 되었다.

김익렬의 유고나 기고 어디에도 협상 날짜로 4월 28일은 나오지 않는다. 김익렬의 유고에도 메이데이 4일 전으로 되어 있어 정확한 날짜는 4월 27일이 된다. 김익렬-김달삼 회담 한 달여 후인 1948년 6월에 김익렬의 기고가 작성되었고 이글에서 정확히 4월 30일이라는 날짜가 나왔다는 점 등을 고려하면 회담 날짜는 4월 30일이 분명하다.

김남식의 『남로당 연구』, 좌파 시각에서 쓴 『제주 민중항쟁』, 『이제서 말햄수다』 등에는 회담 일자가 4월 30일이라고 정확히 기록되어 있다.[244] 또한 제주4·3평화재단 전 이사장 이문교도 초·중·고생 교육 자료에서 제9연대 김익렬 중령과 무장대 군사총책과의 협상 날짜를 4월 30일이라고 인정했다.

회담 시 대동 인원은 기고문에서는 부관 2명이라 했고 유고에서는 이윤락 중위 1명이라고 했는데, 제민일보 4·3취재팀이 이윤락 중위를 면담한바 이 중위는 전 제주도지사 박경훈씨도 동행했다고 하였다. 그래서 대동 인원은 2명으로 확인이 된다.

다음은 회담 시 쌍방의 요구조건인데 이는 협상의 핵심 사안으로 구체적으로 살펴볼 필요가 있다. 기고문과 유고에 나온 김익렬의 요구

---

244 김남식, 『남로당 연구』 1권, 돌베게, 1984, 373쪽; 아라리연구원, 『제주 민중항쟁』 1권, 소나무, 1988, 149쪽; 제주4·3연구소, 『이제사 말햄수다』 1권, 한울, 1989, 171쪽.

조건은 아래 표와 같다.

김익렬의 요구사항

기고문(국제신문, 1948. 8. 8.)	**유고**(1988. 12.)
1. 완전한 무장해제 2. 살인, 방화, 강간 등 범인과 지도자 자수 3. 인민군 간부 전원 인질로 구금 ※ 상기 3 조건은 조약 일로부터 7일 내 실행	1. 일체의 전투행위 즉각 중지 2. 즉각 무장해제 3. 범법자 자수와 명단 제출

기고문에서는 셋째 조건인 인민군(남로당 제주도당 인민유격대) 간부들의 구금 문제를 김달삼이 거부하였고, 유고에서는 김달삼이 셋째 조건인 범법자 자수와 명단 제출 문제를 거부하였다고 되어있다. 김익렬의 유고에는 김달삼이 자신들의 행동을 정당방위요 합법적 행동이라고 완강하게 주장하여 합의를 보지 못하자 이 문제는 보류하고 김달삼의 요구사항을 검토하였다고 되어있다.

김달삼의 요구사항을 정리하면 다음 표와 같다.

김달삼의 요구사항

국제신문 기고문(1948. 8. 8. 게재)	**유고**(1988. 12. 작성)
1. 단정 반대 2. 제주도민의 절대 자유 보장 3. 경찰 무장해제 4. 제주도 고급 관리 전면적 경질 5. 고급관리 중 수뢰자 엄중 처단 6. 도외 청년단(서청 등) 산간 부락 출입금지	1. 제주도민만으로 관리·경찰 편성, 민족 반역자와 악질경찰 및 서청들을 추방, 2. 경찰을 해체하되 제주도민만으로 경찰 재편성하는 동안 군이 치안 담당 3. 의거자 전원 무죄하므로 안전과 자유 보장 (※시간 부족으로 여기까지만 토론)

김달삼의 요구사항을 보면 기고문과 유고의 내용이 상당히 다르다. 기고문에서는 대한민국만의 정부를 수립하는 단독정부 수립에 반

대한다는 '단정반대'가 포함되었는데 이는 남로당 무장대의 투쟁노선과 일치되는 주장이며 남로당 측에서 반드시 문제를 제기할 사안이어서 이해가 되나, 유고에서는 이 문제가 빠지고 '경찰 해체'가 포함되어 있다. 이렇게 중요한 내용이 바뀐 것은 이해되지 않는 대목이며 유고의 내용이 본인을 방어하기 위한 내용으로 작성되었을 가능성을 포함해서 유고 내용의 신빙성을 의심하기에 충분하다.

기고문에서는 김달삼의 모든 요구조건은 김익렬 자신이 받아들일 수 없는 조건뿐이므로 전면 거부하였다고 기록하였다. 다만 폭도의 자유로운 귀가와 구호 알선, 필요한 사항을 행정 관리에게 주선하는 문제는 약속해주었다고 기록했다. 그러나 유고에서는 김달삼의 첫 번째 요구조건인 '제주도민만으로 관리와 경찰을 편성하고 민족 반역자와 악질 경찰 및 서청을 추방'하는 문제는 나의 권한 밖이나 독립이 되고 우리 정부가 들어서면 그렇게 될 것이라고 하자 그 선에서 합의되었다고 기록했다. 이 역시 기고와 유고의 내용이 전혀 다르다.

김익렬은 두 번째 요구조건인 '경찰이 해체되고 재편성되기까지 군이 치안을 담당'하는 문제는 경찰을 해체할 필요는 없고 다만 인원을 축소하고 개편하는 선에서 합의되었다고 자신의 유고에 기록했다. 또 세 번째 요구조건인 '의거자 전원의 죄를 불문에 부치고 안전과 자유를 보장하라'라는 요구조건에 관해서는 서로 간에 의견이 엇갈려 합의가 되지 않았다고 했다. 다만 많은 논의 끝에 '범법자의 명단을 제출한다. 다만 이들이 자수하거나 도망가는 것은 자유의사에 맡기고, 김달삼 등 두목급은 합의서에 명문화할 수는 없으나 일본 등 제주도 외로의 탈출을 배려하는 선에서 합의하였다. (이면 합의)' 고 했다.

이 당시 모슬포항에는 나포된 일본어선 10여 척이 있었는데, 이 중 성능이 좋은 배 1척을 제공하겠다고 하였다는 것이다. 이 합의에 대하여 김익렬은 자신의 유고에서 '폭도 전원에 대한 무죄 사면'이라고 스스로 평가하기도 했다.

귀순 절차에 관해서는 다음날 12시까지 모슬포의 9연대 본부와 제주읍 비행장 등 두 곳에 귀순자 수용소를 설치하고 점차 서귀포와 성산포에도 설치하며, 수용소는 군이 직접 관리하되 경찰의 출입을 금하기로 하였다. 또 유고에 따르면 회담을 마치고 오후 늦게 부대로 복귀하여 협상 결과를 곧 미 군정 측에 서면 보고하면서 평화로운 해결을 위한 유일한 방법이라고 주장했다.

김달삼의 요구조건에 대한 정확한 실체를 더 정확하게 파악하기 위해 좌익 자료와 미국 자료를 살펴보면 다음 표와 같다.

김달삼 요구사항에 관한 좌익·미국 자료 비교

구분	자료명	김달삼 요구사항
좌익 자료	박설영, '제주도 인민의 4·3봉기와 반미 애국 투쟁의 강화', 『제주도의 4월 3일은?』, 2집, 160쪽[245]	1. 단선·단정 반대 2. 경찰 완전 무장해제와 토벌대 즉시 철수 3. 반동 테러단체 해산과 서청원 즉시 철거 4. 피검자 즉시 석방과 비법적 검거, 투옥, 학살 즉시 중지
	김봉현·김민주 공저, 『제주도 인민들의 4·3 무장투쟁사』, 1963., 102쪽.	1. 단선, 단정 수립 반대 2. 경찰 완전 무장 해제와 토벌대 즉시 철수 3. 반동 테러단체 즉시 해산과 철수, 서청원 즉시 철거, 철수 4. 피검자 즉시 석방과 비법적 검거 투옥, 학살 즉시 중지

245 본 논문은 1991년 『북한 역사 과학 논문집』에도 수록되어 있음.

구분	자료명	김달삼 요구사항
미국 자료	John Merrill, 'The Cheju-do Rebellion', The Journal of Korean Studies Vol. 2. (1980), pp. 139–197,	1. 경찰 항복 및 무장해제 2. 잔학행위자 처벌 3. 우익청년단 철수 4. 5·10선거의 무효
	뉴욕 타임스, 1948.5.3., '한국 섬에서의 소규모 전쟁 전개'	1. 경찰의 투항 2. 경찰의 무기 압수 3. 5·10선거 취소 4. 경찰과 다른 치안 세력(방공청년단) 처벌

김익렬은 자신의 기고문에서는 김달삼 요구사항에 '단선 반대'를 포함하고 '경찰 해체'를 제외했으며, 유고에서는 '경찰 해체'를 포함하고 '단선단정 반대'를 제외했다. 그런데 좌익과 미국 자료를 보면 표현은 조금씩 다르나 단선단정 반대 등 5·10선거를 부정하는 내용은 좌익 자료와 미국 자료 모두에 포함되어있고 미국 자료에는 경찰 항복 또는 경찰 투항 등 경찰 해체 관련 주장도 포함되어 있다. 단선단정 반대는 당시 가장 민감하고 중요한 남로당 제주도당 인민유격대의 정치적 투쟁 목표였는데 이 내용이 그의 유고에서 빠졌다는 것은 그 의도를 의심하지 않을 수 없게 한다.

김익렬–김달삼 합의사항의 허와 실

김익렬의 1948년 8월 기고문에는 '나의 의견은 통과를 보지 못하고 그날 밤부터 총공격은 개시되었고, 반란군도 상당한 기세로 대전하여 왔으며' 라고 되어 있다.[246] 그러나 유고에는 정반대로 '나의 요청에

246 김용철, 『제주 4·3사건 초기 경비대와 무장대 협상 연구』, 제주대학교 대학원 사학과, 2009, 68쪽.

의하여 전 경찰은 지서만 수비방어하고 외부에서의 행동을 일정 중지하라는 명령이 내려 졌다. (중략) 오래간만에 제주도는 총소리가 그치고 평온을 되 찾았다'라고 자화자찬 했다.[247] 정부보고서에서는 기고의 내용은 일체 언급하지않고 유고의 내용만을 기록해 놓았다.

김익렬이 그의 유고에서 주장하는 김익렬-김달산 간 합의된 내용도 실현 가능성이 없는 많은 문제점을 내포하고 있다. 합의 내용을 정리하면 아래와 같다.

합의 내용

1. 72시간(3일) 내 전투를 중지하고, 산발적인 것은 연락 미달로 간주하되 5일 후의 전투는 배신행위로 단정한다.
2. 무장해제는 단계적으로 하고 약속을 위반하면 즉각 전투를 개시한다.
3. 경찰의 인원을 감축하고 조직을 개편한다.
4. 살인, 방화 등 범법자의 명단을 제출한다.
5. 무장해제와 하산이 원만히 이루어지면 주모자들의 신변을 보장한다.
6. 회담 다음 날에 모슬포 제9연대와 제주 비행장에 귀순자 수용소를 설치하고 점차 서귀포와 성산포에도 설치하며, 군이 직접 관리한다.

첫째, 남로당 폭도들이 자신들의 무장해제를 자진 무기 반납 형식

247 제민일보4·3취재반, 『4·3은 말한다』 2권, 전예원, 1994, 331쪽.

으로 합의했다는 건 전혀 실현 가능성이 없는 합의다. 당시 제주도 상황은 남로당 무장대가 경찰력 못지않게 강했다. 자신들이 목숨을 걸고 투쟁하는 대한민국 건국 반대라는 분명한 정치적 목적이 있었는데 자진 무기 반납이란 상상할 수 없다. 정치적 목적이 확고한 남로당이 어떻게 정치적 목적을 포기하고 전시와 같은 상황에서 스스로 무장해제를 하겠는가? 둘째, 경찰의 인원 감축과 개편에 합의했는데, 이는 김익렬이 합의해 줄 수 없는 월권 사항이다. 셋째. 살인, 방화 등 범법자의 자수나 도망을 개인 자유의사에 맡기며, 김달삼 등 두령급의 일본 등 도외 탈출을 개인 차원에서 배려하며 이를 위해 모슬포항에 억류되어 있는 일본어선 1척을 제공하겠다고 약속하였다고 했는데, 이에 대해서는 김익렬 자신도 폭도 전원에 대한 사실상의 무죄 사면 임을 인정하였다. 이는 형사 수사권에 대한 사항으로 김익렬이 합의할 권한도 자격도 없을 뿐더러 직권남용에 해당한다.

폭동을 진압하려면 지도자급을 체포하여 단죄하고 범법자를 체포, 처벌하며, 폭동 부대를 해체해야 하는데, 살인 방화 등을 자행한 남로당 폭도들의 투항을 자유의사에 맡기고 주동자들은 무죄 사면하여 제주도 외로 도피시킨다는 건 언어도단이다.

김익렬-김달삼 회담을 투쟁에 이용하려고 했던 김달삼의 생각은 남로당으로부터 노획한 문서인 「제주도인민유격대투쟁보고서」에 잘 나와 있다. 김달삼은 경비대의 토벌을 면하기 위하여 회담에 응했지, 자수나 무장해제를 하고 전원이 항복할 의사는 전혀 없었다. 다만 회담

에 응하는 척하면서 미 군정 측의 의중을 알아보려 했을 뿐이다.[248]

인민유격대 투쟁보고서에는 김익렬에 대한 평가도 있다. 김익렬은 폭도들의 정당성과 경찰의 불법성을 인정했다고[249] 되어있는데 이는 그의 인식에 문제가 있음을 알 수가 있다. 경찰이 좌익 성향의 주민들에게 고압적인 자세로 불법을 한 사례가 있었다고 하더라도, 폭도들이 저지른 경찰지서 습격과 교통 및 통신 마비, 선거 방해, 그리고 수백 명의 경찰과 그들의 가족·선거 종사원·우익 인사들 살해와 방화 등이 정당하다고 인정해서는 결코 안된다.

또 '제주도 인민유격대 투쟁보고서'에는 김익렬은 사건의 평화적 해결을 위하여 적극 노력하겠다고 김달삼에게 약속하였다고[250] 되어있다. 당시 남로당 인민유격대 입장에서 평화적 해결이란 범법자들의 처벌 없이 흐지부지하게 폭력 사태를 끝내고 주모자들이 도피하는 것을 의미한다. 반면, 미 군정 입장에서는 무장 폭동 세력을 귀순, 투항시켜 더 이상의 폭력 사태 없이 정상적인 대한민국 정부 수립 절차를 진행하는 것을 뜻한다. 이렇게 양쪽의 생각이 다른 상황에서 김익렬이 사건의 평화적 해결을 위해 노력하겠다고 한 것은 김달삼의 희망대로 범법자들 처벌 없이 제주도 폭력 사태를 끝내겠다는 것을 의미한다.

248 문창송 편, 『한라산은 알고 있다』, 대림인쇄사, 1995, 78쪽.

249 위의 책, 78쪽.

250 위의 책, 78쪽.

김익렬의 인식과 행적

김익렬의 언행은 이해가 잘 안되는 부분이 많다. 김익렬은 4월에 카빈총 실탄 15발을 남로당 무장대 측에 주었다는 남로당 기록이 있다. 또한 김익렬은 4·3사건에 관한 인식에서 1948년 8월에 작성한 기고문에서는 좌익의 폭동으로 보았으나 유고에서는 경찰의 폭압에 주민들이 들고일어난 민중항쟁으로 보았다. 채명신(육사 5기)은 임관(1948. 4. 6) 후 제9연대에 발령받고 4월 16일에 동기생 8명과 함께 김익렬 연대장에게 부임 신고하였는데, 이때 연대장은 "귀관들도 듣고 보면 알겠지만, 경찰관 놈들이 하도 못된 짓을 많이 해가지고 제주도 인민들이 봉기했는데, 이것이 답답하다."라고 이해할 수 없는 이상한 말을 했다고 증언했다.[251]

김익렬은 4·3사건이 발발하자 제주 출신 병사들을 휴가 형식으로 귀가시켜 사건 내막을 알아 오게 하였는데, 이들은 남로당 측이 선전하고 있는 내용들만 김익렬에게 보고하였다. 이런 탓인지 그는 대일무역품을 경찰이나 서청 등에게 빼앗기고 경찰에게 끌려가 구금이나 고문을 당한 상인의 가족들이 불만을 품고 일으킨 폭동으로 파악하고 4·3사건을 순수한 민중 폭동이라고 규정하였고, '제주도민이나 부대 내 병사 중에는 공산주의자가 없다'라고도 하였다.[252]

제주도민 중 공산주의자들의 세력이나 숫자에 관한 기록이 있다. 1947년의 3·1사건 시 제주읍에서 25,000여 명이 시위함으로써 남로당

---

251 채명신, 2001.4.2., 박진경 대령 53주기 추모식 발언 중에서.

252 김익렬 유고, 제민일보 4·3취재반, 『4·3은 말한다』2권.

의 조직력이 막강함을 대외에 알렸다. 남로당의 기록에 의하면 이 중 17,000명은 당에서 조직적으로 동원한 군중이었다. 그리고 제민일보에서 1990년대 초에 조사한 바에 의하면 1947년 3·1사건 시 남로당원이 1,000~3,000명이었는데 1948년 4·3사건 발발 시는 5,000~6,000명이었고 그해 여름에는 30,000명으로 급증했다고 하였다.[253] 그리고 1948년 5월 20일 제주도에 부임한 브라운 대령은 1개월간 5,000여 명을 조사한 후 남로당원이 60,000~70,000명이라고 했다.[254] 실상이 이런데도 김익렬은 제주도민 중에 공산주의자는 없다고 유고에 기록하고 있다. 실상과는 완전히 다르게 상황 파악을 하고 있다.

경비대 9연대에는 남로당 측에 포섭된 장교·하사관·병사들이 많았다. 장교로는 연대장 측근인 연대 참모 3명 중 1명(정보참모 이윤락 중위)과 중대장 3명 중 1명(3중대장 문상길 중위) 그리고 육사 5기생인 박격포 소대장 박노구 소위[255]가 남로당 프락치였다. 또 고승옥과 문덕오 등 하사관 2명이 남로당 프락치였으며, 5월 20일에는 남로당에 포섭된 병사 41명이 집단 탈영하여 경찰을 습격하고는 절반은 체포되었으나 나머지는 입산하였고, 그 뒤로도 고승옥과 문덕오가 경비대 병사 몇 명씩을 대동하고 입산하는 등 50여 명이 탈영, 입산하였다.

또한 4·3사건이 발발하기 직전에 고승옥은 남로당 측에게 "부대원

253 제민일보 4·3취재반, 『4·3은 말한다』1권, 537쪽.

254 브라운 보고서, 1948. 7. 2.

255 박격포 소대장 박노구 소위는 10월 28일의 군 프락치 사건시 4기생인 연대구매관 강의원 소위와 함께 주모자로 체포되었으며 하루만인 10월 29일에 재판없이 연대장 명령에 의거 하사관 4명과 함께 처형되었다.

800명 중 400명은 동원이 확실하다"라고 보고함으로써 병력 50%가 같은 편이라 하였다. 고승옥 하사관은 후일 이덕구 후임으로 남로당 공산유격대 사령관이 되는 골수 공산주의자였다. 또한 남로당은 4·3사건을 일으키면서 경비대 9연대 병력을 동원하려고 차량 5대를 보낸 사실이 있다. 이 병력은 동원되지 않았으나 연대장 김익렬은 이런 사실을 전혀 알지 못했다. 실상이 이러한데도 김익렬은 '부대원 중에 공산주의자가 없다'라고 유고에 기록하였으니 그는 죽을 때까지 부대의 실상을 감추고 싶었거나 정확히 파악하지 못한 지휘관이었다.

김익렬은 그의 기고와 유고에서 모두 김달삼(본명 이승진)을 처음 본 것과 같이 묘사하였는데 이 또한 거짓임이 확인된다. 김익렬과 김달삼은 일본 복지산 예비사관학교 동기생이었음이 다수의 출처에서 확인된다.[256]

김달삼(본명 이승진)의 결혼식 날짜는 복지산 예비사관학교의 교육기간 중이었다. 대정면당 위원장이었던 이운방은 자신의 조직부장이었던 이승진 결혼식 피로연에 참석했는데 만약 이승진이 사관학교 교육 중이었다면 교육 중에 어떻게 고향에 와서 결혼할 수가 있느냐고 주장하고 김달삼-김익렬 예비사관학교 동기생 설에 의문을 제기하였다. 이에 대해 이승진과 북지산 예비사관학교 동기생 문학동 씨는 "전반기 교육 후 2주간 휴가가 있었다. 휴가 중 고향에서 결혼식을 할 수 있다"

---

256 장창국, 『육사 졸업생』, 문학동 씨 증언, 『제주 민중항쟁』, 『이제사 말햄수다』 등의 출처에서 확인됨.

라고 하고 교육 중에도 결혼식이 가능하다고 주장했다.[257]

김익렬은 동료들이 붙여준 대포[258]라는 별명을 갖고 있었는데 충분히 그 이유를 알 수 있는 김익렬의 농담 사례를 소개하면 아래와 같다.

> 김익렬이 사단장을 하던 때 국회의 국정감사를 받게 되었다. 감사단장이 "병사들 급식에는 문제가 없는가? 부식은 어떤가?"라고 물으면서 병사들의 먹는 문제에 관하여 질문하였다. 이에 김익렬 사단장은 "우리 병사들은 배불리 먹고 있습니다. 우리는 멸치를 시장에서 (지급되는 부식비로) 사와 이걸 (뻥튀기로) 튀깁니다. 그러면 멸치가 명태가 되는데 이 명태를 먹입니다"라고 대답하였다. 이 대답을 듣고 신익희 의원은 불쾌하였다.[259]

또한 남로당 무장대 자료에 의하면 김익렬은 남로당 무장대의 주장에 동조하고, 그들에게 사태의 평화적 해결을 약속했으며, 그들의 불법 만행의 정당성을 인정하는 등 남로당 측과 같은 생각을 하고 있었다. 또 남로당 무장대 자료에서 박진경을 지칭할 때는 "악질 반동 박진경"이라고 표현함으로써 적대감을 나타냈으나 김익렬과 오일균을 지칭할 때는 이름 뒤에 직책을 붙임으로써 친근감을 나타내기도 했다. 남

---

257 김영중, 『제주4·3문답집』제3판, 295쪽.

258 2009년부터 2010년까지 142회에 걸쳐 국방일보에서 군사기획물로 연재했던 '남기고 싶은 그때 그 이야기' 9편 '풍운의 별'편에서 박정인 장군은 "군 초창기의 장교 중에 허풍이 센 장교로서 3대포(군영 김익렬, 2기생 홍순영, 3기생 신재성)가 있었다. 이들 중 김익렬을 왕대포라고 하였다."라고 언급한 바 있었다. 김익렬의 허풍에 대한 내용은 이책의 4부 자료#2 채명신, 이세호의 증언에도 나온다.

259 홍성재, 『이등병에서 장군으로』, 솔과 학, 2014, 256쪽.

로당으로서는 자신들의 정치적 노선에 반대하고 대한민국 정부수립을 위해 그 사명을 다할 것이 확실한 박진경 대령이야말로 그들의 숙청 대상이면서 악질 반동이었을 것이 분명하다.

오라리 방화사건의 실체와 정부 보고서의 왜곡

제주읍에서 남으로 약 2㎞가량 떨어진 오라리에서 4·3사건 이후 남로당 무장대와 경찰 간에 보복전의 형태로 서로 살인하는 사건이 연쇄적으로 발생했다. 1948년 4월 29일에는 오라리 연미 마을의 대동청년단 단장과 부단장 등 2명이 납치된 후 행방불명되었다. 4월 30일에는 동서 사이 인 대청 단원의 부인 2명이 오라리의 심상치 않은 분위기가 두려워 세간살이를 제주 읍내로 옮기기 위해 마차를 대동하고 마을에 들어왔다가 남로당 무장대에 납치되어 산으로 끌려갔다. 마차꾼의 신고를 받은 경찰대가 마을 뒷산을 수색하면서 접근하자 두 여인 중 한 명이 포승을 풀고 가까스로 탈출해 경찰에 구조되었고, 다른 한 명은 시신으로 발견되었다.[260]

5월 1일 오전 9시경, 전날 남로당 무장대에 살해된 대청 단원 부인의 장례식이 있었다. 마을 부근에서 열린 장례식에는 경찰 3~4명과 서청·대청 단원 30여 명이 참여했다. 매장이 끝나자 트럭은 경찰관만을 태운 채 돌아갔고 청년 단원들은 그대로 남았다. 그중에는 오라

260 林甲生(제주시 이도2동, 당시 납치됐다 탈출한 대청단원의 부인) 증언. (濟民日報 4·3취재반, 『4·3은 말한다』 2., 152~153쪽) ; Hq. USAFIK, G-2 Periodic Report, No. 819, April 27, 1948.

리 출신 대청 단원도 포함돼 있었다. 이들은 동료 단원들의 부인들이 당한 것에 대한 복수심에서 오라리 마을에 진입하면서 남로당 활동을 한 것으로 알려진 5세대 12채의 집을 불태웠다.

우익청년단원들이 민가에 불을 지르고 마을을 벗어날 무렵인 오후 1시경, 마을에서 1km가량 떨어진 민오름 주변에 있던 무장대 20명 가량이 총과 죽창을 들고 청년들을 추격했다. 우익청년단이 급히 피했지만, 이 시각을 전후해 마을 어귀에서 이 마을 출신 경찰관의 어머니가 피살되었다.

오후 2시경, 서청·대청 단원들로부터 무장대 출현 소식을 접한 경찰기동대(경찰간부후보생 1개소대 등 100여 명)가 2대의 트럭에 나눠 타고 오라리 마을로 출동했다. 경찰이 현장에 도착했을 때 무장대는 이미 마을을 떠났고, 주민들은 불붙은 집을 진화하고 있었다. 그런데 경찰이 마을 어귀에서부터 총을 쏘며 진격해오자 주민들은 이리저리 흩어져 산 쪽으로 도망쳤다. 이 과정에서 고무생이라는 여인이 숨졌다.

김익렬 연대장은 사건 발생 소식을 듣고 직접 모슬포에서 달려와 현장 조사를 벌였다. 조사 결과 경찰의 후원 아래 서청·대청 등 우익청년단체들이 자행한 방화라고 판단, 미 군정을 찾아가 이를 보고했으나 무시당했다. 경찰의 보고에 의하면 남로당 무장대가 사태의 원인 제공자라는 것이었다.

그런데 이 방화 사건이 미군 촬영반에 의해 공중 촬영되었다. 영상에는 오라리 마을이 불타는 모습과 함께 오라리 마을로 진입하는 경찰기동대의 모습도 보인다. 이를 정부의 제주4·3사건 진상조사보고서에는 "긴박하게 돌아가는 당시 상황이 촬영되었다는 것은 미리 준비하고 있었음을 말해준다"라고 하면서 "이 영상은 강경 진압의 명분을 얻기 위한 목적에서 제작된 것으로 보인다고 쓰여 있다. 정부 보고서는 당시 그 시점에 미군의 강경책이 결정돼 있었다는 점을 시사해 준다."[261]고 하였다. 또 정부의 4·3보고서는 "오라리 방화사건은 김익렬-김달삼 간 협상이 파기되는 데 결정적인 역할을 하였다"고 결론지었다.

이런 정부의 4·3보고서 결론은 전혀 사실과 정황에 근거하지 않은 왜곡된 억지 주장이다. 미군 촬영반의 임무는 공중정찰 목적과 역사 자료 보존 목적으로 4·3사건 현장을 촬영해 두는 것이었다. 미군의 공중정찰은 주요 작전 이전에 늘 미군에서 이행하는 것으로 미 군정이 한반도 주둔 직전에 그리고 제주4·3사건뿐만 아니라 6·25전쟁 때도 늘상 해왔던 일이었다. 촬영반은 어느 마을에서 방화로 연기가 나니 이는 특이사항이었고 자신들의 임무에 따라 이를 촬영한 것이고 경찰의 기동이 있으니 이것도 촬영한 것이다.

그런데 정부보고서에서는 '강경 진압의 명분을 얻기 위해서 미군 측에서 미리 준비하고 있다가 오라리 방화사건을 공중 촬영했다'라고 주장한다. 정부보고서의 견강부회식 해석은 명백한 사실 왜곡이다. 오라리 마을의 방화 사건은 독립적으로 발생한 것이 아닌, 연속적인 보복전의 상황에서 발생한 것이었다. 남로당 무장대가 4월 29일 오라리 연미마을 대청 단장과 부단장 등 2명을 납치하고, 30일에는 이사하던 대청 단원 부인 2명을 무장대가 산으로 끌고 가서 죽인 것이나 5월 1일

261 『제주4·3사건 진상조사보고서』, 200쪽.

남로당 무장대가 방화하는 우익청년단을 공격하는 것도 미군 측에서 미리 준비했다는 말인가? 전혀 사실과는 관계없는 억지 주장이다.

오라리 사건은 4·3사건 이후 폭력과 테러가 난무하는 제주도의 상황이 얼마나 심각했는지를 바로 알 수 있게 해주는 사건이다. 중도 성향의 역사학자인 Alan. R. Millett은 그의 저서 『The War for Korean War』에서 제주4·3사건을 한국전쟁의 시작으로 평가한 바도 있다.[262] 그는 4·3사건을 조선민주주의 인민공화국 수립이라는 정치적 목적을 지닌 조직이 조직적인 무력과 폭력을 제주도 전역에 광범위하게 행사했다는 것이다.

딘 군정장관은 경찰의 진압 작전이 미흡하다고 판단하여 4월 16일에 경비대 투입을 결정한 상태였다. 진압 작전이란 민간인을 무차별 테러하고 대한민국 정부 수립을 위한 선거를 폭력적으로 방해하는 남로당 인민유격대를 제거하는 작전이다. 군사 교리적으로도 작전 수행 이전에 공중정찰을 하며 전장 상황을 미리 파악하는 것은 미 군정에게 필요한 일이었다. 오라리 방화사건을 촬영한 목적을 '강경진압의 명분으로 삼으려고 미 군정이 미리 준비했다'라는 것은 얼토당토않은 왜곡된 평가이다.

보복성 교차 살해사건인 오라리 방화사건이 김익렬-김달삼 간 협상이 파기되는 데 결정적 역할을 하였다고 결론을 내린 것은 심각한

262 Alan R. Millett, 『The War for Korean War』, 2005, University Press of Kansas, 142쪽에는 "The Korean war began on April 3, 1948, on Cheju-do with widespread, orchestrated attacks by Communist-led partisans…"라고 되어 있다.

왜곡이다. 오라리 방화사건은 김익렬-김달삼 회담 직후인 4월 29일과 4월 30일에 남로당 측에서 대청 단장과 부단장을 납치하고 대청단원 부인 2명을 납치함으로써 촉발된 사건이다. 오라리 방화사건과 김익렬-김달삼 회담의 연관성을 구지 엮는다면 남로당 측에서 회담 합의사항을 먼저 위반한 것이다. 그런데 간 협상 결과는 미 군정이 승인하지 않았을 뿐만 아니라 협상 결과를 의심하게 된 딘 군정장관이 5월 5일 대책 회의를 개최하게 된다. 이 회의에서 발생한 치안 책임자인 조병옥 경무부장과 9연대장 김익렬 중령 간 몸싸움 때문에 5월 6일 협상 당사자인 김익렬 중령이 연대장직에서 해임되었다. 오라리 방화 사건은 당시 제주도 내의 하나의 비극적인 폭력 사태였지 김익렬-김달삼 협상과는 무관한 일이었다.

| 하산하던 주민 총격 사건

5월 3일에는 김익렬-김달삼 간의 협상에 따라 '귀순'의 성격을 띠고 산에서 내려오던 사람들이 정체불명의 자들로부터 총격받는 사건이 벌어졌다.

입산자 200~300명이 5월 3일 오후 3시경 오라리 부근을 거쳐 제주비행장에 설치된 수용소로 귀순하겠다는 연락이 남로당 유격대 측으로부터 제9연대에 왔다. 이에 미 고문관 드루스 대위가 미군 병사 2명과 9연대 병사 7명이 하산하는 귀순자를 호송해 오는데 갑자기 정체불명의 무장대 50여 명으로부터 기습사격을 받아 귀순자 중 일부가 죽고 생존자는 다시 산으로 도망쳤다. 호송 병사들이 반격하여 5명을 사살하고 부상자 몇 명을 생포하였다.

미군이 부상자를 취조해 보니 신분은 제주경찰서(서장:문용체) 소속 경찰이었으며, '상부의 지시에 의해 폭도와 미군과 경비대 장병을 사살하여 폭도들의 귀순을 방해하는 임무를 띤 특공대'라고 자백했다. 제주도 미 군정 당국이 경찰에 진상을 문의한 결과 "경찰과 미군 및 경비대를 이간시키기 위해 폭도들이 경찰로 가장하여 저지른 소행"[263] 이라고 설명하였다. 제주도 경찰은 경찰 중에 공산주의 사상을 가진 자들이 있었는데 4·3사건이 발생하자 이들이 경찰 복장을 하고 경찰 무기를 가지고 입산하여 공산 폭도들에 가담하였고 민가를 습격하고 양민들을 학살했다고 주장하였다.

하산 주민 총격 사건은 경비대와 남로당 무장대간 신뢰를 무너뜨리는 계기가 되었으며, 이후로 남로당 무장대의 지서 습격이 재개된다.

미 군정 대책 회의와 제11연대 이동, 9연대장 교체

| 미 군정의 5·5 대책 회의

1948년 5월 5일, 딘 군정장관은 안재홍(安在鴻) 민정장관, 조병옥(趙炳玉) 경무부장, 경비대 사령관 송호성(宋虎聲) 준장 등과 함께 항공편으로 제주를 방문했다. 딘 군정장관은 김익렬–김달삼 간 귀순 협상 결과를 보고 받고 대책 회의의 필요성을

263 濟州道警察局,『濟州警察史』, 1990. 10, 309~310쪽.

느껴 군정의 요인을 대동하고 제주도로 간 것이다.

군정장관 일행은 12시에 미 군정청 회의실에서 제주사태 해결을 위한 고위급 대책 회의를 개최했다. 이 회의에는 제주도 군정관 맨스필드 중령, 제주도지사 유해진(柳海辰), 경비대 9연대장 김익렬(金益烈) 중령, 제주경찰 감찰청장 최천(崔天)과 딘 장군 전속통역관 등 모두 9명이 참석했다. 군정청의 수반을 비롯한 수뇌부들과 제주도의 주요 인사들이었다.

이날 회의에 참석한 김익렬 연대장의 유고에 의하면, 처음 상황설명을 한 최천 제주경찰 감찰청장은 사태의 성격을 국제공산주의자들이 사전에 계획한 폭동이라고 규정하고, 대규모 병력이 동원된 군·경 합동작전만이 사태를 진압할 수 있다고 강조했다. 두 번째로 나선 김익렬 연대장은 폭동은 복합적인 이유에서 비롯되었다고 지적하면서 "적의를 가진 폭도와 일반 민중 동조자를 분리해 폭도를 도민들로부터 고립시켜야 한다. 그러기 위해서는 무력 위압과 선무 귀순 공작을 병용하는 작전을 전개해야 한다."라고 했다.

김익렬은 경찰의 행동을 의심할 만한 사진을 제시했다. 이 사진은 오라리 방화 사건에 관한 것이었다. 그러자 사진을 살펴보던 조병옥은 단상으로 뛰어올라가서 김익렬의 설명은 잘못된 것이고, 사진도 모두 조작된 것이라고 주장했다. 그리고는 김익렬을 가리키며 "저기 공산주의 청년이 한 사람 앉아 있소"라고 외쳤다. 이에 김익렬이 조병옥의 발언에 격분해 달려들어 몸싸움을 벌이자 회의는 난장판이 되었다. 결국 딘 장군의 명으로 경호 헌병(군사경찰)이 싸움을 말렸고, 회의는 이것으

로 끝났다.[264]

김익렬이 유고에서 자신이 제시했다는 사태 해결책은 전혀 새로운 것이 아니었다. 이미 미 군정에서 구상하고 실행했던 것으로 김익렬 자신이 했던 김익렬-김달삼 회담도 정확히는 미 군정의 선무 귀순 공작의 일환이었다.

김익렬과 경찰과는 매우 불편한 관계였다. 김익렬은 제주도 내 지인들과 경비대 자체에서 수집한 정보를 믿고 우익청년단과 경찰이 일본과의 무역품을 압수한다는 정보를 맨스필드 군정관에게 보고했었다. 이에 맨스필드 군정관이 경찰 책임자에게 관련 내용을 확인하였더니 경찰 측은 맨스필드에게 허위라고 하였고 김익렬에게는 거세게 항의한 바 있었다.[265] 그리고 김익렬 -김달삼 회담 후 경찰로부터 "김익렬이 폭도들에게 속고 있다"라고 경찰은 맨스필드에게 보고했다.[266]

김익렬-김달삼 회담 후, 김달삼이 김익렬의 숙소를 방문한 일이 있었다. 이를 뒤 늦게 알게 된 경찰은 김익렬의 숙소를 찾아온 김달삼을 체포하지 않고 잘 대접해서 보냈다고 불평했다.[267] 이로 보아 경찰은 김익렬을 김달삼과 한통속이라고 판단한 것 같다. 이러한 제주 경찰의 김익렬에 관한 좋지 못한 내용이 조병옥에게 보고되었을 것이고 조병옥은 이러한 보고 등에 영향을 받아 김익렬을 공산주의자라고 평가했다고

264 金益烈, 앞의 글 (濟民日報 4·3취재반, 앞의 책, 338~342쪽).

265 金益烈, 앞의 글 (濟民日報 4·3취재반, 앞의 책, 290쪽).

266 金益烈, 앞의 글 (濟民日報 4·3취재반, 앞의 책, 332-334쪽).

267 이세호 증언, 2001.3.12.

본다.

딘 장군은 회의를 끝내고 그 길로 공항으로 갔다. 이렇게 해서 딘 군정장관 일행은 회의를 마치자마자 그날 오후 5시 서울로 돌아왔다.[268]

제11연대 제주도 이동 및 제9연대장을 박진경으로 교체

다음날인 5월 6일, 제9연대 연대장이 김익렬 중령에서 박진경 중령으로 전격 교체되었다.[269] 이때 임부택 대위도 박진경 중령과 함께 제9연대에 발령받았다. 임부택 대위는 명령상으로는 비어 있는 9연대 1대대장이었으나 실제로는 박진경 중령의 요청으로 연대 작전과장이 된다.

폭동진압을 앞두고 군정의 최고책임자 앞에서 김익렬 중령이 치안 책임자인 경무부장(경비대 사령관과 동급)과 멱살을 잡고 육박전을 벌인 것은 하극상이었다. 미 군정은 고위급 대책 회의를 망쳐버린 김익렬 연대장에 대한 책임을 물어 문책성 보직해임을 단행했다.

회의 당일인 5월 5일 오후 늦은 시간, 제주도 폭동 진압부대 증파 문제를 놓고 통위부(현재 국방부)에서 전략회의가 있었다. 통위부는 증파 부대로 제11연대를 지명하였다. 5월 1일부로 창설(육군 역사일지에는 5월 4일 창설)된 제11연대는 부대정비도 끝내기 전인 5월 6일 제주도로 이동하였는데, 연대장은 공석이었으며, 연대본부는 창설이 미진했고, 연

---

268 『朝鮮日報』, 1948년 5월 6일.

269 「統衛部 特命」 제52호, 1948년 5월 6일 ; 총사령부 특명 제61호, 1948년 5월 10일.

대의 제1대대는 이미 제주도에 파견된 오일균 대대로 편성했고 2대대와 3대대만 이동하였다. 제2대대장은 김도영 소령이고 제3대대장은 공석이었다.

그리고 제9연대장을 교체키로 했는데, 김익렬 중령 후임으로 제9연대를 창설하였고 제주도를 잘 아는 경비대 사령부의 작전처장 장창국 중령과 학병 출신으로 광복 당시 일본군 장교로서 제주도에서 근무했던 인사처장 박진경 중령이 거론되었다. 그런데 통위부 참모총장 이형근 대령이 작전처장 장창국 중령은 중앙에 있어야 한다고 주장했지만, 박진경 중령에 대해서는 반대의견이 없었다. 그리고 미군 측도 박진경 중령을 천거하여 박 중령으로 결정되었다. 박 중령은 6일 아침 일찍 제주도로 가기 위하여 집을 나섰다.[270] 박 중령은 일제강점기 때 오사카 외국어학교를 나와 영어에 능통해 미군과 잘 통했을 뿐만 아니라 제주도에서 근무한 바 있어 제주도 지형에 대하여 잘 알고 있었다.[271]

연대장 직에서 해임된 김익렬 중령은 그의 유고에서 "미 군정 수뇌회의 다음 날 오전 11시경, 난데없이 경비대 총사령부 고급부관인 박진경 중령이 도착하였다. 나는 최고 참모의 방문인 줄 알았다. 그런데 나의 후임 연대장으로 오늘 아침에 명령에 따라서 왔다는 것이었다"라며 당황했던 순간을 묘사했다.[272]

---

270 장창국, 『육사졸업생』, 1984, 123쪽.

271 國防部 戰史編纂委員會, 『韓國戰爭史』 제1권, 440쪽 ; 白善燁, 『實錄 智異山』, 고려원, 1992, 125쪽.

272 金益烈, 앞의 글, 濟民日報 4·3취재반, 앞의 책 2권, 343쪽.

제9연대장 교체에 대한 남로당 역 대책

군정 수뇌들이 5월 5일에 제주도에서 대책 회의를 하였고, 5월 6일에는 유격대측에 우호적이었던 김익렬 중령이 제9연대장 직에서 전격 해임됨과 동시에 제9연대장에 박진경 중령이 임명되었다는 사실은 경비대 내의 프락치에 의해 남로당에 즉각 전달되었다. 군 내부에는 군사 영어반 출신을 포함한 장교들과 부사관 중에도 공산 프락치들이 침투해 있어서 주요 정보가 즉시 남로당에 새어 나가고 있었다. 박진경 중령이 제주도에 부임한다는 사실 역시 결정과 동시에 남로당 프락치에 의해 남로당 측에 보고되었을 것이다.

남로당 중앙당은 미 군정의 인사 조치에 대응해서 모종의 임무를 주어 지도원을 제주도에 내려보냈는데, 이 지도원은 박진경 중령 부임 하루 뒤인 5월 7일에 제주도에 도착하였다. 박 중령이 5월 6일 아침에 항공편으로 제주도에 도착했고, 남로당 중앙당 지도원은 열차와 선편을 이용하여 다음 날인 5월 7일에 제주도에 도착한 점을 고려하면 박 중령과 남로당 중앙당의 지도원이 같은 날인 5월 6일에 서울에서 출발한 것으로 보인다.

제주에 도착한 중앙당 지도원은 3월 15일에 전남 올구(정치지도원)가 한 말과 같은 내용인 "국경(국방경비대) 프락치에 대한 지도는 도당(島黨)에서 할 수 있다"라고 하면서 남로당 무장대 대표와 국경 프락치 대표 간의 회담을 추진하였다. 투표일인 5월 10일에 제주읍에서 제주 남로당 도당 대표로 김달삼(軍責, 군책임자)과 김양근(組責, 조직책임자), 그리고 국경 프락치 대표로 오일균 대대장(부관 나희필 소위 대동)과 9연대 정보관 이윤락 중위 등이 회합하고, 국경 프락치에 대한 지도, 제주도 투쟁에 있어서 국경이 취할 태도, 정보교환과 무기 공급 등에 대하여 토의 끝에 다음과 같이 합의하였다.

1. 국경 지도문제는 일방에서는 도당에서 지도할 수 있다고 하고, 일방에서는 중앙 직속이라고 하므로 결국 이 문제는 해결이 불가능하다. 그러므로 도당에서 박은 프락치만은 도당에서 지도하되 행동의 통일을 위하여 각각 소속 당부의 방침 범위 내에서 최대한의 협조를 하지 않으면 안된다.
2. 제주도 치안에 대하여 미 군정과 통위부에서는 전면적 토벌작전을 지시하고 있으나 이것이 실행되면 결국 제주도 투쟁은 실패로 돌아가고 만다. 그러므로 국경에서는 포위 토벌작전에 대하여 적극적인 사보타주 전술을 쓰며, 국경 호응 투쟁에 관해서는 중앙에 건의한다. 특히 대내 반동의 거두 박진경 연대장 이하 반동 장교들을 숙청하지 않으면 안된다.
3. 최대의 힘을 다하여 상호 간의 정보교환과 무기 공급 그리고 가능한 한 도내에 있어서의 탈출병을 적극 추진시키지 않으면 안된다.[273]

이 합의 내용은 4월 20일경의 김달삼-문상길 회담 시의 합의 내용과 비슷하다. 다만 경비대 포위 작전에 대해서는 적극적인 사보타주

273 문창송 편, 앞의 책, 79~80쪽.

전술을 쓰고, 박진경 연대장 등 반동 장교들을 숙청하기로 한 것이 추가되었다.

남로당 중앙당은 박진경 중령의 제9연대장 부임에 즉각적인 반응을 보였으며 취임 5일 만에 숙청을 결정하였다. 그리고 당의 정치지도원(올구)에 박 중령을 제거하라는 임무를 준 것이다. 당시 남로당의 간첩 조직이 경비대 내에 곳곳에서 암약하고 있었다. 남로당 중앙당의 박진경 제거 결정은 미 군정이 연대장을 박진경으로 교체하고 폭동진압작전을 이행하려는 것에 대응하는 남로당의 차원의 분명한 역 대책이었다.

남로당의 5·10선거 방해

한편, 남로당 무장대는 대한민국 건국을 위한 선거를 방해하기 위해 주민들을 강제로 산으로 올려보냈다. 주민들의 산행은 5월 5일경부터 시작됐는데, 이들은 며칠 분의 양식을 등에 지고 마을을 떠나 인근의 오름이나 숲으로 가서 머물다가 선거가 끝난 후에야 마을로 돌아왔다. 그래서 선거 당일 마을에는 경찰 가족이나 대동청년단 간부, 선거관리위원 등 극소수의 사람들을 제외하고는 사람들의 모습을 찾아볼 수 없을 정도였다. 이에 따라 마을 대부분이 선거를 앞두고 텅텅 비어 적막감만 감돌았다. 오라리의 한 할아버지는 주민의 입산에 대해 다음과 같이 증언하였다.

선거 며칠을 앞두고 동네 청년들이 선거를 거부하기 위해 산으로 올

> 라가야 한다고 독려했습니다. 선거 이틀 전 아침 7시께 나팔 소리가 났습니다. 새벽에 나팔 불면 피신하도록 사전에 연락이 있었습니다. 오라 1·2·3구 주민 80% 이상이 그날 집을 떠났습니다. 어린애들은 물론이고 가축을 끌고 가는 사람도 있었습니다. 족히 2,000명은 넘었던 것 같습니다. 오라 1구 사람들은 열안지오름의 '말저린밭'으로, 2구 주민들은 '흑담밭'으로 피신했었는데, 그곳엔 총기를 든 산군들은 없었고 몽둥이를 든 청년들이 있어서 주민들을 번갈아 가며 보초 세우기도 했습니다. 주민들은 빠르면 선거 다음 날, 늦은 사람들은 열흘 후쯤 귀가했습니다.[274]

위의 증언은 주민들의 입산이 자의에 의한 것이 아니라 마을 청년들의 독려와 나팔 소리에 의한 강압적인 통제로 이루어졌으며, 산에서도 몽둥이로 무장한 좌익 청년들의 통제하에 있었음을 말해주고 있다. 선거를 피해 산에 오른 사람들은 대부분 초막이나 동굴 등지에서 야영생활을 하였고, 선거가 끝난 뒤에서야 하산함으로써 투표기권자가 되었다.

1948년 5월 10일로 예정된 선거일이 다가오면서 전국의 상황은 혼란 속으로 빠져들어 갔다. 전국적으로 5·10선거 반대자들에 의한 경찰서·선거사무소 습격이 줄을 이었다. 딘 군정장관은 남한 땅의 13,800여 개소의 선거사무소를 35,000여 명의 경찰력으로는 도저히 지켜낼 수 없다는 조병옥 경무부장의 건의를 받아들여 4월 16일 향보단(鄕保

274 許斗久(1994년 현재 74세, 濟州市 吾羅 1洞, 당시 五賢中 교사, 『4·3은 말한다』, 2권 218쪽.) 증언.

團)을 조직해 경찰을 지원하도록 했다.

미 군정은 '단선·단정 반대'가 4월 3일 무장봉기를 일으킨 무장대의 주요 슬로건 중의 하나였기 때문에 더욱 긴장할 수밖에 없었고, 이들의 관심사는 어떻게 해서든 제주사태를 조기에 진압해 당면 현안인 5·10선거를 무사히 치르는 데 있었다.

선거일이 가까워지면서 선거관리 사무소가 습격당하거나 선관위원들이 피살당하는 사건이 잇따라 벌어졌다. 4월 중순 무렵에 이르자 선거사무소 습격 사건이 시작됐다. 4월 18일 새벽 제주읍 도평리 투표소가 습격당해 선거인 명부를 빼앗겼고, 4월 19일에는 조천면 신촌리 투표소가 습격당해 화재로 소실되는 바람에 모든 기록물을 잃었다.[275] 투표소 피습에 이어 선거관리위원들이 피살당하는 사건이 벌어졌다.

선거사무소에 대한 공격이 잇따라 발생하자 선거관리위원들은 투표용지와 투표함을 투표소로 옮기는 일을 거부하면서, 미군이 수송 수단을 이용해 이 업무를 대신 수행해 달라고 요구했다.[276] 4월 30일 새벽 대정면 신평리에서 선거관리위원이 피살되었다.[277] 5월에도 선거 관련 업무 종사자에 대한 습격 사건이 이어졌다. 5월 1일 제주읍 도평리에서 마을 선거관리위원장이 칼에 찔려 숨졌다.[278]

이어 5월 5일 화북리 선거관리위원장이 피살되었다.[279] 이처럼 선거

---

275 Hq. USAFIK, G-2 Periodic Report, No. 815, April 22, 1948.

276 6th Division, USAFIK, G-2 Periodic Report, No. 918, April 24, 1948.

277 Hq. USAFIK, G-2 Periodic Report, No. 823, May 1, 1948.

278 6th Division, USAFIK, G-2 Periodic Report, No. 925, May 1, 1948.

279 Hq. USAFIK, G-2 Periodic Report, No. 827, May 6, 1948.

업무 종사자에 대한 습격 사건이 그치지 않자 중산간 마을에 거주하는 선거관리위원들은 자기 마을을 떠나 해변마을로 피난했다.[280] 선관위원들이 사퇴하는 사태도 벌어졌다. 5월 3일 조천면 조천리의 모든 선거관리 위원이 사퇴했다.[281] 선관위원들의 사퇴로 인해 많은 지역에서는 경비대가 나서 투표용지 배분 등 선거관리 업무를 대신 맡기도 했다.[282]

미 군정은 전국적인 선거 반대 움직임에 노심초사하면서도 선거에 개입한다는 인상을 주지 않기 위해 미군들에게 투표소 출입을 금지했다. 그러나 제주에서는 사태가 심각하다고 판단하였기 때문인지 미군이 직접 선거 현장에 나타나 독려하기도 했다. 미군은 군정 관리까지 선거업무에 나섰던 당시 제주도의 분위기를 이렇게 기록했다.

> 제주도에서는 공산 폭도들의 보복을 두려워한 선거 관련 공무원들이 투표인명부 열람 등 모든 선거 관련 업무 취급을 꺼림에 따라 선거 시행에 대한 어려움이 발생하고 있다. 조천면에서는 대략 50%에 해당하는 선거관리위원들이 사임했다. 총 65개 투표소가 선거 당일 제 기능을 하지 못했다. 군정 관리들이 북제주군의 약 50% 지역에서 선거자료 배포와 수집을 도왔다.[283]

---

280 Hq. USAFIK, G-2 Periodic Report, No. 826, May 5, 1948.

281 6th Division, USAFIK, G-2 Periodic Report, No. 927, May 3, 1948.

282 7th Division, USAFIK, G-2 Periodic Report, No. 109, May 10, 1948.

283 Hq. USAFIK, G-2 Periodic Report, No. 831, May 11, 1948.

이 같은 혼란 속에서 대리투표가 진행되기도 했다. 남제주군 안덕면 상천리에서는 이날 이장 집에서 이장·서기 등 3명이 모여 100명 가까이 되는 마을 유권자들의 투표용지를 몽땅 한 특정 후보에게 몰아 투표를 해버렸다.[284]

동 기간 중 경찰의 반격도 만만치 않았다. 미군 자료에 의하면, 5월 7일부터 10일까지 나흘 동안 제주도에서 모두 29명의 사망자가 발생했는데 이들의 성분을 보면 '△경찰 사망 1명, 부상 9명, 실종 4명 △우익 사망 7명, 부상 3명 △폭도 사망 21명'으로 분류되고 있다.[285]

선거종사자나 우익인사 등 선거에 협조적이었던 사람에 대한 테러는 5·10선거가 끝난 후에도 계속되었다. 제주읍 도두리의 김성배는 산에서 3일 동안 지낸 후 마을로 내려왔으나 다음날에 좌익 청년들에게 산으로 끌려갔는데, 청년들이 동생(김성하)에게 칼을 주면서 형을 죽이라고 해서 동생에 의해 죽었다. 5월 12일에는 대동청년단원 정방옥과 김용조는 좌익들에 의해 산으로 끌려가서 팔다리에 못이나 말뚝이 박혀 죽었다. 좌익들은 13일에는 대동청년단원 김택훈과 그의 부친 김상옥을 산으로 끌려가서 아들은 일본도로 각을 뜨고 아버지는 칼로 잔인하게 죽였다. 그리고 좌익 청년들은 19일에는 부녀자 7명을 산으로 끌고 가 10여 명이 윤간하고 칼과 창으로 잔인하게 죽여 구덩이나 돌무더기에 묻였다. 그런데 이들 중 김용조의 부인 문성희가 돌무더기 속에서 살아나 군인들에게 구조되었다가 3일 만에 죽었는데, 그녀가 죽

---

284 濟民日報 4·3취재반, 앞의 책, 236쪽.

285 Hq. USAFIK, G-2 Periodic Report, No. 830, May 10, 1948.

기 전에 누가 누구를 죽였다는 등 좌익 청년들에게 당한 내용을 말했는데, 자기는 남편의 사촌 동생이 죽이려 하였다고 언급했다.[286]

잔인하고 처참하기 이를 데 없는 사건이다. 당시 공산주의자들은 자신들이 추구하는 이념과 그 이념에 따라 건국하려고 했던 조선민주주의 인민공화국 수립을 위해서 친족들 간의 살육도 강요하며 충성심을 확인하려고 했다.

경비대, 경찰, 향보단까지 총동원한 미 군정의 선거 독려에도 불구하고 제주도에서의 선거는 경계가 삼엄했던 제주읍 내 중심지를 제외하고는 제대로 치르지 못했다.

중앙선거관리위원회는 전국 200개 선거구에서 선거를 실시한 결과, 총 선거인수 7,840,871명 가운데 7,487,649명이 투표해 95.5%의 투표율을 나타냈다고 발표했다. 제주도 지역은 3개 선거구의 총 유권자 85,517명 중 53,698명이 투표해 62.8%의 가장 낮은 투표율을 나타냈다. 이 중 남제주군 선거구는 86.6%(총 선거인수 37,040명 중 32,062명 투표)의 투표율을 보인 가운데 무소속 오용국(吳龍國)이 당선되었다. 그러나 북제주군 갑구는 43%(총선거인수 27,560명 중 11,912명 투표), 북제주군 을구는 46.5%(총선거인수 20,917명 중 9,724명 투표)의 투표율로 과반수에 미달하였다.[287]

제주도의 투표 상황은 북제주군 갑구(甲區)는 73개 투표구 중 30개

286 김성수(북제주군 애월읍 하귀1리, 제주도 유족회 부회장), 『제주4·3보고서 수정의견』,수정의견 책자 837쪽; 김성수 증언(2002. 9. 12 자유시민연대 채록).

287 『朝鮮日報』, 1948년 5월 20일.

투표구, 북제주군 을구(乙區)는 61개 투표구 중 32개 투표구만 선거한 것으로 집계되었다. 이에 국회 선거위원회에서는 19일 군정 장관에게 제주도 3개 선거구 중 2개 선거구에 대한 선거무효를 건의하였다.[288] 이에 따라 딘 군정장관은 5월 26일 '제주도 2개 선거구에 대한 선거가 무효이며, 선거법 제44조에 의하여 오는 6월 23일 국회 선거위원장의 지휘 감독으로 재선거를 실시하겠다'라는 내용의 포고(5월 24일부)를 발표했다.[289]

이로써 남로당의 방해에도 불구하고 200개 투표구 중 198개 투표구에서 국회의원이 선출되었으며, 이를 시발로 198명의 제헌의원이 등원하여 헌법을 제정하고 7월 17일에는 이를 공포하였으며, 이 헌법에 따라 대통령을 선출하고 8월 15일에는 자유민주주의와 시장경제를 지향하는 대한민국이 탄생된다.

그러나 제주사태는 진정 기미를 보이지 않은 채 더욱 악화의 길로 접어들어 갔다. 제주도선관위는 6월 초에 "6월 23일의 국회의원 재선거는 치안 불안 때문에 불가하다"라며 선거 연기를 요청했다.

이에 선거 강행 의지를 보였던 딘 군정장관도 6월 10일에 선거를 무기 연기한다는 행정명령을 발표했다. 이로써 제주도는 남로당이 대한민국 건국의 첫 단계인 제헌의원을 선출하는 5·10선거를 방해하여 성공한 지역으로 역사에 남게 되었다. 이를 통해 제주도 남로당이 대한민국에 반대한 정치적 목적을 가진 조직이었으며 이러한 정치적 목

288 『우리新聞』, 1948년 5월 21일.

289 『朝鮮日報』, 1948년 5월 27일.

적을 위해 남로당의 무장대가 수단과 방법을 가리지 않고 조직적이고 체계적으로 폭력을 사용하여 선거를 방해했다는 것이 분명해졌다. 당시 제주도 상황은 무력과 폭력의 행사라는 측면에서 남로당 무장대가 경찰보다 더 강한 세력이었다는 것도 알 수 있는 사건이었다. 제주도에서 국회의원 재선거는 정확히 1년 후인 1949년 5월 10일에 실시되었다.

제9연대 1대대의 집단탈영

박진경 연대장이 제주읍에서 부대 정비에 여념이 없을 때인 5월 20일 밤에 모슬포의 제9연대 1대대에서 통신대의 최모 상사 인솔하에 하사관 11명과 병사 30명 등 41명[290]이 총기와 실탄 5,600발을 휴대하고 차량으로 집단탈영하는 사건이 발생하였다.[291] 한 달 전인 4월 20일경 문상길이 김달삼과의 회합에서 경비대 병사들을 무장대에 합류시키기로 합의한 바 있었다.[292] 이 사건은 경비대 9연대 남로당 프락치인 문상길 중위의 지시에 의한 것이었다

완전 무장 탈영병들은 부대 인근의 대정지서를 덮쳐 경찰 4명과 급사 1명 등 5명을 사살하고 지서 주임 등 2명에게 중상을 입혔다. 이들은 대정지서 밖에서 하차하여 도보로 지서로 향하였으며, 11시 30분

290 남로당 무장대 자료에 의하면 43명이 탈영한 것으로 되어있다. 문창송 편, 『한라산은 알고 있다』, 대림인쇄사,, 1995, 81쪽.

291 Hq USAFIK, G-2 Peridic Report, 1948. 5. 24.(No. 842).

292 문창송 편, 앞의 책, 81쪽.

경에 가짜 소위 계급장을 단 장교가 안창호 지서 주임에게 '산쪽(남로당 무장대)에서 대정지서를 습격하려 한다는 정보가 입수돼 상부의 명령으로 응원 나왔다. 지서 내에서 어디가 가장 취약지역인가? 병력을 배치할 테니 안내하라'라고 하였다. 이리하여 경찰과 경찰협조 요원[293]이 1명씩 배치된 7개 초소에 4~5명씩의 군인이 추가로 배치되었는데, 배치가 끝나자 갑자기 호루라기 소리가 들렸고, 동시에 총성이 울렸다. 경비대원들이 일제히 경찰들에게 총부리를 들이댄 것이다.[294]

대정지서를 습격한 탈영병들은 안덕지서, 중문지서, 서귀포 경찰서를 차례로 습격하려 했으나 전선만 절단하고 곧바로 서귀포로 갔다. 이는 대정에서 시간을 많이 소비한 데다 차량이 상태가 나빠 고장이 나는 등 시간이 부족했기 때문이었다. 서귀포 경찰서에 도착한 이들은 경찰서장에게 '우리는 공기가 험악해 상부 지시로 응원 나왔다'라고 하면서 '우리는 두 군데로 토벌하러 가야 하는데 차량이 한 대밖에 없으니 차량 1대를 지원해 달라'고 하여 차량 1대를 빌려 타고는 경찰서를 습격하지 않고 곱게 떠났다.[295] 빌린 차량은 징발된 민간인 차량이었다. 차량 2대에 분승한 이들은 약속 장소인 남원면 남원리에 갔으나 산쪽(남로당 무장대)과 연락이 되지 않아 되돌아서 신례리 쪽으로 입산 중이

293 당시 제주도민 중에서는 신변의 위협을 느끼고 보수 없이 경찰을 지원해 주는 주민들이 있었다.

294 宋純玉(81, 제주시 도두 2동, 당시 경찰관, 2002. 1. 23 채록) 증언 ; 高亨元(1995년 당시 74, 서귀포 시 도순동, 당시 경찰관, 『4·3은 말한다』3권, 116~117쪽 재인용) 증언.

295 康德潤(74, 제주시 오라1동, 9연대 사병, 2002. 2. 1 채록 ; 제민일보, 『4·3은 말한다. 제3권』, 123 쪽 재인용) 증언.

었는데, 빌린 차량 운전사(금천오, 21세)가 함께 탄 군인들의 대화를 듣고는 위험을 직감하여 차를 세운 뒤 '엔진이 과열되었으니 물로 식혀야 한다'라고 하면서 물을 뜨러 가는 척하다가 줄행랑을 쳤다.

탈영병과 무장대가 연락이 안 된 이유를 무장대 내부 문건에는 "문 소위가 우리에게 보낸 연락 방법과 탈출병들이 연락한 방법 사이에 커다란 차이가 있었던 것에 기인한다."[296]고 하면서 다음과 같이 설명하였다.

> 5월 21일, 아 부대원 2명이 국경 탈출병과 연락을 취하기 위해서 남원리(南元里)에 복병 중 경관차가 질주하여 오는 것을 국경(국방경비대)차로 오인하고 손을 들고 차에 접근하여 본 즉 경관차였고, 피할 시간적 여유가 없으므로 할 수 없이 개(경찰을 의미, 유격대 측은 경찰을 검은개, 경비대를 노랑개로 칭함)에게 달려들어 개의 총을 빼앗았으나 결국 다른 개의 총에 학살당했음.[297]

즉 약속 장소에 있던 안내병 2명이 접근하는 경찰 차량을 탈영병 차량으로 오인하여 정지시키다가 경찰에게 죽었다. 따라서 탈영병들은 남원면 남원리까지 갔다가 안내병을 만나지 못하였다. 산쪽과 접선을 하지 못한 탈영병들은 남원면 신례리의 하천길을 따라 산으로 들어가게 되었다. 그런데 차량 운전수가 줄행랑을 치자 당황한 이들은 바로

---

296 문창송 편, 앞의 책, 81쪽.

297 문창송 편, 위의 책, 85~86쪽.

입산하지 않고 남은 차량 1대로 되돌아와서 부대 부근인 대정면 중산간으로 입산하게 되었다.

탈영병들은 전날 밤부터 온종일 먹지 못해 허기진 상태라 마을의 어느 외딴집으로 들어가 여주인에게 '우리는 폭도들을 토벌하러 나온 경비대다. 배가 고프니 밥을 해 달라'하였다. 이 말을 방에서 엿들은 남편이 '수상하다'고 느끼고 몰래 뒷담을 넘어 달려가 대정지서에 신고하였다. 다음날인 5월 22일, 경찰로부터 연락받은 경비대(육지에서 온 11연대 병력, 탈영부대인 제9연대 1대대는 탈영 사건으로 불신받아 무장 해제되었음)가 출동하여 이들을 포위하고 '투항하라'라고 하였는데, 21명은 산으로 죽자 살자 도주하였고, 20명은 두 손을 들고 투항하였다.

그리고 이들이 소지한 소총 19정과 실탄 3,500발이 회수되었다.[298] 체포된 20명은 부대로 끌려와 조사받고 군법회의에 넘겨져 처형되었다. 주모자급 6명이 먼저 처형되고[299] 병사급 15명은 1949년 10월 2일에 처형되었다.[300]

당일 당직사령인 제3중대장 문상길 중위는 자신의 지시로 탈영 사건이 발생했기 때문에 새벽녘에 비상을 걸었으나 인원 점검만 했을 뿐 적극적인 탈영 대책이나 사후 조치를 하지 않았고, 일부 병력을 습격당한 대정지서로 보냈으나 곧 돌아오고 말았다. 문상길은 자신이 저질러 놓은 일이라 탈영 대책에 적극적일 리가 없었다.

298 Hq USAFIK, G-2 Peridic Report, 1948. 5. 26 (No. 844).

299 김남천, 「남반부 청년들의 영웅적 투쟁기 (2)」, 『제주4·3사건 자료집 12권』, 133쪽.

300 한국군 군사고문단 일일 정보보고서, 1949.10.6.

한편, 탈영 보고를 받은 대대장 직무대리[301]인 1중대장 이세호 중위는 제주읍에 있는 연대장에게 보고하려 했으나 모든 통신선은 절단되었고, 육로는 무장대에 의해 곳곳이 돌무더기로 차단돼 있어서 모슬포에서 배를 이용하여 제주읍까지 가서야 연대장에게 탈영 사건을 보고하였다. 이 배에는 대정지서의 송순옥 순경 등 경찰관 2명이 있었는데, 이들도 제주경찰청으로 보고하러 가는 길이었다.

이세호 중위는 박진경 연대장에게 "연대장님. 큰일 났습니다. 일개 소대가 몽땅 산으로 도망갔습니다" 하고 집단탈영에 관한 보고를 했는데 이 보고를 받은 박진경 중령은 "그래… 부대 수습을 잘하고 별도의 지시 없이는 절대로 움직이지 말라"고 침착하게 지시하였다. 이는 제9연대가 제주도 출신이 많고 혹시 산 쪽과 연결된 병사들이 있을 것으로 염려한 신중한 지시였다. 이세호 중위는 심한 질책과 함께 목이 달아날(해임) 것을 각오했는데, 침착하게 말하니 "아이고 살았구나"라고 속으로 생각하였고 이때부터 이세호 중위는 연대장을 진심으로 존경하게 되었다고 증언 한 바 있다.[302]

---

301 1대대장 요원인 임부택 대위는 제주에서 박진경 대령이 제주도 부임시부터 연대 작전과장 임무를 수행 중이었고, 신임 대대장 고근홍 대위는 5월 24일 부임하였음. 따라서 5월 21일에는 대대장이 공석이었음.

302 李世鎬(79, 서울시 용산구 동부이촌동, 군인, 2001. 3. 12 및 2002. 10. 4 채록) 증언.

제9장

미 군정의 진압작전과 박진경 대령 피살

미 군정의 진압 작전 준비

| 병력증강 방침과 미군 지휘관 임명

딘 군정장관은 제주도 사태를 진정시키기 위해서 군(경비대)과 경찰력을 증강하는 조치를 했다. 경비대는 2개 대대에서 4개 대대로 증강하고 경찰도 대폭 증강토록 하였다. 그리고 진압 작전을 지휘할 미군 사령관을 임명토록 했다.

이에 따라 미 군정은 남로당 무장대의 진압부대로 경비대 제11연대를 제주도로 이동시키고 미 6사단 예하 광주 주둔 제20연대장인 브라운(Rothwell H. Brown) 대령을 5월 20일[303] 경에 제주도에 보내 모든 진

303 상관이었던 제6사단장이 제주도로 떠나는 브라운 대령에게 쓴 5월 19일자 편지와 브라운의 첫 활동보고서 가 5월 22일부터 시작된다는 점 등을 통해 볼 때, 브라운은 5월 20일경에 제주에 온 것으로 추정된다.

압 작전을 총지휘하도록 하였다.[304] 브라운 대령은 4월 27일 주한미군사령부 작전과장 슈 중령과 함께 제주도를 방문해 제주도 군정관 맨스필드 중령과 토벌 작전을 토의한 바 있었다. 미 군정이 브라운 대령을 토벌 사령관으로 임명한 것은 제주도에 주둔 경비대 4개 대대와 해안경비대(해군) 및 경찰까지를 지휘하는 데 군정관 맨스필드 중령으로는 부족하다고 판단하였기 때문이다.

미 6사단장 워드(Orlando Ward) 소장은 자신의 부하인 브라운 대령이 제주도 토벌 사령관으로 떠나게 되자 5월 19일 다음과 같은 편지를 보내 충고했다.

> 본인은 한 가지 주의를 환기하고자 하는데 그것이 적절할지 그렇지 않을지 모르겠지만 본인은 과거에 남아메리카와 그 밖의 지역에서 공산주의의 선동과 관련이 전혀 없는 엄청난 규모의 소요와 혁명이 있었던 때를 상기하지 않을 수 없다. 그것은 제주도에 공산주의의 선동이 없다는 것을 의미하지는 않는다. 또 한 가지, 본인은 주요한 문제가 경찰에 대한 증오심 때문에 발생하였다고 심각하게 느끼고 있다. 이러한 소요들은 시민들이 신뢰하지 않는 사람들을 교체하여 적절한 조치를 마련함으로써 자극 요인들을 제거할 때까지 계속될 것이다.[305]

304 "Letter from Brown to Ward," July 2, 1948, The Rothwell H. Brown Papers, Box 3, US Army Military History Institute, Pennsylvania, U. S. A.

305 "Letter from Ward to Brown," May 19, 1948, The Rothwell H. Brown Papers, Box 3, US Army Military History Institute, Pennsylvania, U. S. A.

매우 완곡한 표현이긴 하지만, 워드 소장은 제주도 사태가 공산주의 선동으로 발생했을 수도 있지만, 경찰의 횡포가 사태의 한 원인일 수도 있으니, 책임자를 주민이 신뢰하는 사람으로 교체해 민심을 수습해 사태를 해결하라고 충고하고 있다.

그러나 브라운 대령은 7월 2일 답신을 보내 워드 소장의 충고에 대해 반대의견을 피력했다. 이 편지에서 브라운은 자신이 부임해서 한 달 동안에 5,000여 명을 조사하여 남로당 조직 등 실상을 파악한 결과 "제주도가 공산주의자들의 거점으로 조직되었다는 한 가지 사실은 너무도 명백합니다. 그 증거는 일단 우리가 실제로 그 문제를 파고들어 갔을 때 부정할 수 없었습니다. 경찰의 잔악성과 비효율적인 정부도 원인이었지만 본도(제주도)에 대한 공산주의자들의 계획에 비하면 지엽적인 원인입니다."[306]라고 하였다. 브라운 대령은 제주도 사태가 이념과 사상이 다른 공산주의자들에 의해 주도된 것이며 전적으로 사태의 책임이 공산주의자들에게 있음을 분명히 한 것이다.

| 경비대 증강

11연대 제주도 이동과 제9연대 1대대를 11연대에 배속

경비대 총사령부는 1948년 5월 1일 수원에서 창설된 제11연대 2개 대대(2·3대대)를 5월 6일 자로 제주도로 이동토록 하고, 연대본부는 5월 15일부로 제주도로 이동시켰다. 전라북도 이리의 제3연대에서 차출

306 "Letter from Brown to Ward," July 2, 1948, ibid.

되어 11연대에 편성되고 제주도로 이동한 한 장교는 한라산을 수색도 하고 투표함을 수송하는데 경계를 하였으며, 5·10선거 당일 투표장 경계 임무도 수행했다는 기록을 남겼다.[307] 한마디로 이 장교는 제주에서 대한민국을 위한 제헌의원 선거를 지원한 것이었다.

경비대 총사령부는 5월 15일부로 제9연대와 제11연대를 작전 간 합편하며, 비어 있는 11연대장에 제9연대장인 박진경 중령을 전보, 발령하고, 명령상 제9연대 제1대대장(5월 6일)이나 실제로는 11연대 작전과장을 하는 임부택 대위를 9연대장 직무대리(5월 15일부)로 임명했다.[308] 박진경 중령은 제9연대장에 보직된 지 10일 만에 초대 11연대장이 되었다.

제11연대와 제9연대의 참모부를 합치고 9연대 1대대를 11연대에 배속시켜 양개 연대를 합편하였다. 그런데 신편 된 11연대의 참모부 편성이 부실하여 합편 후의 참모급은 작전과장 임부택 대위와 9연대 군수과장 유근창 대위만 있었을 뿐이었다. 절대적으로 참모장교들이 부족하였다. 제9연대 인사과장 심흥선 대위는 4월 10일부로 총사령부로 전출되었고, 9연대 정보과장 이윤락 중위는 전 연대장 김익렬 중령과 유격대 사령관 김달삼과의 회담 주선 관계로 헌병대에 불려가 조사를 받고 있어 연대에 없었다.

임부택 대위[309]는 9연대 1대대장, 9연대장 직무대리, 9연대장 등의

---

307 鄭圭漢,「濟州島에서 있었던 일」(陸士5期生會,『陸士 第五期生』, 1990. 6, 117~212쪽).

308 육군본부 군사감실,『육군역사일지』제1집, 1948년 5월 15일.

309 임부택 대위는 1948년 5월 6일에 제9연대 1대대장 요원으로 발령받았고, 5월 15일에는 9

명령이 났으나 작전과장 임무가 막중하여 박진경 연대장을 보좌하기 위해 제주도를 떠날 때까지 11연대 작전과장 임무를 수행한다.

제11연대는 3개 대대로서 제1대대는 4월 20일에 제5연대에서 제주도에 파견된 오일균 대대이고, 제2대대(3연대 1개 중대, 4연대 1개 중대, 제6연대 2개 중대로 편성)는 김도영 대위가 지휘하였으며[310], 제3대대(2연대 2개 중대, 3연대 1개 중대, 4연대 1개 중대로 편성)는 대대장이 공석이었다. 김도영 대위는 이치업 전임 연대장 시절에 명령상으로 제9연대 1대대장직을 역임한 바 있다. 당시 제9연대는 1대대 2개 중대뿐이었으므로 연대장이 중대를 직접 장악했고, 대대 참모도 없었으므로 김도영 대위는 실제로는 부연대장과 연대부관(인사과장) 직을 수행했다.

제9연대는 연대본부가 제주읍으로 이동하여 11연대에 합편 된 뒤에는 1대대만이 모슬포에 주둔하면서 1중대장 이세호 중위가 대대 선임 장교로서 대대장이 보임될 때까지 지휘하고 있었다.

11연대장 박진경은 부대정비의 하나로 4개 대대 중 2명뿐이었던 대대장 중 제1대대장 오일균 소령을 5월 18일경에 총사령부로 전출시켰다.[311]. 이에 대하여 남로당 무장대 문건에는 "오일균 소령은 1948년 5월 17일경 제주도 남로당 무장대에 소총 4정(MI 2정, Cal 2정)과 동 실탄

연대장 박진경 중령이 11연대장으로 전보되자 제9연대장 직무대리를 겸하였으며, 6월 16일에는 제9연대장 명령이 났고, 7월 15일에는 총사령부로 전출된다. 그리고 1949년 3월 2일에는 제주도전투사령부 전투 제1대대장으로 활약하는 등 제주도와 깊은 인연이 있다.

310 金道榮(82, 안양시 만안구, 6연대 1대대장, 2001. 1. 19 채록) 증언.

311 Hq USAFIK, G-2 Periodic Report, 1948. 5. 24; 文鍾郁, 「中隊長, 大隊長이 모두 赤色分子」(육사5기생회, 『陸士 第五期生』, 121쪽).

제11연대 지휘관 및 참모들

1948년 6월, 작전 회의를 마친 11연대 지휘부, 왼쪽부터 최갑중 대위, 임부택 대위, 박진경 대령, 김종평 중령, 백선진 소령, 서종철 대위, 앞줄 왼쪽부터 김도영 대위 김용주 대위 고근홍 대위. 11연대는 제주시 전농로 구 제주농업학교 자리에 있었다.

2,243발을 공급했다. 미 군정과 통위부는 김익렬 연대장과 오일균 대대장을 육지부대로 보낸 후 악질 반동 박진경을 11연대장으로 임명하여 토벌작전을 개시했다"라고 기록하였다.[312] 이로써 오일균은 전출 직전 무장대에 무기와 실탄을 공급해 주고 제주도를 떠난 것이 확인되었다. 부대 정비과정에서 간부들의 사상 문제가 심도 있게 고려되었는데, 임관되어 제5연대에 배치되었다가 오일균 부대로서 제주도에 온 육사 5기생 문종욱 소위는 "중대장이 사상 문제로 해임되자 소위인 자신이

312 文昌松, 앞의 책 80~81쪽.

제4중대장이 되었고, 며칠 후에는 대대장 오일균 소령마저 사상 문제로 해임되었다"라고 기록하였다.[313] 문종욱 소위의 직속상관 2명이 사상 문제로 연이어 보직이 해임된 것이다. 오일균 소령은 1949년 2월에 숙군 와중에 체포되어 군사재판에서 사형을 선고받고 1949년 12월 1일에 처형되었다.[314]

제11연대장 박진경 중령은 대대장과 연대 참모 요원을 긴급히 보충해줄 것을 경비대사령부에 요청하였다. 이에 대대장 요원 3명이 보충되자 5월 24일부로 서종철 대위를 오일균 소령 후임으로 1대대장에, 김용주 대위를 3대대장에, 고근홍 대위를 제9연대 1대대장에 보직하였다. 고근홍 대위는 실질적인 최초의 9연대 1대대장이었다. 그동안 김도영, 김익렬, 김용순, 임부택 등이 1대대장으로 명령은 받았으나 연대 부관이나 부연대장 또는 특별부대장이나 연대작전을 맡는 등 실질적인 대대장 역할을 하지 못했다.

또한 경비대 총사령부는 3명의 중견 장교도 파견하였는데, 김종평(군사영어학교 출신) 중령은 정보과장에, 백선진(군영) 소령은 군수과장에, 최갑중(육사 1기) 대위는 인사과장에 배치되었다. 이들 파견된 3명의 중견 장교들은 자문요원으로 참모 역할을 했으며, 박진경 연대장이 암살된 후 6월 말까지 모두 제주도를 떠나 원대 복귀한다.[315]

---

313 陸士5期生會,『陸士 第五期生』, 1990. 6, (문소위는 1948년 4월 6일 임관, 4월 16일에 부대배치, 4월 19일에 제주도로 출동, 5월 15일에 제11연대장 예하에 들어갔으며, 5월 16일경에 중대장이 됨).

314 육군본부 군사연구실,『창군전사』, 511쪽 ; 한용원,『창군』, 130쪽 ; 육군본부『장교임관순 대장』, 4쪽.

315 金宗勉(80세, 경기도 성남시 성남동, 당시 11연대 파견, 2002. 1. 22채록) 증언.

5월 24일에서야 대대장 및 참모조직 정비가 끝난 박진경 휘하의 병력은 4개 대대 15개 중대 3,800여 명에 달하였다.[316] 제11연대의 3개 대대는 각각 4개 중대로 대대 병력은 1,000여 명씩[317] 이었고, 제9연대 1대대는 3개 중대 800여 명이었다.

| 경찰력 강화

미 군정은 제주도 사태를 진압하기 위한 군 병력을 증강하면서 경찰력 증강 문제는 경무부가 맡도록 했다. 이에 조병옥 경무부장은 각 경찰 관구에서 차출한 응원 경찰 450명과 수도경찰청 최난수(崔蘭洙) 경감이 지휘하는 형사대를 제주도로 보냈다. 응원 경찰은 철도경찰 350명과 제6관구와 제8관구에서 선발한 100명으로 구성됐다. 5월 18일 새벽 특별열차로 서울을 떠난 이들은 목포를 거쳐 19일 아침 제주로 향했다.[318] 5월 20일에도 응원 경찰 수십 명이 서울을 떠나 제주로 향했다.[319] 4·3사건 이후 경찰력은 계속 증강되어 7월 말에는 기존 제주 경찰 500명과 응원 경찰 1,500명 등 제주도 내 경찰력이 총 2,000여 명이 되었다.[320]

본격적인 진압이 행해지면서 좌익세력에 의한 혼란이 수습되어 갔으나 이에 따른 부작용도 발생했다. 부작용은 경찰과 남로당 인민유격

---

316 문창송 편, 앞의 책, 83쪽.

317 주한 미 보병 제6사단,『야전명령 제7호』1948. 8. 5.

318 『朝鮮日報』, 1948년 5월 18일 ;『獨立新報』, 1948년 5월 19일 ;『서울신문』, 1948년 5월 21일.

319 『自由新聞』, 1948년 5월 21일.

320 『朝鮮中央日報』, 1948년 7월 30일.

대에 의해 발생했다.

> 1948년 5월 19일, 30여 명의 남로당 무장대가 제주읍 도두리를 습격하여 약탈·방화·살인 등 만행을 자행하였다. 이들은 대동청년단 간부의 부인 김선희씨와 그의 아들(3세)을 같은 마을의 고(高)모 씨의 집으로 끌고 가 10여 명이 윤간을 하였고, 김승옥의 누이 옥분을 비롯 16세 소녀 김수년, 50세의 부인, 20세의 허모 처녀, 36세의 김모 부인과 3세 및 6세 어린이까지 등 11명을 같은 장소에서 무수히 폭행한 후 산림지대인 '눈오름'으로 끌고 가 죽창이나 일본도로 난자한 후 채 죽기도 전에 생매장하였다. 이 사건은 김선희가 살아남음으로써 세상에 알려졌다.[321]

한편 브라운 대령의 보고서에 따르면 경찰측의 보복적 행동도 사태를 악화시키고 있었다. "지나친 잔혹 행위와 테러가 제주도에 도착한 응원경찰에 의하여 자행되었다"라면서 5월 22일 폭동진압을 위한 조치로 양민에 대한 경찰의 테러와 살해를 중지하도록 했다고 밝혔다.[322] 미 군정에서는 경찰의 가혹 행위가 여론을 악화시켜 오히려 사건 진압에 방해가 되고 있다고 판단하고 필요한 조치를 한 것이다.

위에 언급된 김선희 사례와 브라운 대령의 보고서 내용에서 알 수 있듯이 남로당 무장대의 무차별 폭력과 경찰의 보복성 강경 진압은 악

---

321 濟州道警察局,『濟州警察史』,1990. 10. 305쪽.

322 "Report of Activities on Cheju-Do Island from 22 May 1948 to 30 June 1948," July 1, 1948, The Rothwell H. Brown Papers, Box 3, US Army Military History Institute, Pennsylvania, U. S. A.

화 일로에 있었다. 경찰에 의한 민간인 희생이 발생한 까닭은 제주 실정을 모른 채 진압 작전에 투입된 응원 경찰과 서북청년회 등 사설 단체원을 임시경찰로 활용한 탓도 있었다. 또 남로당 무장대의 습격으로 희생을 당한 피해자 집안의 청년들이 경찰에 가담해[323] 보복행위를 하기도 하는 등 악순환의 상황이었다.

이처럼 강경 진압이 사태진압에 도움을 주기는커녕 오히려 여론만 악화시키자 미 군정은 인사정책을 통해 유화책을 폈다. 이미 5월 28일 반공 일변도의 강경정책을 펴온 유해진(柳海辰) 제주지사를 경질하고 제주 출신인 임관호(任琯鎬)를 새 지사로 임명한 바 있는 미 군정은 이어 6월 17일에는 역시 제주 출신인 김봉호(金鳳昊) 제8관구 경찰청 부청장을 제주경찰 감찰청장에 임명했다.[324]

6월 24일 부임한 김봉호는 부임 직전 발생한 박진경 연대장 암살사건으로 인해 분위기가 좋지 않았음에도 불구하고, 7월 1일 최경록 신임 연대장과 전도 읍면장이 참석한 회의 석상에서 "먼저 경찰 자신의 불법 부정을 근절 숙청하겠다. 차단된 교통을 해결하는 동시에 출입 물자에 대해서는 간섭방해 않겠다. 부화뇌동한 자는 처벌치 않고 귀순하는 자는 양민으로 인정한다."[325]라고 천명하고, 7월 1일부로 어획 금지를 해제하고 도내 여행 증명제도를 폐지하는 등 유화정책을 펴나갔

---

323 『朝鮮中央日報』, 1948년 7월 24일.

324 『東亞日報』, 1948년 6월 19일.

325 『朝鮮中央日報』, 1948년 7월 11일.

다.[326] 이어 7월 5일에는 목포~제주간 정기 연락선 여행자에 대한 여행 증명제도를 폐지했다.[327]

그러나 조병옥 경무부장은 김봉호 청장의 제주도 부임 하루 전인 6월 23일 담화를 발표, 폭동 발발의 원인을 경찰관의 비민주적 잘못에서 찾으려는 것은 사고와 판단의 착오라고 주장하면서 "제주폭동 만행 수습의 근본방침은 종전과 조금도 다름이 없다"라고 밝혀, 좌익을 척결하지는 않고 민심 수습만으로는 사태를 해결할 수 없음을 분명히 했다.[328] 이는 철도파업 등 그간의 처절했던 좌·우익 투쟁에서 좌익의 생리를 누구보다 잘 알게 된 치안 책임자의 판단이었다.

제11연대의 진압 작전

진압 사령관으로 부임한 브라운 대령은 "경비대는 즉시 임무를 수행하고, 모든 무질서는 종식되어야 하며, 미군은 개입하지 말아야 한다."[329]라는 하지 주한미군 사령관의 지시에 따라 미군 부대를 투입하지 않고 경비대 제11연대와 경찰력으로 진압 작전을 전개하였다.

제11연대장 박진경 중령은 공석 중에 있는 참모·지휘관을 긴급 요

326 『大東新聞』, 1948년 7월 6일.

327 『朝鮮中央日報』, 1948년 7월 17일.

328 『現代日報』, 1948년 6월 24일.

329 Hq USAFIK, Report of Activities at Chju Do Island from Lt Col Schewe to Col Tychsen,1948. 4. 29.

청하여 보충받는 등 부대정비를 하면서 1단계와 2단계로 구분하여 작전을 이행했다. 1단계 작전은 병력을 투입하기 전에 선무공작으로 민심을 수습하여 양민과 폭도들을 분리하고, 전임자인 김익렬이 했던 것 같이 남로당 무장대 사령관 김달삼과 접촉하여 항복을 끌어내는 작전이다.

연대장은 제11연대를 한림, 성산포, 서귀포 등에 대대 단위로 분산 배치하고 제9연대 1대대는 모슬포에 그대로 두었다. 그리고 대대장들에게 공산 폭도들에 의해 강제로 납치당한 어린이, 아낙네, 노인들이 산에서 많은 고생을 하고 있다. 우리는 공비를 토벌하러 온 것이 아니라 남로당 유격대에게 고통받고 있는 양민들을 어떻게 해서든지 안전하게 선도해서 산에서 내려올 수 있도록 하여야 한다고 강조하며 선무공작과 양민 구출을 강조하였다.

한편, 박진경 연대장은 유격대 사령관 김달삼에게 무모한 반항을 중지하고 투항하라고 권고하면서 접촉을 시도했는데, 김달삼의 거절로 성사되지는 못했다. 김달삼은 중앙당 올구(정치지도원)의 지시로 자신이 참석한 5월 10일의 남로당 제주도당과 경비대 프락치 대표들 간의 회의에서 반동의 거두인 박진경을 숙청키로 하였다. 그런 그가 숙청대상자의 면담 요구를 들어줄 리가 없었다. 김달삼은 김익렬과 면담할 시에는 김익렬을 이용하면 산 토벌을 면할 수 있을 것 같아서 면담에 응했지만, 박진경은 자신이 이용할 수 없고, 제거해야 할 대상으로만 인지하고 있었다.

박진경은 제주도 출발 전 딘 장군으로부터 반란을 안정시키는 데 있어서 최소한의 무력만을 사용하라는 지침을 받았다.[330] 그리고 브라운 대령의 보고서에 '두 명의 연대장이 공산 선동가들과 협상을 벌였다.[331]'라는 기록은 박진경 대령도 김익렬이 했던 것과 같이 진압 작전 이전에 공산유격대 측과 접촉을 시도했음을 의미한다.

제2단계 작전은 제9연대 1대대를 포함, 4개 대대를 모두 동원하여 2차례에 걸쳐 전도를 수색하도록 계획하였다. 진압 작전을 개시하면서 박진경은 "100명의 폭도를 놓치는 한이 있더라도 한 사람의 양민이 다쳐서는 안 된다."라고 강조하고 작전사령관 브라운 대령의 지침대로 "작전간 획득한 포로나 산속에서 배회하는 주민들은 학교 등지에 설치된 포로수집소에 인계하라."라는 지시도 내렸다. 당시 산속에는 남로당의 5·10선거 방해공작으로 입산했다가 미처 하산하지 못한 주민들 상당수가 있었다.

당시 제주도에서 소대장으로 작전에 참여했던 채명신 소위는 훗날 주월 사령관으로 월남전을 지휘할 때 "100명의 폭도를 놓치는 한이 있더라도 한 사람의 양민이 다쳐서는 안 된다"라는 박진경 대령의 지휘방침에 영감을 얻어 "100명의 베트콩을 놓치더라도 한 사람의 양민이 다쳐서는 안 된다"라는 지휘방침을 정했다고 증언한 바 있다.[332]

딘 군정장관은 4월 16일 경비대 1개 대대(오일균 대대)를 제주도에

---

330 John Merrill, "The Cheju-do Rebellion", The Journal of Korean Studies(1980) Vol.2, p.175.

331 "Report of Activities on Cheju-Do Island from Rothwell H. Brown", 1948. 7. 17.

332 박철균, "제주도 4·3사건 역사왜곡", 대한민국 건국 74주년 기념 학술대회 논문집 2022.8.18, 54쪽.

보내면서 제주도 군정관 맨스필드 중령에게 "경비대 작전으로 붙잡힌 포로들을 경찰에 인계하지 말라"고[333] 지시함으로써, 경찰의 포로 처우에 대한 우려를 표명한 바 있었다. 제주 사건 진압 사령관으로 임명된 브라운 대령은 작전 간 발생하는 포로를 위한 조치를 포함하여 5월 22일에 다음과 같은 작전 지시를 내렸다.

1. 경찰은 모든 해안 마을을 보호하며, 무기를 소지한 폭도들을 체포하고, 주민들을 테러하고 살해하는 행위를 중단하라.
2. 경비대는 제주도 내에 조직된 인민 해방군을 진압하라.
3. 경찰과 경비대에 체포된 포로를 심문할 심문센터를 설립하라. 심문센터에서 획득한 정보는 범죄자의 재판에 이용되거나 폭동 참가자들을 체포하는 데 이용된다.
4. 행정 관리들은 경찰과 경비대의 보호를 받으면서 행정기능을 최대한 빨리 복구하라.
5. 절단된 전신주를 다시 세우고 도로를 복구하라[334]

제주도 현장에서 브라운 대령이 하달한 지시 내용을 면면히 살펴보면 당시 상황을 파악하는 데 큰 도움이 된다.

첫째, 경비대는 공산무장대를 진압하며, 경찰은 해안마을을 보호하고 무기를 소지한 폭도들을 체포하되 주민들을 테러하고 살해하는

333 「제주도 작전」, 1948.4.18, 주한 미 육군사령부 기록.

334 주한 미 육군 군정청, 「제주도에서의 브라운 보고서」, 1948.7.17.

행위를 중단하라는 것이다. 즉 남로당 무장대, 자칭 인민유격대에 대한 진압은 경비대(군)를 지목했으며 경찰은 해안마을을 담당하라는 것인데, 일종의 군과 경찰의 역할 분담에 해당한다. 이러한 작전 개념은 현재 군 교리인 후방지역 작전의 개념과도 일치한다. 아울러 직접 경찰에게 주민들을 테러하고 살해하는 행위를 중단하라고 지시했다는 것은 앞에서도 언급된 바와 같이 경찰의 이러한 행동이 있었음을 의미한다. 브라운 대령도 자신이 6사단장에게 보낸 서신에서 언급한 바와 같이 경찰의 무리한 행동을 염려하고 있었다.

둘째 체포된 포로를 심문할 포로심문센터 설치다. 심문센터 요원은 미군과 경비대 및 경찰로 구성되는데 포로 심문센터 구성원에 미군을 참여시킨 것은 신속한 첩보 전달 외에 무리한 심문이나 고문, 치사 사건이 발생하는 것을 방지하기 위함이었다. 포로나 주민에 대한 구타나 고문이 없는 체계적인 심문과 조사는 주민과 유격대를 분리해야 하는 대유격 작전의 기본이었다. 이러한 심문 결과를 토대로 적의 유격 기지나 병참선 등 적과 관련된 정보를 획득하는 것이 필요했다.

셋째, 행정기능을 최대한 빨리 복구하고 절단된 전신주를 다시 세워 통신을 개통시키고, 돌무더기로 차단되거나 절단된 도로를 복구하여 교통을 원활히 함으로써, 행정 및 질서를 회복시켜서 정부의 통제력을 회복하는 것이다. 이런 브라운 대령의 지침으로 보아 당시의 치안 상황을 가늠해 볼 수 있다. 그리고 이러한 사회질서 무력화는 남로당 무장대의 기본 전술이었으며 질서회복은 미 군정 당국이 달성하고자 하는 상황이었다.

2단계 진압 작전은 1차와 2차로 구분하여 실시하였다 제1차 작전은

5월 30일부터 6월 2일까지 4일간 실시하는데 경찰은 일주도로에서 한라산 쪽으로 4km까지의 해안지역을 담당하고, 경비대는 경찰이 담당하지 않은 산간 지역을 담당했는데 담당 지역을 횡으로 4개 지대로 나누어 1개 대대가 1개 지대씩을 담당하여 서쪽에서 동쪽으로 수색하는 개념이었다. 대대별 진로는 1개 대대는 한림면의 금릉리를 출발하여 구좌면 종달리에 도착하고, 1개 대대는 한림면 음부동을 출발하여 성산포에 도착하며, 1개 대대는 한림면 금악을 출발하여 성산면 온평리에 도착하고 1개 대대는 대정을 출발하여 온평리에 도착하는 작전이었다.[335]

진압부대 편성 및 지휘체계

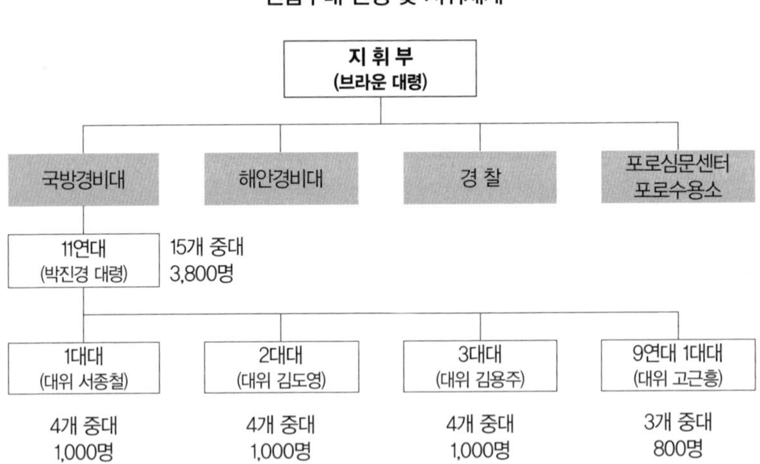

제11연대는 수색 간 큰 교전 없이 1차 작전을 종료하였는데, 이는

335 문창송 편, 앞의 책, 83~84쪽.

누군가에 의해 작전이 누설되어서 공산유격대가 경비대와 충돌을 회피했기 때문이었다. 남로당 내부 문건인 인민유격대 투쟁보고서 77쪽에는 "문 소위와 정상적인 정보교환을 하여 오든 바"[336]라고 기록 함으로써 9연대 3중대장 문상길 중위가 경비대 측의 작전 내용을 공산유격대 측에 누설한 것으로 확인된다.

작전 간 체포된 포로는 물론 입산해 있던 주민들도 제주비행장에 설치된 포로수용소로 보내졌으며 심문 시에는 인근의 심문센터로 보내졌다. 포로수용소에 보내진 포로들은 미군들의 감독하에 고문이나 테러로부터 보호받았으며 심문관의 심문을 거쳐 공산유격대(남로당 무장대)에 협력한 (대공)용의점이 없으면 석방하였다. 경비대는 작전 간 산중에서 배회하는 50세까지의 청·장년들도 정보수집 등을 위해 포로수집소에 인계하였다.

심문센터 요원으로 경찰, 군, 미군 등의 정보수집 및 수사요원 등을 배치하였다. 현재의 합동심문조(합심조)와 같은 조직이다. 이 센터에서는 남로당 가입과 테러활동 가담 여부 등을 조사하여 구속 여부를 결정하였다.

---

336 문창송 편, 앞의 책, 77쪽; 『제주4·3사건 자료집 12권』, 269쪽.

포로심문팀 요원들과 대화하는 박진경 대령. 미군 요원, 국방경비대 요원, 경찰 요원 등 포로 심문을 위한 유관 기관 요원들이 모두 참여하고 있다.

소대장으로 이 작전에 참여한 당시 조연표 소위(육사 4기)는 "우리는 작전 간에 50세 이하의 남자를 모두 학교에 나와 있는 방첩대에 인계하라고 해서 그렇게 했습니다"[337]라고 증언했다. 여기서 방첩대란 포로수집소에 나와 있는 심문센터 요원들이다.

문 : 진출 간의 전투라던가 또는 다른 일은?

답 : 당시 CIC(방첩대)[338]가 파견 나와 있었어요. 우리는 작전 간에 50세까지의 남자를 모두 학교에 나와 있는 CIC에 인계하라고 해서 그렇게

---

337 조연표(육사 4기, 당시 제9연대 1대대 2중대 소대장, 당시 중위, 대령 예편, 2001년 10월 15일, 성동구 성수2가 자택, 채록) 증언.

338 CIC, 당시 방첩대는 박진경 대령 소속 부대나 조직이 아닌 독립된 부대였다.

했습니다. 작전 간에 교전은 별로 없었고, 작전 후 백록담에 발을 씻고 원위치로 복귀했습니다.[339] (중략)

포로수용소에서는 제1차 작전이 끝나는 1948년 6월 2일까지 경비대로부터 총 596명의 포로를 인수하였다. 이들은 심문센터의 합동 심문을 거친 후 427명이 대공 용의점이 없는 것으로 확인되어 석방되었다.[340] 이 작전에서 경찰 측이 심문센터에 인계한 주민의 수는 통계가 없어 확인이 안 되지만 경찰은 인구가 많은 해안지역을 담당했으므로 경비대보다 더 많았을 것으로 추정한다.

경비대와 경찰 및 해안경비대까지 총괄 지휘한 브라운 대령은 이 작전개념을 "제주도 서쪽으로부터 동쪽 땅까지 모조리 휩쓸어버리는 작전"[341]이라고 기자들에게 설명했다고 현대일보가 보도했다. 일반적인 공비들에 대한 수색 작전을 대단한 작전을 전개한 것처럼 묘사했다. 이러한 작전은 현재의 교리로 보았을 때 위력수색작전 또는 탐색격멸작전 등에 해당한다고 볼 수 있다.

브라운 대령은 1차 작전이 끝나고 6월 2일의 기자회견에서 작전의 목적과 지금까지의 작전 상황을 다음과 같이 설명하였다.

---

339 조연표(육사 4기, 당시 제9연대 1대대 2중대 소대장, 당시 중위, 대령 예편, 2001년 10월 15일, 성동구 성수 2가 자택, 채록) 증언.

340 주한 미 육군사령부 일일 정보보고서, 1948.6.4.

341 現代日報』, 1948년 6월 3일, 브라운 대령의 기자회견 내용을 원어로 확인할 수 없다. 통상 이러한 상황에서는 mop-up이라는, 잔적을 소탕하다 라는 용어를 썼을 가능성이 있다.

나는 약 10일 전에 부임하였다. 내가 오기 전에는 경찰과 陸·海군 사이에 서로 협력을 안 한다는 말을 듣고 있었는데 내가 온 후부터는 그러한 일은 없어졌다. 그러므로 우리 작전은 순조롭게 진행되고 있다. 즉 1.경찰은 한라산을 중심으로 한 주변 도로로부터 四(사) 키로까지 사이에서 치안을 확보하는 임무를 수행 중에 있으며 2.국방경비대는 제주도의 서쪽으로부터 동쪽 끝까지 모조리 휩쓸어 버리는 작전을 진행시키고 있다. 이와 같이 임무를 각각 분담한 것은 첫째, 경찰은 치안 행동을 취하게 하고 둘째, 국방경비대는 산 중에서 전투하도록 하기 위함이다. 그리고 또 해안경비대는 하루에 두 번씩 제주도 해안을 순회하며 밀선의 왕래를 방지하는 한편 국방경비대의 수송에도 종사하고 있다. 그런데 우리의 작전목적은 백성들이 산중으로부터 내려와서 안전하게 하곡을 수확하고 새 곡식을 심도록 하기 위함이요, 약 20명가량으로 보이는 산중의 두령들을 체포하는 데 있다. 이러한 결과는 치안을 회복하고 관공리들이 돌아와서 평화스럽게 일하게 될 것이다. 그리고 지난 五十(5·10) 선거 때에는 성적이 좋지 못하였는데, 백성들을 보호함으로써 6월 23일 재선거 시에는 자유롭게 자기네 대표를 선출하게 될 것이다. 여하간 사태는 6월 23일까지에는 진정될 것이다. …(후략)[342]

이 발언은 경찰이 일주도로에서 한라산 쪽으로 4km까지 해안지역의 치안 및 질서를 회복하고, 경비대는 경찰이 담당하지 않은 산악지

342 『현대일보』, 1948년 6월 3일.

역을 횡으로 4개 지대로 나누어서 1개 대대가 1개 지대씩 담당해서 서쪽에서 동쪽으로 수색 작전을 벌여 산중의 공산무장대를 진압한다는 작전 내용을 설명한 것이다. 작전목적은 산중에 있는 인민유격대 수괴급 20여 명을 체포하고 산중에 있는 도민들이 산에서 내려와 정상적인 생업에 종사할 수 있게 하여 제주도 전체의 치안 및 질서를 회복함으로써 5·10선거에서 투표율 50% 미만으로 선거무효가 된 북제주군의 2개 선거구에 대한 6·23재선거[343]를 성공적으로 실시하는 것이었다. 즉 대한민국이 유엔의 결정에 따라 정부수립 등 제대로된 국가의 모습을 갖추기 위한 선거를 할 수 있도록 제주도 내의 치안 및 질서를 회복하는 것이 작전의 궁극적인 목적이었다.

남로당 제주도당은 5·10선거를 저지하기 위하여 투표종사원 테러, 투표소 공격, 주민 강제 입산 등 여러 가지 방법으로 선거를 방해하였는데, 그중 주민 강제 입산이 가장 비중이 큰 선거 방해 행위였다. 남로당 제주도당은 선거 전에 주민들을 강제 입산시켜 감시하다가 선거가 끝난 후에 하산을 허락했는데 주민 대부분은 하산하였으나 주민 중 일부가 경비대 작전이 개시된 5월 말까지 산에 잔류하고 있었다.

이들은 그간 경찰이나 서청 등에 단속을 받았던 사람들로 보인다. 그래서 브라운 대령은 6월 2일의 기자회견에서 이를 언급하면서 입산 주민의 하산 및 생업 종사가 작전의 목적이라고 강조한 것이다. 소대장으로 작전을 수행한 채명신도 4·3초기에 경찰의 잘못으로 많은 주민

343 6·23 재선거는 제주도 선거관리위원회의 요청으로 1949년 5월로 1년 연기된다.

이 입산했는데, 박 대령은 폭도들의 토벌보다는 입산한 주민들의 하산에 작전의 중점을 두었다고 증언한 바 있다.

연대는 큰 접전 없이 1차 작전을 종료하였는데, 모슬포대대(9연대 1대대)가 어승생악에서 무장대의 보급창을 발견함으로써 많은 병기, 탄약, 식량 등을 노획하는 전과를 올렸다. 당시 모슬포대대 부대대장 이세호 중위는 다음과 같이 증언하였다.

> 너희들은(제9연대 1대대) 어승생악 부근에서 작전을 하라고 명령을 했고…(중략). 그래서 가서 수색을 하고 보니까 거기는 완전히 공비들의 보급창이야. 동굴을 수색하기만 하면 그 안에 등사기도 있고, 탄약도 있고, 쌀이 몇 가마씩 있고, 이게 진짜 공비 보급소란 말이야. 그러니까 나도 신이 나서 연대장한테 보고를 했지. 그러니까 박 연대장이 "야 너희들은 내려오지 말고 거기에 주저앉아라" 그거야. 우리는 거기서 총기, 탄약, 쌀, 피복, 재봉틀 등 전투 및 지원에 필요한 군수품을 트럭 20~30대 분을 노획했다.[344]

1차 작전을 끝낸 제9연대 1대대는 제주에서 정비 겸 휴식을 하고 있었는데 부대대장 이세호 중위는 제3중대장 문상길 중위가 배가 아프다고 호소하여 제주병원에 입원시켰다.[345] 그런데 문상길은 입원하는

---

344 李世鎬(79,서울시 용산구 동부이촌동, 9연대 1대대 부대대장, 2002. 10. 4 채록) 증언.

345 이세호 증언, 2002년 10월 4일, 동부이촌동 자택, 4·3 진상조사 전문위원(나종삼, 김종민,

형식을 밟아 병원에 있으면서 연대장 암살계획을 준비했던 것이 나중에 확인되었다.

2차 작전은 부대정비 및 휴식을 취한 후 6월 14일부터 17일까지 4일간 4개 대대가 한라산을 4개 방향에서 포위하여 한라산 정상 쪽으로 수색하는 개념으로 일일 진출선을 연대에서 통제하는 작전이었다.[346] 그런데 어찌 된 영문인지 2차 작전에서도 무장대와는 별다른 접촉이 없었는데, 이는 2차 작전계획도 경비대 내의 남로당 프락치에 의해 인민유격대에 누설됐기 때문이었다.

육군기록에는 이 작전에 관하여 6월 14일 조선경비대 제11연대가 한라산에 출동하였다고 하면서 "제주도 주둔이래 연전촌가(連戰寸暇)의 틈도 없이 발생하는 폭동진압 작전에 매일 같이 토벌하여 오던 중 이날 제2차로 한라산 총공격을 개시하여 이를 완전 포위하였다."라고 기록하였다.[347]

미 육군사령부 정치고문인 조셉 제이콥스(Joseph E. Jacobs)는 6월 15일 제주도의 브라운 대령 지휘소를 방문하고 보고서를 작성하였다. 그는 보고서에서 2차 작전에 관하여 다음과 같이 기록하였다.

1. **작전** : 로스웰 브라운 대령은 다음과 같이 작전을 수행하고 있다.

a) 국방경비대 4개 대대가 제주도의 동서남북에 각각 주둔하고 있다. 이들

현석이) 채록.

346 문창송 편, 앞의 책, 84쪽 ; 『육군역사일지』, 1948년 6월 14일 ; 趙淵表(조연표)(육사 4기, 당시 중위, 성동구 성수2 가, 2001. 10.15 채록) 증언.

347 육군본부, 『육군역사일지 제1집』, 1948년 6월 14일.

대대는 전투지역에 약 2개 중대로 구성됐다. 경찰은 해안지역 치안에 책임을 맡고 국방경비대는 해안지역을 제외한 모든 지역을 맡고 있다.

b) 모든 대대가 동시에 공동목표로서 산간 고지대를 향해 내륙으로 작전을 전개하는 경비대 지역의 수색은 완료될 예정이며 군인들은 오늘 자신들의 부대로 돌아갈 예정이다.

c) 이 작전에서 약 3,000명이 체포됐고 심사를 받았다. 현재 여성 2명을 포함해 575명이 제주의 포로수용소에 있으며 4개 심문팀의 심사를 받고 있다.[348]

이 기록은 해안지역을 제외한 산악지역을 4개 대대가 동서남북에서 동시에 포위 공격하는 상황을 묘사하고 있는데, 각 대대는 2개 중대를 전방에 전개한 대형으로 한라산 정상을 향하여 수색작전을 펼쳤다는 내용이다. 그리고 작전 개시(5월 30일) 이후 심문센터는 경비대와 경찰로부터 인계받은 포로와 주민 3,000여 명을 심사해서 6월 16일 현재 2,400여 명을 심사 완료하여 석방하고 여자 2명을 포함하여 575명이 4개 심문팀의 심사를 받고 있다는 것이다. 연행되었다가 석방된 자들에게는 육필로 쓴 '석방증명서'를 주었는데 증명서에는 "미국인과 조선인이 합동취조 후 석방함."이란 문구가 적혀 있었다.[349] 심사받은 3,000여 명의 대부분은 5·10선거 시 남로당의 위협으로 강제 입산

348 American Civilian Advisory Group, USAFIK, 「Disturbance on Che Ju Island」 1948. 7. 2(No 199)(Joseph E. Jacobs).

349 오현중학교 2학년 현용준이 소지한 석방증명서, 2021.4.2 kbs '1948 암살' 에서 방송.

했다가 선거 후까지 잔류한 주민들인데, 일부 주민들은 군·경에게 연행되었다고 증언하기도 했다.

제11연대 작전에 참여했던 한 장교는 다음과 같이 증언하였다.

문 : 제주도에서 근무 시 있었던 일을 말씀해 주십시오.

답 : 오래된 일이라서 별로 기억이 없습니다. 나는 47년도 9월에 육사 4기로 임관해서 9연대에 발령이 나서 제주도에 갔습니다. 당시 연대는 2개 중대였는데, 나는 2중대의 소대장이 되었습니다.

문 : 4·3사건이 일어났을 때는 무엇을 하였습니까?

답 : 지금 기억나는 것은 공비토벌을 한다고 해서 3개 대대가 한라산을 포위해서 올라간 일입니다. 첫날에는 어느선까지 올라가고, 이렇게 진출선을 그어주었습니다. 그리고 둘째 날에는 조금 더 올라가고, 셋째 날에는 한라산 꼭대기를 점령하였습니다.(한라산 정상을 향하여 매일 매일의 진출선을 약도로 그려 보임)

문 : 진출 간의 전투라던가 또는 다른 일은?

답 : 당시 CIC(방첩대)[350]가 파견 나와 있었어요. 우리는 작전 간에 50세까지의 남자를 모두 학교에 나와 있는 CIC에 인계하라고 해서 그렇게 했습니다. 작전 간에 교전은 별로 없었고, 작전 후 백록담에 발을 씻고 원위치로 복귀했습니다. (중략)

문 : 당시 9연대에는 2기생 이세호씨와 3기생 문상길씨가 있었는데 그들

---

350 CIC, 당시 방첩대(현재 용어로는 범죄수사대)는 박진경 대령 소속 부대나 조직이 아닌 독립기구였다.

이 기억나십니까?

답 : 9연대 시 우리 2중대장이 전순기였고, 나머지는 기억이 없습니다.

문 : 그러면 연대장이나 대대장은 기억이 나십니까?

답 : 박진경 대령이 기억이 나고, 11연대 대대장으로는 1대대장이 서종철, 2대대장이 김도영, 3대대장은 기억이 없습니다. 그리고 중대장 이름도 기억이 없습니다. 우리 대대장 얼굴도 오래되어서인지 기억이 별로 없습니다. 작전 시는 야외에서 취침을 하곤 했는데, 한 번뿐(주 : 조연표씨는 제주도에서 토벌작전을 한번만 참가했다고 기억함)인 토벌작전 시는 한라산을 포위해서 올라갔는데 1/50,000 지도에 진출선이 그려지고, 전투지경선이 그려져 내려왔습니다.

문 : 혹시 (11연대) 1대대장이 오일균씨 아닙니까?

답 : 한라산 꼭대기에서 키가 큰 서종철을 보았습니다(주 : 11연대 1대대장 오일균 소령은 5월 19일경 해임되고 5월 24일부로 서종철 대위가 부임).[351]

경비대의 2차 작전 결과에 대하여 미군 측은 " 6월 14일 경비대는 어승생악 부근에서 물자공급지점을 발견, 일본도 5개, 대검 4개, 탄띠, 등사기, 천막, 화폐 55만 원 등을 압수했고, 최근 경비대 작전 결과 게릴라 4명 사살, 53명 체포"[352]라 기록했으며, 그리고 경비대 2차 작전(6.14~6.17)이 완료되었는데, 전과는 사살 4명, 생포 53명이고, 이 작전

351 조연표(육사4기, 당시 9연대 1대대 2중대 소대장, 대령예편, 2001년 10월 15일 채록) 증언. 본 증언은 4,3 정부보고서 당시 전문위원이었던 나종삼이 채록함.

352 주한 미 육군사령부 일일정보 보고서, 1948.6.15.

에서 2톤가량의 잡용품 노획"이라고 기록했으며, 생포자 중 4명이 도주하기에 사살하였다고 기록했다.[353] 이로써 6월 14일 어승생악 부근에서 1차 작전 시 노획한 물자 외에 추가로 노획한 물자는 무게로 2톤 정도였음이 확인되었다.

한편, 제11연대장 박진경 중령은 작전 중인 6월 1일부로 대령으로 진급했다.[354] 그의 진급은 4개 전투대대를 지휘함으로써 여단장급으로 격상되는 데 따른 직위 진급이었다. 당시 진급은 자격 여건을 갖추면 명령권자가 원하는 시기에 시킬 수 있었다.

박진경은 딘 군정장관의 신임을 받고 있었다는 증언이 있는 것으로 보아 제11연대장에 임명되고 9연대 1대대를 배속받음으로써 4개 대대를 지휘하게 된 5월 15일을 전후하여 진급이 결정된 것으로 보인다. 즉 진급 명령권자인 딘 군정장관은 박진경이 진급의 요건을 갖추자마자 진급을 결정했다고 보는 것이 합리적 결론이다. 그런데 이런 배경을 잘 모르는 연구가들은 박 연대장의 혁혁한 전과를 고려한 진급(근거 없는 6,000명 학살설을 언급) 또는 적극적인 토벌 의지를 참작한 딘 장군의 특별 배려라고 왜곡하고 있다. 이러한 주장은 위에서 살펴 본 바와 같이 사실과 다른 음해성 주장이며 박진경 대령에 대한 인격살해에도 해당하는 것이다.

353 주한 미 육군사령부 일일정보 보고서, 1948.6.18

354 國防部 戰史編纂委員會, 앞의 책, 441쪽.

박진경 대령 암살범 재판과 암살의 배후

| 박진경 대령 피살과 암살범 재판

2차 작전이 종료된 6월 17일 밤에 임관호 제주도지사(5월 28일 임명)가 제주 기관장과 연대 참모 및 대대장들을 초청하여 제주읍 옥성정(玉成亭)에서 연대장 진급 축하연을 열었다. 연대장 박진경은 6월 1일부로 중령에서 대령으로 진급했는데, 축하 파티를 제의받았으나 작전 중이어서 뒤로 미루다가, 작전이 종료되어 병력이 작전지역에서 철수하자 자리를 마련한 것이다.

평소에 술을 전혀 못하는[355] 박진경 대령은 자정 무렵 다른 참석자들보다 먼저 부대로 돌아와 영내의 집무실에 마련된 침실에서 곤히 잠이 들었다. 침실이라야 집무실 한쪽에 마련한 야전침대였는데, 집무실은 작전실을 거쳐 출입하게 되어있었다. 자정이 넘은 6월 18일 새벽 3시 15분경, 모슬포대대 제3중대장 문상길 중위의 지시를 받은 손선호 하사 등 일당 8명이 침실 밖에서 일부가 경계하는 동안 일부는 창문을 열어 손전등을 비추고 취침 중인 연대장을 M-1 총으로 살해하였다. 이리하여 남로당 무장대 토벌작전을 수행하던 박 대령이 암살되었다.

---

355 박진경의 주량에 대해서 해방 후 부산의 사설 군사단체인 '군관학교'와 제5연대에 같이 사병으로 입대하여 3년간을 같이 근무한 김청기(대령 예편), 김구영(대령 예편), 서갑성(대령 예편) 씨 등은 한결 같이 "술은 거의 안 하는 것이 아니라 한 번도 술 하는 것을 못 봤다. 절대로 안 마셨다"라고 증언하였다.

1948년 6월 18일 11연대 본부가 있었던 제주 농업학교에서 박진경 대령 고별식이 열리고 있다. 왼쪽 두 번째는 미 군정 장관 딘 장군이다.

제주도에서 11연대 2대대 6중대 부중대장이었던 정영홍 중위[356](준장 예편)는 업무차 대대 보급소에 갔다가 "박 연대장이 암살되었다"라는 말을 듣고는 그 길로 연대본부의 시신안치소로 달려갔다. "시체는 초등학생 책상 4개를 합쳐놓고, 모포 2장은 시신 밑에 깔고, 1장으로는 시신을 덮었으며, 1장으로는 베개로 삼았다. 안치소의 문 앞에는 보초 1명이 서 있을 뿐 아무도 안 보였다. 시신을 보지 않고서는 안되겠다는 생각으로 시신을 덮은 모포를 제치고 시신을 보았는데, 탄환은 우측 어깨에서 좌측 옆구리로 대각선으로 뚫고 나갔다."라고 증언하였다. 이

356 창군 시 부산 5연대에 사병으로 입대했다가 연대 부관(인사과장) 박진경 대위의 설득과 추천으로 사관학교에 입교하여 3기생으로 임관하였으며, 3연대에 근무 중 11연대 창설 시 차출됨.

증언으로 보아 탄환이 심장을 관통한 듯하다. 당시 9연대 1대대 부대대장이었던 이세호 장군도 연대장이 어깨에서 옆구리로 총을 맞아 즉사했다고 증언했다.[357]

미군 측에서는 그동안 브라운 대령의 지휘 아래 남로당 무장대 진압 작전에 적극적으로 나서고 있는 박 연대장을 크게 신임해 왔던 터라 암살 사건에 큰 충격을 받았다. 딘 미 군정 장관은 암살 사건이 벌어진 18일 정오에 총포 연구자 2명을 대동하고 급히 항공편으로 제주로 향했다.[358] 딘 장관은 현지 사정을 조사한 뒤 이날 저녁 7시에 박 연대장의 시신을 싣고 귀경하였다.[359] 박 연대장의 장례는 6월 22일 오후 2시 서울 남산동에 있는 경비대 총사령부에서 통위부장(현재 직책으로 국방부 장관)을 비롯한 부대 관계자와 유가족, 딘 군정장관, 안재홍 민정장관 등 각계 인사가 다수 참석한 가운데 부대장(部隊葬, 육군장 제1호)으로 치러졌다.[360]

연대장이 암살되자 통위부는 6월 21일 자로 일본군 출신으로 전투 경험이 있는 최경록 중령을 연대장에, 송요찬 소령을 부연대장으로 임명했다.

---

357 나종삼 채록, 이세호 증언 (2001. 3. 12, 동부이촌동 자택).

358 『朝鮮日報』, 1948년 6월 19일.

359 『朝鮮中央日報』, 1948년 6월 20일.

360 『京鄕新聞』, 1948년 6월 23일. 후일, 박대령의 부대장은 육군장 제1호로 기록된다.

미 고문관 소장 사진으로 최경록 중령 11연대장 취임 식후(1948.6.21.) 촬영한 것으로 추정하는 사진임. 앞줄 좌측부터 백선진 소령, 연대 고문관 리치 대위, 연대장 최경록 중령, 김종면 중령, 미 군정 상급부대 작전참모부 고문관 웨스트 대위, 부연대장 송요찬 소령임. 이 사진으로 박진경 대령 작전 중 미 군정 고문관은 리치 대위임이 확인된다.

암살 사건 즉시 군·경은 물론 미군 Counter Intelligence Corps(방첩대), Criminal Investigation Division(범죄수사대) 요원들이 투입돼 암살범을 찾기 위한 조사를 벌였다.[361] 연대본부에 근무하던 사병들은 모두 연병장에 집결한 채 조사를 받았는데, 연대장 집무실 밖에 떨어진 탄피로 보아 사용된 총기가 M-1 소총이란 걸 알아낸 헌병(현재 군사경찰)은 일일이 탄창과 총기 검사를 하고 실탄 1발씩을 사격하도록 했다. 이는 총구의 강선으로 실탄 외피에 흠이 생기는 것을 보고

361 6th Division, USAFIK, G-2 Periodic Report, No. 973, June 18, 1948.

사용된 총기를 찾으려는 것이었다. 그 외에도 탄알을 갖고 있거나 총기 손질 상태가 불량한 병사들을 따로 집결시켜 조사했다. 특히 딘 장관이 대동하고 온 총포 연구자들이 11연대 장병들에 대한 일제 총기 조사를 벌이는 등 철저한 조사가 이뤄졌다. 당시의 총기는 99식이었는데 작전을 앞두고 신형총기인 M-1으로 교체했었다.

김종평(예편 후 김종명으로 개명) 중령은 당시 통위부 정보국 간부로서 일시 제주에 파견돼 11연대 정보참모의 역할을 하고 있었는데, 박진경 연대장과 칸막이 하나 사이로 잠을 자다 이 암살 사건을 겪었다. 김종평은 "브라운 대령이 '어떻게 옆방에 자면서 연대장이 피살되는 것을 모를 수가 있었냐?'라며 내게도 의심의 눈길을 보내 굉장히 기분이 나빴다"라면서 "같은 군영 출신으로 같이 중령 계급으로 있다가 박 연대장은 진급하고 나는 못 하니 불만이 있는 게 아니냐고 의심했던 것"이라고 증언했다.[362]

수사는 지지부진하다가 사건 7일 만에 모 하사관이 보낸 한 장의 투서로 실마리가 풀렸다. 투서는 '3중대장 문상길 중위와 연대 정보과 선임하사 최 상사를 잡아보면 암살 사건 전모를 밝힐 수 있을 것'이라는 내용이었다.[363] 이에 따라 인사참모인 최갑중 소령이 병력 1개소대를 이끌고 서귀포의 애인 고양숙의 집에서 칭병하고 누워 있는 문상길 중위를 체포하였다. 문상길은 처음에는 범행을 부인하다가 수사관들의 입원 후의 행적에 대한 집요한 추궁에 결국 자백하게 되었다. 문상길은

362 金宗勉 증언. (濟民日報 4·3취재반, 『4·3은 말한다』 3권, 전예원, 1995, 201쪽).

363 國防部 戰史編纂委員會, 앞의 책, 441쪽.

어렸을 때 만주에서 자랐다. 문씨의 족보에 의하면 文相吉은 1926년 9월 8일생이며 결혼 후, 자손이 없어 양자, 영주(永周)를 두었고, 그의 부인(전주유씨)과 부친(源悌)의 묘가 만주에 있는 것으로 되어 있다.

문상길을 시작으로 암살 사건 연루자들이 속속 체포됐다. 그 일당은 문상길(文相吉·중위), 손선호(孫善鎬·하사), 배경용(裵敬用·하사), 양회천(梁會千·이등상사), 이정우(李禎雨·하사·미체포), 신상우(申尙雨·하사), 강승규(姜承珪·하사), 황주복(黃柱福·하사), 김정도(金正道·하사) 등 모두 9명이었다.[364] 암살 사건 관련자 중 이정우는 M-1 총 1정을 소지한 채 입산해 무장대에 합류함으로써 체포할 수 없었다.[365]

직접 총을 쏘아 연대장을 암살한 범인은 부산 5연대 출신 손선호 하사인 것으로 밝혀졌다. 손선호는 원래 대구 6연대에 입대했는데 부사관 교육(위생병 교육으로 추정)을 받기 위해 1948년 3월 부산 5연대에 파견되었다가 4월 20일 2대대의 제주도 출동 시 위생병으로 편입되어 제주도로 오게 된다. 경비대 총사령부에서는 사건의 중대성에 비추어 암살범들을 고등군법회의에 넘기기 위해 7월 12일 서울로 압송했다.[366] 박진경 연대장 암살 사건은 경비대 차원에서 좌익세력에 의한 고급 장교의 첫 희생이었고 박진경 대령의 장례는 육군장(陸軍葬) 제1호로 진행되었다. 언론에서도 박진경 대령의 암살범의 재판 과정 등을 비중 있게

364 『國際新聞』, 1948년 8월 10일 ; 『京鄕新聞』, 1948년 8월 15일 ; 『漢城日報』, 1948년 8월 15일.

365 문창송 편, 앞의 책, 82쪽.

366 『自由新聞』, 1948년 7월 13일.

다루었다.

고등군법회의는 8월 9일 통위부 고등군법회의실에서 재판장 이응준(李應俊) 대령 주심으로 열렸다. 재판의 초점은 연대장 암살의 동기와 배후를 밝히는 데 맞춰졌다. 이 자리에서 고등군법회의 검찰관 이지형(李智衡) 중령은 문상길 중위가 무장대 책임자인 김달삼과의 두 차례 회담하고 그의 사주를 받아 암살계획을 세웠으며, 손선호 하사가 M-1 총으로 박 대령을 암살했다는 내용의 기소문을 낭독했다.[367]

암살의 주범인 문상길 중위는 법정 진술에서 동족상잔을 피해야 한다는 김익렬 전 연대장의 방침에 찬동했기 때문에 김익렬과의 회견을 추진하기 위해 처음으로 김달삼을 만났고, 두 번째는 박 대령 부임 후로 "김달삼이 30만 도민을 위하여 박 대령을 살해했으면 좋겠다고 하였을 뿐 절대 지령을 받지는 않았다고 주장"했다.[368] 그러나 문상길은 김달삼이 '박 연대장을 살해했으면 좋겠다'는 말을 했다고 진술함으로써 '김달삼 지령설'을 사실상 시인한 셈이 됐다. 제9연대 프락치 책임자인 문상길은 법정 진술 시에 4월 20일 경비대 1개 대대가 제주도에 파견되는 데 대한 대책을 세우기 위하여 자신이 김달삼과 회동한 사실과 5월 10일 김달삼·김양근-오일균·이윤락 4자회담에서 박진경 연대장을 숙청하기로 합의한 사실 등은 전혀 말하지 않았다.

한 미군보고서는 "당의 전복활동을 전담하는 이 조직(제주읍 특별위원회)의 무모하고 냉혹한 효율성을 보여주는 놀랄만한 한 가지 사례는

367 『새한일보』, 1948년 10 상순(2권 16호); 신상준, 『제주4·3사건』하권, 497쪽.

368 『朝鮮中央日報』, 1948년 8월 14일.

경비대 제11연대장을 살해한 일일 것이다. 연대장의 움직임은 경비대에 침투한 세포들이 확실하게 보고했다"[369]고 기록했다. 이는 정보를 수집하고 전복활동을 전담하는 남로당 지하조직인 제주읍 특별위원회가 문상길과 내통하는 등 연대장 암살에 관여했음을 의미한다.

다른 피고인들도 한결같이 김익렬 전 연대장과 박진경 연대장의 작전방침을 비교하면서 무모한 토벌전을 막기 위한 것이 암살의 동기라고 주장했다. 특히 직접 박진경 연대장을 저격한 손선호 하사는 "(전략). 무고한 양민을 압박하고 학살하게 한 박 대령은 확실히 반민족적이며, 동포를 구하고 성스러운 우리 국방경비대를 건설하기 위하여는 박 대령을 희생시킬 수밖에 없다고 생각하였다."[370]고 진술했다. 이어서 손선호 하사는 경찰이 저지른 일과 전임 연대장 시절인 5월 1일에 발생한 오라리 사건 등이 박진경 대령 부임 후의 일이라고 억지 주장을 하고, 대한민국을 위해 공무를 수행한 박진경 연대장을 비난하면서 직속상관을 살해한 데 대해서는 일말의 가책도 없이 자신이 정당했음을 내세우려 안간힘을 썼다.

박진경 연대장 암살에 관한 '김달삼 지령설'은 김달삼과 회담을 했던 김익렬 전 연대장에게까지 파문이 확산하여 그 배후 혐의로 전격 연행됐다. 그러나 김익렬 중령은 재판정에서 "모든 군사행동은 당시 미 고문관 드루스 대위의 지휘였고 박 대령 살해는 나는 전혀 모른다."라

---

369 United States Army Military Government in Korea, Report of Activities on CheJu- Do from Colonel Brown, 1 July 1948.[첨부문서 : 제주도 남로당원을 조사해 얻은 제1차 보고서(1948. 6. 20)].

370 『漢城日報』, 1948년 8월 14일.

며 무장대와의 협상을 비롯한 모든 군사행동이 미군의 지휘 아래 진행됐음을 밝혔다. 경비대 총사령부 총참모장 정일권 대령도 이에 동의함으로써 혐의에서 벗어날 수 있었다.[371]

변호인들은 암살범들의 사상 문제는 도외시한 채 암살범들이 주장하는 범행 동기에 초점을 맞추어 변론했다. 관선변호인 김흥수(金興洙) 소령은 이들이 경비대 내의 남로당 프락치이며 이들의 배후에는 남로당 제주도당이 있다는 것을 확실히 알지 못한 채 "문 중위 이하 각인은 산사람의 지령을 받은 일도 없고, 또 무슨 사상적 배경도 없고 다만 민족애와 정의감에서 나온 범행이었으니 특별히 고려해 달라"고 변호했다. 이는 당시에는 남로당 제주도당 내부 사정이 노출되지 않았기 때문이다. 김양(金養) 민선 변호인도 4·3사건의 원인이 악질 경관과 탐관오리 때문이라고 주장했다.

그러나 검찰관 이지형 중령은 "그릇된 민족 지상의 이념에서 군대의 생명인 규율을 문란케 한 중범죄"로 규정하면서 피고인들에게 사형을 구형했다.[372] 1948년 8월 11일자『호남신문』은 이 고등군법재판 내용을 "박대령 암살 사건 공판 피고 9명은 전부가 경비대원, 김달삼 명령으로 대내(隊內)에서 범행" 제하에 다음과 같이 보도하고 있다.

> '[서울 9일발 조통] 제주에 파견되었다가 피살당한 국방경비대 제12연대장(11연대의 오기인 듯.) 박진경 대령 암살 사건 고등군법회의는 9일 남

371 『國際新聞』, 1948년 8월 14일 ;『漢城日報』, 1948년 8월 14일.

372 鄭東熊,「동란 제주의 새 비극-박대령살해범 재판기」,『새한민보』, 1948년 10월 상순.

산 군기대 사령부에서 개정되었다. 피고는 도합 9명으로 모두가 경비대원이며 장교 4사람이 끼어 있다. 검사 측으로부터 제시된 기소 이유 및 범죄사실과 증인들의 진술에 의하면 제9연대(제주도) 중위 문상길은 모슬포 산중에서 산사람 사령관 김달삼과 만나 박 대령을 살해할 것을 지령받았으며 직접 취침 중인 박대령을 6월 18일 밤 중 미군보병총으로 죽인 것은 하사관 한선호(손선호 오기인 듯) 조경용(배경용 오기인 듯) 2명으로 되어있다. 9일 오후 군법회의는 5명의 증인 심리를 끝마쳤으며 앞으로 연일 계속될 것이다. 고등군법회의의 소집 성격은 최고형의 집행될 때에 있는 것으로 보아 판결 언도의 결과를 암시하는 것이라 한다. 또한 이 재판에서 제시된 기소 이유의 하나에 피고 문상길 중위는 경비대가 산으로 탈주하는 것을 방조(幇助)하였다고 기재되어 있다. 피고들의 연령은 20세 내외로 보이며 태연한 태도로 법정에 출두하였고, 방청석에는 박대령의 부인 및 가족들이 보였다.'

『호남신문』 보도에는 남로당 장교 프락치 문상길 중위가 '남로당 제주도당 군사 총책 김달삼으로부터 박진경 대령을 암살하라'는 지령을 받은 사항과 5월 20일 밤 모슬포의 제9연대 1대대에서 통신대의 최모 상사 인솔하에 '하사관 11명과 병사 30명 등 41명이 총기와 실탄 5600발을 휴대하고 차량으로 집단탈영'하는 사건이 기소 내용으로 적혀 있다고 소개하고 있다.

이러한 내용들은 1948년 8월 10일자 『현대일보』, 『남조선민보』, 『국제신문』 등에 보도 되었다.

선고 공판은 대한민국 정부 수립 하루 전인 8월 14일 열렸다. 재판부는 문상길 중위를 비롯해 신상우·손선호·배경용 하사관 등 4명에게 총살형을 언도했다. 또 양회천에는 무기징역을, 강승규에게는 5년 징역을 각각 선고했으며 황주복·김정도 하사에게는 증거불충분으로 무죄를 선고했다.[373]

재판장인 통위부 감찰총감 이응준 대령에 의해 내려진 이 판결은 유동열 통위부장을 거쳐 딘 군정장관의 인준을 받은 후 집행하는 절차를 밟게 돼 있었다.[374] 그런데 변호인의 감형 진정서가 제출되고, 각계에서 감형을 요구하는 성명을 발표하는 등 총살형에 반대하는 여론이 일었다. 그 덕분인지 신상우·배경용에 대한 총살형은 집행 직전 특사에 의해 무기형으로 감형되었으며 9월 23일 수색의 한 산 기슭에서 문상길 중위와 손선호 하사에 대한 총살형이 집행되었다.[375]

| 문상길 중위와 손선호 하사의 행적

박진경 대령 암살 주범인 문상길 중위는 경북 안동 출신이며, 일본군 부사관 출신으로 국군준비대에 입대하고 민청조직에도 가입한 좌익 청년이었다.[376] 문상길은 족보에 양자가 있으며, 부친과 부인의 묘가 만주에 있는 것으로 보아 어린 시절을 만

373 『京鄉新聞』, 1948년 8월 15일.

374 『朝鮮中央日報』, 1948년 8월 15일.

375 『京鄉新聞』, 1948년 9월 25일.

376 金南天,「남반부 청년들의 영웅적 투쟁기⑵」,『청년생활』, 1950. 1, 32쪽.

주에서 자라 결혼까지 한 것 으로 보인다. 그는 국군준비대가 해산되자 대구의 제6연대에 1기생으로 입대했고, 육사 3기로 임관하여 제주도 제9연대에 배치되어서는 은밀하고도 집요하게 좌익활동을 하였다. 그리고 제9연대에 남로당 무장대 토벌 명령이 하달되자 토벌을 공공연히 반대하였으며, 경비대 1개 대대(대대장 오일균 소령)가 증파되자 경비대의 남로당 무장대 토벌작전에 대한 대책 수립을 위하여 4월 20일경에 김달삼과 회합을 하였을 뿐만 아니라 김익렬의 전임연대장 이치업 중령과 박진경 후임연대장 최경록 중령을 암살하려 했고, 중대장과 소대장들을 위협하거나 살해하려 했으며, 선거업무를 노골적으로 방해했다.

어느 날 이치업 중령이 식사를 하고 식당에서 나오다가 갑자기 피를 토하면서 쓰러졌는데, 같이 식사했던 맨스필드[377] 중령이 병원으로 싣고 가서 응급치료를 받도록 하였다. 이치업 연대장은 4일이 지나서야 혼수상태에서 깨어났고 연대장의 병명이 급성 장질부사로 알려졌다. 그런데 박대령 암살로 열린 군법회의 진술에서 문상길은 "억울합니다. 내가 전 연대장 이치업 중령을 독살만 시켰다면 지금쯤 평양에 가서 최고 영웅 훈장을 탔을 텐데, 그걸 못해서 억울합니다."라고 했다.[378] 이는 당시 본부중대장이던 문상길이 연대장을 독살하려다 실패했음을 의미하였다. 그는 신임 연대장 최경록 중령도 2번이나 암살하려 했으나 개[犬] 때문에 실패하였다는 것도 밝혀졌다.[379]

---

377 당시 미군은 장교가 부족하여 제주도 군정관이 9연대 고문관을 겸무.

378 李致業(82세, 서울시 용산구 용문동, 9연대장 역임, 2001, 10. 26 채록) 증언.

379 國防部, 『韓國戰爭史』 제1권, 441쪽.

또한 문 중위는 9연대 1대대장 직무대리를 했던 이세호 중위도 암살하려 했다. 문 중위는 소위 시절 이세호 중대장 밑에서 소대장을 했으며 숙소를 중대장과 같이 사용하여 두 사람은 상당히 가까운 사이였다. 그런데 집단탈영 사건이 터졌을 때 대대장이 공석이므로 이세호는 대대 선임 장교여서 제1중대장 겸 대대장 직무대리였고 문상길은 대대 제3중대장으로서 그날 대대 당직사관이었다. 이세호가 당직사관이었던 문 중위를 책임 추궁했더라면 탈영책임자를 금방 알아냈을 터였다. 문상길은 이때 이세호가 자신에 대한 책임추궁을 심하게 했으면 암살하려 했으나 책임추궁을 심하게 하지 않아 그만두었다. 이는 이세호가 박진경 대령 암살 사건으로 수감되어 있던 문상길을 면회할 때 문상길이 고백한 내용이다.[380]

문상길 중대장으로부터 생명의 위협을 받은 바 있는 소대장 김준교 소위는 "우리가 99식 총과 일본도를 갖고 산에 숨어있는 수상한 자들을 잡아 오면 문상길 중대장이 '무고한 사람들을 잡아 왔다'라고 하면서 오히려 소대장을 기합 주고는 그들을 모두 풀어주곤 했다. 그래서 '무기를 가지고 있는데 뭐가 무고하냐?'고 항의하면 '까불면 죽여버리겠다'라고 하였다. 문상길이는 공비와 내통하고 있었다."라고 증언 하였다.[381]

또한 소대장 채명신 소위는 여러 차례나 문상길 중대장으로부터 생명의 위협을 받았다. "어느 날 훈련을 마치고 언덕 아래의 물웅덩이

---

380 李世鎬(79세, 서울시 용산구 동부이촌동, 대대장 직무대리, 2001, 3. 12. 및 2002. 10. 4 채록) 증언.

381 金俊敎(78세, 안양시 동안구 비산 3동, 당시 9연대 소대장, 2001. 2. 13 채록) 증언.

에서 목욕하다가 총격을 받았는데, 다행히 부하 소대원들이 엄호사격을 한 덕으로 살았다."라고 증언하였다.[382] 그리고 한번은 밤에 3/4톤 차량으로 병사 2명을 대동하고 밤에 서림저수지에 배치된 2개 분대의 근무 상태 점검을 위한 순찰을 하다가 무장대의 매복에 걸려 죽을 뻔하였다. 적은 채 소위가 시간을 끌기 위하여 어둠 속에서 말을 걸자 "채명신 소위! 포위되었으니 저항 말고 손들고 나오라." "우린 제주도 인민항쟁군이다. 빨리 항복하라." "채 소위, 고집부리지 마라. 너희 부대 속에도 우리 편 많다."는 등의 말을 들었다. 채명신은 중대장 문상길 중위가 연대장 암살범으로 체포된 후에야 이날 밤의 일들이 이해되었다고 하였다.[383] 즉 남로당 무장대가 채 소위가 순찰하는 코스와 시간은 물론 계급과 이름까지도 정확히 알고 기습을 미리 준비했다는 것은 저들이 중대장 문상길과 내통하고 있었다는 의미였다. 그리고 채명신 소위는 미인계에 걸릴 뻔한 경험도 있었다. 어느 날 문상길 중대장은 채명신 소위에게 특별외박을 강요하면서 공급계(보급계) 김 중사에게 채 소위를 수행토록 지시하였다. 채 소위는 모슬포에서 김 중사의 친척 동생뻘이 된다는 여학생을 소개받았고, 자연스럽게 방 안으로 들어가 술상까지 받았다. 분위기가 무르익자 김 중사는 슬그머니 자리를 떴으며, 채 소위는 술과 쌀밥으로 저녁까지 대접받고, 자고 가라는 유혹까지 받았다. 그러나 채 소위는 그녀의 입에서 빨갱이들이 쓰는 '인민항쟁', '경찰때문에 제주도민이 일어섰다'라는 말이 튀어나오자 정신이 퍼

---

382 蔡命新, 『死線을 넘고 넘어』, 매일경제신문사, 1994. 3, 57~59쪽.

383 蔡命新, 위의 책, 59~63쪽.

뜩 들었다. 그는 순찰을 인계하고 오겠다고 거짓말을 하여 부대로 돌아왔다. 채 소위는 '그건 공산주의자들이 나를 허물어뜨리기 위한 미인계였다'고 하면서 중대장이 외박을 강요한 의미를 그 뒤에서야 이해하였다고 하였다.[384]

또 문상길은 대한민국 정부 수립을 위한 투표를 방해하기도 하였다. 5·10선거 당일, 경비대는 경찰과 함께 투표장을 경비하게 되었는데, 문 중위는 부하들에게 "투표장을 경비할 것이 아니라 투표장을 파괴하라"라고 명령함으로써 문 중위의 부하들이 배치된 투표장에서는 경찰과 경비대 간에 충돌이 벌어지기도 하였다.[385]

박진경 대령을 M-1 총으로 직접 저격한 손선호 하사는 경북 경주 출신으로서 기혼자였다. 그는 민청조직에 가담하였고 대구폭동에 가담했다가 경찰의 추적을 피하여 대구의 제6연대에 제3기로 입대하였다. 그는 1948년 3월에 부산 제5연대의 하사관학교에 입교하였다가 4월 20일에 제5연대 1개대대(오일균 대대)가 제주도 출동 시 제주도에 왔으며, 제주도에서는 선거방해와 급식 관련 태업 등 부대 내에서 좌익활동을 하였다. 그는 사상적으로 문상길 중위와 호흡이 맞아 문 중위의 충실한 부하가 되었다.

384 蔡命新, 앞의 책, 63~69쪽.

385 金南天, 『청년생활』, 1950. 1, 34쪽.

| 박진경 대령 암살의 배후

앞(암살범 재판)에서 살펴본 바와 같이 암살범들은 연대장 암살 동기에 관하여 법정에서 전·후임 연대장의 작전방침을 비교하고 무모한 토벌 작전을 막기 위한 것이 연대장 암살의 동기라고 주장했다. 특히 연대장을 직접 저격한 손선호 하사는 연대장이 무고한 양민을 학살했다고 비난하기도 했다.

그런데 병사들이 전·후임 지휘관의 작전방침을 비교해서 후임 지휘관을 암살하기로 했다는 것은 군에서는 있을 수 없는 일이다.

또한 경비대는 산중에 있는 의심스러운 민간인들을 연행하여 합동심문센터에 인계만 하였을 뿐 직접 심문한 사실도 없다. 한·미 합동심문센터는 진압 작전을 총괄 지휘하고 있는 브라운 대령의 통제하에 있었으며, 전술한 바와 같이 작전 간 경찰과 경비대로부터 인계받은 생포된 무장대와 민간인 등 모두 3,000여 명을 심사한 후 대부분을 하산시켜 생업에 종사토록 하였고, 6월 16일 현재 심사를 받고 있었던 575명도 심문 결과를 근거로 석방 또는 재판에 회부하였다. 정상적인 절차에 따른 공비토벌작전(대유격작전)이었다.

따라서 박진경 연대장이 지휘한 경비대는 공산인민유격대에 맞서 필요한 작전을 했지만 포로 심문을 담당하지도 않았고 주민 학살이나 고문을 하지 않았다. 박 연대장이 양민을 학살했다는 주장은 범인들의 자기 합리화와 변명일 뿐 애초에 상관을 살해한 정당성이 될 수 없다.

박진경 연대장의 암살은 5월 10일의 남로당 제주도당 대표와 경비대 프락치 대표 간의 회담에서 결정하였다. 남로당 제주도당에서는 군책임자 김달삼과 조직책임자 김양근이 참석했고 경비대 프락치 대표는

11연대 1대대장 오일균 소령과 9연대 정보관 이윤락 중위가 참석했다.[386]

남로당 중앙당은 4월 15일 열린 남로당 제주도당 대회에서 제주도당과 유격대 조직을 개편하고 5·10선거 저지 대책까지 마련하는 등 심혈을 기울여 지도한 바 있었다. 그런데 박진경 중령이 제9연대장에 임명되었다는 정보를 입수한 남로당 중앙당은 긴급히 올구(정치지도원)에게 모종의 임무를 주어 제주도에 보냈고, 5월 7일 제주도에 도착한 올구의 지시로 5월 10일의 대책 회의에서 이미 "박진경 연대장 숙청"을 결정한 것이다.

이 결정에 따라서 병력을 보유하고 있는 9연대 1대대 3중대장 문상길 중위가 남로당 프락치 병사들을 지휘하여 암살을 실행한 것이다. 회담에 참석했던 오일균 소령과 이윤락 중위는 그 이전에 해임되어 박진경 대령 암살이 실행된 6월 18일에는 부대에 없었다. 따라서 문상길 중위가 남로당 프락치의 선임자로 박진경 대령 암살을 책임지고 이행한 것이다. 박진경 대령의 암살 계획과 사전 준비 등에 대해서는 남로당 노획문서인 '인민유격대 투쟁보고서'에 그 기록이 상세하게 되어 있다.

오일균은 육사 생도대장 시절에 육사 3기생 훈육을 담당하였는데, 신상 파악을 위한 개인 면담 시, 많은 생도를 좌익에 가담시킨 장본인이었다. 이에 따라 육사 3기생 중에 좌익인사가 많았고 이윤락과 문상길은 모두 육사 3기생으로 오일균에게 포섭된 인물이었다.

---

386 문창송 편, 앞의 책, 79-80쪽.

남로당 노획 문서[387], 또 위의 정황 등을 종합적으로 고려해보면 박진경 연대장의 암살은 남로당 중앙당의 지령에 따라 이행되었다는 것을 알 수 있다.

후임연대장의 진압 작전

박진경 연대장이 암살당하자 경비대사령부는 6월 21일 새로운 11연대장에 최경록(崔慶祿) 중령을, 부연대장에 송요찬(宋堯讚) 소령을 임명하였다. 최경록 연대장과 송요찬 부연대장은 제주에 부임한 즉시 박진경 연대장 암살범 색출에 주력하는 한편, 진압작전을 수행했다.

경비대는 최경록 연대장이 부임하던 날부터 수색작전을 펼쳤는데, 이는 연대장 암살범 색출과 연관이 있는 듯했다. 경비대는 6월 21일 오후 6시부터 24시간 동안 구좌면 송당리 지경에서 48명을 체포하면서 카빈총 1정을 회수했고, 같은 기간 제주읍 삼양리에서 29명을 체포했다.[388] 6월 25일에도 오후 6시부터 이튿날 오후 6시까지 수색작전을 펴 176명을 체포하고, 약 3만 원의 돈과 50명이 먹을 수 있는 식량을 압수했다.[389]

경비대는 6월 21일, 6월 22일, 6월 25일, 6월 26일 잇따라 수색작

387 문창송 편, 『한라산은 알고 있다』, 대림인쇄사, 1995.

388 Hq. USAFIK, G-2 Periodic Report, No. 868, June 24, 1948.

389 Hq. USAFIK, G-2 Periodic Report, No. 871, June 28, 1948.

전을 전개해 253명의 '폭도'를 체포하고 총기 1정을 노획했다. 6월 25일에는 176명의 '폭도'를 체포하고도 노획물은 돈과 식량뿐이었다. 한 언론은 6월 26일의 작전에서 200명을 체포했는데 소요 부대의 간부 2명이 있었으나 대부분은 농민이었으며 노획무기가 하나도 없었다고 보도되었다.[390]

이러한 상황은 최경록 연대장의 발언에서도 확인된다. 최경록 연대장은 제주에 온 지 20여 일 만인 7월 14일 기자단과의 회견에서 "실제 전투에 종사한 정예부대는 아직 하나도 체포되지 않고 있다."라고 밝혔다.[391] 최경록 연대장은 자신이 지휘하는 진압작전 마지막 날인 7월 15일 기자들과 만나 "지금까지 한라산을 중심으로 토벌을 4회 한 일이 있었는데 산사람들을 체포할 수는 없었다."라고 말했다.[392]

이 무렵 무장대의 활동은 거의 없었다. 제주도 미군사령관 브라운 대령은 6월 22일 기자단을 안내해 제주를 일주한 뒤 "여러분이 친히 본 바와 같이 우리가 오늘 통과한 길은 약 1개월 전에는 위험해서 통행치 못했던 지역이다. 그러나 지금은 아무런 사고가 없어서 도내 도로, 전선은 모두 복구되고 있으며 얼마쯤 치안도 회복되었다고 본다."라고 말했다.[393] 6월 23일에는 유동열 통위부장도 "폭도 측의 실제 행동, 실력이 저하되는 것 같다."라고 말했다.[394]

---

390 『朝鮮日報』, 1948년 7월 4일.

391 『朝鮮中央日報』, 1948년 7월 21일.

392 『朝鮮中央日報』, 1948년 7월 29일.

393 『現代日報』, 1948년 7월 3일.

394 『東光新聞』, 1948년 6월 23일.

남로당 유격대가 7월 중에 활동을 자제한 것은 제11연대장을 암살한 직후로서 경비대를 더 이상 자극하지 않으면서 유격대 사령관 김달삼이 해주대회 참가를 준비하면서 보고서 작성과 지하 선거에 주력하였기 때문으로 분석된다.

진압부대를 제9연대로 교체

경비대 총사령부는 7월 15일 자로 경비대 제9연대 1대대를 제11연대에서 분리하면서 9연대 지휘부를 편성하였는데, 9연대장에는 11연대 부연대장이던 송요찬 소령을, 9연대 부연대장에는 11연대 1대대장인 서종철(徐鐘喆) 대위(8월 1일부로 소령 진급)를 임명하고 진압부대를 교대시켰다.[395] 그리고 명령상 9연대장인 임부택 대위(실질적으로 제11연대 작전과장 임무를 수행, 8월 1일부로 소령 진급)를 총사령부로 전출시켰다.

경비대총사령부는 제주출신이 주력인 9연대 제1대대를 제11연대에서 배속해제하여 독립시켰고, 제3여단 5연대에서 1개대대(대대장 김창봉 대위)와 6연대에서 1개대대(대대장 이철원 대위) 등 2개 대대를 차출, 7월 21일에 부산에서 선편으로 제주로 이동시켜 9연대에 소속시켰다.[396] 이로써 5월 15일 11연대에 합편됐던 9연대가 지휘관을 교체하였고 두 달이 약간 지난 후에서야 제11연대에서 독립하여 3개대대로 재편성된 것이다.

---

395 「總司令部 特命」 제88호, 1948년 7월 6일.

396 Hq. USAFIK, G-2 Weekly Summary, No. 149, July 23, 1948.

제9연대의 대대별 병력은 제1대대 251명, 2대대(5연대 병력) 1,014명, 3대대(6연대 병력) 1,014명[397]이었다. 제1대대의 병력이 새로 투입된 다른 대대보다 현저히 적은 것은 4·3사건 발발 시 연대병력(1대대와 연대 본부중대)이 900여 명이었으나 그동안 병력 보충 없이 참모부와 본부중대는 제11연대에 편입되었고 탈영이나 입산 또는 자체 숙군 등으로 병력이 계속 줄었기 때문이다.

부대 교대 이유는 미군 보고서는 '훈련' 때문이라고 했다. 7월 21일 부산 3여단의 2개 대대가 제주에 와서 9연대 재편이 완료된 지 일주일가량 지났을 무렵이었다. 딘 군정장관은 조병옥 경무부장에게 "야전 훈련을 위해 제주도의 국방경비대 연대들을 교체시킨다는 방침을 갖고 있다. 1개 연대가 제주도에 4~6주 동안 주둔할 것이다. 산간지대에서 항상 연대 훈련이 이뤄질 것이다"라고 밝혔다.[398] 그러니까 훈련이 안 된 부대에 제주도에서 4~6주 동안 실전훈련을 시키기 위하여 부대 교대를 시켰다는 이야기이다.

재편된 9연대장에 임명된 송요찬은 최경록과는 다른 성품을 지니고 있었다. 이에 관해 로버츠 준장은 송요찬을 '강인하고 용감한' 사람으로 평가했다. 송요찬은 강릉의 8연대 3대대장 시절 부하들을 강도 높게 훈련하기로 유명했다. 이는 송요찬이 연대장으로 발탁되는 주요 배경이 되었다.

397 주한미보병제6사단, 「야전명령 제7호」, 1948년 8월 5일.

398 "A Summary Report on the Jei-Ju Police," from Military Governor Major General William Dean to Korean National Police Director, July 30, 1948.

제11연대는 7월 24일 제주도 진압 임무를 제9연대에 인계하고 병력을 싣고 온 선편으로 제주도에서 연대 창설 장소였던 경기도 수원으로 이동했다.[399] 수원으로 이동한 제11연대는 7월 25일부로 통위부 직할에서 제1여단으로 소속이 변경되었고, 그곳에서 부대정비를 하다가 개성지역 38선 경계 임무에 투입된다.

남로당의 지하 선거와 해주대회

북한 대의원 선출을 위한 남로당의 지하 선거

1948년 7월 중순 무렵부터 남한 전역에서 남로당 측에 의한 '지하 선거'가 열렸다. 이는 북한의 조선민주주의인민공화국 수립에 따라 북한 정권에 대하여 남쪽 지역까지 포함한 대표성과 정당성을 주기 위한 것이었다. 북한은 또 정권의 정당성과 명분을 위해 '남북협상'을 최대한 활용했다. 통일 정부 수립을 목표로 제1차 '남북조선 제정당·사회단체 연석회의'가 평양에서 열린 것은 48년 4월 19일의 일이었다. 이 회담에는 김구·김규식 등도 참석했다. 이때 "남조선 단독선거가 설사 시행된다고 하더라도 그 결과를 승인하지 않을 것이며 이와는 달리 통일적 입법기관 선거를 시행하여 조선 헌법을 제정하고 통일적 민주정부를 수립할 것"이라는 내용의 공동성명이

399 육군본부 군사감실, 『육군역사일지』 제1집, 1948년 7월 24일.

발표되기도 했다.[400]

그런데 남한에서 5·10선거가 치러지고 정부 수립이 임박해 오자, 제2차 연석회의가 48년 6월 29일부터 7월 5일까지 평양에서 열렸다. 제2차 연석회의에는 북쪽에서 북로당 등 15개 정당·단체 대표자와 남쪽에서 20여 개 정당·단체 대표가 참석했다. 그러나 1차 회의에 참여했던 김구·김규식은 "국토 양단과 민족 분열을 막자고 약속해 놓고, 이제 와서 남한에서 단정이 수립되니 북한에서도 단정을 수립하겠다는 것은 민족 분열 행위"라며 회의에 불참했다.

제2차 연석회의에서는 앞으로 세워질 '조선민주주의인민공화국'은 통일 정부여야 한다는 점이 강조되었다. 따라서 선거도 북한지역뿐 아니라 남한에서도 실시하기로 결정됐다. 그러나 현실적으로 남한에서 공개적인 선거를 하는 것은 불가능했기 때문에 남한에서는 간접선거를 하기로 했다. 즉, 각 시·군에서 5~7명씩 뽑힌 대표자들 총 1,080명이 8월 21일부터 해주에서 남조선인 대표자회의를 열어 8월 25일 최고인민회의 대의원 360명을 선출한다는 것이었다. 따라서 당시 남한 전역을 술렁이게 했던 '지하 선거'란 해주에서 열리는 인민대표자회의에 참가할 남측 대표자 1,080명을 뽑는 선거였다.

지하 선거는 다음과 같이 실시된다. 우선 밤이 되면 좌익이 우세한 지역에서는 선거가 반공개적으로 실시된다. 주로 외딴 마을이다. 밤에 주민들을 한곳에 모아놓고 전권위원들이 선거에 대한 설명과 인민대표

400 金南植, 『南勞黨硏究』, 돌베개, 1984, 335쪽.

들을 소개하면 그 지역 남로당원이나 좌익계 인사가 지지 발언을 하고 곧 투표하도록 했다. 그러나 반공개 투표가 불가능한 지역에서는 연판장을 돌려 서명을 받는 식이었다. 최고인민회의 대의원 선거와 해당 지역 후보를 지지한다는 내용이 적힌 얇은 미농지 연판장에 이름을 적고 도장을 찍었으나 도장이 없을 시는 지장을 찍는 경우도 많았다. 주민들을 모을 때는 마을책임자나 좌익동조자에게 부탁하는 방법을 썼으며, 집회가 곤란한 지역에서는 전권위원들이 연판장을 들고 집을 개별 방문하여 도장을 받았다. 이때 주민들이 요구에 응하지 않으면 폭력을 동원하여 강압적으로 윽박지르기도 했다.

4·3사건이 벌어지고 있던 제주도에서도 주로 중산간 마을과 농촌 지역을 대상으로 지하 선거가 실시되었으며, 백지에 이름을 쓰거나 손도장을 받아 가는 형식으로 진행됐다. 이 서명에 두려운 마음을 가진 사람들도 적지 않았으나 남로당 무장대의 강요를 거부할 수 없었다. 그래서 마지못해 가명을 쓰고 손도장을 누르는 일도 있었다.[401] 일반 대중들은 이런 백지 날인이 지하 선거에 참여하여 투표했다기보다는 산쪽의 남로당 무장대를 지지하는 서명에 동참했다는 인식을 하는 사람이 많았다.

1948년 8월의 한 미군보고서는 제주 상황을 이렇게 기록했다.

---

401 제주4·3연구소, 『제주항쟁』, 실천문학사, 1991, 263쪽.

8월 19일 무장 폭도 20명을 포함한 폭도 40명이 세화리에 침입하여 주민들에게 북한 선거를 지지할 것을 강요하며 백지 투표용지에 강제로 서명하도록 했다. 경찰은 이 폭도들을 공격해서 격퇴했는데 양측의 보고된 사상자는 없다. 보고에 따르면 폭도 집단은 제주도의 모든 지역에서 주민들에게 백지에 서명토록 하고, 인민군을 지원하기 위해 돈과 식량을 제공할 것을 강요하고 있다. 마을 주민들은 폭도들로부터 양자택일할 것을 강요받았는데, 자신들에게 협조하는 사람은 최악의 경우 경찰에 체포되어도 며칠 구류를 살다가 풀려날 것이고, 협조를 거절하는 사람은 죽게 되며 그 집은 방화될 것이라고 하였다. 8월 18일 제주도의 중남부 지역에 위치한 서귀면에서 마을 주민 5명이 폭도들로부터 칼에 찔려 중상을 입었다. 그 이유는 이들이 북한 정부와 선거를 지지하는 청원서에 서명하기를 거부했기 때문이다.[402]

경찰은 지하 선거를 앞두고 통행금지 시간을 연장하는 한편 목포~제주 간 여행 증명제도를 다시 실시하는 등 8월 말까지 비상경계에 돌입했다.[403] 한동안 소강상태를 보이던 제주도는 지하 선거를 추진하려는 남로당 무장대와 이를 막으려는 경찰 간의 충돌로 다시 인명피해가 발생하는 상황으로 빠져들어 갔다. 한 미군보고서는 "8월 2일 경찰은 무장 폭도 20명을 포함한 폭도 50명과 서광리 인근에서 접전을 벌였다. 이 접전에서 폭도 2명이 사살되고 경찰 1명이 다쳤다. 경찰은 수

402 Hq. USAFIK, G-2 Periodic Report, No. 920, August 20, 1948.

403 『朝鮮中央日報』, 1948년 8월 15일.

류탄 1개, 일본 총 3정, 실탄 60발을 압수했다"라고 기록했다.[404] 이 마을 주민의 증언에 의하면, 이날의 교전은 안덕지서 경찰들이 무장대가 '백지 날인'을 받고 있다는 정보를 듣고 출동해 벌어진 일이었다.[405] 8월 19일 새벽에는 한림 지서 소속 경찰 4명이 한림면 협재리에서 총격전을 벌이다 경찰 1명이 희생되었다.[406]

제주도민들 중에는 이 선거의 의미를 정확히 모르고 강요에 의해서 참여한 사람도 일부 있었고 실제로 조선민주주의인민공화국 수립을 위해 자신의 신념에 따라 참여한 사람도 있었다. 투표용지가 있는 것도 아니었다. 백지에 손도장을 찍는 형태였고 그 목적에 대해서는 '산 쪽(남로당 인민유격대)을 지지한다'라는 정도의 뜻으로만 알았다. 대부분 제주도민들은 1948년 여름에 제주도 전역에서 벌어졌던 이 일을 '백지날인 사건'이라고 부른다. 한 증언자는 이렇게 증언했다.

> 여름에 산에서 내려와 도장을 받아 갔습니다. 매미 소리가 나거나 꽥꽥거리는 소리가 나면 산에서 왔다는 신호였지요. 그 사람들이 와서 도장을 찍으라고 하면 무서워서 모두 손도장을 찍었습니다. 그렇게 도장을 찍은 집에는 돌멩이로 표시했습니다. 그들은 자기들 조직을 지지하는 뜻으로 손도장을 찍으라고 했습니다.[407]

---

404 Hq. USAFIK, G-2 Periodic Report, No. 907, August 10, 1948.

405 高普和(68세, 안덕면 서광리 주민, 2002. 7. 12. 채록) 증언.

406 Hq. USAFIK, G-2 Periodic Report, No. 923, August 28, 1948.

407 張守珍(80세, 한림읍 협재리 주민, 2001. 12. 12. 채록) 증언.

이 백지날인은 전국적으로 수백만 명이 참가하는 등 남한 전역에서도 보편적으로 벌어진 일이었다. 그러나 제주도에서는 손도장 한번 찍은 것이 원인이 되어 총살을 당한 사례도 있었다.

어쨌든 지하 선거에서 뽑힌 대표자들이 해주에 모여 최고인민회의 대의원(국회의원 격)을 뽑았으며, 이들이 북조선 건국의 기초가 되는 북한의 헌법을 승인하였다. 따라서 남로당원들은 대한민국을 위한 제헌의원을 선출하는 5·10선거를 방해하였을 뿐만 아니라 북한 건국의 기초가 되는 북한 헌법을 제정·통과시킨 최고인민회의 대의원 선거에 적극적으로 가담하였다. 결국 조선민주주주의인민공화국 건국의 지지자들이었고, 지하 투표에 가담한 주민들은 경찰에게는 조선민주주의 인민공화국을 지지하는 반국가적인 인사로 인식되었다.

| 김달삼 월북과 해주대회

남한의 각 지역 대표 1,080명이 참가하게 될 이른바 남조선인민 대표자대회는 8월 21일 해주에서 열리기로 되어 있었다. 이 때문에 8월 초 남한 전역에서는 월북행렬이 줄을 이었다. 도중에 체포되거나 교통 사정 등 여러 가지 이유로 78명이 참석을 못했고 1,002명이 참가한 가운데 8월 21일 해주대회가 열렸다.

1948년 2월까지 남로당 제주도당 위원장을 역임했던 안세훈과 김달삼 등 일행은 해주에서 열린 이 대회에 참가하기 위해 1948년 8월 2일에 제주를 떠났다. 이들은 8월 2일 어두워질 무렵 화북리 선창에서 해녀들의 도움을 받아 배(동력어선)를 진수시키고 전남 완도군 청산도를 향하여 출항했다. 당시 주간에는 경찰 2~3명이 경계근무를 섰으나 석양 무렵이면 이들이 철수하므로 야간이 되면 치안 부재 상태였다. 이에 대해 미군은 "8월 2일 5명의 공산주의자가 배를 타고 목포로 떠났다. 추측하건대 이들은 북한 선거에 참여하기 위해 평양으로 가는 길인 것 같다"[408]라고, 기록했다.

해주대회 첫날인 8월 21일, 35명을 뽑는 주석단 선거가 있었는데 20대 중반의 김달삼이 허헌·박헌영·홍명희 등 좌파 거물들과 나란히 주석단 일원으로 뽑혔다.[409] 이어 8월 25일에는 남한의 국회의원 격인 최고인민회의 대의원 선거가 있었다. 북한 측 대의원 212명을 뽑는 총선거와 동시에 남한 측 대의원 360명을 인민 대표자대회에서 선출하는 일이었다. 입후보자 360명이 발표된 가운데 찬반투표의 요식행위를 거치는 형식이었다. 이때 제주도 대표 중 안세훈, 김달삼, 강규찬(당시 남로당 제주도당 위원장), 고진희 등 4명이 최고인민회의 대의원에 뽑혔다.[410] 일부 자료에는 이정숙이 추가되어 5명으로 되어 있다.[411]

김달삼은 8월 25일 최고인민회의 대의원 투표에 앞서 벌어진 '입후보자에 대한 토론' 시간에 토론자로 나서 제주4·3사건에 관한 연설을 하기도 했다. 이 자리에서 김달삼은 우선 박헌영에 대한 지지를 밝힌 후 그들이 주장하는 무장봉기의 발발 원인과 관련, 탄압에 대한 저항과 단독선거 시행에 따른 분노가 폭발해 벌어진 자연발생적인 총궐

---

408 Hq. USAFIK, G-2 Periodic Report, No. 907, August 10, 1948.

409 金南植, 앞의 책, 344쪽.

410 『南朝鮮 人民代表者大會 重要文獻集』, 1948년 10월 30일, 39~45쪽.

411 金南植, 앞의 책, 530~531쪽.

기라고 주장했다. 김달삼은 이어 5·10선거를 보이콧 한 무장대의 '전과' 등을 길게 설명하고 통일 중앙정부를 거론한 후, "민주조선 완전자주 독립 만세! 우리 조국의 해방군인 위대한 소련군과 그의 천재적 영도자 스탈린 대원수 만세!"를 외치며 연설을 마쳤다.[412]

해주대회를 마친 안세훈, 강규찬, 김달삼 등 제주도에서 올라간 대표들은 제주도로 귀환하지 않고 북한에 그대로 머물렀다. 김달삼은 1949년 1월 8일 수상 김일성과 부수상 박헌영 임석하에 거행된 훈장 수여식에서 국기훈장 2급을 받았고[413], 제주도에서 무장대를 지휘하고 있는 이덕구는 국기훈장 3급을 받았다. 국기훈장 1급은 내무상과 민족 보위상 등 장관급 2명에게만 주었으므로 국기훈장 2급은 사실상 최고위 훈장이었으며, 여·순반란의 지도자 김지회가 국기훈장 3급을 받은 것을 봤을 때 제주도 4·3사건은 북한당국으로부터 여·순반란보다도 더 높게 평가받았음을 알 수 있다.

김달삼은 그 후 대남 무장간첩 양성소인 강동정치학원을 수료하고[414] 대한민국 정부를 전복하기 위하여 유격대원 300여 명을 이끌고 1949년 8월 4일 38선을 침투하여 태백산맥 등 경북 일대에서 국군과 치열한 유격전을 전개하였다.[415]

---

412 『南朝鮮人民代表者大會重要文獻集』, 서울, 人民出版社, 1948, 102~109쪽.

413 『4·3사건 자료집 12권』, 104쪽. 전술한 바와 같이 제12권은 4·3 정부부고서 작성시 30여 권을 인쇄하여 사용하였으나 일반에게는 11권까지만 배포되었다.

414 박병률(85세, 강동정치학원 원장, 중앙일보, 1990. 6. 23)과 육철식(59세, 강동정치학원생, 시사토픽, 1990. 7. 12) 증언(高文昇, 『제주사람들의 설움』, 278~280쪽 재인용).

415 白善燁, 『實錄, 智異山』, 1992. 6, 264~267쪽; 國防部, 『韓國戰爭史, 第1卷』, 1967. 10, 498~500쪽.

김달삼은 제3병단[416] 제1부관을 겸하다가 병단 사령관 이호재가 전사하자 그의 후임으로 병단사령관이 되었다.[417] 그리고 6·25전쟁 기간인 1950년 9월 30일에 전사하였음이 북한 평양 근교의 신미리에 있는 그의 가묘에서 확인되었다. 북한당국은 김달삼의 공적을 높이 평가하여 그의 가묘를 신미리의 애국열사능에 안치하였으며, "남조선 혁명가, 1926년 5월 10일생, 1950년 9월 30일 전사"란 비문을 세웠다.[418]

유엔군과 국군은 인천상륙과 함께 낙동강선에서 반격을 개시하여 1950년 9월 28일에는 수도인 서울을 수복하였고, 동부전선에서는 국군이 10월 1일 38선을 돌파하였다. 9월 30일은 국군이 38선을 돌파하기 하루 전날이다. '남조선 혁명가'란 김달삼이 남한을 혁명적 방법으로 공산화하려 했다는 뜻으로서, 이는 북한이 김달삼이 제주4·3사건을 일으키고, 태백산맥에서 유격 활동을 전개하여 대한민국을 전복시키고 공산 통일정부를 세우려 했음을 높이 평가하고 있음을 입증하고 있다.

김달삼의 죽음에 관해서는 그간 여러 설이 있었으며, 1950년 3월

---

416 중국군이나 일본군에서 대부대 명칭으로 사용하였으나 우리 군에는 병단이라는 용어는 없다. 1949-1950년 간 북한이 남한 지역에서 운용한 유격부대(빨치산) 명칭으로 병단이라는 용어를 사용했다. 1병단(이현상 병단장)은 지리산 지역, 2병단(남도부 병단장)은 소백산 지역, 3병단(이호재 병단장)은 태백산지역에서 활동하였고 각 병단 병력은 수백 명에 불과했다. 김달삼은 미국 자료(American Embassy in Korea, Guerrilla Strength and Activity. 1950. 5. 15., 임시대리 대사 에버트 드럼라이트의 보고서)에는 남도 부대와 같이 활동한 것으로 되어있으나 소련의 자료(러시아연방대외정책문서보관소, 『남조선에서의 빨치산운동에 대한 조사보고』,웨·끼셀료프, 1950년 4월 26일)에는 이호제 부대에서 활동한 것으로 되어 있다.

417 American Embassy in Korea, Guerrilla Strength and Activity. 1950. 5. 15.(임시대리대사 에버트 드럼라이트의 보고서.

418 김영중, 『내가보는 제주4·3사건』, 2011, 191쪽; 국가발전미래교육협의회제주지회, 『제주도의 4월 3일은?』 1집, 2010, 186쪽.

22일 강원도 정선지역의 반론산에서 국군이 사살한 것으로 보도되었으나 김달삼과 회담한 바 있는 김익렬이 사체 검사를 한 후 이를 부인하였다. 미군도 김익렬의 보고를 받았음인지 '반론산 사살설'을 부인하였다. 소련 측 문건에는 "김달삼이 3월 22일 반론산에서 사살됐다고 3월 말에 남쪽 언론에 발표하고 있으나 실은 김달삼이 3월 말에 평양에 왔고, 4월 3일에 노동당 중앙위원회에 보고서를 제출했다."[419]고 하면서 보고서 내용까지 기록함으로써 '3월 22일 반론산 사살설'을 정면으로 부인하였다.

김달삼 사살 관련 자료는 다음과 같다.

> 제주도 폭동 사건을 야기하고 최근에는 소위 태백산지구 공비 부사령으로서 갖은 만행을 거듭하여온 김달삼은 완전무장 폭도 70명을 대동하고 3월 1일 울진군 평해면 백암산에서 패잔 부대를 개편 후 최후로 월북할 기도하에 북상하였는데, 3월 21일 15시경 강원도 정선군 북면 고창곡 북방 1㎞ 지점 반론산 부근을 거쳐 북상 중 정예 제185부대 예하 336부대에 포착되어 약 20시간 교전 후 다음과 같이 섬멸당하였다.
>
> [사살 38, 포로 5, 소총류 28정, 실탄 630]
>
> 한편 동 전투에서 김달삼은 사살된 것으로 추측되어 그 정체를 확인하고자 각종 증거물을 대조 중이다.[420]

---

419 러시아연방대외정책문서보관소, 『남조선에서의 빨치산운동에 대한 조사보고』,웨·끼셀료프, 1950년 4월 26일.

420 『朝鮮日報』, 1950년 3월 26일.

남한의 최고 게릴라 지도자 김달삼이 이끄는 80여 명의 게릴라들이 오대산에 있다. (중략) 제21연대 군인들은 반론산 근처에서 게릴라들과 조우했으며, 대규모 전투가 22일 오전 8시 40분에 있었다. 교전 기간에 김달삼이 숨진 것으로 보고됐다.[421]

김달삼을 직접 상면한 자는 국군 현역 장교 중에 나 한 사람뿐이었다. 그래서 김달삼을 사살하였다는 현장마다 내가 가서 7~8회에 걸쳐서 사체 확인을 하였다. (중략). 그러나 내가 사체를 확인한 결과는 공명을 노린 부대장이나 정보관들이 꾸며낸 조작극이었으며, 끝내 김달삼의 사체는 발견하지 못하였다.[422]

4월에 벌어진 첫 번째 전투에서 이호재는 확실히 전사한 것으로 보인다. 이호재가 죽은 후 김달삼은 남한에서 게릴라 지도자가 되었다. 3월 25일에 보고된 김달삼의 죽음(반론산에서 사살)은 한국군에 의하여 받아들여지지 않았다.[423]

3월(1950년) 말, 태백산 산록에서 활동한 인민유격대 제1병단 부대장이자 남조선에서 빨치산 운동의 저명한 조직자들 가운데 하나인 김달

---

421 General Headquarters, Far East Command, Joint Weekly Analysis WEEKA(Joint WEEKA 12), 1950년 3월 24일; 조선일보(3월 30일), 동아일보(3.30) 등.

422 金益烈, 「4·3의 진실」, 제민일보 4·3취재반, 『4·3은 말한다』 제2권, 353쪽.

423 American Embassy in Korea, Guerrilla Strength and Activity. 1950. 5. 15.(임시대리대사 에버트 드럼라이트의 보고서).

삼이 남에서 북조선으로 들어왔다. 그는 1948년 4월부터 1949년 5월까지 제주도에서 전개된 인민봉기 시기 국민방위군 부대들의 공격에 영웅적으로 저항했던 제주도에서 활약한 유격부대의 지도자로서 남조선에서 널리 알려져 있다. (중략). 1949년 11월 16일, 합동통신은 김달삼이 경상북도 일원산 산악에서 벌어진 한 전투에서 사망하였다고 보도하였다. 1950년 3월 말, 남조선 언론이 두 번째로 김달삼의 사망에 대해 보도하였다. 김달삼이 북조선에 도착한 이후 직접 집필하여 노동당 중앙위원회에 제출한 보고서 전문을 게재한다. 이 보고서에는 인민유격대 제1병단의 활동 상황이 간략히 기록되어 있다. (후략)[424]

제주도에서 무장 공격을 주도했던 김달삼은 월북하여 조선민주주의 인민공화국을 지지하고, 대의원은 물론 주석단 일원으로 선출되었다. 그가 게릴라 부대를 인솔하여 남한 지역에서 정부군과 맞선, 제주도에서의 활동을 포함한 모든 활동은 대한민국 정부 수립을 방해하고 체제전복을 목표로 하는 폭동과 반란이었다. 김달삼은 제주4·3의 수괴였고 남북을 오가는 무장 간첩의 총책이었으며 6·25전쟁 때는 인민군의 부대장이었다. 끔찍한 가정이지만 김달삼의 제주도 공산화계획이 성공하였다면 대한민국의 운명도 어찌되었을 지 알 수 없는 일이다.

---

424 『남조선에서의 빨치산 운동에 대한 조사보고』, 1950년 4월 26일, 웨.끼셀료프(※러시아연방대외정책문서보관소에서 수집한 자료임).

제10장

박진경 대령 이후의 진압작전

국군의 진압 작전

| 제9연대 진압 작전

1948년 8월 15일 정부 수립 10여 일 후인 8월 28일 경찰병력 800명이 제주도에 증원되었다. 남로당 유격대도 9월 15일경부터 공세를 재개하였고, 20일경부터는 제주도 곳곳에 인민공화국 깃발이 펄럭였다. 10월로 접어들면서는 남로당 측의 협박으로 면장이나 구(당시 행정구역 단위)장들이 사표를 내는 등 말단행정 조직이 동요하였다. 그리고 제주도 사태를 진압하기 위하여 경비대 총사령부는 10월 11일부로 제주도 경비사령부를 설치하고 사령관에 제5여단장 김상겸 대령, 부사령관에 제9연대장 송요찬 소령을 임명하였다. 진압 부대로 제9연대 3개 대대와 제14연대 1개 대대 등 4개 대대, 해군의 최용남 부대, 제주 경찰 등을 편성하였다.

이 조치로 여수 주둔 제14연대 제1대대가 10월 19일 밤에 승선을 준비하는 동안 14연대에서는 남로당 프락치인 연대 인사계 지창수 상사가 주동이 되어 제주도 출병을 반대하면서 반란이 일어났다. 이들 반란군은 반란은 있을 수 없는 일이라 생각하고 정상 근무하던 3개 대대장과 연대 정보 및 작전과장 등 장교 20명과 장병들을 현장에서 사살하고 여수 시내로 진출하였다. 이들은 여수 시내 진출을 저지하려는 경찰도 제압하고 여수시를 완전히 장악했다.

그리고 이튿날에는 일부 병력이 열차를 이용하여 순천에 진출하였는데, 순천에 파견 나가 있던 1개 중대(중대장 홍순석 중위)가 이에 호응함으로써 순천시도 반란군 수중에 들어갔다. 반란군들은 순천 주변으로 진출하기 시작했다. 여수에서 반란이 일어나자, 경비대 총사령부는 여러 부대를 동원하였고 정부에서는 10월 24일 여수, 순천 지역에 계엄령을 선포하였으며 10여 일 만에 여수와 순천을 탈환하였는데 반란군은 지리산으로 들어가 저항하다가 점차 소멸하게 된다.

여수·순천 지역에서는 10여 일이란 짧은 기간에 민간인 2,558명이 살해되고 4,333명이 행방불명되었다. 행방불명자는 대부분 반란군을 따라 지리산에 입산한 좌익분자로 추정되었다. 여·순 반란의 여파로 군에서는 11월부터 숙군이 진행되고 국회에서는 보안법을 제정하여 12월 1일에 공포하였다. 보안법 제정으로 인해 남로당은 불법화되어 소멸하게 된다. 제14연대의 반란으로 제14연대장 박승훈 중령이 파면되고 상급 부대장인 제5여단장 김상겸 대령이 문책받아 해임되었다. 그리고 제주도 경비사령관 직도 면직됨으로써 제주도 경비사령관직은 부사령관이던 송요찬 소령이 맡게 되었다. 이리하여 제9연대장 송요찬은 소령 계급장을 달고 제9연대 3개 대대는 물론 제주도의 해군부대와 경찰까지를 총지휘하게 되었다.

여수에서 반란이 일어났다는 소식은 제주도 남로당에도 전해졌다. 이에 힘을 얻은 남로당 제주도당은 10월 24일에 '대한민국에 선전포고'를 하였다. 선전포고문은 3,000매를 인쇄해서 시내 곳곳에 뿌렸는데 그 내용은 다음과 같다.

선전포고문

잔인하기 이를 데 없는 경찰관들이여!

미 제국주의와 이승만의 개들이여!

너희들은 무고한 도민·남녀노유를 가리지 않고 학살하고 있다.

천인도 용서할 수 없는 만행을 일편의 주저함이 없이 범해오고 있다.

지금까지 우리들은 너희들의 극악비도(極惡非道)한 악사(惡事)를 동족으로서 부끄럽지만 참고 견디어 왔지만 은인자중도 이제는 한도에 달하였다.

인민의 원한에 대한 복수심을 가지고 너희들을 처단하기 위해서 가까운 시일 내에 권토중래 하기로 결정하였다.

인민군 사령관 이덕구

남로당 제주도당은 11월 1일을 기하여 경비대와 경찰및 관공서 등에 침투한 프락치들을 동원하여 합동작전으로 제주읍을 점령하고 인민공화국을 세우려고 계획하였다. 그런데 이런 계획들이 경비대 제9연대와 제주 경찰에서 적발함으로써 사전에 프락치들이 일망타진되고 제9연대는 남로당 유격대까지 공격을 가하여 심대한 타격을 주었다.

한편, 정부에서는 여·순 지역에 계엄령을 내린 데 이어 제주지역에도 11월 17일부로 계엄령을 내렸고 23일에는 계엄 포고령을 내렸는데, 포고령에는 산간 지역 주민들을 해안 지역으로 피난토록 하는 소개령이 포함되어 있었다. 이 소개령으로 산간 주민들이 아무 대책 없이 해안 지역으로 긴급히 내려왔는데 미처 내려오지 못한 주민들 중 일부는 남로당 유격대를 지지하는 것으로 오인되어 희생되기도 하였다. 또 산간마을의 가옥은 남로당 공산유격대가 사용하지 못하도록 불태워졌다. 남로당 인민유격대도 역시 민가나 학교를 토벌대가 사용하지 못하도록 불태웠다.

이런 연유로 계엄 기간인 11월~12월 중에 남로당 공비(게릴라)를 사살하는 전과를 올렸으나 진압과정에서 주민이 희생되기도 하였다. 12월 초부터 정부 측은 주민에 대한 선무공작(宣撫工作)을 활발히 하였고 마을마다 약 2m 높이의 석성을 쌓도록 하여 주민과 입산한 남로당 유격대와의 접촉을 차단하였다. 이리하여 군경을 외면하고 있던 주민들이 마음의 문을 열었고 유격대는 보급이 어려워지고 점차 고립되어 갔다. 제2연대(함병선 대령)가 12월 말에 제주도로 이동하고 제9연대는 12월 29일부로 제2연대와 교대하고 제주도에서 철수하였다.

제2연대 및 제주도지구전투사령부 진압작전

제2연대가 작전을 인수하자 정부도 1948년 12월 31일부로 계엄령을 해제하였다. 그런데 제2연대장은 작전상 필요하므로 육군본부(경비대 총사령부 후신)에 '계엄령 지속'을 건의하였고 이 건의가 받아들여진 것으로 잘못 알고 있어서 제주도는 사실상 계엄 상태가 계속되고 있었다. 현재의 기준으로 보면 이해할 수 없는 일이지만 당시 상황이 얼마나 혼란스러웠는지를 알 수 있게 해 주는 단적인 사건이었다.

국군 제6여단의 유격대대가 1949년 1월 31일에 제주도로 이동함으로써 2연대장 함병선 대령(1949년 1월 1일부로 대령 진급)은 4개 대대를 지휘하게 된다. 제2연대는 1949년 1월 초부터 남로당 유격대의 공격을 받은 오등리 전투, 노루오름 전투 등 남로당 유격대와 여러 차례 교전하였다. 남로당 무장대는 유격대와 자위대로 구분된다. 유격대는 총기로 무장했으며 보급 문제로 500명 선을 넘지 않았고 한라산에 입산하여 활동했다. 자위대는 철창 등으로 무장하고 마을에 남아서 밤에 우익 인사들을 공격하였다. 유격대가 군경과의 전투에서 손실이 발생하면 자위대 요원을 충원받아 유격대는 500명 선을 유지할 수 있었다. 그리고 특정 지역 공격 시에는 한라산의 유격대와 해당 지역 자위대가 합세하기도 하였다.

그리고 군은 1949년 3월 2일부로 제주도지구전투사령부(사령관 유재홍 대령)를 설치하고 작전하였는데, 병력변동은 없었다. 제2연대와 제주도지구 전투사령부 작전으로 남로당 제주도당 간부들이 체포되고 인민유격대는 섬멸되어 갔다. 남로당 제주도당 군사총책 겸 인민유격대 사령관 이덕구가 경찰의 작전으로 6월 7일 사살됨으로써 유격대 주력이 섬멸되었고 남은 세력은 60여 명뿐으로써 이들은 활동을 중지하고 한라산 깊숙이 숨어버렸다. 입산한 주민 20,000여 명이 선무활동으로 하산하기도 하였다. 제주도지구 전투사령부는 5월 15일부로 해산하였고, 제2연대는 8월 초순까지 제주도에 주둔하였다.

| 독립 제1대대와 해병대 진압 작전

1949년 8월 13일부로 독립 제1대대(대대장 김용주 중령)가 제2연대로부터 작전을 인수하였다. 육군본부는 공산유격대가 괴멸되어 경찰과 군병력 1개 대대만으로도 제주도 치안을 감당할 수 있을 것으로 보았다.

독립 제1대대는 주둔 기간에 진압 작전을 펼치지 않았고 1949년 12월 28일, 해병대가 제주도 작전을 인수하였다. 해병대는 대민 지원 활동 등으로 주민과의 유대를 강화하는 한편 2월부터 6월까지 대대 규모의 전투력으로 90여 명(무장 30, 비무장 60)으로 파악된 남로당 세력에 대한 수색 작전을 전개하여 전과를 올리기도 하였다.

1950년 6·25전쟁이 발발하고 제주도에도 계엄령이 선포되었다. 그리고 해병대는 7월 13일에 1개 대대를 군산에 투입하여 남진하는 북괴군을 막도록 하였다. 잔여 부대는 제주도 청년 3,000여 명을 충원받아 인천상륙작전에 참가하기 위해 9월 1일 제주도를 떠난다.

전쟁이 발발하자 남로당 측은 제주읍과 각 면 단위로 '인민군지원환영회'를 비밀리에 조직하여 남하하는 북한군이 제주도에 상륙하면 이를 환영하고 물질적으로 지원하려고 하였다. 이들은 또 한라산에 입산한 인민유격대에 식량 등을 지원하였다. 관련 내용은 김봉현·김민주의 『제주도인민들의 4·3 무장 투쟁사』에 상세히 기록되어 있다.

> '7월에 들어서자 인민군지원환영회를 제주읍을 비롯한 각 면 단위로 조직하는 한편, 행정, 사법기관들에 대하여 전후 대책의 수립을 강력히 요구하면서 빨치산들을 원호하는 운동을 전면적으로 전개하여 나갔

다. 이와 병행하여 인민군대의 과감한 진공(進攻, 앞으로 공격한다는 의미)에 고무 추동된 제주도 빨치산들은 봉기한 인민들과 합류하여 더욱 치열한 유격투쟁을 전개하였다. 즉 7월 초순부터는 인민유격대들도 본토 유격 작전에 발맞춰 적극적인 활동을 개시하였는 바, 1950년 7월 하순부터 인민유격대는 동일적인 작전계획 밑에 괴뢰 군경들에 대한 적극적인 공격을 개시하여 적들의 간담을 서늘케 하고 인민들의 열렬한 환영을 받게 되었다. 7월 25일 남군 인민유격대의 한 부대는 중문면에 진격하여 하원 경찰지서를 습격하고 치열한 교전 끝내 경찰원 전원을 완전히 소탕한 후 다수 무기와 탄환을 로획하고 지서 건물을 소각하였다.

이와 함께 북군 인민유격대의 김의봉을 중심으로 한 부대는 조천면 와흘리농촌 지대에 침투하여, 인민들에게 하루속히 출동하여 조국해방전선에 단결하여 각종 투쟁으로 인민군 진격에 호응합시다! 라는 군중정치사업을 통하여 군중을 한없이 격동시켰으며, 그들에게 승리에 대한 끝없는 신심과 새 힘을 불러일으켰다. 한라산 밀림 속에 아지트를 정한 빨치산들은 인민군대의 진광(振光, 떨쳐 일어나서 빛이 남) 호응하여 도내 도처에서 이와 같은 강력한 무력전을 감행하고, 적들을 공포와 불안 속에 휘몰아 놓았다.

그의 활동은 고립적이며, 단발적이기는 하였으나 확고한 통제력과 조직력을 갖고 1956년까지에 그의 무비(武備, 비교할 수 없는)의 영웅상을 발휘하였다.[425]

---

425 김봉현·김민주,『제주도인민들의 4·3 무장 투쟁사』, 문우사, 1963, 257-258쪽.

그러나 대한민국 정부 보고서에는 위의 내용은 빠졌다.

경찰의 진압작전

6·25전쟁으로 해병대가 제주도를 떠나자 남로당 유격대 진압 작전은 경찰이 맡게 되었다. 한라산에 은신해 있던 남로당 측 잔존 유격대는 북한군이 남침을 감행하여 서울과 대전을 함락시키고 남진을 계속하자 허영삼, 김성규 등 강경파가 쿠데타를 일으켜 고승옥 등 온건파 지도부를 처형하고 허영삼이 유격대 사령관이 되었다. 이들은 7월 25일 중문면 하원마을을 습격하여 하원지서를 공격하고 민가 99동을 불태웠다. 그리고 7월 25일 김의봉이 이끄는 일부 병력으로는 조천면 농촌지역에 나타나 정치 선전을 하기도 했다.

남로당의 잔존 유격대가 활동하자 경찰은 우선 적정(敵情)을 수집하면서 진압 부대로 신선대와 맹호대 및 의용경찰대 등을 운용하였다. 적에 대한 정보수집 결과 1951년 3월의 유격대는 총 64명으로서 사령관 허영삼이 당 책임자까지 겸임하고 있었고, 지휘부와 4개 지대로 편성되어 있었다. 공산유격대는 마을을 습격하면 식량을 약탈하면서 청년들을 납치하였는데, 이들을 세뇌 교육한 후 전사로 활용함으로써 전투력을 증가시켰다.

경찰은 1952년 4월에는 한라산 주위에 32개 주둔지를 설치하여 공산유격대를 압박하였고, 전단지 등으로 귀순을 권고하기도 하였다. 그리고 11월에는 경찰로 조직된 100전투사령부를 설치하였다. 이 부대는 경찰 500명으로 4개 부대 12개 중대로 편성되었으며 남로당 무장대에 대한 적극적인 토벌에 나섰다. 경찰의 작전개념은 표고(標高) 500m 이상 되는 고지대는 100 전투사령부가 담당하고 500m 이하 지역은 4개 경찰서의 사찰유격대가 담당하는 것이었다.

100전투사령부 작전으로 잔존 인민유격대는 1954년 1월 15일에는 6명(남자 4명, 여자 2명)으로 줄어들었다. 100사령부 작전 기간인 1952년 1월 20일부터 5월 27일까지 4개월간 박창암 소령이 지휘하는 군 장병 86명으로 구성된 무지개 부대가 경찰과 합동으로 한라산에서 진압 작전에 참여하기도 하였다. 무지개 부대가 진압작전에 참여한 것은 적진 후방에 투입되기 전 한라산에서 국군 유격대로서 실전 경험을 하기 위한 목적이 있었다.

경찰의 적극적인 작전과 귀순자의 증가로 잔존 유격대가 5명으로 확인되었으나 이들의 행적을 찾지 못하자 경찰은 1955년 9월 21일부로 한라산을 전면 개방하고 주민들의 마을 성곽 경비도 철폐하였다. 그리고 이후에도 꾸준히 남로당 남은 세력 색출에 나선 결과 1957년 3월 27일에 허영삼의 후임인 공산 유격대 사령관 김성규 등을 사살하였고 4월 2일에는 마지막으로 남은 오원권을 생포함으로써 남로당 제주도당의 유격대는 섬멸되게 된다.

제11장

피해 통계와 4·3사건의 성격

인명 피해 통계

4·3사건으로 인한 피해는 엄청난 것이었다. 중산간 지역 마을이 초토화 되었고 학교, 지서 등 공공건물이 불탔으며 많은 개인 재산이 피해를 보았다. 물적 피해에 관해서는 여러 보도 매체마다 조금씩 다르지만 1949년 5월 17일에 국무회의록에 의하면 300개 부락 30,000여 호, 40개 학교의 220개 교실이 불에 탄 것으로 되어 있다.

그리고 인적 피해는 다음과 같다. 남로당 인민유격대로 활동한 인원은 2,000~4,000명으로 추산되는데 이들은 전멸되었으며 대부분 희생자로 신고되었다. 그리고 이들을 진압한 군과 경찰 피해(전사) 및 민간인 희생자는 다음과 같다.

• 민간인 희생자 : 14,822명[426]

– 사망 : 10,589명, 행불 : 3,702명, 후유장애 : 213명, 수형자 : 318명

• 남로당 유격대(전사) : 2,000 ~ 4,000명(민간인 사망에 포함됨)

• 군인(전사) : 160여명,

• 경찰(전사) : 179명

• 우익단체 : 640명[427]

신고를 받은 결과 민간인 사망은 토벌대에 의한 희생이 86%, 남로당 유격대에 의한 희생이 14% 정도로 파악되었다. 그러나 희생자 선정 당시 심사소위원회에 있었던 한광덕 4·3중앙위원은 희생자라고는 할 수 없는 수형인, 행방불명자, 교전 중에 사살된 자, 희생을 보증해 줄 수 없는 자 등이 희생자로 선정 되었다고 주장하고 있다.

4·3사건의 성격

8·15해방 후 한반도 통일정부 수립 방안으로 유엔은 남북한 총선거를 제안하였는데 이를 소련과 김일성이 반대하였다. 이에 유엔은 선거가 가능한 남한 지역만이라도 선거를 하기로 하였다. 그런데 1948년 당시 월북해 있던 남로당 지도자 박헌영

---

426 2024년 1월 11일 제주4·3위원회 제33차 회의에서 결정된 숫자임.

427 군인, 경찰, 우익단체 희생자 통계 출처는 4·3평화재단 에서 발행한 「추가진상조사보고서」와 『경찰사』임.

은 남한에서 선거하면 우익 정부가 수립되고 좌익인 남로당은 소멸할 것이 예견되자 남로당에서 폭동을 일으켜서 남한만의 단독선거를 저지하고 인민공화국을 수립하라는 지령을 내렸다.

그래서 남로당은 1948년의 2·7폭동 지령을 내렸고 이 지령은 제주도에도 문서로 내려왔다. 북한에 있던 박헌영이 소련 군정 책임자 및 김일성과 사전에 협의하고 남로당에 폭동지령을 내렸을 가능성을 주장하는 사람들도 있다. 제주도 남로당은 1947년 3·1사건 이후로 경찰과 대립 관계에 있었다. 이들은 비밀리에 폭동 준비 회의를 하였는데 비밀이 누설되어 두 차례에 걸쳐서 회의에 참석한 열성 당원 220여 명이 경찰에 체포되었다. 남로당 제주도당은 이에 대한 대책으로 1948년 2월 22일의 신촌회의에서 남한만의 단독선거와 단독 정부 수립을 반대하고 조직을 수호하기 위하여 경찰을 공격하기로 하였다. 이를 위해 프락치가 다수 활동하고 있었던 경비대 제9연대를 동원하기로 하였다. 한편, 신촌회의 보름 후인 3월 6일 경찰에 의한 최초 고문치사 사건이 일어나는 등 3월 중 3건의 고문치사 사건이 발생한다.

1948년 4월 3일, 남로당 제주도당 유격대가 12개 지서를 공격하고 경찰 가족, 우익인사, 선거관리 요원들을 살해하는 4·3사건을 일으켰다. 그런데 이날 제주읍의 경찰본부 공격을 담당키로 했던 경비대 동원에 차질이 생겨 제주읍을 장악하는 인민공화국 수립 계획은 실패했다. 남로당 측은 경찰 눈을 피해 낮에는 숨어 있다가 밤이 되면 마을을 장악하고 우익인사들을 처형하곤 하였다.

1948년 10월 19일, 여·순반란이 일어나자, 남로당 제주도당은 용기를 얻었음인지 10월 24일에 대한민국에 선전포고를 하였고 11월 1일에 군·경 등에 침투해 있던 프락치들과 합세하여 제주읍을 공격하려 했으나 사전에 발각되어 실패하였다. 그리고 1950년 6월 25일 전쟁이 발발하여 7월 초에 북한군이 남진하자 7월 초에 '인민군지원환영회'를 조직하여 북한군의 제주도 상륙에 대비하는 등의 행동을 하였다. 한마디로 제주도의 좌파세력은 전쟁의 와중에도 대한민국에 반역을 시도한 것이다.

4·3사건 초기에 남로당 측이 경비대를 동원하려 했던 것은 실패하였으나 남로당 측의 본심을 파악하는 데 대단히 중요한 단서를 제공하고 있다. 남로당 측은 불만을 나타내는 주민들의 폭동을 염두에 둔 것이 아니라 5·10선거를 반대하고 정부 수립을 저지하려 했으며, 제주도에서 자유민주주의 체제를 전복시키고 조선민주주의 인민공화국을 건국하려 했다. 이는 4·3사건 이후 발견된 남로당 제주도당의 포고령에도 분명히 기록되어 있다.

포고령은 4·3사건 이후 4월 10일에 남로당 무장대가 인민해방군 제5연대 명의로 주민들에게 살포한 삐라(전단)로 호소문의 내용과 유사하나 남로당이 제주도 무력 폭동에 임하는 근본적인 정치적 목적 등 의미 있는 내용이 좀 더 구체적으로 포함되어 있다.[428]

포고령

우리 인민해방군은 인민의 권리와 자유를 완전히 보장하고 인민의

---

428 나종삼, 『제주4·3사건의 진상』, 아성사, 2013, 129쪽.

의사를 대표하는 인민의 나라를 창건하기 위하여 단선단정을 죽엄으로서 반대하고 매국적인 극악반동을 완전히 숙청하므로서 UN조선위원단을 국외로 몰아내고 양군을 동시 철퇴시켜 외국의 간섭 없는 남북통일의 자주적 민주주의 정권인 조선민주주의인민공화국이 수립될 때까지 투쟁한다.

- 인민해방군 목적달성을 전적으로 반항하고, 또 반항하려는 극악 반동분자는 엄벌에 처함.
- 인민해방군의 활동을 방해하기 위하여 매국적인 단선단정을 협력하고 또 극악 반동을 협력하는 분자는 반동과 같이 취급함.
- 친일파 민족반역도배들의 모략에 빠진 양심적인 경관, 대청원은 급속히 반성하면 생명과 재산을 절대적으로 보장함.
- 전 인민은 인민의 이익을 대표하는 인민해방군을 적극 협력하라.

4281(서기1948)년 4월 10일

해방지구 완전지대에서, 인민해방군 제5연대[429]

위의 상황을 고려하면 제주 4·3의 성격은 항쟁 또는 폭동보다는 대한민국 정부 수립을 방해하고 저지하려는 반란으로 규정하는 것이 타당하다고 본다. 4·3은 1948년 3월 6일 최초의 고문치사 사건이 일어나기 보름 전인 2월 22일의 신촌회의에서 경찰을 공격하기로 결정하였으

429 고재우, 『제주4·3폭동의 진상은 이렇다』, 1998, 79쪽; 제주도경찰국, 『제주경찰사』, 1990, 322쪽. 이 삐라는 1948년 4월 21일 모슬포경찰서 통신계에 근무하는 강순형 이강호 순경이 절단된 전화선 연결을 위하여 출동하였는데, 대정읍 보성리에서 상모리 쪽으로 80m 지점의 소나무밭 일대에서 29매를 수거하였다.

므로 경찰의 탄압에 주민들이 궐기했다는 민중항쟁이나 봉기론도 앞뒤가 맞지 않는 주장이다. 2001년 헌법재판소도 4·3사건의 성격을 공산폭동, 내란으로 결정했다.(사건번호: 2000헌마238)

6-016

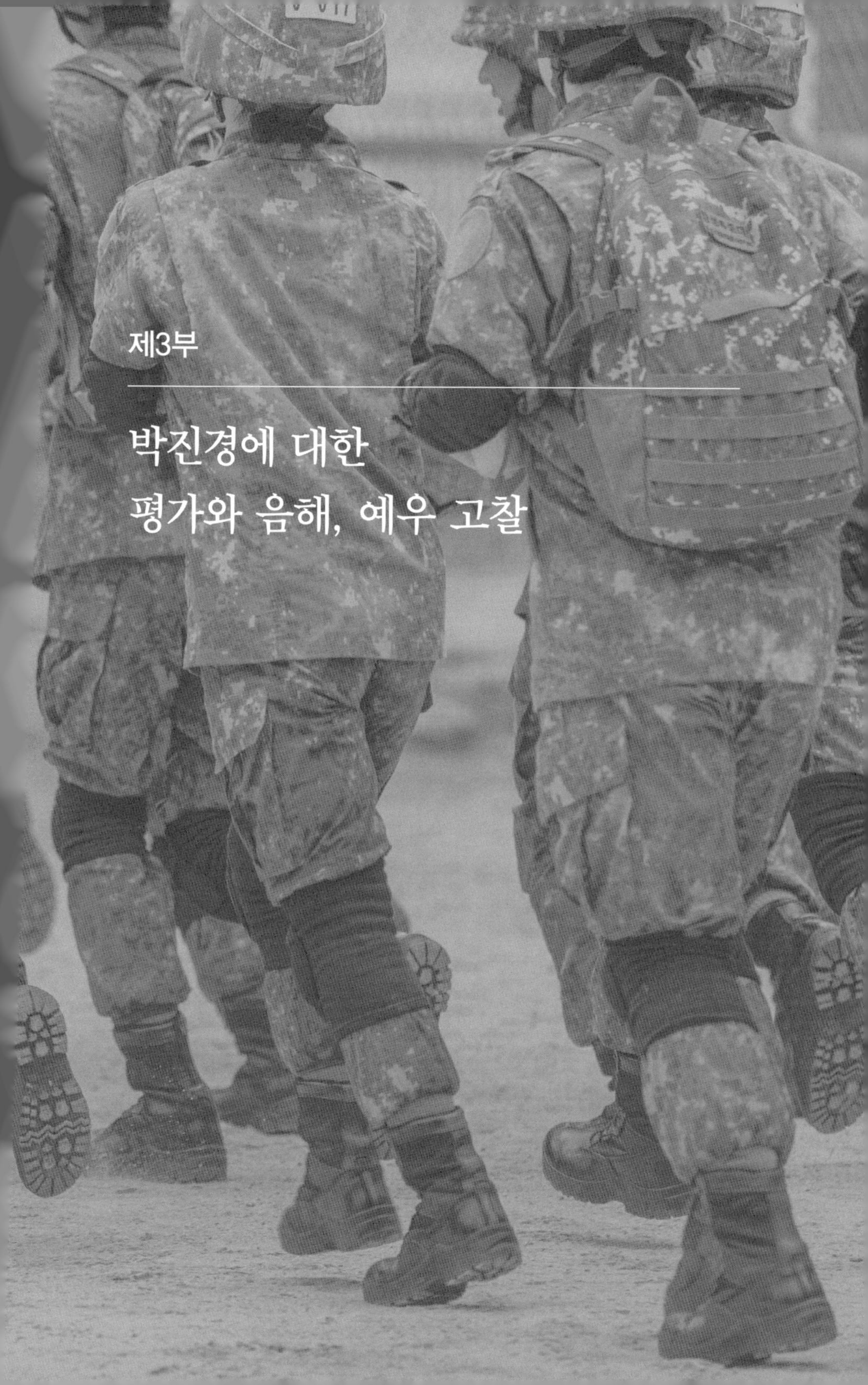

제3부

박진경에 대한 평가와 음해, 예우 고찰

제12장

박진경에 대한 평가

긍정적인 평가

인간 박진경에 대해 평가한 인물과 기록은 제한적이다. 주한 미육군은 "박진경은 한국군의 부대장 및 야전 지휘관 중 가장 우수한 인물의 하나로 평가된다"[430]라고 하였는데, 박진경과 관계가 있는 몇 분의 의견을 들어보면 다음과 같다.

| 강태홍

제11연대 통신대장을 했던 강태홍(소장 예편) 장군은 다음과 같이 증언했다.

나는 통신 2기로 임관하여 제주도에서 연대장 김익렬, 박진경, 송요

430 주한미육군사령부 1948. 6.18 일일정보보고서.

찬 밑에서 소위로서 통신대장을 했는데, 통신대원은 약 30명이며, 최신 장비가 있어서 육군본부와도 통신이 가능했다.

김익렬 연대장은 성품이 괄괄했는데, 박진경 연대장은 군인답지 않게 말씀이 점잖았고, 부하들에게도 막말하지 않는 인자한 성품을 지녔으며, 동료들이 '참모총장감'이라고 하는 말을 들었다. 그리고 중대장 문상길이가 폭도 두목 김달삼의 지령을 받고 박 연대장을 암살했다는 말을 들었다.[431]

| 이세호

주월사령관과 육군참모총장을 역임했고, 박진경 연대장 밑에서 제9연대 1대대 1중대장과 1대대 부대대장을 한 이세호(육사 2기) 장군은 박진경에 대해 다음과 같이 증언했다.

그분은 진짜 인격자이고 살아계셨다면 참모총장이나 국방부 장관까지 하실 분이시다. 성품이 독재형이 아니다.[432]

내가 제9연대 1대대의 1개 소대 규모가 집단탈영했을 때 제주에 가서 "연대장님 큰일 났습니다. 지금 1개 소대가 없어졌습니다. 이놈들이 가면서 대정지서를 습격해서 거기 경찰관들 다 죽이고 무기까지 가지고 한라산으로 도망을 쳤습니다."라고 탈영보고를 했는데, 연대장은 보고 내용을 가만히 듣고는 꾸지람 한마디 없이 "그래, 할 수 없지. 너희 9연

431 강태홍의 증언은 유족이 보관하고 있던 자료를 인용했다.

432 국방군사연구소, 정석균 2001. 7. 15 채록.

대는 제주도 출신이 많으니까 더 이상 불거지지 않게 대내 수습을 잘하고 별도의 명령이 있을 때까지 그대로 모슬포에 있어라. 내가 조치해 줄 테니까."라고 침착하게 말했다. 나는 책임추궁을 당할 줄 알고 있었는데, 이 말을 듣고 "아이고 살았구나"라고 했다. 그분의 인품을 알게 되었다. 보통 사람이 아니었다.[433]

| 류근창

합참본부장을 역임했고, 박진경 연대장의 참모로 제9연대 군수과장을 한 류근창(육사 2기) 장군은 박진경의 인품에 대해 다음과 같이 증언했다.

박진경 대령은 훌륭한 분이셨다, 양민을 무조건 학살할 성품이 아니다. 모두들 한테 존경받는 인품의 소유자다.[434]

| 백선엽

창군 초기 부산의 제5연대에서 중대장, 대대장, 연대장 시절에 박진경을 부중대장과 대대 인사과장 및 연대 인사과장으로 기용했으며, 육군참모총장을 역임한 백선엽 장군은 박진경에 대해 2001년 4월 2일 제53주기 추모식 인사말에서 다음과 같이 말하였다.

---

433 제주 4·3위원회 전문위원 나종삼 2002. 10. 4 채록.

434 국방군사연구소 정석균 2001.7. 27 채록.

…(전략). 여러분도 잘 알다시피 김일성 도당은 소련과 중공의 사주를 받아 가지고 이 남한을 공산 적화로 만들기 위해서 제주도를 거점으로 삼으려고 4·3사건을 일으켰습니다. 이것은 우리 남한 정부가 미 군정청에 의한 군정시절이라 제주도까지 통제가 되지 못한 때문이 아닌가 하는 생각이 듭니다. 적화공작을 막기 위해서 경찰만이 고군분투하였으나 사태가 심해지자 우리 국방경비대가 치안업무를 맡게 되었습니다.

고 박진경 대령은 인간적으로도 위대했고, 군인으로서도 참 훌륭한 지휘관이었습니다. 이분이 생명을 더 길게 보전했던들 우리 국군의 최고 지도자가 되었을 것입니다. 불행히도 그 뜻을 이루지 못하고 그 숙원의 일부를 달성하다가 공산집단의 야수에게 그 생명을 빼앗겼습니다.

이분이야말로 우리 국군의 초석이요 우리 국군의 위대한 창시자요 우리 국가를 목숨으로 지키신 초창기의 위대한 지도자였습니다. 이러한 면에 있어서 우리가 이분을 추앙하는 것이 우리 건국. 건군의 정신이라고 생각합니다. (후략)"[435]

| 하우스만

경비대 총사령부 미 고문관으로서 박진경과 같이 근무했으며, 절친한 사이였던 하우스만[436] 씨는 1980년 2월의 서신에서 박진경에 관하여 다음과 같이 썼다. 경비대 시절 박진

---

435 백선엽, 2001. 4. 2 남해에서 거행된 고 박진경 대령 53주기 추모식 인사말 중에서.

436 1946. 8.에 미 육군 대위로 조선경비대 총사령부 창설 요원으로 한국에 부임, 6·25전쟁을 경험했고, 이후 주한미군사령관 특별보좌관을 끝으로 35년간의 한국 근무를 마치고 1981년 미국으로 귀국함.

경 대령과 같이 근무한 적이 있고 당시 가까운 사이였다.

"1948년 당시 저는 고 박진경과는 아주 잘 아는 사이였습니다. 그래서 저는 초기에 대한민국을 전복하려 했던 적과 맞서서 그가 보여주었던 위험을 무릅쓴 대담한 용기와 진실성을 입증할 수 있는 것입니다. 전쟁에서의 박대령의 죽음은 애국지사들이 늘 조국을 구하려 했던 당시 어두웠던 시절의 조국에 대한 하나의 찬란한 기억인 것입니다. 저는 이 용감무쌍했던 장부의 훌륭한 명성을 보존할 수 있는 어떠한 조치에 대해서도 전적으로 지지하는 바입니다."[437]

| 채명신

주월사령관을 역임했으며 4·3당시 9연대 1대대 3중대 소대장으로 진압작전에 참여했던 채명신(육사 5기) 장군은 박진경 대령의 진압 작전에 대해 다음과 같이 평가했다.

"한쪽에서는 박진경 대령이 양민을 학살했다고 하는데 그는 양민을 학살한 게 아니라 죽음에서 구출하려고 했습니다. 4·3 초기에 경찰이 처리를 잘못해서 많은 주민이 입산했습니다. 그런데 박 대령은 폭도들의 토벌보다는 입산한 주민들의 하산에 작전의 중점을 두었습니다. 이러한 양민보호작전은 인도적이면서 전략적 차원의 행동입니다….(중략) 그는 주민들을 선무공작으로 입산 무장대로부터 분리시키는 데 주력했습니

437 미 제8군사령관 특별보좌관, 하우스만, 1980. 2. 서신중에서.

다. 유격전에서 유격대와 주민은 물과 물고기의 관계입니다. 이는 모택동의 이론입니다. 따라서 물고기는 물이 없으면 살 수 없으므로 유격대를 섬멸하려면 우선 주민을 유격대와 분리시켜야 합니다. 내가 월남에서 작전할 때도 베트공과 주민을 분리시키는 데 작전의 주안을 두었습니다.[438] 내가 월남전에서 "100명의 베트콩을 놓치는 한이 있더라도 1명의 양민을 보호하라" 는 지침을 내 걸었는데, 이는 박진경의 지침을 그대로 옮긴 것이었습니다.[439]

박진경 대령이 "폭도들의 토벌보다는 입산 주민들의 하산에 작전의 중점을 두었다"라는 채명신의 증언은 작전사령관 브라운 대령의 기자회견 내용과 일치한다. 브라운 대령은 1차 작전이 끝난 1948년 6월 2일의 기자회견에서 다음과 같이 말했다.

나는 약 10일 전에 부임하였다. 우리 작전은 순조롭게 진행되고 있다.

1. 경찰은 한라산을 중심으로 한 주변 도로로부터 四(사) 키로까지 사이에서 치안을 확보하는 임무를 수행 중에 있으며
2. 국방경비대는 제주도의 서쪽으로부터 동쪽 끝까지 모조리 휩쓸어 버리는 작전을 진행시키고 있다. 이와 같이 임무를 각각 분담한 것은 첫째, 경찰은 치안 행동을 취하게 하고 둘째, 국방경비대는 산중에서 전

438 제주 4·3위원회 전문위원, 나종삼, 2001. 4. 17 채록.

439 박철균, "제주도 4·3사건 역사 왜곡", 『대한민국 건국 74주년 기념 학술대회 논문집』, 2022.8.18, 54쪽.

투를 하도록 하기 위함이다.(중략)

그런데 우리의 작전목적은 백성들이 산중으로부터 내려와서 안전하게 하곡을 수확하고 새 곡식을 심도록 하기 위함이요 약 이십 명가량으로 보이는 산중의 두령들을 체포하는 데 있다. 이러한 결과는 치안을 회복하고 관공리들이 돌아와서 평화스럽게 일하게 될 것이다. …(후략)[440]

작전사령관 브라운 대령은 진압 작전의 목적이 '백성들이 산중에서 내려와 안전하게 하곡을 수확하고 새 곡식을 심도록 하며, 20여 명의 남로당 수뇌들을 채포하는 데 있다'라고 하였다. '박진경 대령은 입산주민의 하산에 작전의 중점을 두었다'라는 채명신의 증언은 브라운 대령의 증언 내용과 박진경 대령의 작전목적이 정확하게 일치하고 있음을 말해주고 있다.

부정적인 평가
| 김익렬

위와 같은 박진경 대령에 관한 긍정적인 평가와는 달리 박진경을 비판하는 인물이 있는데 그 대표적인 인물이 김익렬 장군이다. 김익렬은 유고(죽은 후에 공개된 글)에서 박진경에

440 전술한 바와 같이 『현대일보』, 1948년 6월 3일, 기사에서 모조리 휩쓸어 버리는 작전이라고 표현했는데. 이는 영어의 mop-up 작전을 번역한 것으로 추정되며 이는 군사용어로 소탕작전에 해당한다.

대해 다음과 같이 기록했다.

> 딘 장군은 박진경 중령에게 극비 명령을 내렸던 것이다. 그것은 말할 것도 없이 제주도 전역에 대한 초토작전 명령이었다. 현지 연대장인 나와 멘스필드 중령이 절대 반대해 온 작전이었다.(중략) 내가 제주도를 떠난 후 박진경 연대장은 '소신껏' 폭도토벌작전을 전개하였다. 그 토벌작전은 과거 일본군이 만주, 중국 등지의 점령지에서 유격대를 토벌했던 것처럼 양민과 폭도를 구분하지 않고 폭도 출현지역 내에 거주하는 주민은 무차별 토벌하는 것이었다. 그러나 작전의 결과는 여의치 않았다. 경비대는 많은 사상자를 내는 반면에 폭도측에 가담하는 도민들이 날로 늘어서 폭도의 수는 급격히 증가해 갔다. "[441]
>
> 박진경 중령은 취임식에서 "우리나라 독립을 방해하는 제주도 폭동사건을 진압하기 위해서는 제주도민 30만을 희생시키더라도 무방하다"고 말하였다. 그래서라도 독립하는 것이 중요하다고 역설하였다. 이것은 목적을 위해서는 수단과 방법을 가리지 않겠다, 다시 말해서 초토작전을 감행하겠다는 의지의 발로였다.[442]

위와 같은 김익렬 기록에 관하여 3가지 측면에서 검토해 보기로 하겠다.

---

441 김익렬 유고(제민일보 4·3 취재반, 『4·3은 말한다』 제2권 344, 347쪽).

442 위의 글, 345~346쪽.

딘 장군이 9연대장으로 부임하는 박진경 중령에게 '초토화 작전을 하라' 는 극비 명령을 내렸다는 주장

딘 군정장관은 4·3사건과 관련하여 1948년 4월 16일에 제주 군정관 맨스필드 중령에게 "경비대 1개 대대 증파, 군부대를 이용하여 제주도 폭동을 진압, 대규모 공격에 앞서 폭도 지도자와 접촉해서 항복할 기회 제공하라" "경비대 작전으로 붙잡힌 포로는 경찰에 인계하지 말 것" 등을 지시한 바 있었다.[443]

이런 지시를 내린 딘 군정장관이 미군 지휘관을 제치고 한국군 연대장에게 초토화 작전을 하라고 밀명을 내렸다는 주장은 아무 근거가 없는 김익렬 혼자만의 주장으로 믿을 수가 없다. 김익렬은 딘 장군이 박진경에게 내렸다는 밀명을 어떻게 알게 되었는지 근거를 제시해야 하는데 이런 근거를 제시하지 못하고 있다.

미국의 수정주의 학자인 죤.메릴은 그의 저서 '제주도 반란'에서 "1948년 5월 6일, 딘 군정장관은 9연대장으로 부임하는 박진경 중령에게 "최소한의 무력을 사용하여 반란을 진압하라"라는 지침을 내렸다"[444]고 기록했다. 이 기록은 좌익 기자들이 쓴 '4·3은 말한다' 제3권 419쪽(부록, 일지)에도 기록되어 있다. 그리고 딘 장관은 4월 16일 제주 군정관 맨스필드에게 "대규모 공격에 앞서 소요 집단의 지도자와 접촉해서 항복할 기회를 주라"[445] 는 지시를 내린 바 있다. 이런 딘 군정장

---

443 제주도 작전, 1948년 4월 18일,한국에서의 미 육군 지휘기록,1945~1949년.

444 John Merrill, "The Cheju-do Rebellion", *Journal of Korean Studies,* vol. 2, 1980, p75.

445 '제주도 작전', 1948. 4. 18, 미 육군 지휘기록, RG338.

관이 9연대장으로 부임하는 한국군 장교에게 '초토화 작전을 하라'는 지침을 내리겠는가?

김익렬은 딘 장군이 초토화 작전을 하라는 밀명을 박진경 중령에게 내렸다고 주장하려면 자신이 그런 명령을 받은 것이 아니므로 근거 자료를 제시해야 한다. 자료제시 없이 그런 명령을 했다고 주장하는 것은 허위 주장이다.

박진경 연대장이 '소신껏 초토화 작전을 실시했다'라는 주장

김익렬은 박진경이 "과거 일본군이 만주나 중국 등지에서 한 것처럼 초토화 작전을 실시했다."라고 주장했다. 그런데, 박진경이 실시한 진압 작전의 내용을 들여다보면 그는 정상적인 수색작전을 실시했으며 초토화 작전을 한 실적이나 근거가 없다. 진압 작전의 총지휘관은 미 브라운 대령이었으며, 브라운 대령 밑에 육상부대로 조선경비대(육군), 경찰, 해상부대로 해안경비대(해군), 그리고 포로수용소와 포로심문센터가 있었는데, 박진경은 육상부대의 일부인 경비대 제11연대장이었다.

당시 진압 작전은 모든 작전 요소에 대한 총지휘관인 미군인 브라운 대령의 엄중한 지휘하에 진행되었다. 예하 부대장이 마음대로 양민과 폭도를 구분하지 않고 초토화 작전을 한다는 것은 있을 수 없는 일이다. 그런 지시도 없었고, 그런 작전을 수행한 실적이나 근거도 없다.

브라운 대령은 포로심문센터를 운용하여 작전간 산간 지역을 배회하다가 연행되는 주민을 심문하여 필요한 정보를 획득하고 대공 용의점이 없으면 석방토록 했다. 미군 정보보고서에는 '경비대는 1차 작전 기간인 1948년 5월 30일~6월 2일까지 4일간 작전에서 주민 596명을 포로심문센터에 인계하였는데, 6월 2일에는 그중 427명을 심사완료하였다'[446]라고 기록돼 있다. 이는 포로들의 대공 용의점에 대한 합동심문이 신속하게 이루어졌던 것으로 확인되는 대목이다.

그리고 제11연대에는 미 고문관 리치 대위가 작전지역에 상주하면서 작전 상황을 상부에 보고하였는데, 경비대가 초토화 작전을 하여 주민을 학살하거나 고문을 하였다면 미 고문관에 의해 상부에 보고되고 그 기록이 남아있을 것이나 미군 보고서에는 경비대가 초토화 작전이나 민간인 학살, 그리고 고문한 기록은 전혀 없다.

앞서 언급했던 바와 같이 작전사령관 브라운 대령은 1차 작전이 끝나는 6월 2일의 기자회견에서 "우리의 작전목적은 백성들이 산중으로부터 내려와서 안전하게 하곡을 수확하고 새 곡식을 심도록 하기 위함이요, 약 20명가량으로 보이는 산중의 두령들을 체포하는 데 있다. 이러한 결과 치안을 확보하고 관공리들이 돌아와서 평화스럽게 일하게 될 것이다."[447] 라고 했다.

그리고 소대장으로 이 작전에 참가한 채명신(육사 5기)은 "한쪽에서는 박진경 대령이 양민을 학살했다고 하는데 그는 양민을 학살한 게 아니라 죽음에서 구출하려고 했습니다. 4·3 초기에 경찰이 처리를 잘못해서 많은 주민이 입산했습니다. 그런데 박 대령은 폭도들의 토벌보다는 입산한 주민들의 하산에 작전의 중점을 두었습니다. 이러한 양민보호 작전은 인도적이면서 전략적 차원의 행동입니다….(중략) 유격전에

446 주한 미 육군사령부 일일정보보고서, 1948. 6. 4.

447 『현대일보』, 1948년 6월 3일.

서 유격대와 주민은 물과 물고기의 관계입니다. 따라서 물고기는 물이 없으면 살 수 없으므로 유격대를 섬멸하려면 우선 주민을 유격대와 분리시켜야 합니다. 내가 월남에서 작전할 때도 베트공과 주민을 분리시키는데 작전의 주안을 두었습니다."[448]고 증언하였다.

작전사령관 브라운 대령의 '입산주민의 하산에 작전의 중점을 두었다'는 기자회견 내용과 채명신의 '박진경 대령은 양민을 학살한 게 아니라 입산한 주민의 하산에 작전의 중점을 두었다'라는 증언은 내용상 일치한다.

작전사령관 브라운의 방침에 역행하는 초토화 작전을 예하 부대장인 박진경 연대장이 수행했다는 '초토화 작전' 주장은 논리적으로도 맞지 않고, 현실적으로도 있을 수 없는 날조된 주장이다.

또한 김익렬은 '무차별 초토작전으로 많은 사상자가 발생했고, 폭도에 가담하는 도민이 증가해서 폭도 숫자는 급증했다'라고 했는데, 이 역시 엉터리 주장이다. 박진경의 제주도에서의 근무 기간은 5월 6일부터 6월 18일까지 43일간이고 그가 지휘한 병력은 4개 대대 15개 중대 3,800명이었다. 좌파 기자들이 미군 자료와 당시 신문 등 여러 문건을 조사한 결과 박진경 재임 간 경비대가 거둔 유격대를 사살한 전과는 25명뿐이며 그중 11명은 경찰과의 합동작전으로 거둔 전과이고 4명은 포로로 잡힌 상태에서 도주하기에 사살한 것이다.[449]

박진경은 재임 기간에 겨우 남로당 유격대 25명을 사살했는데, 초

448 채명신 증언, 제주4·3위원회 전문위원 나종삼 채록, 2001. 4. 17 채록.

449 제민일보 4·3취재반, 『4·3은 말한다』 제3권, 419-428쪽.

토화 작전으로 많은 사상자가 발생했다고 하는 것은 자료나 근거 없이 무조건 박진경을 매도하는 것이다. 김익렬은 동료들로부터 왕대포라는 별명을 받았는데, 대포의 위력을 실감할 수 있다.

김익렬은 "박진경은 양민과 폭도를 구분하지 않는 무차별 토벌하는 초토작전을 했다"라는 주장을 하려면 이에 대한 근거를 제시해야 하는데, 이런 근거자료 제시 없이 초토작전을 했다고 주장하는 것은 무고라고 볼 수 있다.

박진경 중령이 취임식에서 "제주도 폭동을 진압하기 위해서는 제주도민 30만을 희생시켜도 무방하다"라고 발언했다는 허위 주장

박진경 중령이 연대장 취임식에서 장병들 앞에서 "제주도 폭동을 진압하기 위해서는 제주도민 30만을 희생시켜도 무방하다"라고 발언했다는 주장은 매우 심각한 왜곡이다. 이 발언은 제주 사회를 자극하는 민감한 내용으로 박진경 대령을 왜곡하는 촉발제가 되었고 제주도민 학살설의 논거가 되었다. 제9연대장의 이취임식은 제주 사회에서는 주요 기관장의 교체여서 여론과 제주도민의 관심사였다. 만약 박진경이 제주에 도착한 날인 5월 6일 급히 제9연대 지휘소의 연대본부 요원들 앞에서 취임식을 거행하였다면 신문기자들이 소식을 듣지 못해서 취재하지 못했을 수도 있다. 그러나 김익렬의 유고에는 박진경이 부대마다 순회하면서 취임식을 했다고 나오는 데 취임식장에서 도민 30만 희생설 등 극도로 자극적인 발언을 했다면 기자들이 취재하여 당시의 제주지역 언론에 대대적으로 보도되었을 것이다. 그러나 그런 보도는 단 한건도 없었다.

또한 김익렬의 유고가 사실이라면 암살범들의 재판에서도 범인들은 이·취임식에 참석해서 신임 연대장의 취임사를 청취한 바 있으므로 자기 합리화를 위해서는 박진경의 취임사를 모두 거론했어야 하는데, 그런 진술은 없었다. 주범 문상길은 법정 최후 진술에서 남로당 유격대 사령관을 만났을 때 "김달삼이 30만 도민을 위해서 박 대령을 살해했으면 좋겠다고 하였을 뿐 지령을 받지는 않았다."라고 했다.[450]

그리고 저격범 손선호 하사는 박진경이 작전 시 "우리나라 3,000만을 위해서는 30만 제주도민을 다 희생시켜도 좋다"는 방침을 내렸다고 진술하면서, 5월 1일 오라리 마을에 가서 수많은 남녀 시체를 보았는데, 이는 박진경 부임 후의 일이었다"라고 진술하였다.[451] 오라리 방화 사건은 김익렬 연대장 시절의 사건이었다. 손선호는 앞뒤가 맞지 않는 엉뚱한 말을 한 것이다. 박진경 중령의 제주도 부임 일자는 5월 6일이다. 손선호 하사는 생에 대한 애착으로 진술 당시 정신이 혼미해 졌거나 자신을 조금이라도 정당화 하기 위한 앞뒤가 맞지 않는 허위 진술을 한것이다.

박진경이 부대를 돌며 취임식 행사를 하고 취임사를 했다면 이임하는 연대장인 김익렬과 중대장인 문상길 중위, 그리고 손선호 하사 등 암살범 8명이 같이 들었을 것이다. 김익렬은 취임사에서 박진경이 '제주도민 30만 명 희생설'을 발언했다고 했으나 암살 주범 문상길은 김달삼으로부터 '도민 30만을 위하여 박진경을 살해하면 좋겠다'라는 말을 들

450 『조선중앙일보』, 1948년 8월 14일.

451 『한성일보』, 1948년 8월 14일.

었다고 했고 저격범 손선호 하사는 박진경이 작전 시 이런 작전방침을 내렸다고 하는 등 주요 인물 3인의 진술이 전혀 일치하지 않는다.

우선 김익렬의 유고에 나온 취임사와 손선호 하사의 진술에서 언급하고 있는 작전 방침과는 큰 차이가 있다. 취임사는 장병들이 모인 공개된 자리에서 공식적으로 하는 발언이다. 반면 작전 방침은 비밀 내용 등도 포함될 수 있어서 소수의 주요 지휘관이나 지휘자들이 모인 자리에서 은밀하게 하달하는 형식을 취한다. 따라서 연대장의 작전 방침은 대대장, 중대장, 소대장 등 지휘자에게 내리는데 위생병인 손선호 하사가 거론한 것이 우선 이해하기 어렵다.

손선호는 "전·후임 연대장의 작전지침을 비교해 보고 동족상잔을 피해야 한다는 김익렬의 작전 방침에 동조하여 무모한 토벌작전을 막기 위한 것이 박진경 연대장 암살의 동기"라고 법정에서 그럴듯하게 진술하였다. 만약 박진경 연대장이 취임사에서 "제주도 폭동을 진압하기 위해서는 30만 제주도민을 희생시켜도 무방하다"라는 발언을 했다면 범인들은 모두 이 발언을 거론하면서 무모한 토벌 작전을 막기 위해 또는 제주도민 30만을 구출하기 위해서 연대장을 암살했다고 주장했어야 했다. 그런데 범인들의 주장이 각각 전혀다르게 엇갈리고 있어 박진경의 '30만 제주도민 희생설'은 신빙성을 갖기 어렵다.

그리고 연대 작전장교 임부택 대위는 범인들이 주장한 '작전방침으로 하달한 제주도민 30만 명 희생 무방설'을 부인하였다.[452]

452 다음 장 '정부 4·3 보고서를 통한 음해'에서 상세히 기술함.

증인으로 법정에 섰던 김익렬은 평소 이에 관하여 아무런 언급이 없다가 유고에 '제주도민 30만 명 희생설'을 남긴 것은 혹시 손선호의 법정 진술 등 어렴풋한 다른 기억을 그대로 유고에 기록한 건 아닌지 심히 의심된다. 그리고 역사적 사실에 근거한 주장이라면 당당하게 글을 생전에 공개할 수 있었을 터인데 굳이 사후에 공개하라고 유언을 남김으로써 말 못 할 사정이 있을 것 같은 커다란 의구심이 든다.

김익렬은 1980년 8월 15일 창군동우회에서 육군 참모총장에게 보낸 박진경 대령 장군 추서 건의문에 서명하고 도장을 찍었는데[453] 1988년 죽기 전의 유고에서는 박진경에 대해 악평하였다는 것 역시 절대 이해되지 않는 대목이다.

박진경 대령이 취임사에서 "제주도 폭동을 진압하기 위해서는 제주도민 30만 명을 희생해도 무방하다."라고 말했다는 주장은 어떠한 사실적 근거가 없다. 이 책의 4부에 있는 4·3 조사위원회와 군사편찬연구소에서 공식적으로 조사한 박진경 대령 부하들(채명신, 김종면, 이세호, 류근창)의 증언 어디에서도 박전경 대령의 30만 명 희생설은 찾아볼 수 없다.

---

453 본 책자의 4부 자료 #4에 건의문 사본이 있다.

제13장

제주4·3사건 학살자라는 좌파들의 음해

정부 4·3 보고서 사실 왜곡

김종민은 정부 보고서에서 '박진경 암살의 배후'에 관해 편파적으로 기술함으로써 박진경을 음해하였다. 김달삼이 기록한 '제주도 인민유격대 투쟁보고서'에는 '5월 7일 중앙당 올구(정치지도원)가 제주도당에 도착했고, 5월 10일의 도당 대표 2명과 경비대 남로당 프락치 대표 3명이 참석한 대책 회의에서 박진경 연대장을 숙청하기로 결정했다.'라는 기록이 있다.[454]

김종민은 남로당 중앙당 올구(정치지도원)의 제주도 도착 후 열린 1948년 5월 10일의 회의를 정부보고서에 누락하여 박진경 대령 암살과 남로당 중앙당과의 연관된 부분을 숨기고 박진경 대령의 암살에 관하여

454 문창송 편, 앞의 책, 79-80쪽., 『제주4·3사건 자료집 12권』, 271쪽. 당시 나희필은 남로당 당원은 아니었다.

범인들과 변호인들의 주장을 보고서에 기술했다. 이를 통해 남로당 중앙당의 지령에 따라 부하가 상관을 살해한 이들의 행동을 30만 제주도민을 구출하기 위한 행동으로 미화할 수 있도록 했다. 현재는 일부이기는 하지만 박진경 대령 암살이 의거인양 암살범들에 대한 진혼제도 올리고 있는 상황이다.

박진경 암살범 재판 과정에서 주범 문상길은 김달삼과 만났을 때 "김달삼이 30만 도민을 위하여 박진경을 살해하면 좋겠다고 하였을 뿐 절대 지령을 받지는 않았다."[455]고 진술함으로써 남로당의 지령설을 사실상 시인했다. 그러나 손선호 등 다른 범인들은 김익렬 전임 연대장과 박진경 후임 연대장의 작전 방침을 비교하면서 '박진경의 무모한 토벌 작전을 막기 위한 것이 암살의 동기였다'라고 강변하였다. 특히 박진경을 저격한 손선호는 "무고한 양민을 압박하고 학살하게 한 박대령은 확실히 반민족적이며 동포애를 구하고 성스러운 우리 국방경비대를 건설하기 위하여는 박 대령을 희생시키는 수밖에 없다고 생각하었다"[456]라고 진술했다. 또한 전술한 바와 같이 경찰과 청년단이 관련된 5월 1일의 오라리 방화사건을 박진경 부임 전의 사건임에도 부임 후의 일이라고 앞뒤가 맞지 않는 발언도 하였다.

암살범의 변호인들은 "문상길 중위 이하 각인은 산 사람들의 지령을 받은 일도 없고 또 무슨 사상적 배경도 없고, 다만 민족애와 정의감에서 나온 범행이었으니 특별히 고려해 달라," "4·3사건의 원인은 악질

---

455 『조선중앙일보』, 1948년 8월 14일.

456 『한성일보』, 1948년 8월 14일.

경찰과 탐관오리 때문이다."라고 하는 등 선처를 호소하거나 잘못된 주장을 했다. 그뿐만 아니라 한성일보 1948년 8월 19일 자 기사를 인용하여 재판 과정에서 연대 작전과장 "임부백 대위가 1. 조선 민족 전체를 위해서는 30만 도민을 희생시켜도 좋다. 2. 양민 여부를 막론하고 도피하는 자에 대하여 3회 정지 명령에 불응하는 자는 총살하라."라는 박진경 대령의 명령에 대해 진술했다고 정부보고서에 기록했다.[457] 그런데 한성일보 해당 기사를 확인한 결과 임부택 대위가 진술한 것이 아니고 임부택 대위는 피고들이 그런 말을 했다고 진술했다라는 것이 정확한 기사의 내용이다. 정부보고서에서 의도적으로 왜곡하여 인용한 한성일보 해당 기사의 원문은 아래와 같다.

> 김양(박진경 대령 암살범의 변호인) 씨는 다음과 같은 소감을 말하였다.
>
> "임부택 대위의 진술을 보면 박 대령 부임 전 평화 복구를 목적으로 선무하여 그들과 다정하여진 피고들은 1. 조선민족 전체를 위해서는 30만 도민을 희생시켜도 좋다 2. 양민 여부를 막론하고 도피하는 자에 대하여 3회 정지 명령에 불응자는 총살하라 는 등 타국과의 전쟁을 연상케 한 박 대령의 명령에 피고들은 불응하였으며…(후략)"

한마디로 한성일보의 보도는 박진경 대령의 암살범을 변호했던 김양 변호사가 임부택 대위의 증언을 인용한 언론 보도이다. 암살범들의

457 정부보고서 210쪽.

발언은 자신들 행동의 정당화를 위해 구실을 찾았을 것이 자명하다. 정부보고서에서는 박진경 대령의 암살범들이 한 진술의 주어인 '피고들'이라는 단어를 제거 함으로써 박진경 대령의 작전 과장이었던 임부택 대위의 증언으로 바꿔치기했다. 마치 임부택 대위가 그런 증언을 한 것처럼 기록함으로써 사실을 왜곡하였다.[458] 만약 임부택 대위가 이를 시인했더라면 김양 변호사가 변론 시 임부택 대위도 시인했다는 내용이 있어야 하고 이는 당시 언론에서 대서 특필되었을 것이다. 그런데 그런 기록은 없다. 임부택 대위는 결코 범인들이 주장한 작전 방침인 '제주도민 30만 명 학살설'을 인정한 적이 없다.

더구나 임부택 대위는 1996년 발행한 그의 저서, 『낙동강에서 초산까지』에서 박진경 대령의 피살 소식에 친형이 전사한 것 이상으로 비통했다고 했다고 했다.

> "박 대령의 비보를 들은 나는 비통함을 형언할 수 없었다. 제주폭동을 진압하기 위해서 함께[459] 제주로 왔다가 불귀의 객이 되었으니 이는 마치 친형이 전사한 것 이상으로 비통했다."[460]

임부택 대위는 연대 작전참모를 끝내고 1949년 3월 유재흥 사령관

---

458 4·3 조사위원회 나종삼은 2001년 임부택의 증언 채록을 위해 자택을 방문하였으나 중병으로 증언을 받을 수 없었다. 그해 가을에 임부택은 영면했다.

459 박진경 대령과 임부택 대위는 1948년 5월 6일부로 제주도에 부임했다.

460 임부택, 『낙동강에서 초산까지』, 그루터기, 1996, 40쪽.

시절 제2연대 1대대 전투대대장을 자원해서 무장대 토벌에 앞장섰다. 유재흥 사령관의 방침에 따라 전투대대장 제도를 시행함으로써 당시 2연대 1대대장은 전부일(육사2기) 이었으나 내대 행정지원만 하도록 하고 새로 임명된 대대장인 임부택(육사1기) 소령이 전투 지휘를 하도록 했다. 임부택은 박진경 대령을 이어 남로당 인민유격대 토벌 작전에 직접 나선 것이다.

암살범들의 자기변명을 위한 주장은 더더욱 말도 안 되는 주장이었다. 병사들이 전임, 후임 연대장의 작전 방침을 비교하고는 후임 연대장의 무모한 토벌 작전을 막기 위해 그를 암살했다는 주장도 그렇고, 무고한 양민 학살을 막으려면 작전 수행 전에 암살해야 논리적으로 맞지, 작전 후에 암살했다는 것은 더욱 논리에 맞지 않는다. 암살범들은 그들의 정치적 목표였던 조선민주주의인민공화국 건립에 큰 걸림돌이었던 박진경 대령을 정치적 목적으로 암살한 것이다.

이처럼 김종민은 재판 과정을 아무 비판이나 반론 없이 범인이나 변호인들의 주장을 일방적으로 보고서에 반영하고 심지어 범인이 사형장에서 처형 직전에 남긴 유언까지 보고서에 기록했지만, 암살의 배후에 관한 결정적 자료인 남로당 중앙당과 관련된 자료는 소개하지 않았다. 이러한 정부보고서의 기록들은 이들이 마치 열사인 것 처럼 둔갑시킬 수 있게 했다.

더구나 전술한 바와 같이 제9연대 중위 문상길은 모슬포 산중에서 산사람 사령관 김달삼과 만나 박 대령을 살해할 것을 지령받았으며 문상길의 지시로 손선호가 취침 중인 박대령을 6월 18일 쏘았다는 검찰측 기소 관련 언론 보도[461] 내용은 정부보고서에 빠져있다.

남로당 내부 문건인 '인민유격대투쟁보고서'를 보면 박진경이 9연대장에 취임한 다음 날인 1948년 5월 7일에 남로당 중앙당 정치 지도원(올구)이 열차와 배를 이용하여 남로당 제주도당에 도착했다. 3일 후인 1948년 5월 10일 제주읍 모처에서 남로당제주도 도당 군책 김달삼, 조직책 김양근, 국방경비대 오일균 소령, 9연대 정보장교 이윤락 중위, 오일균 소령 부관 나희필 소위와의 회의가 있었다. 이 회의에서 9연대장 박진경의 숙청을 결정했다고 기록했다.[462] 이 회의는 남로당 중앙당 올구(정치지도원)가 개입해서 열린 회의였으며, 박진경 암살의 배후는 남로당 중앙당이었다.

4·3사건 관련한 자료에 해박한 김종민이 남로당 내부 문건인 제주도 인민유격대 투쟁보고서의 내용을 모를 리 없는데도 이를 보고서에 반영하지 않은 것은 박 대령 암살 배후가 남로당 중앙당이라는 걸 차단하기 위한 것이었다. 이를 통해 박진경 대령의 암살을 부하들의 자발적 행동으로 만든 것은 역사 왜곡일 뿐만 아니라 박진경에 대한 음해다. 그리고 인민유격대 투쟁보고서가 4·3사건 자료집 12권에 수록되어 있었음에도 11권까지만 공개하고 마지막 12권을 비공개로 한 것 또한 사실 왜곡을 증빙하는 근거이다.

---

461 『남조선민보』·『국제신문』·『현대일보』, 1948년 8월 10일; 『호남신문』, 1948년 8월 11일.

462 문창송, 앞의 책, 78-80쪽; 『제주4·3사건 자료집 12권』, 271쪽.

언론을 이용한 음해

2021년 4월 2일 제주 KBS는 「암살 1948」이라는 프로를 방송했는데, 내용은 박진경 암살에 관한 진실을 은폐한 채 박진경을 학살자로 매도하는 내용이었다. 진행자는 경비대의 작전에 관해 "그(박진경)의 토벌 작전은 전방위적으로 펼쳐졌다. 양민과 폭도들을 구분하기 어렵다는 이유로 폭도가 출현한 지역의 주민들을 무조건 연행해 갔다. 무차별적 토벌은 살아 돌아오면 다행이었다"고 하자 김종민이 "정말 닥치는 대로 청년들을 잡아들였다. 잡아들여서 고문도 하고 어린아이도 막 죽이고, 연대장이 학살 명령을 했다"고 맞장구를 쳤으며, 작전 간 주민 6,000명을 체포했다고도 말했다.

또 2022년 3월 10일 제주도의 14개 좌파 단체(제주4·3연구소, 제주4·3기념사업위원회, 제주주민자치연대, 제주민주화운동기념사업회, 제주참여환경연대, 제주문화예술공동체, 노무현재단제주위원회 등)는 공동으로 제주도민이 세운 제주시 연동에 있는 박진경 추도비에 감옥을 상징하는 쇠창살을 씌우고 '역사의 감옥'이라 하면서 왜장에게 충성을 맹세한 "일본군 소위 출신, 제주4·3사건 학살자"라는 표현이 들어간 푯말을 세웠다. 이 쇠창살과 푯말은 그 후 우파시민단체인 제주4·3사건재정립시민연대와 박진경 대령 유족 측이 추도비 관리책임이 있는 경찰과 보훈처에 고발 및 철거 요구로 곧 철거되었다.

그리고 '제주의 소리'라는 언론 매체는 동년 3월 12일 자 기사에서 3월 10일의 '박진경 추도비 쇠창살 사건'을 보도하면서 "무고한 제주도민들을 학살의 구렁텅이로 밀어 넣은 제주 4·3 학살 주범 박진경 대령"이라고 보도함으로써 박진경을 4·3사건 학살의 주범으로 매도했다.

좌파들은 아무 근거도 제시하지 않고 진압 작전을 펼친 박진경 대령을 '4·3사건 학살자다' '학살의 주범이다' '학살 명령을 내렸다'라고 매도했으며, 마치 무고한 주민 5,000~6,000명을 체포해서 이들을 고문한 것처럼 묘사하기도 했다. 그리고 일본군 장교 출신은 무조건 잘못된 것처럼 표시했다. 그렇다면 우리 군을 창설한 주역들이 거의 모두가 일본군 장교 출신들이었으며, 4·3사건의 주모자로 남로당의 초대 제주도 인민유격대 사령관이었던 김달삼과 후임 사령관인 이덕구가 일본군 장교 출신이었으며, 제주도 좌파들이 의인으로 추앙하는 김익렬도 일본군 장교 출신인데 좌파들은 이들을 어떻게 평가하는지가 궁금할 따름이다. 좌파들의 의인화 한 박진경의 암살범 문상길 역시 일본군 하사관 출신이었다.

정부 4·3 보고서에는 유족들의 신고를 기준으로 한 월별 희생자 숫자가 기록되어 있다.

월별 4·3 희생자 신고 현황[463]

월별	1948.4	5	6	7	8	9	10	11
희생자	194	289	157	81	138	153	804	2,205
비고		박진경	박진경 최경록	최경록 송요찬	8·15 정부수립	송요찬	송요찬	11.17 계엄령
월별	**12**	**1949.1**	**2**	**3**	**4**	**5**	**6**	**소계**
희생자	2,974	2,240	671	361	221	156	117	10,701
비고	송요찬	함병선	함병선	함병선 유재흥	유재흥	유재흥 함병선	함병선, 이덕구 사살	

463 정부 제주4·3진상조사보고서, 371쪽.

이 표는 단순히 희생자가 발생한 월별 통계이며, 피해자와 가해자가 구분되어 있지 않아서 남로당 측이 가해자인지 정부 측이 가해자인지, 그리고 정부 측에서도 피해자와 가해자가 경찰인지 경비대인시 구분되지 않는다. 박진경 재임 시인 1948년 5~6월은 4·3사건의 초기로서 남로당 측의 공세기이고 월별 희생자가 300명 이하였으나 계엄령이 선포된 1948년 11월 이후부터 1949년 1월까지는 정부 측의 공세기로서 2,000명 이상으로 희생자가 급증한다. 1948년 8월 15일 한국 정부 수립 이후에는 미 군정도 없었다. 체제 전복이 될 수 있었던 계엄령 시기의 피해자는 정부 측에게는 반란 진압이란 임무 수행이 불가피했으나 무고한 주민이 희생되는 과잉 진압의 측면도 있었다.

KBS 제주의 방송에서 박진경을 매도한 김종민이 집필에 관여한 좌파 시각의 저서[464]에는 박진경 재임 간 경비대에 의한 사망자 수는 25명으로 기록되어 있다. 이 중 11명은 경찰과 경비대 합동작전에 의한 것인데, 이를 모두 경비대(병력 : 4개 대대 15개 중대 3,800명[465])의 전과로 인정한다 해도 4·3 희생자 14,822명[466] 중 0.171%였다. 그리고 경비대의 인민유격대원에 대한 사살은 학살이 아니고 교전의 결과이다. 이런 군 지휘관을 학살의 주범이라고 매도하는데 이건 언어도단이다. 박진경 연대장이 포로나 무고한 주민을 학살했거나 학살을 지시했다는 자료나 증언은 찾을 수 없다.

---

464 제민일보 4·3취재반,『4·3은 말한다』제3권, 전예원, 1995, 419~428쪽.

465 문창송 편, 앞의 책, 83쪽.

466 2024.1.11., 제주4·3위원회 제33차 회의에서 결정.

박진경을 4·3 학살자로 주장하려면 박진경이 무고한 주민을 죽인 피해자 명단과 그 수를 제시하여야 한다. 그런 자료도 제시하지 않고 말로 학살자라고 매도하는 것은 억지 주장이고 무고이며 허위사실 적시에 의한 사자에 대한 명예훼손이다. 또 박진경 대령의 유족들에게는 엄청난 정신적 피해를 주고 있다.

6,000명 체포설은 조선중앙일보 1948년 6월 12일자 기사를 인용한 것이다. 그런데 이 기사에 의하면 6,000명이라는 포로의 숫자는 1948년 4월 3일~1948년 6월 12일까지 경찰과 경비대에 체포된 포로들의 총 숫자이다. 박진경은 5월 6일부로 제주도에 왔다. 그리고 부대를 정비한 후 11연대 차원의 작전은 5월 30일부터 개시했다. 박진경 대령 부임 전부터 6월12일까지 4·3사건 이후 체포된 모든 포로의 수를 박진경이 체포한 주민 숫자로 둔갑시켰다.

미군 자료에 나오는 박진경 재임 간 경찰과 경비대에 체포된 주민은 3,000여 명으로[467] 이들은 대부분 군·경·미군 합동 심문팀에 의해 조사받고 석방되었다. 이는 현재의 군 교리상 정상적인 대유격작전의 절차였고 유격부대에 대한 정보 획득과 대공 용의점 등을 파악하기 위한 합동 심문은 작전 수행에 필요한 절차였다.

경비대는 1차 작전 시 입산 주민 596명과 2차 작전 시 남로당 유격대원 포로 53명 등 659명을 포로심문센터에 인계하였으며, 이들은 합동 심문팀에 의해 조사받았다. 1차 작전에 체포되었던 596명 중 427

---

467 주한미육군사령부 민간인 고문관 제이콥스 의 보고서,「제주도 소요사태」, 1948. 7. 2.

명은 조기에 심문을 완료하여 대공 용의점이 없다고 평가하고 6월 2일 이전에 석방하였다. 그리고 작전이 끝나기 전인 6월 16일에는 경찰과 경비대에 체포된 3,000여 명 중 4개 심문팀에 의해 575명만이 조사를 받고 있었다.[468] 이들은 대부분 5·10선거 시 선거 보이콧 방법으로 남로당 측에 의해 입산했다가 5월 말까지 미처 하산하지 못한 주민들이었다.

박진경의 진압 작전에 소대장으로 참전했던 채명신은 "박진경은 양민을 학살한 게 아니라 죽음에서 구출하려고 했습니다. 4·3초기에 경찰이 잘못해서 많은 사람이 입산했습니다. 그런데 박진경은 폭도들의 토벌보다는 입산 주민의 하산에 작전의 중점을 두었습니다. 이런 양민의 보호 작전은 인도적이면서 전략적 차원의 행동입니다(중략), 그(박진경)는 주민들을 선무공작으로 인민유격대로부터 분리하는 데 주력했습니다. 내가 월남전에서 작전할 때도 베트콩과 주민을 분리하는 데 작전의 중점을 두었습니다"라고 증언하였다.[469]

그뿐만 아니라 제11연대는 미 고문관 리치 대위가 상주하고 있었으므로 작전 간에 일어나는 문제는 고문관에 의해 미 군정의 상부로 보고되는 체제였다. 따라서 경비대에 의한 고문이나 학살 행위가 있었다면 낱낱이 보고되었을 것이다. 그런데 경비대의 학살이나 고문에 관한 보고서는 미군 정보보고서에 한 건도 발견되지 않은 것은 그런 행위가 없었음을 입증하고 있다.

---

468 주한미육군사령부 일일정보보고서, 1948. 6. 4; 1948. 6. 15.

469 채명신 증언(2001.4.17 제주4·3위원회 전문위원 나종삼 채록).

이런 객관적인 증거나 증언, 물증 등이 없는 상황에서 박진경을 학살자 또는 학살의 주범이라고 매도한 것은 정략적 의도가 있는 것으로 보인다. 박진경 대령을 왜곡하여 미 군정에 4·3 사건의 책임을 전가하고 남로당 측의 무법 폭력을 정당화 하려는 것이다.

2022년 12월 8일, 미 워싱톤 소재 우드로 윌슨 센터 6층 오디토리움에서는 제주4·3사건 평화재단(이사장 고희범)과 윌튼 코리아가 공동 주관하는 '제주4·3과 인권'이란 심포지움이 있었는데, 발표자는 한국인으로 이성윤(미국 터프츠 대학 교수), 양조훈(제주4·3 중앙위원), 허호준(한겨레 신문 기자), 양수현(미국 제주4·3기념사업회 유족대표), 오임종(제주4·3사건 유족회장) 등이며, 미국인으로 존 메릴(전 미 국무부 동북아 실장), 찰스 크라우즈(윌슨 센터 부국장) 등이었다. 보도에 따르면 토론 내용은 '4·3사건은 미국의 책임'이라는 것이었고, 오임종은 '4·3에 관해 미국 대통령의 사과'를 요구하기도 했다고 한다.

4·3사건을 남로당 중앙당 지령하에 '조직수호와 총선 저지'를 위하여 남로당이 일으킨 것이 분명한데 왜 4·3사건이 미국책임이라고 하고 미국 대통령이 사과해야 하는지 의문이 간다. 이들이 미국의 책임을 거론하는 것은 미국의 사과를 받아내고, 배상도 요구하고, 나아가 반미감정을 확산시키려는 의도는 없는 것인지 의심된다. 4·3사건을 민중항쟁으로 자리매김하고, 4·3사건이 미국의 책임이라는 걸 끌어내기 위해서는 정부 수립 이전 미 군정 시기에 4·3사건 진압 작전을 펼친 11연대장 박진경 대령을 고문·학살자로 낙인찍어야 하며 이들은 이를 위해 박진경을 공격하고 있는 것이다.

제14장

전사자로서의 예우

장례 절차

딘 군정장관은 신임했던 박진경 대령이 피살되었다는 보고를 받고 당일(6월 18일) 12시에 총포 전문가 2명을 대동하고 전용기 편으로 제주도로 갔다. 현장에서 범인 색출 지시를 하고 오후 7시경에 박 대령 시신을 친히 수습하여 서울로 운구하였다.

그리고 장례식은 6월 22일 오후 2시(14:00)에 서울 남산에 있는 통위부 사령부(서울시 중구 예장동 4)에서 부대장으로 거행되었다. 이 장례는 5일 장으로서 육군장 제1호 장례였다. 당시의 언론(조선일보) 보도에 의하면 처음에는 중앙청 광장에서 장례식을 거행할 예정이었으나 국회 개원 직후로서 국호 결정 및 헌법 선포 등 정부 수립에 따른 바쁜 정치 일정 때문에 장소를 통위부로 변경했다고 한다.

조사(弔詞)는 윤치영(후일 서울 특별시장, 공화당 당의장 역임)씨가 했다. 장례식에는 딘 군정장관과 유동열 통위부장 및 송호성 경비대 총사령관을 위시하여 경비대 주요 간부들이 모두 참석했으며, 맥아더 장군과 하지 장군 등 미 고위 장성들은 조전을 보내왔다. 장례식이 끝나고 장지가 고향인 경상남도 남해군 홍현리로 정해졌고 이후락(후에 중앙정보부장 역임) 대위가 1개 중대를 이끌고 호송책임자가 되어 열차로 운구했다. 대전·대구·부산 등 주요 역에서는 군악대가 조가(弔歌)를 연주함으로써 애도의 뜻을 표했고, 부산에서 고향 남해까지는 군함을 이용하여 바닷길로 운구하였고, 진해에서는 영정을 앞세우고 행진하기도 했는데 이런 장면이 라디오 생방송으로 중계되었다.

장지는 고향인 남해군 남면 홍현리의 도성산(道成山) 후면 기슭으로 정해졌고 장례 의식은 홍현리 마을 앞에 있는 논에서 예포가 발사되는 가운데 거행되었다. 이때 장례 의식에서는 상주가 있어야 한다는 주장에 따라 집안의 결정으로 고인의 맏형인 진용(珍鎔)의 삼남 익주(翊柱)[470]를 양자로 정하고 의식을 진행하였다. 그 후 서울 동작구 동작동에 국립현충원이 건립된 후 1967년 6월 18일에 유해를 동작동 국군묘지로 이장하였다. 따라서 지금은 동작동 국립묘지 2번 묘역에 고 박진경 대령의 유해가 안장되어 있다.

이상과 같은 엄숙하고 정중하였던 장례 절차 진행은 미 군정으로서는 고인에 대한 최고의 예우였다고 생각하는데, 여기에는 미 군정 장관 딘 소장과 미 고문관들의 박진경에 대한 애정과 호의, 그리고 송호

470 박익주는 양부의 유지를 계승하고자 그 후 군인의 길을 택했고(육군종합학교 12기로 1950. 12. 31. 임관), 6·25전쟁과 월남전에 참전했다. 그리고 1974년 1월에 준장으로 진급하여 최초의 남해 출신 장성이 되었으며, 준장 예편 후에는 제11대와 12대 국회의원에 당선되어 의정활동을 활발히 하였고 고향인 남해와 국가 발전에 이바지했다.

성 경비대총사령관과 박병권, 백선엽 등 경비대 지도부의 박진경 대령에 대한 신임이 있었음을 의미하는 것이었다.

추서(追敍) 문제

추서란 사람이 죽은 후에 생존 시의 공적을 참작하여 직급 올리거나 훈장 등을 주는 것을 말한다. 4·3 사건에서 전사한 경찰에게는 대부분 2계급 특진을 시켰는데, 전사한 군인들에게는 1계급을 특진시키거나 특진이 안 된 예도 있다. 대한민국이 제대로된 체제를 갖추기 이전인 미 군정 시절의 전사자 특진은 법령의 미비로 소홀했던 것 같다.

박진경 대령은 2차 작전을 끝낸 다음날, 1948년 6월 18일 새벽에 남로당 중앙당의 지령에 따른 암살범의 총탄에 사망하였다. 이 시기는 정부 수립 이전으로, 미 군정 시기이며 이념과 사상전에 의한 전사자이므로 이에 따른 박진경에 대한 예우도 정해져야 한다.

| 훈장 문제

6·25전쟁이 한창 진행되던 1950년 10월 18일에 정부의 무공훈장령이 공포되고 전쟁에서의 유공자에게 정부의 이름으로 무공훈장을 수여하는 제도가 시행되었다. 이 제도에 따라 고 박진경 대령에게도 1950년 12월 30일에 을지무공훈장(대통령령 제385호)이 수여되었다. 이 결정은 미 군정 시기의 유공자에게도 소급해서 적용한 것이었다. 을지무공훈장은 대한민국 무공훈장 중 2등급

훈장으로 전시(戰時) 또는 이에 준하는 비상사태하에서 전투에 참가하여 뚜렷한 무공을 세운 자에게 수여하는 훈장이다.

| 계급특진 문제

대한민국 정부가 수립된 이후로는 군인 전사자에게 통상 1계급을 특진시켜 주는 것이 일반화되었지만 미 군정 시에는 이런 제도가 없었다. 현재의 군 인사법 제30조(전사자, 순직자 및 전투유공자의 진급)에는 전사자와 순직자 및 전투유공자를 특진시킬 수 있도록 규정하고 있다. 그리고 대령은 준장이나 소장으로 1 계급부터 2계급까지 특진시킬 수 있으며, 다만 장성 진급 시에는 '장성진급심사위원회의 동의가 필요하다'라고 규정하고 있다.

우리 국군은 미 군정시 창군 되었다. 앞에서 살펴보았듯이 광복 후인 1945년 11월 13일의 군정법령 제28호에 의거 국방사령부를 설치했고, 1945년 12월 5일 군사영어학교가 개설되어 장교 양성을 시작하였다. 이 학교 수료자에게 군번 1번부터 수여하기 시작하여 1948년 7월 28일 임관한 육사 6기까지가 정부 수립 이전에 임관되었고, 부대창설은 1946년 1월 15일 제1연대 창설을 시작으로 1946년에 9개 연대, 1947년에 6개 연대가 창설되었으며, 1947년 12월에 3개 여단, 1948년에 3개 여단, 1949년도에 1개 여단이 창설되었다. 이 여단이 1949년도에는 8개 사단으로 개편된다. 그리고 장교들의 계급도 미 군정시의 계급이 그대로 대한민국 정부 수립 이후에도 유지되었다.

대한민국 정부에서 정한 전사자에게 적용되는 계급특진 규정(군 인사법 제30조)은 미 군정시 전사한 군인들에게도 소급해서 적용되어야 하는데, 현실은 그렇지 않은 것 같다. 관련 근거가 되는 군 인사법 제30조를 적극적으로 해석하면 가능한 일이다. 논란의 여지를 없애기 위해서는 필요시 군 인사법 부칙에 '미 군정시기까지 소급하여 적용한다.'는 규정을 신설하면 된다. 대한민국 정부에서는 박진경 대령의 공적을 미 군정 시기까지 소급하여 을지무공훈장을 수여한 바 있다.

정부 수립 후 제주도에서 전사한 후 2계급 추서된 장교 1명과 조선조 세조 시 역모죄로 처형되었다가 후에 2 품계나 추증된 한 분의 선례를 살펴보자.

정부 수립 4개월 후인 1949년 1월 1일 국군 제2연대 3대대가 제주도로 이동해서 제주읍에 주둔 중이었는데, 공산유격대 600여 명의 야간기습을 받고 적의 공격에 맞서 부대 지휘를 하다가 중위 진급 16일 만에 전사한 소대장 고병선 중위[471]는 1949년 4월 1일부로 1계급이 특진 되어 대위로 진급하였다. 이는 전사자에 대한 예우로서 추서한 것이다. 그런데 고병선 중위 피습 시 소대장으로서의 현저한 공적을 참작했음인지 1949년 11월 1일부로 소령으로 다시 진급되었다.[472] 고병선 중위는 전사함으로써 2계급을 특진한 것이다.

조선조 세조 시의 좌부승지(정3품) 성삼문(成三問)은 세조 2년인 1456년 단종 복위를 주도하다 발각되어 동지들과 함께 임금을 시해하려 한 역적으로 처형되었다. 그런데 235년이 지난 숙종 17년(1691년)에 성삼문은 사면·복권되었고, 302년이 지난 영조 24년(1758년)에는 이조

471 육사 5기, 1948. 12. 15 중위 진급.

472 陸軍本部, 「陸軍將校任官順臺帳(육군장교임관순대장)」, 54쪽.

판서(정2품)로 추증되었다. 영조는 성삼문을 종2품을 거치지 않고 한꺼번에 정3품에서 2 품계나 올려서 정2품인 이조판서로 추서한 것이다. 이상의 선례에서 보았듯이 추서는 고인의 공적을 참작해서 결정권자가 1계급이든 2 품계이든 추서를 결정할 수 있다.

장군동우회는 국가유공자에게 대한 예우를 확립해야 한다는 뜻에서 1970년대 중반에 박정희 대통령에게 고 박진경 대령에 대한 '전사자 특진'(장군 추서)을 건의하였다. 그런데 박정희 대통령은 장군 추서 건의를 승인하지 않았다. 이에 군의 원로들은 상당히 의아하게 생각하고 이유를 은밀히 알아본 결과 '정부 수립 이전의 전사자에 대한 관계법규의 명시조항이 없다'는 것이었다. 이에 원로들은 1979년 10월 30일에 노재현 국방장관, 그리고 1980년 2월 25일 최규하 대통령에게 고 박진경 대령의 전사자 특진(장군 추서)을 재 건의하였으나 격동하는 정치정세 때문에 회신을 받지 못하였다. 그리고 같은 해 6월 18일 박진경 대령 32주기 추도식에 참석했던 창군동우회 회원 등 군 원로들은 다시 고 박진경 대령의 장군 추서를 건의키로 뜻을 모으고 1980년 8월 15일 이희성 육군참모총장과 전두환 대통령에게 고 박진경 대령에 대한 장군 추서를 요청하는 건의서를 보냈다.[473]

이러한 군 원로들의 건의와 때를 같이 하여 유엔군사령관 특별보좌관인 제임스 H. 하우스만은 1980년 2월과 8월 등 두 차례나 편지를 보내와서 고 박진경 대령의 추서(장군 진급)에 관해서 전적으로 동의한다

---

473 참모총장에게 보내는 건의서 사본은 책의 4부에 자료#4에 있다.

면서 역사적 사례를 열거하면서 자신의 견해를 제시하였다. 하우스만은 고 박진경 대령의 추서 문제도 너무 행정에 구애될 것이 아니라 건군의 희생자이기에 군 원로들의 뜻에 따르는 것이 마땅하며, '정부 수립 이전의 전사자에 대한 관계법규에 명시조항이 없어서 추서를 승인할 수 없다'는 정부의 조치는 잘못이라면서 자신의 의견을 피력하였다.

그런데 이런 노력에도 불구하고 전두환 대통령도 정치환경 탓인지 원로들의 건의를 무시함으로써 고 박진경 대령에 관한 추서는 실현되지 못하고 오늘에 이르고 있다.

고 박진경 대령은 창군 멤버로 해방 공간에서 입대 전에는 부산에서 우익 사설 단체인 건국대에 몸담고 있었다. 또 교육기관인 군관학교에서 영어 교관을 하였는데 갑자기 쳐들어온 좌파인 국군준비대의 습격을 받고 이들과 맞서 싸우다가 눈 밑을 크게 다쳐 몇 달간 고생한 일도 있었다. 창군 과정에서는 일본군 장교 출신임에도 제5연대에 사병으로 입대했다가 현지 임관하였으며, 5연대 부관 시절에는 장래가 촉망되는 많은 사병을 발굴하여 사관학교에 입교시켜서 장교로 임관시켰다.[474]

그리고 영어로 된 미 야전교범을 번역, 전파하여 당시 경비대의 전술·전기 연마에 크게 이바지하였다. 그뿐만 아니라 능통한 영어 실력을 발휘하여 미 군정과 의사소통을 원만히 함으로써 작전이나 보급 등의 어려운 문제를 해결할 수 있었다. 그리고 제주도에서는 제11연대장

474 박진경 대령 추천으로 장교로 임관된 인사중 에는 국방장관이나 참모총장 등을 역임한 서종철, 노재현, 박희동 등 4성장군 3명, 김용순, 김종수, 고광도 등 3성 장군 3명, 박태준, 정영훙 등 2성 장군 11명, 김현옥, 박영수 등 서울시장 2명이 있다.

으로서 작전사령관인 브라운 대령의 작전지침에 따라 주민 피해를 최소화하면서 진압 작전을 전개하였다. 박진경의 능력을 미리 알고 있던 남로당 중앙당은 박진경의 부임에 위기의식을 느끼고 정치지도원(오르그)을 통해 당시 경비대 내의 남로당 프락치들에게 박진경 대령의 암살 지령을 하달하였고 박진경은 적의 흉탄에 쓰러진 것이었다.

박진경은 연대장이었지만 4개 전투 대대를 지휘함으로서 여단장급으로 인정되어 대령으로 진급했는데 작전이 끝나는 날 밤에 경비대 내의 남로당 프락치들에게 암살당한 것이다. 따라서 마땅히 전사자에 대한 예우로서 군 인사법 제30조에 의거하여 추서(특진)가 이루어져야 한다. 고 박진경 대령은 미 군정시기에 전사한 군의 최고위급 인물로서 육군장 제1호로서 장례가 치러졌으며, 대한민국 정부에서 을지무공훈장을 받았고,[475] 민간인의 자발적 노력으로 추도비와 동상이 세워진 인물이다.

박진경은 초대 제11연대장을 했는데, 보병 제1사단은 서열이 제일 빠른 사단이고, 11연대는 제1사단의 현 편제 부대이다. 그리고 제1사단은 백선엽 장군이 6·25전쟁 때 지휘했던 부대이고, 백선엽과 박진경은 창군 시 제5연대에서 중대장과 부중대장, 대대장과 대대부관(인사장교), 연대장과 연대 부관(인사과장) 등 상하관계로 오랫동안 같이 근무한 매우 인연이 깊은 사이이다. 그리고 백선엽 장군도 2013년 8월에 미군 측으로부터 주한 미8군사령관이 된 전례가 있음을 참고할 필요가 있다.

---

475 정부 수립 후 소급하여 적용됨.

고 박진경 대령의 추서(계급특진) 문제는 제주도 좌파 인사와 단체에서 반대할 가능성이 크다. 그러나 박진경은 제주도민을 학살한 근거가 없을 뿐만 아니라 오히려 위험에서 구출하였고, 좌파에서 의인으로 추앙하는 김익렬 장군도 박진경의 장군 추서에 동의하여 서명하고 날인하였다.[476]

추도비 및 동상 건립

고 박진경 대령을 기리는 추도비와 동상이 민간의 지원으로 세워져 많은 이들의 가슴을 뭉클하게 하였다.

| 추도비 건립

1952년 11월 7일 제주도민과 군경원호회가 4·3사건을 진압한 박진경 대령의 공적을 기리기 위하여 제주도에 추도비를 세웠다. 이 추도비는 박진경 대령이 운명했던 곳인 제11연대 본부가 있었던 곳으로 추도비 건립 당시 KBS 제주방송국 뜰이었다. 그 후 그곳에 도시계획에 따른 도로가 생기고, 제주시 사라봉에 충혼묘지가 조성되자 사라봉으로 옮겨졌으며, 그곳도 일주도로가 확장되자 어승생악 지경의 제주시 충혼묘지로 옮겨졌다. 제주도의 계획에 따라 제주시 충혼묘지가 국립제주호국원이 되면서 2021년 12월에 현

476 김익렬이 서명 날인한 박진경 대령 장군 추서 건의서는 이책의 4부 자료#4에 있다.

재의 제주시 연동 산 132-1번지로 옮겨졌다.

당초 세운 비는 오랜 세월에 마모되어 글자를 식별하기 어려워 1985년 6월에 비문을 다시 써서 세웠으며, 원비는 비 부근의 땅에 묻었다고 한다. 고 박진경 대령 추도비와 '제주도 공비 완멸 기념 충혼비'가 함께 초라하게 세워져 있다.

| 동상 건립

1990년 4월 19일, 남해군 이동면 무림리의 남해 군민동산에서는 1,500여 명의 많은 인사들이 모여 뜻깊은 행사를 했다. 고 박진경 대령 생가인 홍현리와 앵강만을 굽어보는 고갯마루에 박진경 대령의 동상이 건립되어 제막식이 열린 것이다.

창군동우회(백선엽, 정일권, 최영희 등), 제5연대 창설동지회 등 발기인 일동은 "박진경 대령은 창군 이래 최고의 지휘관으로 최초의 전사자이며, 최초의 육군장으로서 예우하였을 뿐만 아니라 정부에서는 을지무공훈장을 추서하여 군의 귀감이 되기에 이분은 마땅히 후세에 알려야 한다"라는 뜻이 모아져 동상을 세우기로 하였다고 동상건립의 취지를 밝혔다. 위치선정에 있어서 처음에는 전사한 곳인 제주도에 동상을 건립하려고 했으나 이미 제주도 사라봉에는 추도비가 세워져 있음을 알고는 고인의 고향에 세우는 것이 더욱 뜻이 깊겠다는 뜻이 모아져 이곳에 건립하게 되었다고 한다.

앵강만을 등지고 우뚝 선 박진경 대령의 동상 모형은 전투복에 철모를 쓰고 지휘봉을 움켜쥔 전투 지휘하는 모습이었으며, 동상은 청동으로서 높이는 2.3m이며, 화강석 좌대까지 합치면 4.4m에 이른다.

이 청동 동상은 조각가 심정수 교수가 3년여의 작업 끝에 완성하였다. 그리고 동상 건립에는 창군동우회, 제5연대창설동지회, 진주고보 동창회 등 고인의 지인들이 뜻과 힘을 보탰고, 동상 건립비 2,300여 만원은 처남인 정수봉 전 동아대학교 총장과 진주고등보통학교 동창회에서 지원하였다.

1990. 4. 19. 박진경 대령 동상 제막식 광경

제막식에는 1,500여 명이 참석했는데, 주요 인사들을 열거하면 다음과 같다. 군 원로인 예비역 장군으로는 백선엽, 김용배, 서종철, 노재현, 박희동, 소준열, 백석주(이상 예비역 대장) 함병선, 박원근, 이병형, 유근창(이상 예비역 중장), 임부택, 박현수, 백남권, 신학진, 김광돈, 윤덕규, 김성권(이상 예비역 소장), 최갑중, 이춘경, 김원호(이상 예비역 준장) 등으로

예비역 장성 40여 명이 참석하였고, 현역으로는 제2군 사령관 이필섭 대장을 비롯하여 군단장 김영각 중장과 사단장 이태호 소장 등 현역 장군 10여 명과 지역 연대장 등이 참석하여 헌화하였다.

국회의원으로는 권익현, 박권흠, 김숙현, 하순봉, 이용택, 지갑종, 최영덕, 양재권 등과 전 국무위원으로는 허문도 전 통일원 장관, 김집 전 체육부 장관 등이 참석하여 헌화하였다. 이 외에도 강영훈 국무총리, 김재순 국회의장, 김영삼 민자당 대표, 박태준 민자당 최고위원, 정일권 전 국무총리, 이상훈 국방부 장관, 이상연 보훈처장, 이종구 육군참모총장, 정호근 합참의장과 김동영, 이종찬, 최형우, 김진재 의원 등이 축하 화환을 보냈다.

이날 제막식에서는 성우회장 겸 제5연대 창설동지회장 백선엽 장군과 창군동우회장 김종갑 장군(함병선 장군 대독), 국방부 장관 이상훈 장군(대독), 진주고보동창회 대표, 남해군수 등이 추모사를 하였다. 박태준 포스코 명예회장은 동상 제막 당일에 기념식수를 전하며 고인에 대해 추모하였고(아래 좌측 사진) 1997년에는 장태완 당시 재향군인회장도 박진경 대령을 추모하는 기념식수를 했다(아래 우측 사진).

이처럼 동상 제막식에 많은 인사가 참석하여 고 박진경 대령의 공적을 기렸고, 그 후로도 매년 고인이 작고한 6월 18일에는 동상 앞에서 추모식을 가졌는데, 이제는 세월이 흘러서 박진경의 지인들도 하나 둘씩 고인이 되었고, 양자인 박익주 장군도 고인이 되어 추모식이 중단될 상황이 되었으며, 2020년 7월 10일에는 백선엽 장군마저 고인이 되었다.

이에 2021년 6월 18일부터는 서울 현충원에서 시민단체인 『제주4·3사건 재정립시민연대』가 주축이 되고, 양손자인 박철균 장군과 박진경 유족회인 금초회가 동참하는 형식으로 서울 동작동 국립묘지에 있는 고 박진경 대령 묘비 앞에서 30~40명이 모여 추도식을 이어 가고 있다.

제4부

박진경 대령 왜곡의 실상을 밝혀주는 자료

자료번호 / 제목	주요 내용
#1. 제주도인민유격대 투쟁보고서	남로당 내부 문건으로 박진경 대령 암살, 재임 기간 집단탈영 등이 경비대 내의 남로당 프락치들에 의해 자행되었음을 알려주는 결정적인 근거 자료다. 정부보고서 작성 시 주류 집필진들이 남로당의 박진경 암살지시를 정부보고서에서 빠뜨렸고 자료집에 수록하지 않고 은폐하려 했다.
#2. 박진경 대령과 제주도에서 함께 근무했던 부하들의 증언	**1. 채명신 장군** 박진경 대령의 작전이 제주도민을 구하고 구출하기 위한 것이었음을 이해할 수 있다.
	2. 김종면 장군, 3. 이세호 장군 4. 류근창 장군 박진경 대령의 작전 개념, 인품, 군인으로서의 역량과 자질 등을 알 수 있다.
#3. 정부보고서 작성 관련 나종삼 증언	**1. 제주 4·3사건 정부보고서 집필 및 채택 경위** 4.3사건 정부보고서 작성 시 전문위원으로 재직했던 나종삼이 당시 전문위원 자료수집 단계에서부터 보고서의 일방적 채택과 우익 인사들의 사퇴까지 각 과정의 정부보고서 주로 작성자들의 일방적 의사결정 과정을 기술하였다.
	2. 제주 4·3사건 정부보고서 왜곡 경위 정부보고서 왜곡 경위를 요약하여 증언하였다.
	3. 제주도인민유격대투쟁보고서가 자료집 12권에 수록된 경위 당시 4.3 조사위에서 감추고자 하였던 본 책의 자료#1 '인민유격대 투쟁보고서'가 어떤 과정을 거쳐서 자료집 제12권에 수록되는 지를 증언했다. 나종삼의 노력으로 자료집 제12권에 수록되었으나 아직도 4·3위원회의 공식자료집은 11권까지이다. 정보부고서 주류 작성자들이 왜 이 자료를 은폐하여 무엇을 왜곡하려 했는지 이해할 수 있다.
#4. 박진경 대령 장군 추서 건의서	1980년 8월 15일 창군동우회에서 육군 참모총장에게 보내는 '박진경 대령 장군 추서 건의서'이다. 자신의 유고를 통해 박진경 대령 왜곡의 핵심적인 주장을 했던 김익렬이 서명, 날인 했다.
#5. 김익렬의 국제신문 기고문	김익렬 중령이 4·3사건이 발발했던 해인 1948년 8월 6,7,8일 3일간 본인의 참전기를 국제신문에 기고한 글이다. 정부보고서는 그의 기고 내용을 무시하고 김익렬이 죽기 전 사실관계보다 자신을 합리화하기 위해 작성한 1988년 유고만을 인용했다. 김익렬 유고와 국제신문 기고와의 비교는 김동일의 글 책 4부 자료#7 '김익렬 대령의 미스터리'에 자세히 기록되어 있다.
#6. 이동해 증언	이도종 목사의 생매장 사례를 통해 1948년 당시 남로당 인민유격대의 잔혹함을 이해할 수 있다.
#7. 김동일의 글	**1. 박찬식 공개토론 요청서** 김동일 자유논객연합회 회장이 2011년 4월 21일 제주 KBS에서 방영된 프로를 시청한 후 김익렬 관련 역사적 사실을 아무런 근거 없이 미화한 박찬식 씨에게 4월 23일에 공개 토론회를 요구한 내용이다, 김동일 회장은 아직도 공개 토론회 요청은 유효하다고 했고 박찬식 씨는 토론에 응하지 않고 있다.
	2. 김익렬 대령의 미스터리 김동일 자유논객연합회 회장의 저서인 『제주4.3사건의 거짓과 진실 – 노무현 정부의 제주4.3사건 진상조사보고서의 7대 거짓말』에서 발췌하였다. 4.3 정부보고서 왜곡의 결정적인 출발점이 된 김익렬 유고의 허상을 낱낱이 밝히는 글이다.

자료#1

제주도 인민유격대 투쟁보고서 사본

제주도 인민유격대 투쟁보고서 사본[477]

– 남로당 제주도당(군사부), 『濟州道人民遊擊隊, 鬪爭報告書』,
(문창송 편, 『한라산은 알고 있다–묻혀진 4·3의 진상』, 대림인쇄사, 1995. 8. 15.)

'극비' 제주도인민유격대투쟁보고서

1. 조직면 [조직의 시발(始發)과 발전 과정 및 조직 현세(現勢)]

1) 조직의 시발

(1) 조직의 동기

제주도에 있어서 반동 경찰을 위시한 서청, 대청의 작년(1947년)

477 이 투쟁보고서는 1948년 3월 15일부 7월 24일까지의 상황을 조직, 작전, 투쟁, 국방경비대와의 관계 면에서 기록한 남로당 제주도당 인민유격대의 내부 문서이다. 보고서의 내용을 보면 김달삼이 직접 작성한 것임을 알 수 있다. 1948년 8월 2일 김달삼 일행이 해주로 떠나면서 그동안의 기록을 몇부 등사해서 몇 사람이 나누어 보관했다. 제주도남로당 인민유격대(남로당무장대) 사령관 이덕구가 작전 중에 토벌대에 사살되면서 당시 경찰관이었던 문창송이 이덕구로부터 입수하여 한글 횡서체로 옮겨 인쇄하였고 비매품으로 보급했다.

3·1 및 3·10 투쟁 후의 잔인무도한 탄압으로 인한 인민의 무조건 대량 검거, 구타, 고문 등이 금년(1948년) 1월의 신촌사건을 전후하여 고문치사 사건의 연발(조천=지서에서 김용철(金用喆)=동무, 모슬포=지서에서 양은하(梁銀河)=동무)로써 인민 토벌 학살 정책으로 발전 강화되자 정치적으로 단선, 단정 반대, UN 조위 격퇴 투쟁과 연결되어 인민의 피 흘리는 투쟁을 징조하게 되었다.

3·1투쟁에 있어서의 각급 선전 행동대의 활동은 기후(其後)의 자위대조직의 기초가 되었으며 3·1투쟁 직후 도당의 지시에 의하여 각 면에 조직부(면당) 직속 자위대를 조직하게 되었으나 별로 진전을 보지 못하였다.

기후(其後)사태가 거익(去益)악화됨을 간취(看取)한 도 상위는 3월 15일경 도 파견 '올구'를 중심으로 회합을 개최하여

첫째, 조직의 수호와 방어의 수단으로서

둘째, 단선, 단정 반대 구국 투쟁의 방법으로서

적당한 시간에 전 도민을 총궐기시키는 무장 반격전을 기획 결정

25일까지를 준비 기간으로 하여 도상임(특히 투위=멤버)으로써 군위(軍委)를 조직 투쟁에 필요한 자위대 조직(200명 예정)과 보급, 무기 준비, 선전 사업 강화에 대하여 각각 책임을 분담

예정 기간을 넘어 3월 28일 비로소 재차 회합을 가져 기간(其間)의 준비 사업에 관한 각자의 보고를 종합 검토한 결과, 4월 3일 오전 2~4시를 기하여 별항의 전술 하에 무장 반격전을 전개하기로 결정하였음.

[표1] 제1차 조직 체계

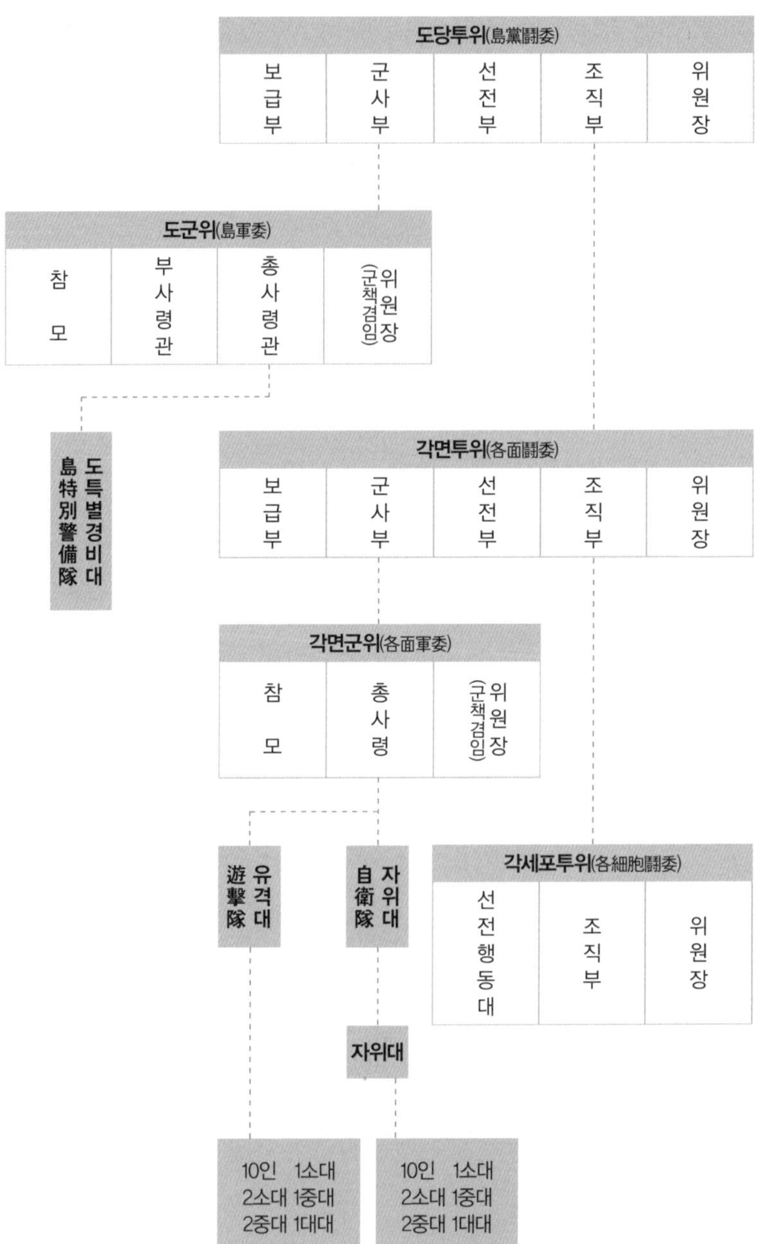
도당투위(島黨鬪委)
보급부
군사부
선전부
조직부
위원장
도군위(島軍委)
참모
부사령관
총사령관
위원장 (군책겸임)
도특별경비대 島特別警備隊
각면투위(各面鬪委)
보급부
군사부
선전부
조직부
위원장
각면군위(各面軍委)
참모
총사령
위원장 (군책겸임)
유격대 遊擊隊
자위대 自衛隊
각세포투위(各細胞鬪委)
선전행동대
조직부
위원장
자위대
10인 1소대
2소대 1중대
2중대 1대대
10인 1소대
2소대 1중대
2중대 1대대

(2) 4·3 투쟁 직전의 조직 정세

가) 조직 체계, 388페이지의 [표 1]

나) 조직 세력

(가) 병력면

ㄱ. 유격대 조직면

13면(추자면까지 포함) 중 구좌, 성산, 서귀, 안덕, 추자의 5면 을제외한 제주읍 조천, 애월, 한림, 대정, 중문, 남원, 표선의 8개면에 유격대 조직, 도에는 군위 직속의 특경대를 편성

ㄴ. 인원수

유격대	100명
자위대	200명
특경대	20명
계	320명

ㄷ. 병기

99식	소총27정
권총	3정
수류탄(다이너마이트)	25발
연막탄	7발
나머지는 죽창	

[표2] 제1차 조직 정비

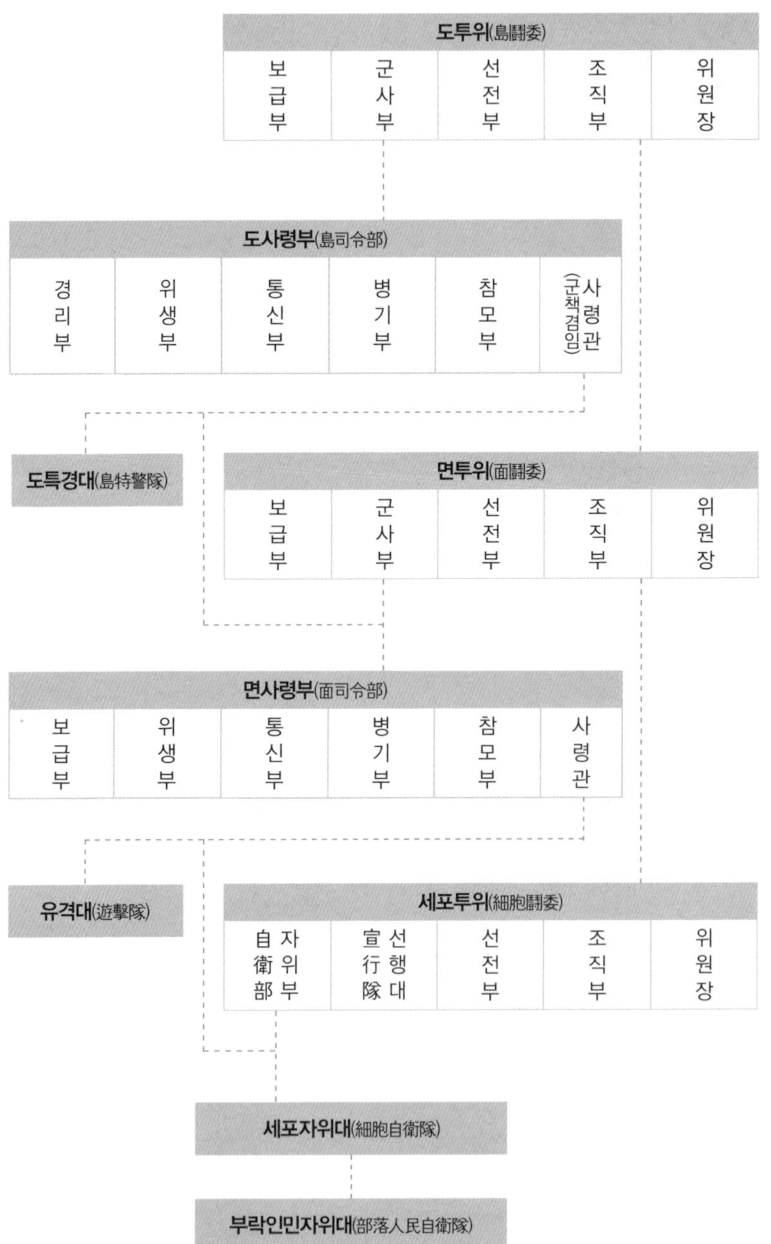
도투위(島鬪委)
보급부
군사부
선전부
조직부
위원장
도사령부(島司令部)
경리부
위생부
통신부
병기부
참모부
사령관(군책겸임)
도특경대(島特警隊)
면투위(面鬪委)
보급부
군사부
선전부
조직부
위원장
면사령부(面司令部)
보급부
위생부
통신부
병기부
참모부
사령관
유격대(遊擊隊)
세포투위(細胞鬪委)
자위부 自衛部
선행대 宣行隊
선전부
조직부
위원장
세포자위대(細胞自衛隊)
부락인민자위대(部落人民自衛隊)

2) 제1차 組織 整備(4·3 투쟁 직후)

(1) 체계상의 정비, 392페이지의 [표 2]

(2) 병력상(兵力上)상의 정비

전 유격대를 250명으로 정리(이것은 4·3 투쟁 시 유격대(=톱 부대)와 자위대(=후속 부대)와 공동 작전의 결과, 투쟁 종료 후 다 같이 상산(上山)하여 공동생활을 하기 까닭에 일상 생활 상의 혼란과 보급 문제로 인하여 250명으로 정리 강화하여 나머지는 하산(下山) 시켰음.

그러나 그 후 재차 병력 확충의 필요성을 느껴 전원 400명 정도로 확충시켰음.

[표3] 제2차 조직 정비

도투위(島鬪委)				
보급부	군사부	선전부	조직부	위원장

도사령부(島司令部)					
특무부	감찰부	정보부	경리부	통위부	사령관

- 위생과
- 병기과
- 일반물자과

- 연락과
- 지도과
- 군사과
  - 우동
  - 제3연대(이하 우동)
  - 우동
  - 제2연대(이하 우동)
  - 정보부
  - 경리부
  - 통위부
  - 연대장
  - 제1연대
    - 제2대대(이하제1대대와 동)
    - 제1대대
      - 제2중대(이하 1중대와 동)
      - 제1중대
        - 제2소대
        - 제1소대
          - 3분대
          - 2분대
          - 1분대

3) 제2차 조직 정비 (5·10 투쟁 직전에 착수하여 직후에 완료)

(1) 동기

엄격한 규율과 치밀한 기밀 확보 그리고 신속한 행동을 보장하기 위한 작전상의 필요에 의하여 각 면 투위 군사부 직속의 각 유격대를 도(島) 사령부 직속으로 편성하게 되었음.

(2) 체계상의 정비, 392페이지의 [표 3]

1분대 3인

3분대 1소대 (10명)

2소대 1중대 (23명)

2중대 1대대 (49명)

2대대 1연대 (110명)

(3) 병력

3개 연대로서 370명(이 중 특무부=20명 함(含)) 특경을 해체하여 사령부 각 부문에 전원 배치하였음.

[표4] 제3차 조직 정비

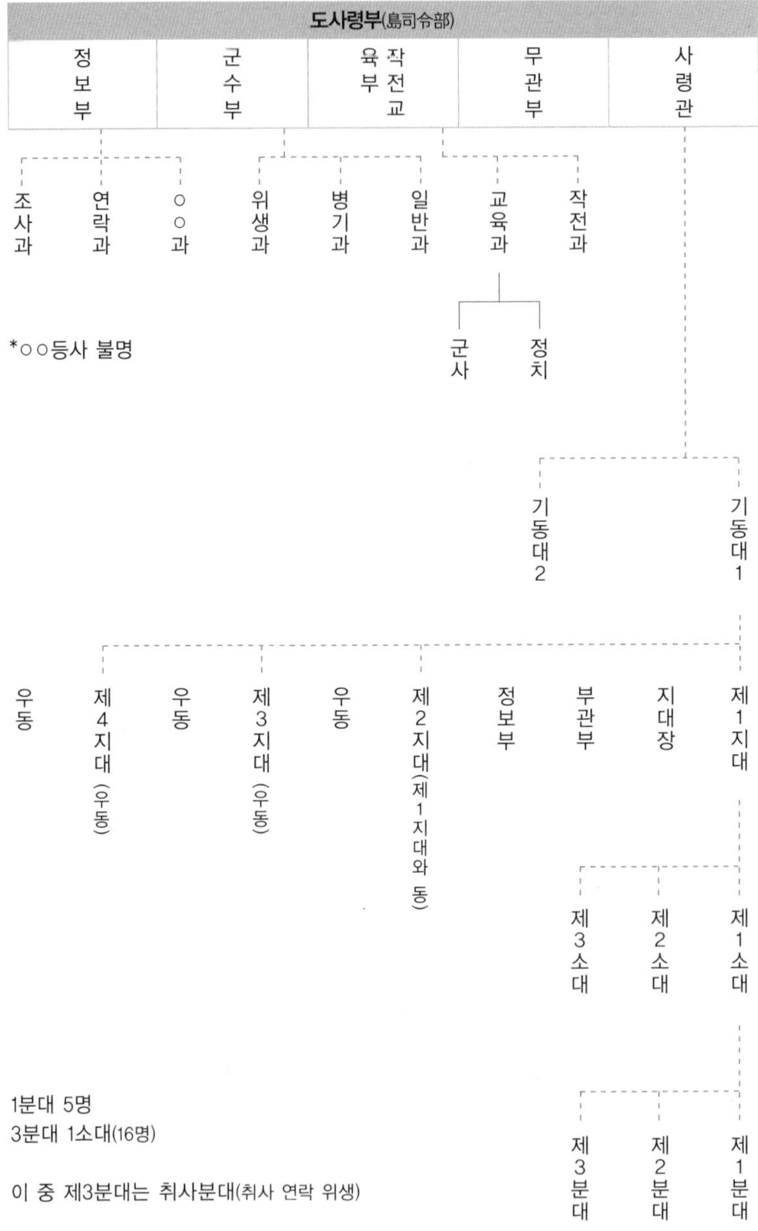

도사령부(島司令部)
정보부
군수부
작전교육부
무관부
사령관
조사과
연락과
○○과
위생과
병기과
일반과
교육과
작전과
군사
정치
*○○등사 불명
기동대2
기동대1
우동
제4지대 (우동)
우동
제3지대 (우동)
우동
제2지대(제1지대와 동)
정보부
부관부
지대장
제1지대
제3소대
제2소대
제1소대
1분대 5명
3분대 1소대(16명)
이 중 제3분대는 취사분대(취사 연락 위생)
제3분대
제2분대
제1분대

4) 제3차 조직 정비 (5월 말일)

(1) 동기 국경의 대량 입도(入島)(약 4,000명)와 그의 포위 토벌전이 전개되자충돌 회피와 비합법 태세 강화의 필요 상 인원을 대량 감소 정리하게 되었음.

(2) 체계상의 정비, 396페이지의 [표 4]

(3) 인원 정리

370명을 240명으로 정리

5) 제4차 조직 정비 (6월 18일 착수)

(1) 동기

새로운 투쟁에 대비하여 조직의 시급한 정비 강화가 긴요하게 되었음.

(2) 체계상의 정비

… 이하 등사 불명

(3) 병력

1지대가 3소대로 편성되며 1지대 인원수는 60명, 4개 지대 합계 240명에 도사령부 26명으로 총계 266명임.

[표5] 제5차 조직 정비

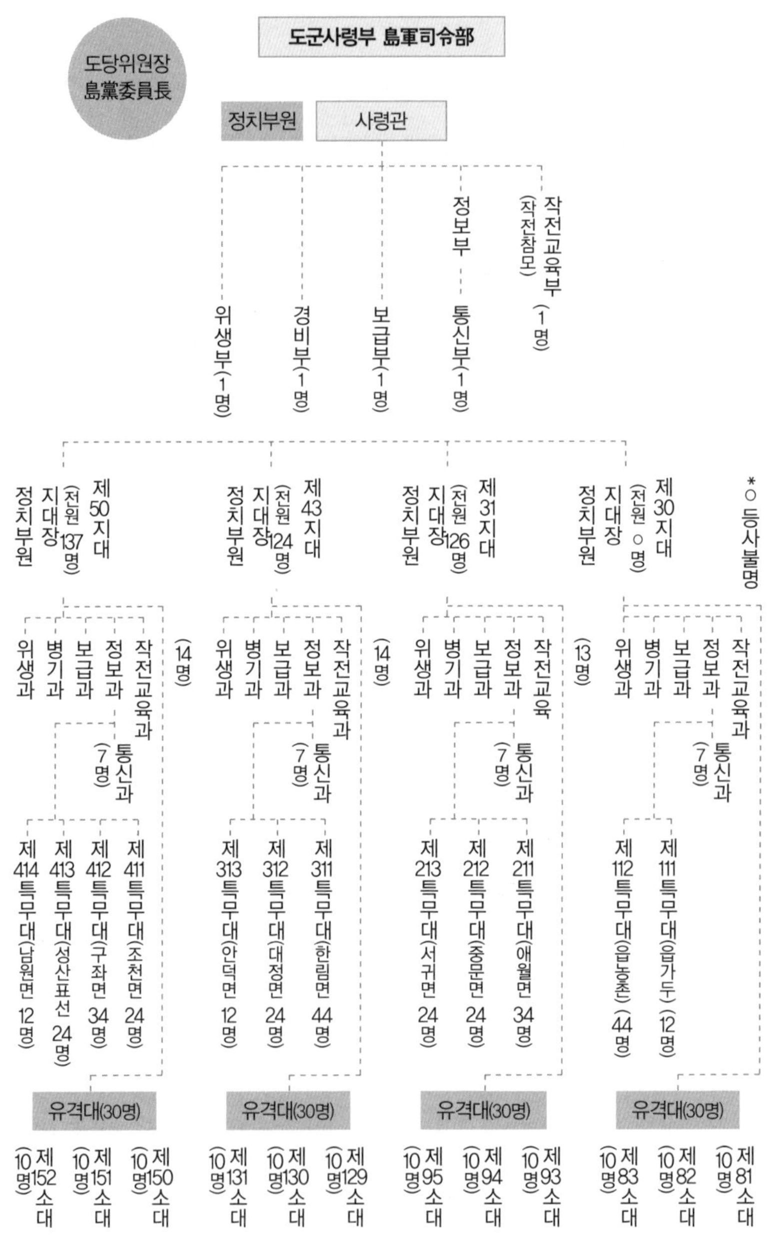

도군사령부 島軍司令部
도당위원장 島黨委員長
정치부원
사령관
작전교육부(작전참모)(1명)
정보부
통신부(1명)
보급부(1명)
경비부(1명)
위생부(1명)
*○ 등사불명
제30지대(전원 ○명)
지대장
정치부원
작전교육과
정보과
보급과
병기과
위생과
통신과(7명)
제111특무대(읍가두)(12명)
제112특무대(읍농촌)(44명)
유격대(30명)
제81소대(10명)
제82소대(10명)
제83소대(10명)
제31지대(전원126명)
지대장
정치부원
(13명)
작전교육
정보과
보급과
병기과
위생과
통신과(7명)
제211특무대(애월면 34명)
제212특무대(중문면 24명)
제213특무대(서귀면 24명)
유격대(30명)
제93소대(10명)
제94소대(10명)
제95소대(10명)
제43지대(전원124명)
지대장
정치부원
(14명)
작전교육과
정보과
보급과
병기과
위생과
통신과(7명)
제311특무대(한림면 44명)
제312특무대(대정면 24명)
제313특무대(안덕면 12명)
유격대(30명)
제129소대(10명)
제130소대(10명)
제131소대(10명)
제50지대(전원137명)
지대장
정치부원
(14명)
작전교육과
정보과
보급과
병기과
위생과
통신과(7명)
제411특무대(조천면 24명)
제412특무대(구좌면 34명)
제413특무대(성산표선 24명)
제414특무대(남원면 12명)
유격대(30명)
제150소대(10명)
제151소대(10명)
제152소대(10명)

6) 제5차 조직 정비

(6월 18일부터 착수하여 7월 15일 정비 완료. 현재는 제5차 조직 정비에 의하여 편성되었음. 다음 (1) 조직 현세(現勢)에서 상세히 진술키로 함.)

(1) 조직 현세 (7월 15일 현재)

가) 당면 조직 문제의 중점

(가) … 이하 등사 불명 …

(나) 강력하 당의 정치적 지도 통제

(다) 엄격한 규율 확립

(라) 치밀한 기밀 보장

(마) 행동의 신속화

(바) 신축성과 기동성 보유

(2) 현 조직 체계, 396페이지의[표 5]

(3) 현병력

가) 인원수

각급 지도부 35명 통신대 34명

유격대 120명 특무대 312명 (단…) *괄호내 18자 등사 불명

계 501명

나) 병기

(가) 소총

M1	6정
칼빈	19정
99식	117정
44식	4정
30년식	2정
계	147정[478]

(나) 소총 탄환

M1	1,396발
칼빈	1,912발
99식	3,711발
44식, 30년식	721발
계	7,740발

(다) 경기관총 (일본제)	1정
(라) 척탄통	2문(탄환 8발)
(마) 수류탄	43발(發)
(바) 다이너마이트	급69
(사) 신호탄	2개
(아) 군도	16정

478 1정 계산 착오

(자) 권총	6연발	1정
	8연발	6정
	10연발	1정
	계	8정
탄환	계	119

(차) 기타 라이깡 103발, 지뢰 라이깡 8발, 아포탄환 4발 등

(4) 주의

가) 각급 정치 부원은 상급 정치원 소속, 최상급 정치 부원은 도 당책 소속임.

나) 특무대는 지대 정보과 소속

임무 – 정보 수집, 개인 테로, 군 활동에 호응 보급의 원조 등

조직 – 각 면에 특무대장 1명과 연락원 수명을 두며 그 외에 3인 1분대, 1소대(10명)로 하고 1개 부락에 1~2인 정도로 조직하되 특무 대원은 세포로부터 제외한다.

다) 사령부 및 지대를 사령관(지대장)과 정치부원과 작전참모(작전교육과책)의 3인으로써 최고 지도부 구성함.

라) 각 지대 중 특무대는 각 면 각 부락에 주둔하되 지대 지도부 통신대 각 유격대 소대는 지대 지도부 중심으로 밀집 생활함.

2. 작전면

1) 제1차 작전 (3월 15일 이후 4월 2일까지의 약 18일간)

4·3(사건) 투쟁을 위한 조직 준비(자위대)와 병기 준비 그리고 정보 수집 기간이었음. 이 기간 중에 있어서 적의 집합적 탄압과 조직의 여지 없는 파괴 속에서 극비 합법리에 유격대(=톱부대) 100명과 자위대(=후속 부대) 200명, 계 300명과 무기 소총, 권총 합계 30정 확보에 성공하였으나 가장 중요한 수류탄과 휘발유탄을 구입 못해서 이것이 4·3 투쟁에 실패의 결정적인 한 원인이 되었음.

2) 제2차 작전 (4월 3일 이후 4월 20일까지의 약 18일간)

4월 3일 오전 2~4시를 기하여 8·15 해방 이후 제주도 초유의 무장 반격 투쟁을 전개, 작전면에 있어서 제주도 반동의 아성인 제주읍 성내 특히 감찰청과 제1구서 분쇄는 국경에게 담당시키기 위하여 성내에 20명의 학생 특무원을 연락병으로써 침입시키고 나머지 14개 지서에 400명을 배치하였으나 결국 별지와 같이 국경의 투쟁 불 참가로서 거점 분쇄는 실패하고 나머지 14개 지서 습격 계획 중 12개 습격에 전면적으로 성공하여 여좌(如左)한 성과를 획득하였음.

(1) 지서 습격 수 12개 지서

(외도, 구엄, 애월, 한림, 대정, 남원, 성산, 세화, 함덕, 조천, 삼양, 화북)

(2) 아(我) 부대 350명

(3) 적에 준 타격

가) 지서 소각 및 파괴 수

ㄱ. 지서 완전 소각

ㄴ. 지서 반 소각

ㄷ. 지서 반 파괴 (이상 지서 소각, 파괴 수는 투쟁면 통계 참조)

나) 경관 - 사망 10명

동	부상 4명
경관 가족	사망 3명
경관	포로 1명

다) 반동 – 사망 4명

동	부상 3명
반동 가족	사망 3명
동 가족	부상 1명
서청	사망 7명
반동	포로 4명

라) 반동 가옥 소각 2호(戶)

(4) 노획품 (무기뿐)

군도 1정

칼빈 소총 7정

44식 소총 1정

공기총 1정

(5) 우리의 희생 사망 4명

이후 진영을 정비하면서 주 목표를 지서 습격에 두고 일면으로는 견제 작전으로서의 신경전을 극력 강화시킴.

3) 제3차 작전 (4월 20일 이후 5·10 직전까지)

조직 수습과 확대 강화의 엄호 투쟁을 전개하기 위하여 부락 주둔을 개시, 동시에 반동 숙청에 주력

4) 제4차 작전 (5·10부터 5월 26일까지)

각개 격파의 전술로서 주력 부대를 2그룹으로 편성 5·10 당일에는 각 부락을 유격하면서 투표 보이코트전을 전개(주로 남부). 그 후 세력을 집결하여 함덕과 저지의 2지서를 완전히 습격 소각, 안덕 지서 습격 완전 성공 직전에 경관 6명 즉사케 하고 퇴각, 대정에서 적 기동대 차 3대(약 60명)를 복병전으로 습격 경관 14명을 즉사케 하고, 또 특기할 것은 국경에서 1개 소대가 대정 지서를 습격 경찰관 5명을 즉사케 한 후 산으로 탈출하는 등 적을 여지없이 분쇄하고 적의 심리를 서늘케 하는 대투쟁이 매일같이 계속 전개, 제주도의 4·3사건 이래의 구국 유격전은 이 기간에 있어서 최고도의 앙양과 진출 그리고 전과를 보였음.

5) 제5차 작전 (5월 27일부터 6월 18일까지)

약 4,000명의 병력으로써 국경과의 충돌을 피하며 그들의 포위 토벌전을 수포로 돌아가게 하는 동시에 일면으로는 국경 내부의 충돌 특히 대내 최고 악질 반동인 박진경 연대장 암살과 탈출병 공작을 추진, 그동안 쓰라린 퇴격 전술에 의하여 상당한 우리 쪽의 피해도 있었으나 6월 18일 오전 3시경을 기하여 대내에서 박 연대장이 암살되자, 적은 결정적인 타격을 입어 6월 17일까지의 제4차 공격을 최후로 산 공격을 단념 이후 주로 중산촌 부락을 습격하면서 그들이 퇴격하게 됨에 따라 우리의 전술은 여기에 성공을 보게 되었음.

6) 제6차 작전 (6월 19일 이후 현재)

국경에서 철거 전술을 쓰기 시작하자, 우리는 각 처에 분산되고 있는 조직을 질적인 면에서 정비 강화하고, 정치 부원의 확립에 의한 정치 교육의 강화, 일상생활의 규칙화에 의한 규율 강화 등에 주력하여 현재에 도달함.

3. 투쟁면 (각면별)

1) 제주읍

- **3월 18일** – 도련리 악질 향보단(鄕保團)을 습격 이를 해산시킴과 동시에 반동 가옥 3호를 완전 파괴시킴과 반동 7명을 부상시켰다.
- **4월 1일** – 영림서원(營林署員) 2명을 포로 동 4일 개전시킨 후 석방
- **4월 3일** – 오전 2시를 기하여 삼양, 화북, 외도 3지서를 일제 습격
- **삼양지서** – 경관 6명. 아부대 16명. 소지 무기 99식 소총 1정, 다이너마이트 2발, 휘발유탄 4발. 상호 접전 지서 정문까지 육박 가라스를 죽창으로 파괴시켰으나 적의 발포 극심하고 응원대가 올 것을 염려하여 퇴격. 상호 피해 무
- **화북지서** – 경관 5명. 아부대 14명이 99식 소총 1정, 다이너마이트 4발, 휘발유탄 4발 나머지는 창을 가지고 4개 부대로 편성하여 습격. 처음에 전선 2개소를 절단 육박하면서 수류탄 1발 투척 그것이 지서 내 램프에 연소하여 지서 완전 소각. 경관 1명 도주, 급사 1명 즉사, 1분대는 경관 사택을 습격 경관 부부를 숙청하고 거기서 카빙 소총 1정 압수, 1분대도 경관 사택을 습격 수류탄을 투척한 결과 경관 1명 부상
- **외도지서** – 경관 6명. 아부대 14명이 99식 소총 1정, 다이너마이트 3발, 휘발유탄 3발 나머지는 창으로써 습격 경관 1명 숙청 후 퇴각, 귀도중 노형리 부근에서 적 기동대와 부딪쳤으나 약 5분간 접전 후 이를 격퇴시켰음.
- **4월 4일 밤** – 아부대 30명으로 영평리 상동 대청(大靑) 사무소 습격 사무소 완전 파괴 문서 일체 압수 대청 동원부장(動員部長) 1명 숙청. 반동 2명에

게 중상을 주고 돌아오는 도중 월평리 거주 경관의 집을 습격하였으나 경관 부재중임으로 가옥 파괴한 후 가옥 약 4분지 1 소각, 의류 다수 압수

- **4월 8일** – 4인 1조로써 이호리 대청 거두(巨頭) 1명 숙청, 8인 1조로써 삼양지서 제2차 습격하였으나 사전 발각으로 퇴각
- **4월 12일** – 4인 1조로써 오라리 거주 악질 경관 송원화(宋元和) 부친을 숙청 후 동 가옥 소각
- **4월 14일** – 외도지서 제2차 습격, 송칠(宋七) 동무 유도작전 지도하다가 희생당하였음.
- **4월 16일** – 화북에서 동무 5명이 경관과 대청원에게 포위당했으나 권총으로 경관 1명을 즉사케 한 후 전원 무사히 탈출
- **4월 18일** – 삼양지서 제3차 습격. 경관 16명. 아부대 22명이 총 6정으로써 습격하였으나 사전 발각으로 적 기동대에 봉우(逢遇) 퇴격. 아부대원 1명 희생
- **4월 19일** – 외도지서 제3차 습격 수류탄 투척한 결과 개 1명 부상 지서반 파괴
- **4월 20일** – 월평리에서 "엿장사"로 가장한 스파이 2명 숙청
- **4월 27일** – 리구장(里區長) 집에서 개가 식사 중이라는 정보에 접하여 아부대 16명이 이를 포위하였으나 개는 도주해 버리고 반동 구장 1명을 포로해다가 숙청
- **4월 28일** – 노형리 2구에서 적 기동부대 22명과 아부대 20명이 약 6시간 접전 후 이를 격퇴시켰음. 개 3명 부상, 개 모자 1개, 문서 다수, 카빙 탄창 2개, 카빙 탄환 9발, 백미 1두 등을 노획
- **5월 1일** – 개 7명, 반동 2명이 화북리 3구에 침입하여 탄압하려는 것을

아부대원 20명이 포위 도주하는 개들을 추격, 반동 1명 숙청

- **5월 3일~7일까지** – 동, 서 각 지구에 아부대 각각 1대대씩 주둔 1개 대대는 본부 근무
  노형리에서 "엿장사"로 가장한 스파이 2명 숙청. 오라리 2구에서 반동 3명 숙청. 오라리 2구에서 적 기동부 약 30명과 20분간 접전 후 적의 타부대에게 포위당해서 퇴각 상호의 희생 무. 월평리에서 4월 4일에 소각하다가 남은 개 집을 완전 소각. 6일 본부 근무 대대가 출동하여 동대대(東大隊)와 합류. 7일 화북리 반동 4명, 삼양리 반동 1명, 삼양리 2구 반동 2명, 삼양리 3구 반동 2명, 도련리 1구 반동 2명 계 반동 15명 숙청
- **5월 6일** – 서대대(西大隊) 상산(上山)하는 도중 적 기동대 약 30명과 조우. 약 8시간 접전 후 이를 격퇴. 개 2명 즉사, 우리 대원 2명 희생
- **5월 7일** – 죽성리(竹成里)에서 반동 3명 숙청
- **5월 8일** – 삼양리로 화북에 이르기까지의 전선 완전 절단. 아침 죽성 반동 거두 가옥 4호 소각, 반동 11명 숙청, '고다시' 반동 집 2호 소각, 반동 가족 2명 숙청, 아라리 1구 반동 가옥 2호 소각, 반동 가족 2명 숙청
- **5월 9일** – 농고(農高)에 수류탄 투척하여 적에게 위협을 주었음
- **5월 10일** – 도두리 반동 4명 숙청, 동일 읍사무소(선거 투표 장소)에 수류탄 2발 투척 투표를 방해
- **5월 15일경** – 오현중학교에 수류탄 1발 투척하여 맹체파괴(盟體破壞)를 방지
- **5월 18일** – 화북리 반동 1명 숙청

• **5월 25일경** – 2시 특무대원 3명이 단선 을지구(乙地區) 당선자[479] 한림면 출신 양병직(梁秉直)의 아지트를 습격하였으나 실패, 대원 1명 피검

• **6월 14일** – 표선리 반동 1명을 회천에서 숙청

• **7월 9일** – 월평리에서 "엿장수"로 가장한 스파이 2명 숙청. 이외에 반동 숙청 31명

• 이상 제주읍 합계

(1) 지서 습격수	**7회**
지서 소각수	1
동 파괴수	1
개 사망	5명
개 부상	5명
개 가족 사망	3명
(2) 반동 숙청수	**66명**
반동 가족 숙청수	4명
반동 부상수	9명
경관 가옥 소각수	2호
반동 가옥 소각수	9호
동 파괴수	3호

479 당시 북제주군 갑·을 선거구 선거는 유효 투표수 미달로 무효가 되고 다음해에 재선거가 실시되었음.

(3) 무기 노획수

카빙 소총	1정
동 탄창	2개
동 탄환	9발

(4) 전선 절단	**349개소**
도로 파괴	140개소
교량 파괴	1개소

(5) 우리의 피해	**대원 3명 전사**

2) 애월면(涯月面)

- **4월 3일** – 오전 2시를 기하여 구엄, 애월 양 지서를 습격
- **구엄지서** – 개 9명. 아부대 120명이 99식 소총 4정 다이너마이트 5발, 나머지는 죽창으로써 습격. 우선 숙청 대상 반동 1명에 대하여 아부대원 약 5명씩 배치, 지서에는 약 40명 배치, 처음에 지서를 향하여 다이너마이트를 투척하고 그 폭발음을 신호로 일제 습격하기로 하였으나 애월지서 습격 부대가 정각 약 30분 전에 습격하여 버리고 더욱이 구엄과 애월 간의 전선 절단을 하지 않았기 때문에 애월지서에서는 구엄지서에 전화로 응원을 요청하였음으로 사전 발각이 돼 지서 내부에는 개 3명과 향보단원 2, 3명이 있었고 나머지 개 6명은 집에 있었다. 다이너마이트 투척에 적은 지서 내에서 발사 시작 우리 부대에서도 이에 응전하면서 일보 일보

육박, 이때 악질 개 송원화 집에 배치한 분대는 송을 잡고 단창으로 찔렀으나 단창을 빼자 송은 도주. 다른 분대는 반동 2명과 반동 가족 3명을 숙청하고 가옥 2호를 소각한 후 소학교에 집합하여 지서에서 울리는 사이렌을 듣고 인항가(人抗歌), 적기가(赤旗歌)를 고창하면서 지서 습격 응원으로 출동, 지서 습격 부대와 합류하여 새 공격으로 들어갔으나 약 30분 후 외도지서의 기동대가 오므로 퇴각. 우리 피해 2명 희생

- **애월지서** – 아부대 약 80명이 습격하여 다이너마이트를 던지고 지서장 송달호에게 경상을 준 후 퇴각
- **4월 5일** – 오전 4시 50명으로써 애월지서를 제2차 습격하였으나 정보 부정확으로 퇴각
- **4월 7일** – 장전리에서 반동 2명 숙청
- **4월 9일** – 금덕리에서 반동 1명 숙청
- **4월 11일** – 아침 10시부터 구엄지서 개들과 기동대의 혼합부대 약 30명이 광령 2구를 습격하여 청년들이 전부 산으로 도피하는 것을 추격 상산(上山). 아부대에서는 이 정보를 접수하여 12시부터 천안악에 복병. 놈들은 '숫막'을 소각시키면서 점진 상산(上山). 오후 1시부터 접전(천안악에서). 아부대 병력은 1중대(21명)가 99식총 6정, 카빙총 1정을 가졌다. 접전 1시간 후 이를 격퇴

전과 = 개 3명 즉사(이 중 1명은 서북 악질 경관으로서 2월에 조천지서에서 김용철 동무를 고문치사 시킨 놈). 카빙총 1정, 동 탄창 2개, 동 탄환 95발, 현금 300원, 수류탄 1발, 백미 4승을 노획, 우리 피해 전무

………… 중간 9행 중복 생략 ……………

- **4월 11일** – 오후 11시 애월리 가두에서 특무원 3명이 권총 1정을 가지고 복병 통과 중인 적 4명(개 3명, 대청원 1명)을 기습. 개 1명 즉사, 개 1명 부상, 대청원 1명 부상 동시 애월지서에 수류탄 1발 던져 지서를 부분적으로 파괴하였다.
- **4월 18일** – 곽지리와 금성리에서는 각각 반동 1명씩 숙청(계 2명)
- **4월 21일** – 구엄지서 제2차 습격. 개 11명 부락민 전부가 향보단으로써 지서를 경비. 아부대 2개 중대 오전 3시부터 공격 개시 약 1시간 접전 후 퇴각. 개 1명 부상
- **4월 24일** – 외도리 지서원 5, 6명이 하귀리 부락 향회를 소집 개최한 후 귀환할 것을 대기하기 위하여 아부대 1개 소대가 하귀리 1구와 3구 사이에 복병 적이 도달함에 발포하자 적은 도주
- **4월 27일** – 외도 지서원 10명이 하귀 1, 2구에 침입하여 쌀 공출을 시킨 후 미수동에 집결. 마차 1대에 쌀을 싣고 외도를 향하여 남쪽(산쪽)에는 인민 50명을 동원하여 차를 호송시키고 개들은 안전지대인 북쪽으로 통과하고 있음을 하귀 1, 2구 간에는 아부대 1개 중대가 발견 복병, 인민들이 있음으로 난사를 삼가하여 공포 1발을 쏘자 인민들은 모두 도피 시작 개들은 도피하려는 인민을 붙잡고 방파제로 하면서 외도로 도주. 개 1명에게 즉사, 1명에게 경상시키고 쌀 전부를 탈환하여 전부 인민에게 반환하여 주었다.
- **5월 6일** – 서귀포 장춘관 기생(서청과 결탁한 스파이) 외 1명 포로 숙청
- **5월 7일** – 적 50명이(조병옥의 친위대) 경기관총 1대를 가지고 수산, 장전, 소길, 상귀를 탄압하기 위하여 침입. 오전 9시 상귀를 탄압하고 수산, 장전을 경유 소길리로부터 귀환하는 것을 아부대 2개 중대가 소총 12정을

가지고 장전, 소길리 사이에 소나무밭 안에서 포위 접전. 먼저 차를 향하여 수류탄을 던졌으나 3발이나 불발로 인하여 적은 전투 태세를 갖추어 난사, 시작 4발차 수류탄이 기관총에 명중 폭발 기관총 파괴. 그때까지 아부대에서는 수류탄수(手流彈手)가 전면에 진출하고 있었음으로 위협 정도로 산발(散發), 수류탄수 퇴각 후 응전 오후 5시까지 약 5시간 접전 후 적 기동대차 2대가 오자 적은 그 힘으로 구엄지서에 퇴각(이 응원대를 목표로 하귀리 미수교를 파괴하려다가 자위대 동무 2명이 희생당하다)

• 전과 = 적 토벌대장 이하 4명이 즉사하고 중경상자와 사망자를 응원대차 2대에 태우고 나머지 응원대는 도보로 돌아갔는데 그 후 판명된 바에 의하면 22명이 사고 그 중 10명 사망 12명 중상으로 추측됨. 아부대의 피해 중상 1명(2일 후 사망) 경상 1명

• **5월 8일** – 하귀리 파군봉에서 적 기동대차 3대와 아부대가 접전. 약 1시간 후에 적을 격퇴, 외 14명 반동 숙정

• **전과 계(計)** – 지서 습격 4회, 경관 사망 수 16명, 동 부상 수 16명

(1) 반동 사망 24명, 동 부상 1명, 반동 가족 사망 3명, 동 가옥 소각 2호

(2) 무기노획 – 카빙 1정, 동 탄창 2개, 동 탄환 95발, 수류탄 1개

(3) 우리 피해 3명 사망, 1명 경상

(4) 전선 절단 6개소, 도로 파괴 7개소, 교량 파괴 2개소

3) 한림면

• **3월 20일경** – 새별오름 공동묘지에서 전원 67명 합숙 훈련 중 애월 지서원 1명, 서청 2명, 구엄 대청원 6명 계 9명이 미명(未明)에 취사장을 습격

하였음으로 아부대에서 응전 발포 1발로 적은 도주, 추격 도중 동무 1명 경상

- **4월 3일** – 오전 2시를 기하여 한림지서, 저지지서, 한림여관, 신창여관, 매립지(埋立地)여관과 기타 반동 집을 일제 습격
- **한림지서** – 개 7명에 대하여 아부대 15명(99식 총 1정, 다이너마이트 12발, 가소린탄 12발)을 배치
- **한림여관** – 개 7명에 대하여 아부대 6명(99식총 3정, 군도 1본, 나머지는 창)
- **신창여관** – 서청 7명, 아부대 15명(군도 1본, 나머지는 창. 99식총 1정). 각 경관급 반동 가택에 나머지 31명을 배치
- **전투 상황** – 우선 매립지 여관에서 개 1명, 대청 1명 숙청. 그 다음 신창여관에서 서청 7명을 숙청하자 한림여관에 숙박했든 기동대와 접전하게 되었다. 이어 각지에서 투쟁 전개 개 1명은 사택에서 숙청. 면장 1명과 독촉(獨促) 최고 간부 1명에게 각각 부상을 입히고 한림지서 습격 부대는 타부대가 적 기동대와 접전하는 총성에 동무들이 전부 도피하여 총수(銃手) 1명만 남아서 투쟁 불가능

  저지지서 습격은 직전 푸로파카–트의 발생으로 사전 중지

  전선 절단 4개소, 도로 파괴 2개소

  전투 완료 후 집합 지정 장소 미마루동산에 전원 집합, 거기를 출발해서 금악까지 무장 시위를 단행. 금악에서 반동 소지의 일본도 1정 압수. 오전 9시 아지트에 귀환하자 저지 지서원 6명과 경찰 후원 회원 25명이 금악을 습격하고 있다는 정보를 접수하여 즉시 출동 접전 후 차(此)를 격퇴시키고 후원회원 3명을 포로하여 개전시킨 후 석방
- **4월 8일** – 오전 4시 저지지서 습격. 적은 개 13명과 후원회원 70명. 아부

대 18명(99식총 5정, 군도 5본, 휘발유탄 5탄, 나머지는 창). 접전 40분 후 적의 탄환 전부를 소비케 하고 적을 부득이 퇴각케 하여 돌격, 지서 완전 소각. 후원회 간부 완전 숙청(3명), 피검자 7명을 완전 탈환, 인민공화국 만세를 부르면서 무장 시위를 단행

우리의 피해 – 동지의 총으로 1 명 희생, 1명 중상

- **4월 9일** – 오후 5시경 적 기동대 약 25명이 산 아지트 부근에 습격하였으므로 20분간 교전 후 이를 격퇴
- **4월 16일** – 오전 2시 전선 절단 7개소, 도로 파괴 3개소
- **5월 12일** – 저지 지서원과 반동 합하여 15명이 우리 아지트에 침입, 아부대에서 응전 태세를 갖추자 적은 도주. 지서에 귀환 후 개 4명 탈출 도주
- **5월 13일** – 오전 2시를 기하여 전선을 57개소 절단하고 도로 2개소 파괴한 후 오전 7시를 기하여 저지지서를 제2차 습격 적 4명, 아부대 60명(99식총 13정, 수류탄 15발, 기타 창) 지서를 포위 습격하자 적은 무저항 도주. 개 3명 즉사, 지서 완전 소각, 피검자 30명 완전 탈환, 반동 12명 숙청, 반동 가옥 112동 소각, 금악에서 반동 2명 완전 숙청. 귀덕 2구에 서 2명 명월 하동에서 각각 숙청. 반동 가옥 6호 소각
- **5월 14일** – 오후 1시 한림지서 습격. 적은 개 7명, 서청 14명 계 21명. 아부대는 60명외 동명, 명월 자위대 30명 참가 합계 90명(총 13정, 수류탄 90발, 다이너마이트 9발, 군도 10본, 기타 창). 접전 2시간 후 지서 토치카까지 육박하였으나 때마침 적 기동대를 실은 차 1대가 오고 서로는 국교에 주둔하고 있는 국경 약 50명이 달려옴으로 아부대가 협격당하게 되어 퇴각. 적 개 5명, 반동 7명 합계 12명 숙청. 서청 숙박소 소각. 우리 피해 4명 부상 (군도 2본, 99식 소총 1정(사용 불가능) 분실 국경에게 압수 당함)

• **5월 14일** – 밤 8시 적 개가 국경 소대장을 학살하고 이간 정책으로서 이를 인민군에 전가시키려고 하다가 음모 발각, 국경 1개 소대가 지서를 습격 지서를 향하여 기관총을 난사함으로 지서원 전부 어선으로 비양도로 도주, 국경은 지서에 돌입하여 문서 전부 소각

• **5월 15일** – 전일 희생당한 우리 동무에 대해서 인민장(人民葬)하도록 국경에서 인민에게 자유를 주었음으로 리민(里民) 전부 모여 인민장 거행

• **6월 6일** – 정오 12시반 저지(楮旨) 개 12명과 반동분자 50명이 금악리를 습격. 아부대 1개 소대(10명)로써 접전 15분 후 이를 격퇴. 개 2명 즉사(이중 1명은 기관총수). 부기(附記) 한림지서 습격 시에 개의 총에 대청 한림 위원장 즉사

• **7월 21일** – 엿장사로 가장한 스파이 1명 신간부락에서 숙청

• **전과 계(計)**

(1) 지서 습격 수 4회 지서 소각 2

(2) 경관 사망 수 12명

(3) 반동 사망 수 42명, 동 부상 2명, 동 포로 3명, 가옥 소각 84호

(4) 전선 절단 64개소, 도로 파괴 7개소

(5) 무기 노획 일본도 1본

(6) 피검자 탈환 39명

(7) 우리의 피해 희생 5명, 부상 6명(완전 치료), 99식총 1정, 일본도 2본 분실

4) 대정면

• **4월 3일** – 오전 2시를 기하여 대정지서를 습격(대정면 대청사무소 동). 대정

지서 개 6명. 아부대 7명(총 2정, 군도 1본, 대검 3본, 철창 1본). 포위 직전에 오발로 인하여 사전 발각되었으나 개 2명만 숙직 중이었음으로 나오지 않았음. 아부대에서 2발 사격 후 총 고장으로 퇴각. 개 1명 즉사

- **대청사무소** – (제주도 최고 반동 강필생 집) 특무원 2명이 침입 수류탄 1발 투척하여 강필생과 그 가족 1명에게 각각 부상을 주고 퇴각
- **4월 18일** – 대정지서 제2차 습격. 적은 개 10명. 아부대는 11명. 약 15분간 교전 후 성벽을 지서로 오인해서 휘발유탄 2발을 투척 결과 정세 불리로 퇴각
- **4월 27일** – 동일리 반동 거두 1명 숙청
- **4월 28일** – 아부대 8명으로써 면사무소 습격 반동 직원 1명 숙청, 1명 부상, 연락 불충분으로 인하여 동무 직원 1명 희생
- **4월 28일** – 안성리 반동 구장 집 습격 구장에게 중상을 주다
- **4월 30일** – 모슬포지서 습격. 아부대는 15명. 후면으로 아부대를 배치하고 전면으로 국경 보초(동무)를 배치, 측면으로는 여관 2층에 특무대를 2명 배치. 특무원이 지서를 향하여 황린탄(黃燐彈) 투척 폭발음을 신호로 일제 포위 습격하기로 작전했으나 황린탄 불발로 인하여 퇴각
- **5월 1일** – 신평리와 영락리에서 각각 반동 1명씩 숙청
- **5월 4일** – 무릉지서 습격. 적은 개 12명. 아부대는 30명. 약 20분 접전 후 지형 불리로 인하여 퇴각. 동무 1명 희생
- **5월 5일** – 보성리 반동 1명. 영락리 반동 고술생 외 가족 2명을 숙청, 동 가옥 1호 소각

- **5월 20일** – 밤 12시를 기하여 국경 제2연대에서[480] 1개 소대(43명)가 탈출, 대정지서 습격. 개 4명 즉사케 하고 지서장을 부상, 급사 1명을 즉사케 한 후 서귀포로 향하였음
- **5월 21일** – 아부대에서 재차 대정지서를 습격. 카빙 2정, 전화기를 노획
- **5월 23일** – 면사무소를 습격. 문서 일체와 철창 15본을 노획. 동일 보성리 반동 고달진(高達珍) 가옥 소각, 일과리 반동 강병국(姜柄國) 숙청
- **5월 26일** – 무릉리 인향리 네거리에 아부대 13명 복병, 적 기동대차 3대에 개 약 60명이 타고 오는 것을 기습, 아부대에서 약 50발을 발포 적이 응전 태세를 갖추며 기관총 3대로 난사함으로써 약 15분간 교전 후 퇴각. 전과: 개 즉사 14명, 부상 11명, 철갑 1개, 배낭 1개, 카빙총 탄창 1개 노획
- **5월 28일** – 무릉리 2구 스파이(우리 동무 8명을 학살케 한 놈) 1명, 여자 스파이 1명, 엿장수로 가장한 1명을 숙청
- **6월 25일** – 구억리 반동 2명 숙청
- **6월 30일** – 무릉리에서 고산리 출신 반동 목사가 강연 순회함을 발견하여 숙청
- **전과 계(計)**[481]

  (1) 지서 습격 6회(1회는 국경 지서 소각 1, 반동 사망 14명, 동 부상 3명, 동 가족 사망 2명, 동 부상 1명, 동 가옥 소각 2호)

  (2) 무기 노획 카빙총 2정, 동 탄창 1개, 전화기 1개, 배낭 1개, 철갑 1개. 철창 15본

---

480 제9연대가 아닌가 사료됨. (국경과의 관계 기록 참조).

481 경찰관 사망자수 18명 및 동부상자 12명 집계 누락.

(3) 우리의 피해 동무 1명 희생

(4) 전선 절단 10개소, 도로 파괴 7개소

5) 안덕면

- **4월 10일** – 아부대 8명이 덕수리 대청사무소를 습격. 사무소 완전 소각 후 반동 1명에게 부상을 주다
- **4월 하순** – 동광리 반동 1명 숙청
- **5월 10일** – 동광 광평 상천 선거사무소를 습격. 광평리는 완전 보이코트. 다른 부락은 경비로 실패
- **5월 24일** – 미명에 화순지서를 습격. 적은 개 20명. 아부대는 20명. 지서를 완전 포위하여 돌격 직전에 동으로 공차(空車)가 옴을 국경차로 오인 퇴각. 개 6명 즉사, 반동 1명 숙청. 면사무소, 대정사무소(겸 식량영단 사무소) 소각
- **6월 15일** – 창천리와 상창리에서 각각 반동 1명씩 숙청(창천리 반동은 독촉 위원장)하고 물품 다수 압수하여 돌아오는 도중 적 토벌대 약 15명과 접전 약 15분 후 아부대에서 퇴각 상호 피해 무. 추이(追而) 적끼리의 총에 대청원 1명 즉사, 3명 부상
- **전과 계(計)**

(1) 지서 습격 1회

(2) 개 사망 6명

(3) 반동 사망 6명 동 부상 5명

(4) 반동 가옥 소각 2호(면사무소와 대청사무소)

(5) 전선 절단 3개소, 도로파괴 1개소

6) 중문면

- **5월 10일** – 아부대 10명이 하예리 선거사무소를 습격. 투표함 파괴 후 선거를 완전 보이코트
- **5월 하순** – 면내(面內) 반동 6명 숙청. 2명에게 부상
- **6월 10일** – 도순리 반동 1명 숙청. 지서 급사 1명을 포로 하였으나 틈을 타서 도주
- **6월 하순 경** – 국경 중문 주둔 부대 내 동무들로써 면내 최고 반동 박찬오(朴贊五)를 숙청
- **6월 28일** – 개 토벌대 60명이 아지트를 습격하였으나 아부대에서는 이를 국경으로 오인하여 무저항 퇴각. 동무 1명 피살, 99식총(사용 불능) 1정. 동 탄환 20발, 일본도 3정, 수류탄 5발, 다이너마이트 2발, 모포 10매, 천막 1매, 피복 다수를 소각 압수당하고 식기 20개, 식부 2개, 천막 1매를 파괴당하다.
- **전과 계(計)**

(1) 선거 사무소 습격 1, 동 파괴 1

(2) 반동 사망 8명, 부상 2명

(3) 전선 절단 5개소

(4) 우리 피해 동무 1명 피살

(5) 99식총(사용 불능) 1정, 동 탄환 20발, 일본도 2본, 수류탄 5발, 다이너마이트 2발, 모포 10매, 천막 2매, 식기 20개, 식부 2개, 피복 다수를

소각, 압수당하다.

7) 서귀면

- **5월 22일** – 서흥리 반동 6명 숙청, 동 1명 부상, 물품 다수 노획, 동일 – 동홍리 반동을 1명 포로로 하였으나 탈주당하다.
- **전과 계(計)**

반동 사망 6명, 동 부상 1명

8) 표선면

- **5월 10일** – 아부대 10명 가시리 습격. 선거 사무소를 습격하여 투표함을 파괴하고 선거를 완전 보이코트. 반동 3명 숙청. 반동 가옥 1호 4동 파괴

9) 남원면

- **4월 3일** – 아부대 10명 99식총 2정으로써 남원지서를 습격 전과 – 개 1명 즉사, 동 1명 부상, 반동 1명 사망, 급사 1명 사망, 카빙총 2정, 공기총 1정, 탄환 55발, 개 복(服) 다수 노획, 지서 반 소각. 그 후 반동 1명 부상, 반동 가옥 2호 소삭, 1호 파괴, 관공리 부상 1명, 전선 절단 3개소(5킬로미터), 부기(附記) 남원지서에서 적끼리의 총에 서청 개 1명 즉사
- **전과 계(計)**

(1) 지서 습격 1회, 동 소각 1 (반소)

(2) 개 사망 1명, 동 부상 1명, 관공리 1명 부상 (급사), 동 사망 1명, 전선 절단 3개소 (5킬로미터)

(3) 무기 노획 카빙총 2정, 공기총 1정, 탄환 55발, 경관복 다수

10) 성산면

- **4월 3일** – 오전 2시를 기하여 아부대 약 40명이 99식총 2정으로써 성산포 지서를 포위 습격. 포위에는 완전 성공하였으나 우선 프락치 1명을 구출하려고 소극적 전법을 취한 것과 그다음 가지고 간 총 전부가 고장이 나서 지서 가라스 기타 건물 일부를 파괴한 후 적의 난사로 말미암아 퇴각
- **5월 10일** – 수산리 선거사무소를 습격. 반동 가옥 소각, 반동 2명 숙청. 단선 완전 보이코트

11) 구좌면

- **4월 3일** – 오전 2시를 기하여 아부대 약 40명이 99식총 2정을 가지고 세화지서와 면내 최고 반동 김대홍의 집을 습격. 지서에서는 그 때 숙직중이던 서북계 악질 경관 1명과 맹렬한 격전 끝에 이를 죽이고 카빙총 1정, 44식총 1정을 노획, 지서를 소각하려고 했으나 석유가 없었음으로 불성공, 반동 김대홍의 집을 습격한 바 대홍이가 권총 1발을 발사하는 바람에 비겁을 느껴 퇴각
- **5월 9일** – 밤을 기하여 아부대 10명이 송당리를, 11명이 동복리를 각각 습격. 송당리에서 반동 구장 처 1명, 반동(대청 간부) 1명을 숙청, 그들의

가옥 4호를 소각, 동복리에서 반동 1명 숙청, 반동 가옥 1동 소각, 반동 집 내의 미싱, 의류, 기타 다수 몰수, 그리고 송당리, 동복리의 선거사무소를 각각 습격 파괴

- **5월 10일** – 아침 덕천리 선거 사무소를 습격하여 투표함을 파괴하고 반동 가옥 1동 소각
- **5월 11일** – 아부대를 2개 중대로 나누어 구좌면 일대 하도, 상도, 평대, 한동, 월정리 외 1개리를 습격 상도리에서 반동 2명 숙청, 반동 가옥 1호 소각, 평대리에서 면사무소를 습격 완전 소각. 반동 가옥 2호 소각. 한동리에서 반동 2명 숙청, 2명 부상, 반동 가옥 2호 소각. 월정리에서 반동 가옥 1호 소각, 기타 다른 리에서 반동 가옥 1호 소각
- **5월 23일** – 하도, 상도리 반동 7명 숙청
- **5월 24일 경**– 아부대 약 20명이 김녕지서 습격 약 30분간 신경전으로 발포하다가 작전 계획에 차이가 생겨 퇴각. 상호 피해 무
- **전과 계(計)**

(1) 지서 습격 2회

(2) 개 사망 1명 (서북계 악질)

(3) 반동 사망 13명, 동 부상 2명, 동 가족 사망 1명, 동 가옥 소각 13호, 관공서 습격 1회 (면사무소), 동 완전 소각

(4) 무기 노획 – 카빙총 1정, 44식 총 1정, 기타 노획 물자 다수

12) 조천면

- **4월 3일** – 오전 2시를 기하여 조천, 함덕 양 지서를 일제 습격 조천지서

– 아부대 약 40명이 99식 총 2정으로써 포위전은 완전히 성공했으나 사전 발각으로 퇴각, 함덕지서 – 아부대 약 40명이 99식 총 2정으로써 포위 습격. 먼저 서내(署內) 1명 프락치에게 연락하여 탈출케 한 후 그 소개로 개집을 습격하여 개 1명을 포로했던 바 그 처가 지서로 달려가면서 고함을 지름으로 인하여 사전 발각되어 퇴각. 귀도에 대청원 3명을 포로로 하고(아지트에 귀환한 후 개전시킨 후 석방) 뒤이어 서청 숙사를 습격, 서청 5명을 포로한 후 포로 경관 1명과 서청 5명 중 4명을 총살하고 서청에 취사해 주든 1명은 송당 리민 이었음으로 개전시킨 후 인민군 취사번(炊事番)으로 채용

- **4월 8일** – 밤 조천지서를 제2차로 강습. 아부대 약 40명이 카빙총 4정, 99식총 4정, 황린탄 2발을 가지고 습격하였으나 정보 불충분으로 적에게 배후 공격을 받아 황린탄 1발을 투척하여 지서를 부분적으로 파괴시키고 개 2명을 즉사케 한 후 퇴각. 우리의 피해 동무 2명 희생
- **4월 14일** – 미명 교래리 주둔 적 기동대 약 50명을 아부대 40명으로써 포위 습격. 개 2명을 즉사시키고 지형 불리로 퇴각
- **4월 14일 밤** – 조천면 조천지서를 제3차로 습격. 수류탄을 투입하여 지서를 부분적으로 파괴, 내부를 수라장 시키고 개 7명과 서청 2, 3명을 행방불명케 함
- **4월 15일** – 밤 대흘리 반동 부영호(夫榮豪)를 숙청 그 가옥 1호를 소각. 반동 가족 1명을 포로로 했다가 후일 석방
- **4월 16일** – 밤 선흘리 반동 부용화(夫龍花)를 숙청
- **4월 17일** – 신촌리 반동 진장섭(晋長燮=충청도 출신 한민당 계교원), 김문봉(金文峯) 급(及) 그의 처 외 3명 숙청. 김영아(金榮我) (교장) 부상

- **4월 20일 경** – 이로부터 약 1주일간 계속해서 함덕리 대청과 지서에 대하여 아부대 7명 급 약 15명이 99식총 10정, 카빙총 1정으로써 신경전을 전개하다. 첫날 밤 아부대 10명이 군도 2본, 권총 1정, 99식 7정을 가지고 함덕리 향보단 경비소를 습격하여 향보단원 13명을 포로하여 그 중 대청원 1명을 숙청하고 나머지는 개전시키고 전부 석방. 그 2일쯤 후 아부대 약 7명이 99식과 군도를 가지고 함덕리에 돌입하여 함덕리 거리에서 경비하는 대청원 2명을 포로해서 1명은 숙청, 1명은 개전시킨 후 석방, 또 반동 가옥을 습격하였는데 반동은 도주해 버리고 도주하는 그의 처 1명을 숙청, 이로 인하여 그 익일 함덕리민들은 자발적으로 인민대회를 개최하고 대회 석상에서 대청 향보단을 해방시켰음. 그리고 이 신경전 기간 중 2일 만에 한 번씩 봉화 투쟁을 전개, 일방 그 당시 북촌리에 대한 탄압이 혹심하여 날마다 함덕지서 개와 대청원들이 북촌리를 습격하였음으로 다시 내습할 것을 대기하여 아부대 약 12명이 약3일간 매일 우중에 함덕리와 북촌리 간의 도로 근방에 복병하고 있었으나 결국 개의 내습이 없음으로 퇴각
- **4월 말일 경** – 밤 신흥리 악질 경관 김태배(金太培) 집을 습격, 그 가옥 1호 2동을 완전 소각. 조천면 오름밭 악질 반동 1명 숙청, 그 가옥 1호 완전 소각
- **5월 초순** – 조천리 반동 1명에 부상, 와산 반동 1명 숙청, 그 가옥 1호 소각
- **5월 7일** – 전일 함덕리 대청을 해산시킨 뒤 이들로써 자위대를 조직하고 그들의 과거의 오류를 청산하기 위하여 첫 번 투쟁으로써 함덕지서 개를 숙청하기로 결정, 비무장 자위대 약 10명이 복병하고 한행도(韓行道) 동무에게 개 2명을 유도해 오도록 지령했던 바 마침 거리를 순회하는 개 2명

을 발견 한(韓) 동무는 개에게 술 먹으러 가자고 권유하여 이들을 주점으로 데려가서 술을 먹을 때 다른 자위대원(그전 대청원) 3명도 이에 가담하여 틈을 엿보았으나 개들은 종시 총을 손에 쥐고 있었음으로 틈을 타지 못하여 결국 복병한 지점까지 이를 유도해다가 한 동무가 개의 뒤에서 개 2명의 총 2정을 한 손에 하나씩 양손에 붙잡고 미리 결정했던 암호 "고기 낚으러 가자"를 외치자 복명했던 우리 자위대원들은 일제히 이를 포위하여 포로해다가 숙청하고 카빙총 1정과 44식총 1정을 압수

- **5월 8일** – 전일의 투쟁에 이어 함덕리민 노인과 부인들은 거리에서 개들의 통과를 대기하고 있든 바 마침 개 1명이 무장하고 지나가는 것을 발견 노인 1명이 백수로 개에게 접근하여 개의 총을 붙잡고 "양심이 있거든 이 총을 놓으라." 하자 거리에 있던 리민들이 개를 완전히 포위하고 일제히 이구동음(異口同音)으로 "양심이 있거든 총을 놓아라."고 외쳤다. 개는 "네 놓겠습니다." 하고 총을 내버리고 도주하려는 것을 부인들이 달려들어 이를 구타하는 도중, 마침 적 기동대차가 통과하다가 총을 난사함으로 리민들은 개에게만 부상만 주고 99식총 1정만 탈취하여 퇴각. 우리 쪽 피해 전무
- **5월 8~9일까지** – 전면(全面)에 걸쳐 각리간(各里間)의 자동차 도로 8개소를 파괴 차단
- **5월 10일** – 대흘리 1구에 투표함을 가지고 온 서청 3명을 숙청, 또 서청 교원 1명 숙청
- **5월 14일** – 오후 4시를 기하여 함덕지서를 습격 지서 내에 개 6명, 아부대 약 50명(카빙총 2정, 44식총 1정, 99식총 33정, 수류탄 10발) 이 중 25명을 3개 소대로 편성하여 1개 소대는 서쪽 대로(大路), 1개 소대는 동쪽 대

로, 1개 소대는 지서 후방 퇴각로에 각각 복병, 나머지 26명은 지서 전면을 2면으로 완전 포위 성공, 그러나 지서 내에는 동무들 가족 4명이 피검되어 있음으로 이를 구출하기 위해서 처음은 신경전, 위협전으로서 개시, 우선 감시대에서 감시하던 개에 향하여 발사. 이를 죽이고 나자, 그 총소리에 비로소 지서 내에서 포위당한 것을 알고 지서원 소집 명령을 하면서 발포 시작, 그래서 아부대에서는 지서를 향하여 간간 산발하며 수류탄을 던졌다. 지서 내의 인민을 구출하기 위해서 격전으로 나가지 못하고 위협 정도로 밖에 공격을 하지 못했음. 전면 포위 부대는 점진, 지서 최근 거리까지 육박하여 지서 내로 향해서 "인민들은 나오라"고 외치자 지서 내에서 부인 1명이 "인민입니다."고 하면서 나오는 것을 동무 1명이 이를 구출하려고 접근해 본 즉 그는 지서에 숙박했던 개의 처였음으로 당장에 사살해 버리고 또 다시 "인민은 나오라." 외치자 그때야 감금당했던 인민들이 자신으로 유치장 문을 쳐부시고 지서 밖으로 4명이 뛰어 나오자 동무들은 아부대의 뒤에서 대기하던 인민들에게 이를 넘기고 지서 인접 가옥 인민들을 피난시킨 다음 그 후 일제 맹공격을 개시하여 지서 옆에 있는 개 숙사를 방화하고 황린탄을 투척 지서 내에 명중 폭발, 이로써 개들의 일부는 부상당하고 발사를 중지하자 우리 부대 일부는 지서 내에 돌입하여 부상당해서 자빠진 개 3명을 총살하고 지서 내의 문서와 무기 등을 압수해서 무장 부대는 개가(凱歌)로 귀도(歸途) 그리고 지서 내에 아부대 돌입하고 있을 때, 마침 동쪽으로 차 1대가 질주해 오는 것을 복병했던 동무들이 발견했으나 그 차가 버스였음으로 객차로 오인해서 발사하지 않고 통과시키다가 본즉 차창으로 총구가 보임으로 그때야 개들이 타고 있다는 것을 알고 수류탄을 투척하였으나 맞지 않고 자동차에서도 총을 난사하면서 지서 앞까지 박진하여 정차할 기세를 보이다가 우리 쪽 기세에 놀래서 그대로 속도를 가하여 서쪽(성내)으로 질주하는 것을 동무들은 우선 차를 정차시키려고 발사하자 운전수의 양완(兩腕)을 관통 부상시켰으나 조수가 다리로 운전하며 그대로 서쪽으로 질주하는 것을 서쪽의 복병 부대도 처음은 객차로 오인해서 발사하지 않았다가 총구가 보인 후에야 수류탄을 던졌으나 맞지 않아서 결국 도주시키고 말았다. 무장 부대가 지서에 방화한 다음 개선(凱旋)해 버리자 지서가 잘 타지 않는 것을 본 리민들은 속고(粟藁)를 지서 내에 집어넣고 또 다시 방화하자 천정 위에 숨었던 개 1명과 숙직실 장방 속에 숨었던 개 1명이 화기에 못 견디어 나오는 것을 리민들이 발견 포로하고 또 이웃집 돼지 집 속에 숨었던 개 1명을 발견 포로해다가 계 3명을 숙청하였는데 그 중 지서장은 극악질로써 리민들에게 대하여 말할 수 없는 악행을 하였기 때문에 리민들의 극도의 원한의 대상이었음으로 리민들은 죽어 쓰러지고 있는 지서장 사체를 발견하여 돌멩이로 지서장 두부를 때려 부시고 사체를 지서 내에 담아 놓아서 방화하여 완전 소각하였다. 그리고 무장부대는 개선도중 반동 가옥 3개소를 습격하여 반동 3명을 숙청하고 그 가옥을 3호 각 소각하다. 이날의 전과 = 개 사망 6명, 동 가족 사망 1명, 반동 사망 3명, 지서 급 동 숙사 완전 소각, 반동 가옥 3호 소각

- 무기 노획

  44식 총 2정, 30년식 총 2정, 카빙총 2정, 카빙총 탄환 50발, 38식 총 탄환 800발, 군도 3본, 황린탄 4발, 수화기 1개, 수류탄 4발, 나팔 2개, 등사판 1개

- 기타 현금 1만 3천원, 개 의복 3착, 문서 다수 압수

– 피검자(인민) 4명 탈환

– 우리 피해, 동무 1명 동지 총에 부상(후 완전 치료)

• **5월 15일** – 전일 함덕지서 전멸을 알고 기동차(機動車)가 함덕리에 내습, 개 사체를 싣고 퇴각 이 때 경관 1명이 99식총 1정 동 탄환 80발을 가지고 투항, 인민군에 편입

• **동일** – 오후 9시를 기하여 군(人民軍) 주최로 면 인민대회를 3개소(와흘, 대흘이구. 선흘리)에서 개최하여 무장 시위와 봉화(烽火) 투쟁을 단행하다.

• **5월 16일** – 조천면 지서원 3명이 99식 1정, 44식총 1정, 30년식 총 1정을 가지고 인민군에 투항 편입

• **5월 17일 경** – 조천리 양천동 반동 7명을 숙청

• **5월 26일** – 조천리 물가에서 총을 물가에 두고 옷을 벗어서 세탁을 하고 있는 개 1명을 자위대 동무 8명이 발견 포위하여 포로로 하고 오는 도중 서청 엿장수 스파이가 보아서 지서에 통보하자 개들이 출동, 동무들은 포로 개를 데리고 피하려고 하자 포로 개가 도주하기 시작하고 지서 개들이 추격하여 옴으로 동무들은 총과 탄환대(彈丸帶)만 가지고 퇴각(총은 99식총)

• **6월 15일 경**– 북촌리에서 우도 연평을 떠나 성내로 가다가 역풍을 만나 북촌항에 기항한 개 2명과 기타 신분 불명의 수인(數人)을 실은 어선 1척을 발견하여 자위대 동무들이 배를 내리고 뭍으로 올라오는 개를 포위 개 1명이 카빙총으로 모(某) 동부의 가슴에 대여 겨누자 그 동무는 손으로 총을 붙잡고 밑으로 누름과 동시에 탄창을 빼어 버렸다. 개는 발사했으나 들어 있는 탄환은 1발뿐이었고 발사한 탄환은 그 동무의 양다리 사이를 통과하여 뒷 지면에 박아지고 말았다. 이에 나머지 개 1명은 또다시 총에 탄환을 넣으려고 하는 것을 권총을 가졌던 동무가 발사하여 개 2명

을 숙청. 선중(船中)의 개 가족과 신분 불명의 사람 약 10명은 포로(그 후 국경에게 아지트를 피습 당했을 때 포로들은 탈주당하다), 카빙총 1정, 99식총 1정 노획, 기타 반동 숙청 10명

• **종합 전과**

(1) 지서 습격 5회, 동 소각 1, 동 파괴 1

(2) 개 사망 15명, 동 부상 1명, 동 가족 사망 4명, 동 투항 4명, 동 탈출 1명, 동 행방불명 7명

(3) 반동 사망 38명(중 서청 8명 포함), 동 부상 2명, 동 포로 17명(중 서청 1명), 동 행방불명 3명(전부 서청), 동 가족 사망 2명, 동 가족 포로 2명, 동 가옥 소각 7호

(4) 무기 노획 카빙총 6정, 99식총 5정, 44식총 4정, 30년 식총 2정, 황린탄 4발, 수류탄 4발, 군도 3본[482]

(5) 기타 다수 압수

(6) 전선 절단 500여 개소, 도로 파괴 8개소

(7) 우리의 피해 동무 2명 희생, 2명 부상

482 카빙총 탄환 50발과 38식총 탄환 800발 집계 누락.

13) 전도 면별 전과 일람표[483]

[표 6] 전과 일람표

전과종류	지서습격수	동 파괴수	동 소각수	개 사망수	개 부상수	개 가족사망수	개 가족부상수	개 투항자수	관공서 습격수	동 소각수	동 파괴수	반동 사망수	동 부상수	동 가족 사망수	동 부상수	동 가옥 소각수	동 파괴수	경관 가옥 소각수
제주읍	7	1	1	5	5	3						66	9	4		9	3	2
애월면	4			16	16							24	1	3		2		
한림면	4		2	12								42	2			84		
대정면	6		1									14	3	2	1	2		
안덕면	1			6								6	5			2		
중문면									1		1	8	2					
서귀면												6	1					
표선면												3					4	
남원면	1		1	1	1							1	1					
성산면	1	1										2				1		
구좌면	2			1					1	1		13	2	1		13		
조천면	5	1	1	15	1	4		4				38	2	2		7		
합계	31	3	6	56	23	7		4	2	1	1	223	28	12	1	120	7	2

483 원문 등사 불명으로 투쟁면-각면별 집계를 전재하였음. 대정면 내 경관 사망자 18명과 동 부상자 12명 및 화북, 대정, 남원 등 각 지서 급사 사망자 3명 통계 누락.

[표 7] 전과 일람표

전과종류	반동 포로수	동 가족 포로수	전선 절단수	도로 파괴수	교량 파괴수	무기노획 카빙총	동 카빙총 탄창	동 카빙 탄환	동 38식 탄환	동 수류탄	동 일본도	동 전화기	동 철장	동 철갑	동 배낭	동 공기총	동 44식총	동 99식총	동 38년식총	동 황린탄	기타 피검자 탈환
제주읍			349	140	1	1	2	9													
애월면			6	7	2	1	2	95		1											
한림면	3		64	7							1										39
대정면			10	7		2	1					1	15	1	1						
안덕면			3	1																	
중문면			5																		
서귀면																					
표선면																					
남원면			3			2		55								1					
성산면																					
구좌면						1											1				
조천면	17	2	500	8		6		50	800	4	3						4	5	2	4	4
합계	20	2	940	170	3	13	5	209	800	5	4	1	15	1	1	1	5	5	2	4	43

4. 국경(國警)과의 관계

1) 관계 시작 경위

1946년의 본도 3·1 및 3·10 투쟁 직후[484] 때마침 본도 주둔 제9연대가 신설되어 제1차 모병이 있음으로 이에 대정 출신 4 동무, 고승옥(高升玉),문덕오(文德五),정두만(鄭斗萬),류경대(柳京大)를 프락치로써 입대시켰음. 그 후 5월에 내도(來島)[485]한 중앙 올구 이명장 동무에게 이것을 보고하여 지도 문제와 활동 방침을 남도(전라남도)에 가서 지시하여 주도록 요청한 바 있었으나 그 후 아무런 지시도 없었고 내도한 올구를 통해서 재삼재사 프락치 지도에 관한 시급한 지시를 요청하였으나 아무런 대답이 없었음.

그러나 도당부(島黨部)에서는 이를 포기할 수 없어 독자적으로 선(線)을 확보하였음.

그 후 대정면당을 통하여 경상적으로 연락을 확보하였으나 좌기[486] 프락치 4명 중 정두만 동무는 조직이 없이 탈출하여 일본으로 도피, 류경대는 군기대(軍紀隊)에 전근 이래 반동[487]의 기색을 띄게 되었음.

---

484 실제 연도는 1947년임.

485 내도는 제주도를 방문한 의 의미임. 이 문건에서는 제주도를 도(道)로 하지 않고 도(島)로 하였음.

486 이 보고서의 원문이 국한문 혼용의 종서체이다 보나 나온 표현이다.

487 남로당에 반대하는 세력을 지칭하는 단어.

2) 4·3 투쟁과 국경과의 관계

3·1 투쟁 직전[488]에 내도한 도 올구 이 동무의 상도편(上道便)에 국경 문제에 대한 시급한 대책을 요청하였던 바 이 동무는 재차 3월 중순에 내도함과 동시에 무장 반격에 관한 지시와 아울러 "국경 프락치는 도당에서 지도할 수 있으며 이번의 무장 반격에 이것을 최대한으로 동원하여야 된다"고 언명하였음. 이 지도를 중심으로 4·3(사건) 투쟁의 전술을 세우는데 있어서 감찰청과 1구서(제주경찰서) 습격에 국경을 최대한으로 동원하고 나머지 각 지서는 유격대에서 담당하기로 양면작전을 세워 즉시 좌기 프락치에게 연락을 부치고 동원 가능 수를 문의한 바 800명 중 400명은 확실성이 있으며 200명은 마음대로 좌우할 수 있다. 반동은 주로 장교 급으로서 하사관 합하여 18명이니이것만 숙청하면 문제없다고 보고가 있었음. 동시 만일 경비대가 동원된다면현재 1연대[489]에는 차가 없으니 차 약 5대만 돌려주면 좋고 만약 불가능하면 도보로라도 습격하겠다는 말이 있었음.

이 보고를 중심으로 즉시 4·3 투쟁에 총궐기하여 감찰청과 1구서를 습격하라는 지령과 아울러 자동차 5대를 보냈음.

그런데 의외에도 4·3 당일에 국경이 동원되지 않음으로 이것을 이상한 일로 생각하고 있던 바 4월 5일에 상도한 도 파견 국경 공작원(島常委靑責 동무)의 보고에 의하여 다음과 같은 진상이 판명되었음.

---

488 4·3 투쟁 직전의 오기로 보임.

489 9연대의 오기로 보임.

즉 파견원이 최후적 지시를 가지고 국경 프락치를 만나러 갔던 바 프락치2명은 영창에 수감되어 없었으므로 할 수 없이 횡적으로 문상길 소위를 만났던 바 이 동무의 입을 통해서 국경에는 이중 세포가 있었다는 것, 그 하나는 문 소위를 중심으로 한 중앙 직속의 정통적 조직이며 또 하나는 고승옥 하사관을 중심으로 한 제주도 출신 프락치의 조직이었음.

그래서 43 투쟁 직전에 고 하사관이 문 소위에게 무장투쟁이 앞으로 있을 것이니 경비대도 호응 궐기해야 된다고 투쟁 참가를 권유했던 바 문 소위는 중앙 지시가 없으니 할 수 없다고 거절한 바 있었다고 함. 이 말을 듣고 도 파견 국경 공작원은 깜짝 놀랐으나 이렇게 된 이상 어찌할 수 없으니 제주도 30만 인민의 생명과 재산을 수호하고 또한 우리의 위대한 구국 항쟁의 승리를 위하여 기어코 참가해야 한다고 재삼재사 요청하였으나 중앙 지시가 없음으로 어찌할 수 없다고 결국 거절 당했음. 이리하여 4·3투쟁에 있어서의 국경 동원에 의한 거점 분쇄는 실패로 돌아갔음.

3) 그 후의 연결

기후(其後) 올구를 파견하여 문 소위와 정상적인 정보 교환을 하여 오던바 4월 중순에 이르러 돌연히 부산 제5연대 1개 대대가 내도하여 산부대를 포위 공격하게 되었음으로 시급히 대책을 세워야 된다는 긴급 연락이 있어 군책(군책임자)이 직접 파견되어 문제를 수습하기로 되었음.

군책과 문 소위가 만난 결과 국경의 세포는 중앙 직속이므로 도당의 지시에 복종할 수 없으나 행동의 통일을 위하여 밀접한 정보 교환, 최대한의 무기공급, 인민군 원조 부대로서의 탈출병 추진, 교양 자료의 배포 등의 문제에 의견의 일치를 보았고 더욱이 최후 단계에는 총궐기하여 인민과 더불어 싸우겠다고 약속하였음.

또 9연대 연대장 김익렬이 사건을 평화적으로 수습하기 위하여 인민군 대표와 회담하여야 하겠다고 사방으로 노력 중이니 이것을 교묘히 이용한다면 국경의 산 토벌을 억제할 수 있다는 결론을 얻어 4월 하순에 이르기까지 전후 2회에 걸쳐 군책과 김 연대장과 면담하여 금반 구국 항쟁의 정당성과 경찰의 불법성을, 특히 인민과 국경을 이간시키려는 경찰의 모략 등에 의견의 일치를 보아 김 연대장은 사건의 평화적 해결을 위하여 적극 노력하겠다고 약속하였음 (제1차 회담에는 5연대 대대장 오일균 씨도 참가 열성적으로 사건 수습에 노력했음.)

그 후 5월 7일에 내도한 중앙 올구는 국경 프락치에 대한 지도는 도당에서 할 수 있다고 언명하였기에 국경과 도당과의 관계는 복잡화하여지고 투쟁에 결정적인 약점을 가져오게 되었음.

그 후 5·10투쟁까지는 국경으로부터 아무런 공격도 없어 우리의 활동에는 크나큰 이익을 가져왔다.

5·10 제주읍 도당 대표로써 군책, 조책 2명과 국경 측에서 오일균 대대장및 부관 9연대 정보관 이 소위 등 3명과 계 5명이 회담하여

⑴ 국경 프락치에 대한 지도 문제

⑵ 제주도 투쟁에 있어서의 국경이 취할 바 태도

(3) 정보 교환과 무기 공급 등 문제를 중심으로 토의한 결과 다음의 결론에 의견의 일치를 보게 되었음.

가) 국경 지도 문제에 있어서 일방에서는 도당에서 지도할 수 있다고하며 일방에서는 중앙 직속이라고 함으로 결국 이 문제는 해결불가능하다. 그럼에도 도당에서 박은 프락치만은 도당에서 지도하되 행동의 통일을 위하여 각각 소속 당부의 방침 범위 내에서최대한의 협조를 하지 않으면 안 된다.

나) 제주도 치안에 대하여 미 군정과 통위부에서는 전면적 포위 토벌작전을 지시하고 있으나 이것이 실행되면 결국 제주도 투쟁은 실패에 돌아가고 만다. 그럼으로 국경에게서는 포위 토벌 작전에 대하여 적극적인 사보타주 전술을 쓰며 국경 호응 투쟁에 관해서는중앙에 건의한다. 특히 대내 반동의 거두 박진경 연대장 이하 반동 장교들을 숙청하지 않으면 안 된다.

다) 최대의 힘을 다하여 상호 간의 정보 교환과 무기 공급 그리고 가능한 한 도내에 있어서의 탈출병을 적극 추진시키지 않으면 안된다.

4) 국경으로부터 우리에 대한 원조 경위(탈출병을 중심으로)

(1) 3월 25일 경 한림면 협재리에 와 있던 해경 중에서 동무 1명이 99식총 5정을 가지고 탈출 인민군에 입대, 그 후 4·3 투쟁 후에 기관장(機關長)으로부터 조명탄통 1정과 동 탄환 7발을 보내어 왔음.

(2) 4월 중순 경 문 소위로부터 99식총 4정, 오일균 대대장으로부터 카빙 탄

환 1,600발, 김익렬 연대장으로부터 카빙 탄환 15발을 각각 공급 받음.

(3) 5월 중순 5연대 통신과 동무로부터 신호탄 5발 공급받음.

(4) 5월 17일 경 오일균 대대장으로부터 M1총 2정, 동 탄환 1,443발, 카빙 총 2정, 동 탄환 800발을 공급받음.

(5) 5월 20일 문 소위 지시에 의하여 9연대 병졸 최 상사 이하 43명이 각각 99식총 1정식을 가지고 탄환 14,000발을 트럭에 실어 탈출, 도중 대정 지서를 습격, 개 4명, 급사 1명을 즉사시키고, 지서장에게 부상시킨 후 서귀포 경유 상산(上山)하려고 했으나 그 연락이 안 되어결국 22명은 피검, 탄환 다수 분실 혹은 압수당하고 겨우 4, 5일 후에야 나머지 21명과 아 부대와 연락되었음(이 때에는 각각 99식총 1정식과 99식 탄환 100발식만이 남아 있었음). 이 때 연락이 안 된 원인은문 소위가 우리에게 보낸 연락 방법과 탈출병들이 연락한 연락 방법사이에 커다란 차이가 있었던 것에 기인한다.

(6) 5월 21일 대정면 서림 수도 보초 2명이 99식총 3정을 가지고 탈출인민군에 입대

(7) 5월 말일 애월면 주둔 5연대 병졸 4명이 각각 M1총 1정씩 가지고탈출 인민군에 입대

(8) 5월 말일 9연대 고승옥 상사 이하 7명이 카빙총 1정과 99식총 7정을 가지고 탈출 인민군에 입대

(9) 6월 초순 대정에서 9연대 상사 문덕오 동무 99식총 1정 가지고 탈출인민군에 입대

(10) 6월 20일 대정면에서 해경 1명이 99 식총 2정을 가지고 탈출

(11) 7월 1일 대정에서 서림(西林) 수도(水道) 보초 10명이 99식총 11정을 가

지고 탈출 인민군에 입대

(12) 7월 12일 대정에서 9연대 병졸 1명이 99식총 1정을 가지고 탈출

(13) 7월 14일 9연대 병졸 2명 탈출. 이 중 1명은 산까지 왔다가 비겁하여 도주

(14) 7월 18일[490] 6연대 이정우 동무는 오전 3시 박진경 11연대장을 암살한 후 M1소총 1정을 가지고 상산 인민군에 입대

(15) 7월 24일 9연대 병졸 1명 99식총 1정, 동 탄환 10발을 가지고 탈출. 인민군에 편입

(16) 7월 초순 M1 1정을 가지고 1명 탈출

• 계

(1) 탈출병 수 : 52명(피검된 22명과 도주한 1명 제외)

(2) 무기:총 = 99식총 56정, 카빙 3정, M1 8정. 합계 67정

(3) 탄환만의 공급:M1 1,443발, 카빙총 탄환 2,415발. 계 3,858발

(4) 기타 무기 : 조명탄통 1정, 동 탄환 7발, 신호탄통 5개

註. 전기 탈출병 52명 중 그 후의 국경 작전에 의하여 1명 피살,3명 피검되고 현재 48명이 인민군에 편입되고 있음.

---

490 6월 18일을 7월 18일로 오기한 것으로 보임. (작전면 제5차 작전 기록 참조)

5) 국경의 토벌 작전과 이로 인한 군의 피해

(1) 국경의 토벌 작전

5·10 단선 직전 미 군정과 통위부는 김익렬 제9연대장과 오일균 제5연대대대장을 육지부로 보낸 후 악질 반동 장교 박진경 중령을 11연대장으로 임명, 병력을 2연대 500명, 3연대 300명, 4연대 200명, 9연대 800명, 5연대 1,500명, 6연대 500명 계 3,800명을 증가, 이를 15개 중대로 편성하여 포위토벌 작전을 개시

- 제1차 공격 – 5월 27, 8일 2일간 산록(山麓)습격
- 제2차 공격 – 5월 30일부터 6월 2일까지 4일간 제주도를 4개 지대로 나누어 제1지대는 한림면 금릉리로부터 출발 구좌면 종달리에 도착, 제2지대는 한림면 음부동(音富洞)으로부터 출발 성산포에 도착,제3지대는 한림면 금악을 출발 성산면 온평에 도착, 제4지대는 대정으로부터 온평리에 도착
- 제3차 공격 – 6월 3일부터 각 지구별로 각 부락 주둔
- 제4차 공격 – 6월 13일부터 동 17일까지 5일 간 한라산 백록담을 중심으로 포위 토벌 공격

(2) 우리 피해

⑫ 6월 29일 국경에게 서귀포 주둔 부대 아지트를 포위 습격당했으나군의 피해는 없음

① 5월 17일 광평리에서 대원 1명 중상 당하고 포로로 해서 그후경찰에 넘기기 때문에 학살당했음(연락원)

⑥ 5월 말일 경 대정 아지트 부근에서 대원(연락원) 1명 학살

④ 5월 27일 대정 주둔군 아지트 피해, M1총 1정, 99식총 1정, 군도 2본(本), 고무신 20족, 전화기 1개, 쌀 2입(叺),천막 2개, 의류 20종을 압수당함

⑮ 7월 4일 대정 아지트 부근에서 해경 탈출병 1명 피검. 국경 탈출병1명 피검

⑧ 6월 13일 제주읍 아지트 피습. 군도 5본, 철갑, 창 다수 압수당하고그 후 국경은 계속 아지트에 주둔하여 탐사한 결과, M1 탄환 850발, 99식총 4정(사용 불가능), 지뢰 5개, 신호통 2개, 척탄통(擲彈筒) 탄환 18발을 압수당함

⑦ 6월 7일 도사령(都使令) 정보부원 1명 제1지대 경리책 1명 국경 탈출병 1명 계 3명이 오등리에서 피검, 이 중 정보부원은 경찰에 넘어갔다가 후일 석방됨

⑨ 6월 14일 도사(島司) 레포 2명이 월평리 위에서 피검되었다가 후일 석방

⑭ 7월 초순 제1지대 제1부대 연락원이 월평리에 위에서 피검되었다가 후일 석방

③ 5월 24일 애월 군 레포(정보통신원) 2명이 두모(頭毛)에서 피검되었다가 후일 석방

⑩ 6월 17일 애월 아지트 피습 피해 무

② 5월 21일 아 부대원 2명이 국경 탈출병과 연락을 취하기 위해서 남원리에 복병 중 경관차가 질주하여 오는 것을 국경차로 오인하고 손을 들고 차에 접근하여 본 즉 경관차였고 피할 시간적 여유가 없음으로 할 수 없이 개(경찰)에게 달려들어 개(경찰)의 총을 뺏었으나 결국 다른 개(경찰)의 총에 학살당했음.

⑬ 7월 초일 국경에게 추격당하여 아 부대원 5명이 신촌리에 피해 있던 바 개에게 습격당하여 4명 피검(그 중 2명 부상 이 중 1명은 국여 탈출병) M1 총 1정 동 탄환 8발, 의류품 약간을 개에게 압수당함.

⑪ 6월 21일 대흘리 아지트를 국경에 포위 습격당하여 전원이 무사히 피하기는 했으나 비장했던 카빙총 1정, M1 탄환 35발, 카빙 탄환 15발을 국경에게 압수당함.

⑤ 5월 27일 선흘리에서 국경에게 포위당하여 지대 간부 2명 포로 당하다 (그중 1명은 후일 석방되고 1명은 경찰에게 인계 당하다)

⑯ 6월 16일 월평리 위에서 지대원(支隊員) 2명이 피검되었다가 후일 석방되다.

⑰ 6월 18일 도사령부 간부 1명 조천면 선흘리에서 피검되었다가 후일 석방되다.

자료#2

박진경 대령 부하들의 증언

박진경 대령 부하들의 증언

1. 채명신[491]

1) 직책 및 출신구분 : 제9연대 소대장, 육사5기, 중장 예편

2) 면담일시 : 2001. 4. 17. 15:00~17:10

3) 면담장소 : 서울시 용산구 후암동 자택

4) 면담관 : 전문위원 나종삼, 조사요원 배성식

5) 면담내용

나종삼 : 안녕하십니까? 저는 제주도 4·3사건위원회에 근무하고 있습니다. 선배님과는 국방군사연구소에 있을 때에 월남전 고엽제 문제로 세

491 본 면담 내용은 제주4·3사건 진상규명 및 희생자 명예회복위원회 공식증언 채록으로 채택되어 녹음테이프와 함께 제출되었다. 나종삼 전문위원이 공식 면담관이었고 배성식 조사관이 기록과 녹음을 하였다.현재 4·3 평화재단에서 보관 중이다.

미나를 하면서 뵈온 바 있습니다. 저는 작년에 연구소를 그만두고 지금은 4·3위원회에서 일하고 있습니다.

채명신 : 아주 중요한 일을 하고 있습니다. 제주도 문제를 어떻게 풀려고 하고 있습니까?

나종삼 : 우선 1년 동안에 자료를 수집하고 그다음에 자료를 분석하고 토론을 거쳐 진상을 밝혀낸 후 억울한 희생자에 대해서는 명예회복조치가 있을 예정입니다. 이 과정에서 가장 중요한 것이 진상조사이고 이를 위하여 국내는 물론 미국, 쏘련, 일본 등 국외에 있는 자료도 수집할 예정이며, 사건에 관여했던 분들의 증언도 들을 예정입니다. 저는 선배님께서 「사선을 넘고 넘어」란 자서전과 「육사 5기생」에 쓰신 글을 읽어보았습니다만 그 외에도 4·3사건에 관하여 더 알고 싶은 내용과 어떤 생각을 갖고 계신지 궁금하여 이렇게 방문하였습니다.

채명신 : 그래요? 그럼 내가 제주도 사건에 대하여 느끼고 생각하는 것을 두서 없이 이야기 하지. 우리가 4월 6일에 임관을 했는데, 여러 명이 제주도에 있는 제9연대에 발령이 났기에 내가 주동을 해서 경비대 사령부에 항의하러 갔습니다. 우리가 교육받을 때에 말썽꾸러기나 잘못한 학생에게 교관들이 "너는 제주도행이야"라고 말했습니다.

나종삼 : 당시 송호성 경비대 사령관은 마음에 들지 않는 장교들을 제주도로 보냈다고 합니다.

채명신 : 그렇지요. 우리 동기들 중 제주도로 발령받은 친구들은 한결같이 공부를 열심히 하여 성적이 좋았으므로 제주도로 가기 싫어서가 아니라 이유를 알아보기 위하여 사령부로 갔던 것입니다. 우리 일

행 중 육탄 10용사가 탄생한 송악산 전투에서 전사한 김영직이 제일 성적이 좋았고 그 다음이 나였는데, 내가 김영직이 보고 "너는 가만히 있으라" 하고는 인사참모인 박신경 중령에게 "성적이 우수한 우리를 제주도로 발령한 이유를 알고 싶다"고 하였습니다. 그랬더니 박 중령은 싱긋이 웃다가 "너희들이 마음에 들어서 발령했다. 가기 싫으면 말하라. 제군들이 원하는 곳으로 보내주겠다"고 하면서 자신이 곧 제주도의 연대장으로 부임할 예정이라고 했습니다. 그래서 우리는 그 말을 듣고 불평 없이 제주도로 갔습니다.

나종삼 : 그 이야기는 잘 알고 있습니다. 당시 제주도의 정세와 제주도 사태에 대해서 어떻게 생각하시는지요?

채명신 : 당시 제주도는 사상적으로 빨갛다고 보았습니다. 해방 후에 일본이나 중국, 특히 8로군에 있던 사람들이 귀국했는데 여기에는 사상적으로 좌익에 심취한 사람들이 많았습니다. 그리고 제주도는 지리적 위치 때문에 쏘련군 측에서 눈독을 드리는 곳입니다. 울라디보스톡에 있는 쏘련 극동함대가 태평양으로 진출하려면 일본 북해도 해역을 통과하거나 대마도 해역을 통과하여야 하는데 북해도 해역은 일본 때문에 껄끄럽고 대마도 해역이 무난한데 그 부근에 제주도가 있습니다. 그리고 쏘련은 오래동안 부동항을 구하고 있었으므로 제주도를 탐내고 있었던 것입니다. 쏘련군에게는 제주도가 전략적으로 매우 중요한 지역이므로 그들은 무기 등을 지원하여 제주도를 장악하려고 했을 것입니다. 이건 순전히 나의 개인적인 판단입니다.

나종삼 : 선배님의 전략적 판단에는 저도 동감입니다. 그런데 쏘련 측이 제주도 사건에 개입한 흔적이 아직까지는 발견되지 않았습니다. 앞

으로 쏘련 측 자료에서 그런 자료가 나올지는 모르겠습니다.

채명신 : 일본군도 제주도의 중요성을 인식하고 전쟁 말기에 3개 사단 80,000여 명을 투입하여 미군과 일전을 하려고 했습니다.

나종삼 : 순수한 일본군은 약 60,000명으로 알고 있습니다.

채명신 : 나는 약 80,000명으로 파악하고 있는데.

나종삼 : 제주도에 계실 때의 상관이나 동료에 대해서 말씀해 주십시오.

채명신 : 제5연대 2대대장으로 있던 오일균 씨가 자기 대대를 이끌고 제주도로 왔습니다.

나종삼 : 오일균 씨 부대는 건제대대가 아니라 몇 개 부대에서 차출된 병력으로 구성된 혼성부대로 파악되었습니다.

채명신 : 그래요? 그 부대는 훈련에만 치중하고 작전은 별로 하지를 않았습니다. 오일균 씨 부관이 동기생인 나희필 소위인데 나와는 친한 사이였습니다. 내가 나 소위에게 물어보니 교육훈련에만 열중하고 있다고 했습니다. 그리고 동기생 김영직이 박진경 연대장 부관을 했고, 5기생 조병용이가 연대 작전과에 있었습니다.

나종삼 : 대대장은 고근홍 씨이고 부대대장은 이세호 씨가 맞는지요?

채명신 : 고근홍 씨는 박진경 씨 피살 후 최경록 씨와 함께 온 것으로 알고 있고, 부대대장 이세호 씨에 대해서는 별로 기억이 없습니다. 나는 그 뒤 7월에 11연대가 육지로 나올 때에 제주도를 떠났습니다.

나종삼 : 원래의 9연대 병력은 현지에 남아서 송요찬씨의 9연대로 편입된 게 아닙니까?(채 장군은 원래의 9연대 출신임으로 송요찬 씨 시절에도 제주도에 있었지 않느냐는 질문임)

채명신 : 9연대 병력이 입산하지 않았습니까? 이 사건 때문에 원래의 9연대

는 해체되다시피 되었습니다. 김익렬 씨가 9연대장이었는데 이분의 일화가 있습니다. 하루는 김익렬 연대장이 꿩이야기를 하였습니다. 그는 50마일 속도로 해안도로를 달리면서 보리밭에 있는 꿩을 권총으로 명중시켜 2마리나 잡았답니다. 그런데 무장대가 돌무더기가 있는 곳에서 차를 세우면서 "누구냐?"고 하길래 "이놈들 내가 9연대장이다"라고 호통쳤더니 "죄송합니다. 몰라보았습니다"라고 하기에 "고생들 많이 한다"고 하고는 꿩 2마리를 모두 주었다고 하였습니다. 그런데 이야기를 재미있게 들었으나 나중에 생각하니 길은 울퉁불퉁하고 돌무더기가 곳곳에 있어 차가 50마일은커녕 10마일도 못내는 도로이고 권총이란 게 정지상태에서 20m만 되어도 명중률이 형편없는 총인데 차로 시속 50마일 (80km)로 달리면서 보리밭의 꿩을 명중시켰다는 것도 그렇고, 무장대가 "죄송하다"고 한 것도 이상하며, 애써 잡은 꿩 그들에게 주었다는 말도 이상하였습니다. 그분은 우리 군의 삼대포(三大砲) 중 한 사람입니다.

나종삼 : 그분이 삼대포 중 한 분이란 것은 잘 알고 있습니다. 선배님은 제주도 사건에 대하여 어떻게 생각하고 계시는지요?

채명신 : 우리는 북한 공산주의자의 속성을 알아야 합니다. 해방 후의 남북한의 실상을 사과와 수박으로 비유하곤 합니다. 북한은 겉으로는 공산주의자들이 권력을 잡았으나 주민들중에는 자유주의 사상을 가진 자가 많았으므로 겉은 붉으나 속은 하얀 사과와 같다고 했습니다. 그리고 남한은 미군정 하에서 자유주의자들이 권력을 잡았으나 주민들은 공산세력이 강하였으므로 겉은 파랑이나 속은 빨강인 수박과 같다는 것입니다.

공산주의자는 거짓말을 잘 합니다. 6·25전쟁을 북한은 남쪽에서 먼저 북침하였다고 떠들어대지 않았습니까? 세상에 먼저 공격해 놓고도 3일 만에 수도를 빼앗기는 전쟁이 어디 있습니까? 싸움이란 힘이 쎈 쪽이 먼저 공격하고 통상 초전에서는 승리하는데 말입니다. KAL기를 폭파한 김현희가 지령받은 내용을 모두 자백했는데도 북한은 이를 조작극이라 하지를 않나, 아웅산 사건을 일으킨 현역 대령이 버마 당국에 잡혀서 실상을 자백했는데도 북한은 자작극이라고 발뺌을 하고 있습니다. 원래 버마가 친북국가였는데 그들의 새빨간 거짓말에 얼마나 화가 났으면 북한 대사관을 철수시켰겠습니까? 지금 제주도 4·3사건을 북한에서는 인민항쟁이라고 주장하고 있는데 이는 말도 안되는 이야기입니다. 사건을 먼저 일으켰는데 항쟁이라니.

나종삼 : 북쪽도 북쪽이지만 남쪽의 일부 대학 교수님들도 그런 주장을 하고 있습니다.

채명신 : 대학의 일부 교수는 김정일을 통일 대통령이라고 부른다는데, 2~3년 동안에 300~350만 명의 국민들을 굶어 죽인 사람을 통일 대통령으로 모신다는 게 말이나 됩니까? 일본은 천황의 아우도 사관학교를 정식으로 졸업한 후에야 소위 계급장을 달았는데 김정일은 군사교육을 받은 사실이 없는데도 하루밤 사이에 별이 5개나 되는 원수가 되었습니다. 그리고 위대한 장군님이 되었습니다. 이게 정상적이라고 생각합니까? 그리고 남쪽 인사들 중에서는 김정일을 통일 대통령이라고 주장하는데 그들 중에는 대학 교수뿐만 아니라 교회의 목사님들도 들어 있습니다. 나 선생은 일부 목사님

들이 왜 그런 주장을 한다고 생각하십니까?

나종삼 : 그 부분은 저도 이해가 가지 않습니다.

채명신 : 기독교와 공산주의는 정 반대입니다. 공산주의에서는 혁명, 투쟁, 해방 등을 강조합니다. 결국 피를 요구하지요. 그런데 기독교에서는 사랑, 용서, 인권 등을 강조하지요. 그래서 제3차 코민테른에서는 기독교를 이용하기로 하고 머리 좋은 사람을 기독교에 침투시키기로 했습니다. 김일성의 외숙인가 하는 강량욱이 목사이고 남로당 군사부를 담당했던 이재복이 목사입니다.

나종삼 : 이재복이 목사 출신이었습니까?

채명신 : 손자병병법에 적을 알고 나를 알면 백 번 싸워도 위태롭지 않다(知彼知己 百戰不殆)라고 하였습니다. 우리는 적을 알아야 합니다. 우리가 6·25 때 북한과 싸운 것은 자유민주주의를 수호하기 위해서였지 공산통일을 위해서 싸운 것은 아닙니다. 자유월남은 무장력 면에서는 공산 월맹보다 우세했지만 그들에게 패망했는데 이유는 공산당을 몰랐기 때문입니다. 이는 VC 출신 골수 공산주의자였던 첸. 유. 탕이 한 말입니다. 월남전은 처음에는 월남 주민이었던 VC가 시작했고 8년여 동안 전쟁을 하다가 월맹정규군이 개입한 것은 마지막 무렵입니다. 그런데 월남이 패망한 보름쯤 뒤인 5월 15일인가의 전승축하대회를 치른 다음날부터 월맹은 VC를 숙청하기 시작했습니다. 이것을 알아야 합니다. 자유월남정부를 반대하고 반정부활동을 했던 수많은 대학생이나 승려들은 그 뒤로 철저히 숙청되어 자취를 감추었습니다. 남로당을 이끌면서 남한을 적화시키려 했던 박헌영은 미국의 스파이와 종파주의자로 몰려 결국 김일

성에게 숙청당했습니다. 남한의 빨갱이가 죽는 날은 김일성이가 주도하는 공산통일이 되는 날입니다.

나종삼 : VC 출신으로 고위직을 수행했던 첸. 유. 탕의 글은 저도 읽은 적이 있습니다. 선배님의 지적은 옳은 지적입니다.

채명신 : 나는 북한에서 그들의 체제를 경험한 사람입니다. 그들은 우리보고 1948년 5월의 제헌의원 선거를 단선단정이라고 비판하는데 그들은 우리보다 훨씬 빠른 시기인 46년인가에 단선단정을 했습니다. 나는 그때 북한에 있었는데 무슨 인민위원을 뽑는 선거를 할 때에 학교 선생이었던 나보고 선거 감시를 하라고 했습니다. 그때 우리 고향에서는 김태욱이라는, 32세의 벽돌공 출신 한 사람만이 출마했고, 투표는 흑백함을 준비하고는 투표지를 백색함에 넣으면 찬성이고 흑색함에 넣으면 반대하는 방법이었으므로 공개투표나 마찬가지의 투표방식입니다. 그런데 투표감시를 하는 나보고 처음에는 집에 가서 쉬라고 하더니만 점심시간이 되니 진수성찬이 나왔습니다. 그리고 식사가 끝나자 투표결과에 서명하라고 하면서 서류를 내밀기에 자세히 보니 투표율 100%에 99.996%가 찬성이라. 이제 겨우 반정도만 투표했고, 반정도가 남았는데 말이요. 나는 하도 기가 막혀 "교사 신분이어서 투표가 끝난 후에 서명하겠다"고 서명을 미루니 그들은 "다른 곳에서는 우리보다 먼저 보고서가 올라갔다"고 하면서 서명을 재촉하기도 하였습니다. 나는 이 사건 이후에 남쪽으로 탈출을 결심하였습니다. 이게 공산주의자들의 수법입니다.

나종삼 : 아주 생생한 경험을 하였습니다.

채명신 : 제주도 사건도 북쪽에서는 인민항쟁이라고 하는데, 이는 말도 안

됩니다. 물론 토벌과정에서 억울하게 죽은 사람도 있을 것인데 이런 사람과 폭도들에게 죽은 사람을 명예회복 시켜야지. 그리고 전체적으로 용서할 것은 용서하되 사건의 성격만은 확실히 규명해야 합니다.

나종삼 : 법으로 진상을 규명토록 되어있으므로 사건의 성격은 멀지 않아 규명될 것입니다. 사건의 성격은 개인별 명예회복에 잣대가 되므로 매우 중요하다고 생각합니다.

채명신 : 그리고 한쪽에서는 박진경 대령이 양민을 학살했다고 하는데 그는 양민을 학살한 게 아니라 죽음에서 구출하려고 했습니다. 4·3초기에 경찰이 처리를 잘못해서 많은 주민들이 입산했습니다. 그런데 박 대령은 폭도들의 토벌보다는 입산한 주민들의 하산에 작전의 중점을 두었습니다. 이러한 민간인 보호작전은 인도적이면서 전략적 차원의 행동입니다.

나종삼 : 제가 보아도 박진경 대령은 부임 후에 작전을 별로 하지 않은 것 같습니다. 5월 6일에 부임했는데 부임 초에는 5·10선거 지원 관계로 병력이 분산되어 있었으므로 작전 기회는 선거가 끝난 뒤부터 죽을 때까지 한 달 정도뿐이었습니다.

채명신 : 맞아요. 이 짧은 기간에 그는 주민들을 선무공작으로 입산 무장대로부터 분리시키는 데에 주력하였습니다. 유격전에서 유격대와 주민은 물과 물고기 관계입니다. 이는 모택동의 이론입니다. 따라서 물고기는 물이 없으면 살수가 없으므로 유격대를 섬멸하려면 우선 주민들을 유격대와 분리시켜야 합니다. 내가 월남에서 작전할 때도 VC와 주민을 분리시키는 데에 작전의 주안을 두었습니다. 우선

마을을 장악하고 있는 VC는 병력으로 축출하고는 VC가 주민들과 접촉하는 것을 매복으로 차단하면서 대민진료나 구호활동 등으로 주민을 보호하고 민심을 얻으려고 했습니다. 대민 진료시 치료를 받는 주민의 2/3는 VC 동조자로 판단이 되나 이를 개의치 않았습니다. 이렇게 몇 달 동안 대민활동을 활발히 하니 VC에게 호의적이었던 주민들이 점차 우리에게 호감을 갖게 되고 정보를 제공하는 등 협조적이 되었습니다. 우리 한국군의 행동이 알려지면서 VC의 조직이 무너지기 시작하는 것입니다. 대유격전에서는 이게 중요한 것입니다.

나종삼 : 제가 월남에 갔으므로 선배님의 작전방침을 잘 알고 있습니다.

채명신 : 학병출신인 길달삼이가 박진경의 이런 작전을 보고 그대로 두면 안 되겠다 싶어 암살하도록 했지 않나 생각됩니다.

나종삼 : 박 대령 암살사건은 그가 부임 초에 강경토벌 의지를 피력한 바 있는데 그 때문인 것으로 파악하고 있습니다. 부임 5일 후인 5월 10일에 김달삼과 오일균 씨 등이 박 대령을 죽이기로 방침을 결정한 자료가 나오고 있습니다. 그리고 김달삼은 학병출신이 아닌 것으로 파악하고 있습니다.

채명신 : 박 연대장이 부임 초에 강경진압을 암시하는 엄포를 놓기는 했는데, 그것만으로 암살하려고는 안 했을 거야. 폭도들과 주민의 분리작전이 암살 결정에 치명적으로 작용했을 거요.. 나는 그렇게 봅니다. 그리고 또 뭐 물어볼 게 있으면 물어보시요.

나종삼 : 오늘 좋은 말씀을 해 주셔서 많은 참고가 될 것 같습니다. 앞으로도 궁금한 게 있으면 찾아뵙도록 하겠습니다. 안녕히 계십시오.

2. 김종면

1) 개요

(1) 증언일시: '01. 7. 20(금), 14:00

(2) 증언장소: 경기도 성남시 분당구 자택

(3) 증언대상: 김종면 준장(예) (원명: 김종평)

(4) 증언청취시 질의자: 정석균, 조철환 중령(녹음 및 사진 촬영 불허)

(5) 증언중점

- 제주4·3사건의 원인과 경과
- 참전당시의 제주의 정치, 사회, 심리, 군사적인 상황
- 김익렬 유고의 진위여부
- 참전 내용

(6) 질의서 작성시 참고사항 : 대비정규전사(연구소), 4·3은 말한다(제민일보), 김익렬 유고, 이제사 말햄쑤다(한울)

2) 인적사항

- **성명:** 김종면(金宗勉)
- **임관구분:** 군영(군사영어반)
- **당시 소속:** 통위부(국방부) 소속으로 제주주둔 제9연대, 제11연대 S-2(고문)
- **계급:** 대위
- **직책:** 통위부 정보국장 *9-11연대 과도기때 정보분야 고문으로 파견

• **무공수훈 관계:** 2등무공훈장 1, 3등 무공훈장 1, 리지노훈장 1

• **예편일:** 1954. 6. 28. 정보국장

3) 증언내용

(1) 제주도 근무기간은?

• 박진경 대령 부임 후 1948. 5. 20일경부터 동년 6월 하순까지 1개월 조금 넘게 통위부 정보국장으로써 파견근무를 나갔다.

• 당시 인사 분야는 통위부 최갑종씨, 군수분야는 통위부 백선진 씨, 정보 분야는 본인이 그리고 작전 분야는 육군 총사령부의 임부택 씨가 같이 그곳에 도착하여 분야별로 도와주었고 통위부 소속 3명은 6월 하순 상경하고 임부택 씨만 남아 제11연대 S-3을 하였다.

(2) 당시 작전 병력은? 그리고 공비의 수는 얼마였는가?

• 연대 CP는 종전 제주시 KBS 자리에 있었고 당시 13개 면인가 행정구역이 있었는데 각 면을 대상으로 작전을 하였다. 당시 서종철 씨가 대대장을 하였고 헌병(군사경찰)대장이 3기생 이풍우 씨가 근무하였다. 공비의 정확한 수는 모르겠으나 당시 남로당 조직이 각 면마다 조직이 되어 있었으며 남로당 도당(島黨) 투쟁위원들이 명단은 다음과 같다.

안세훈, 조몽구, 김유환, 강규찬, 김영관, 김달삼이었는데 김달삼이가 군사부장(조직책)과 인민해방군사령관을 겸임하였다.

(3) 4·3사건 전후 제주도의 정치·사회현상과 좌익단체들의 활동은 어느 정도였는가?

- 나는 제주읍장을 했던 김차봉 씨가 일본 중앙대 선배였기 때문에 같이 말할 기회가 있었다. 그분이 김달삼이에 대해서도 잘 알고 있었다.
- 제주도는 도민이 대부분 친인척관계가 안 되는 사람이 없을 정도로 혈연관계가 형성되어 있었다. 따라서 공산당의 선전 선동에 의하여 친척 일부가 산에 올라가면 경찰의 내사가 시작되니까 나머지 마을 사람도 같이 올라가는 경우가 많았다. 내가 북제주군 조천면 바늘오름에서 300여 명의 재산(在山)피난민을 데리고 내려온 적이 있다. 그리고 제주공항 부근에 천막을 치고 수용하고 조사를 한 뒤 대부분 귀가시켜 주었다.

(4) 박진경 연대장의 작전방침은?

- 박진경 씨 있을 때는 양민학살이 많이 이루어지지 않았다. 연대장은 쌍안경을 들고 지형정찰을 많이 다녔고 소부대 단위 작전이 많았다.
- 당시 양민 학살이 많았던 것은 서울 법대 출신으로 일제 강점기 학병을 갔다온 이윤희 씨가 잘 알고 있는데 사망하고 그 아들 이승택씨가 제주도에 거주하고 있는데 물어보면 알 것이다.

(5) 제주도에서 남로당이 활발히 움직일 수 있었던 원인은?

- 당시 제주도는 선박이 아니면 갈 수 없었고 해방 후 독립까지 한다는 말이 나올 정도로 외딴 섬이었다. 그런데다가 일본에서 진보적인 사상가(공산주의 이론에 능통한 자)들이 많이 몰려와 건국 초기 건국준비위원회, 인민위원회에 등에 많이 가담함으로써 경찰 및 서청 등 미군정 중심 세력권과 자주 마찰이 일어났고 주민들은 전통적으로 외세에 거부적인 성향이

있어 공산주의가 무엇인지도 모르고 감언이설에 속아 진보 세력들의 주장을 긍정적으로 받아들인 것 같다.

• 공산당의 3대 원칙이 있는데 ① 언어 혼란을 일으킨다. 그들은 일본, 중국, 소련에서 맑스-레닌에 대한 이론만은 잘 알고 있어 선전 선동에 능하다. 2. 임기응변력이 좋다. 변화하는 시대조류를 다양성 있게 잘 이용한다. ③ 그러나 공산주의 기본원칙은 영원히 불변한다.

"예"로써 북한이 말하는 "민족", "평화", "통일" 등은 우리가 생각하는 순수한 의미와는 내용적으로 전혀 다르다. 그들은 남북협상, 북미협상 등에서 거짓말을 식은 죽 먹듯이 한다. 공산주의와 회담해서 세계적으로 이긴 적이 한 번도 없다는 것을 알아야 한다. 그들의 최종목표인 북한의 민주기지 노선 창설과 남한의 적화통일 노선은 내부적으로 절대 변하지 않는다.

(6) 김익렬씨 유고에 대해서 진위여부는? (6가지 내용 제시)

• 거짓이 많다.

• 김달삼이는 제주도에서 죽지 않고 해주대회 참석, 강동 청치 학원 졸업, 그리고 남파한 인민유격대 제3연대장을 했던 사람이다.

- 김달삼이가 제주도 남로당 군사부장이고 인민해방군사령관이데 "밀무역업자"라는 말은 맞지 않는다.
- 문상길을 수색에서 총살형에 처했을 때 당시 미군정청의 연락장교인 하우스만 대위가 확인 사살을 했다고 하는데 전혀 사실무근한 공산주의자들의 조작이다.
- 나는 작년(2000년) 미국에 거주하고 있는 임선하 장군한테 미국에

서 이 문제를 가지고 여론이 많으니 확인해 달라고 해서 그때 사형 집행장에 들어갔던 당시 조선일보 기자가 조덕송 씨를 만나 확인해 본 결과 전혀 그런 일이 없다고 했다(그후 조덕송씨는 사망함).

(7) 제주도 4·3폭동의 원인은?

• 당시 유엔에서 1947년 11월에 남북한 동시선거를 결의했고 '48년 1월에 북한이 유엔한국위원단의 월북을 거부했기 때문에 선거 가능한 남한만이라도 선거를 하자고 해서 5·10선거를 했던 것인데 이것이 이승만 세력들의 반민족 반통일행위라고 비난하면서 민중을 선동했던 것 같다. 그러나 북한은 이미 내부적으로 김일성을 중심으로 국가형태의 조직이 이루어져 있었고 인민군 창설까지 끝난 후의 일이기 때문에 5·10 단선단정 반대는 허구성이 짙다.

(8) 박진경 씨의 제주도 부임 배경은?

• 일본 외국어대 영어영문과를 나왔고 광주지역에 미 제6사단 군정요원이 배치되어 언어소통이 원활하였으며 특히 일본군 견습사관소위(공병) 시절에 제주도에 와서 당시 주둔한 일본군의 진지구축 상태를 잘 알고 있었기 때문이다.

(9) 제주4·3폭동은 공산폭동이며 그들의 최종 목표는 북한에 의한 공산국가 형성이다.

(10) 기타 하실 말씀은?

- "딘"장군은 미 제24사단장으로써 우리가 대전에서 포로로 잡힌 것만 기억하는데 우리나라 건국사에 많은 기여를 하신 분이다. 군정장관으로 5·10재헌의원 선거를 참여율 99.5%로 진행시켰고, 6·25 때도 사단이 규슈(구주)에 주둔하고 있었으므로 한국에 가장 가까운 거리에 있어 제일 먼저 준비가 안 된 상태에서 참전하였다가 초전에 참패했던 것이지만 공간을 준 대신 시간을 획득하여 주일 미군의 한국진출을 성공시켰던 것이다.
- 해방직후 각종 폭동과 반란이 일어났던 것은 공산, 민주 두 진영의 갈등이 원인이다. 중앙청에 태극기가 올라간 것은 해방 직후가 아니고 그 이듬해 1946년 1월 14일이다. 그만큼 일본 세력이 그때까지도 작용했고 1945년 11월 미 군정법에 의해서 통위부, 국방경비대, 해안경비대가 경찰 보조기관으로 창설되었으며 군사영어학교가 1945. 12. 5일에 최초로 입교했다. 그러나 경찰 창설일은 그보다 앞서 1945년 10. 21일이다. 치안 목적상 경찰을 먼저 창설시켰던 것이다. 국방경비대는 1946. 1. 15일 태능에 제1연대 제1대대가 창설된 것이 효시이며 군영 출신 110명을 배출하고 경비사관학교가 1946. 5. 1에야 창설된다. 그러나 북한은 공산 계열 3당이 합당 노동당을 신속히 만들고('46. 12) 북한 정권이 내부적으로 조속히 완료('47년)된 다음 남한 공산화를 위해 각종 지령과 유격대를 남파 시켰던 것이다.
- 채명신씨의 박진경 대령 암살 후 김익렬 씨가 문상길 등과 김달삼을 만났다는 말은 맞지 않은 것 같다. 당시 교통편이나 미국 CIC에서 1개월간 조사를 받는 등 여러 정황이 맞지 않는다.

• 본인은 '52년 이승만 정권 당시 직선제개헌 정치 파동때 육본정보국장으로 이종찬 총장과 군의 중립을 주장하다가 주동자로 몰려 3년 형을 살고 나왔으며 지금은 항소하여 복권된 상태이다.

3. 이세호

1) 개 요

(1) **증언일시:** '01. 7. 15(수) 15:00

(2) **증언장소:** 서울 용산구 동부이촌동 자택

(3) **증언대상:** 이세호 육군대장(예)

(4) **질의자:** 정석균 위원, 조철환 중령

(5) **증언중점('48. 1. 10~8. 19 제주도 근무)**

- '48. 2. 7. 구국투쟁 당시 제주도 정치·사회상
- 4·3사건 발생 당시의 상황
- 김익렬 씨와 박진경 씨의 연대장 작전개념 및 토벌 작전 상황
- 최경록 씨 및 송요찬 씨의 연대장 작전개념과 토벌 작전 상황

2) 인적사항

(1) **성명:** 이세호(李世鎬, 77세) • 임관구분: 육사2기

(2) **계급:** 대위

(3) **직책:** 부대대장, 연대 인사주임, 대대장

(4) **무공수훈 관계:** 태극1, 을지2, 충무4, 화랑1, 근무공로훈장2, 월남훈장4

(5) **경력:** 6군단장, 주월사령관, 3군사령관, 육군참모총장(4년)

(6) **예편일:** 1979. 2. 1

3) 증언내용

(1) 제주도 근무기관과 직책은?

- 1948. 1. 10. 심흥선 동기생(2기)의 권유로 중위 때 제주도 제9연대에 도착 중대장, 대대 선임장교를 하였으며
- 5월초 박진경 대령이 제주도 토벌 사령관으로 왔을 때 고근홍(1기) 대대장 밑에서 부대대장을 하였고 그 후 최경록 연대장이 왔으며 같이 근무하였다.
- 7월 하순(23일)부터 송요찬 연대장이 9연대장으로 오면서 연대 인사주임 및 대대장을 1개월쯤하고 '48년 8월 통위부 보임과장으로 올라왔다.
- 그러니까 4·3사건이 일어나던 해 1월부터 8월까지 연대장 5명(이치업, 김익렬, 박진경, 최경록, 송요찬)을 모시고 근무한 셈이다.

(2) '48년 초 4·3사건 발생 전 제주도의 정치·경제·사회상은 어떠하였는가?

- 내가 '48년 1월 초에 제주도에 도착하니까 제주읍에 "남로당 제주도당(島黨)"간판이 걸려있는 것을 보고 놀랐다. 육지(본토)에서는 공산당이 불법단체로 간주되어 지하에서 활동하던 때였는데 제주도는 교통 조건 등 군정 통치권이 미치지 않았음인지 공산당 간판이 붙어있었던 것 같다.
- 당시 제주도 도민은 가난한 생활을 하고 있었다. 보리밥인가 새까만 밥무더기를 밥상가운데 놓고 그냥 각자의 숟가락으로 자기 앞의 것부터 퍼서 새까만 김치와 같이 먹고 있었다. 정말 경제 조건이 열악한 상태였다. 그리고 일부는 일본에서 밀수를 하여 먹고살았다.
- 제주도에는 논이 없고 척박한 밭뿐인데 고구마와 조 등이 재배되었고 고구마로 소주를 만드는 것이 유일한 생산품이며 바닷가주민은 어업에 종

사하였다.

• 경제 상태가 악화되어 있으니 사상이고 뭐고 따질 겨를이 없었고 좌익분자들이 감언이설로 "토지 무상분배다, 잘살게 해준다"고 설득하면 다들 거기에 현혹될 수 밖에 없었을 것이다.

(3) 4·3사건 발생 당일 제주도민의 동정, 그리고 군부대는 무엇을 하였으며, 폭동사건 발발시 어떻게 대처하였는가?

• 나는 4·3사건 당일에는 제주도에 없었다. 왜냐하면 연대 모병관으로써 1주일 전에 함양·산청·거창에 가서 1개 중대규모의 현지 모병을 하여 배에 싣고 제주항에 4월 3일 낮에 도착하였기 때문에 새벽 상황(4·3. 02:00~)은 잘 모르고 있었다. 경찰들이 중무장을 하고 급히 행동하고 있었다.

• 연대에서 4·3사건에 관한 대책 회의가 열렸는데 당시 분위기는 군과 경찰의 사이가 별로 좋지 않은 시기였으므로 "경찰들 까불더니 잘됐다"고 하면서 사건주모자와 경찰의 중간에서 중립을 취하자고 반대를 해 작전을 하지 않았다. 특히 대책 회의에서 문상길이가 중립을 주장했고 폭도들의 테러 대상이 지파출소이며 경찰들이 피해를 보았기 때문에 활동하지 말자고 해서 연대장이 그런 결심을 한 것 같다.

• 당시는 전국적으로 경찰이 국군을 경찰 보조기구정도로 취급하였으며 전남 영암 경찰서사건 등 곳곳에서 군이 경찰 관서를 찾아가 파괴하는 일이 종종 있었다. 그리고 제9연대에서 휴일 날 군이 꿩사냥같은 것을 위해 산에 올라가서 그들과 만나도 상호 무장충돌이 없었다. 경비대를 건드리면 자기들이 피해를 볼 것 같으니까 그랬던 것이다.

• 4·3사건 발생 후 얼마 있다가 부산의 제5연대에서 오일균 소령(군영출신)

이 1개 대대를 인솔하고 와서 비행장에 주둔하면서 중립을 지킨다고 출동하지 않았고 훈련만 하였다.

- 4월 하순경 김익렬 연대장이 공비들의 아지트로 찾아가 공비 두목 김달삼을 만나 비밀협상을 하였는데 "너희들 왜 지서를 습격하고 경찰관을 죽이냐고 따졌다." "살인을 한 자는 법의 판결을 받도록 하고 나머지 인원은 자수하여 하산하면 전부 귀가시켜주기로 약속했다"고 말하였다.
- 당시 장교들은 연대장이 통이 큰 사람이다. 어떻게 단신으로 공비 소굴까지 가서 공비 두목과 담판을 하고 왔느냐 이렇게 생각했다.
- 며칠 후 "김익렬 연대장 관사(모슬포)에 밤에 김달삼이가 찾아와 연대장과 이야기를 나누고 식사 대접을 잘 받고 갔다"는 말이 경찰첩보를 통해 흘러나와 "공비두목을 경찰은 잡으려고 혈안이 되어 있는데 연대장은 잘 대접하고 돌려보냈다"는 소문이 퍼져 연대장이 좌익분자가 아니냐는 등 곤경에 빠졌다. "딘"군정장관, 조병옥 경무부장, 송호성 남조선 경비대총사령관이 내려와 대책 회의를 열었고 그 때 딘 장관과 조병옥 부장은 경비대가 출동해야 한다고 주장하였으며 송호성은 연대장과 같이 최초에는 중립을 지킨다고 하였다가 후에 폭동진압을 결심하여 진압하기에 이르렀다. 그 후 바로 김익렬 연대장은 보직이 해임되었다. 보직 해임 이유는 조병옥 경무부장이 회의 석상에서 김익렬과 공비두목 김달삼을 만난 문제를 빌미로 공산주의자라고 하면서 언쟁이 있었으며 참석자들이 만류했다는 말이 있었다.

* 송호성씨는 육사 2기로 같이 교육받다가 졸업 2주전에 나가서 소령을 달고 남조선 경비대 총사령관이 되어 학교에 왔다.

(4) 박진경 연대장은 언제 왔으며 작전병력 규모는? 그리고 작전은 어떻게 전개하였는가?

• 박진경 대령은 5월 초에 부임하였는데 토벌군사령관이라고 불렀다. 그리고 3개 대대 규모였다. 그리고 폭도들에 대한 토벌작전을 대체적으로 2단계로 나누어 작전을 전개하였다. 그러나 원래 9연대출신만으로 모인 1개 대대규모는 제주도 사람으로 모슬포에 잔류시키고 작전에 참가시키지 않았다.

• 이 무렵 공비가 많이 희생되자 내가 9연대 잔류병 선임장교(부대대장) 1개 소대가 무기고를 부수고 무기와 탄약을 탈취한 후 탈영을 하였으며 탈영 도중 대정지서를 습격, 파괴하고 경찰관을 사살한 후 입산(入山)공비가 되었다.

• 그 후 고근홍씨(육사1기)가 대대장으로 왔고 그때부터 9연대출신 대대도 한라산 공비토벌에 참여했다. 나는 그때 정식으로 부대대장 임무틀 수행하였다. 그리고 한라산 중턱 "어승생악"에서 무기 및 병참물 저장고 즉, 공비들의 병참사령부를 찾아내 트럭으로 20-30대 분을 노획하였다. 거기에는 재봉틀과 쌀 등 각종 보급품이 있었다.

• 연대장으로부터 우리는 많은 칭찬을 받았고 제주비행장에서 정비를 하고 있는데 문상길 중위(당시 중대장)가 몸이 아파 입원을 하겠다고 하여 만류했으나 도립병원에 입원하였다.

(5) 박진경 대령은 어떻게 해서 암살되었으며 주범은?

• 박진경 대령이 와서 대대적인 공비 토벌로 공비가 곤경에 빠지자 남로당 제주도당에서는 연대장을 그대로 두면 안되겠다고 판단하고 문상길을 시

켜 박진경 암살 지령을 내렸다. 그러니까 문상길의 입원은 당 조직 명령을 이행하고 당과 접선을 유지하기 위한 기회로 활용하기 위한 것 같다.

• 박진경 암살은 기회를 노리다가 '48. 6.18. 제주읍에서 대령 진급 축하파티 (진급은 6.1부)에 참석하였다가 연대본부에 들어와 취침하고 있는 것을 문상길 중위가 부하 공산 세포조직을 시켜 소총으로 암살하였다.

• 문상길의 검거는 당시 통위부 정보국장으로 제주도에 파견나와 있던 김종평(군영, 개명 김종면)중령에게 투서가 들어왔는데 "문상길 중위를 추 궁해 보라"는 것이었다. 당시 헌병대장은 이풍우 중위(육사3기)였는데 서귀포 처가(약혼녀)에 가서 체포하여 조사하여 자백을 받았다.

• 원래 문상길은 경북 출신인데 제주도에 와서 소대장 근무를 하면서 여자를 알게되어 약혼까지 했는데 그녀가 바로 남로당 제주도당 서귀포 총책의 딸이었으며 이들에게 포섭되어 제9연대 내 남로당 제주도당 조직책으로 활동하다가 체포된 것이다.

• 문상길이가 암살 주범이라는 말을 들은 나는(이세호씨) 나와 가장 가까이 있던 장교(BOQ도 같이 사용)라는 말을 듣고 소름이 끼쳤으며 이풍우 헌병대장에게 허가를 받고 만났다. 처음에는 뺨이라도 때릴 심정이었으나 양손과 양발에 쇠고랑을 찬 모습을 보니 안되어서 말을 들어보니 나를 2번이나 죽이려다가 차마 죽일 수 없었다고 고백했다.

– 한번은 모슬포 9연대 본부에서 1개 대대 규모로 내가 대대 선임장교를 하고 있을 때 1개소대를 무장시켜 탈영시켰을 때 크게 책망했더라면 나를 죽이고 9연대 출신 병력 전부를 데리고 한라산에 있는 공비들에게 합세 할려고 하였고

– 두 번째는 "어승생악"에서 공비병참물자 즉, 트럭 30대 분의 분량

을 노획하고 크게 전과를 올렸을 때라고 실토하였다.

- 그리고 일체의 남로당 조직책으로써 활동 얘기를 다 털어놓았는데 자기도 약혼녀 때문에 포섭되어 남로당 조직책을 하고 연대장 살해를 하게 되었다고 하였다.

(6) 김익렬씨 유고에 대한 견해는?(6개항을 먼저 알려드리고 답변 요청)

• 나중에 듣기로는 4·3폭동 원인은 당시 제주도민들이 일본과 밀수를 많이 했는데 밀무역업자 1명이 경찰 고문에 의해 사망하였는데 이것을 구실로 삼아 공산주의자가 일으켰다는 말을 들었는데 그것은 공산당의 구실이고, 실제로는 5·10 단선단정을 반대하라는 남로당의 지령 즉, 수단방법을 가리지 않고 폭력을 사용해서라도 저지하라는 지령에 의한 것이라고 본다.

(7) 박진경 대령은 토벌작전을 어떻게 전개하였는가?

• 박진경 대령이 와서 토벌 작전이 전개되니까 피·아 간에 사상자도 발생하였고 공비들을 강력하게 몰아부쳐 싸울 수밖에 없었으며 그 어간에 있던 민간인도 어느 한편에 부역하다보니 피해를 일부 입었을 것이다.

(8) 박진경 대령은 어떤 분인가?

• 그분은 진짜 인격자이고 살아계셨다면 참모총장이나 국방부 장관까지 하실 분이다. 성품이 독재형이 아니다. 내가 9연대 1개소대가 탈주했다고 보고했을 때 꾸지람 한 마디 없고 "아 그래. 아무것도 아니야. 너희 9연대는 그대로 모슬포에 있어. 내가 조치해 줄 테니까."하면서 돌려보내는 것을

보고 정말 훌륭한 인격자라고 생각하였다. 양민을 무조건 학살할 분이 아니고 무장 폭도와 토벌 작전 때는 강력하게 실시하였다.

(9) 남로당 중앙당지령 여부와 문상길 조직책의 활동은?

• 문상길이는 중앙당 지령을 받은 것이 아니고 제주도당의 지시를 받고 활동한 사람이다. 따라서 문상길은 중앙당의 지령을 받을 수 없고 군사부 총책이며 인민해방군사령관인 김달삼의 지시를 받은 것이라고 볼 수 있다.

(10) 4·3유족회와 단체는 「인민항쟁」이라고 주장하고 그 이유를 김익렬 유고를 들고 나오는데? 그리고 현시점에서 4·3의 현명한 해결 방법은?

• 김익렬유고는 거짓이 많다. 그것을 빌미로 잡아 "민중항쟁"으로 미화시키는 것은 안되고 원래 대포[492]가 센 사람이라 신뢰성이 없다(우리나라 3대포의 한사람. 홍순영(2기), 신재성(3기)).

• 해결 방안도 이제 와서 생존차원의 부역자인지 핵심 요원인지 어떻게 정확히 구분할 수 있겠는가? 최근 민주화 운동한 사람들 보상 말이 많이 나오는데 전쟁터에서 나라를 위해 싸운 사람들과는 국가 보위의 차원에서 비교도 안된다.

492 허풍과 거짓을 잘하는 사람을 뜻함.

4. 류근창

1) 개요

(1) **증언일시:** '01. 7. 27(금) 10:00 ~ 12:00

(2) **증언장소:** 서울 중구 을지로 1가 쁘랭땅백화점 1201호

(3) **증언대상:** 류근창 육군중장

(4) **질의자 :** 정석균 위원, 조철환 중령(녹취. 사진, 사례비)

(5) **증언중점('48. 1. 10 – '48. 7. 23 제주도 근무 7개월)**

• 1948년 2·7 구국투쟁, 4·3사건 발생 당시 제주도의 정치, 사화상

• 4·3사건 발생전 이치업

• 김익렬씨의 활동사항

• 4·3사건 발생후 김익렬, 박진경, 최영록, 연대장의 활동사황

2) 인적사항

(1) **성명:** 류근창(柳根昌. 76세)

(2) **임관구분 :** 육사2기

(3) **계급:** 대위

(4) **직 책 :** 연대군수주임(백선진씨 후임)

(5) **무공수훈관계 :** 을지1, 충무2, 화랑3, 근무공로훈장2

(6) **경력:** 사단장(30·20사), 5군단장, 인력차관보, 합참본부장

3) 증언내용

(1) 제주도 근무기간과 직책은?

• 1948. 1. 10 ~ 동년 7. 23까지 약 7개월간 근무하였으며 이세호 장군(2기 동기)과 비슷한 시기에 갔다. 가게 된 동기는 심흥선 동기(합참의장, 육군 대장)의 권유에 의해 갔다.

• 직책은 군수주임으로써 그때 이치업, 김익렬, 박진경, 최경록씨까지 연대장으로 모시고 7월 하순에 통위부 보임과장으로 올라왔다(이세호씨는 보임과장에서 바로 정보국으로 갔다).

(2) '48년 초 4·3사건 발생 전 제주도의 정치·경제·사회상은?

• 나는 연대 군수주임으로 영등포 병참기지창에 가서 각종 보급품을 싣고 기차로 목포에 와서, 배로 제주도에 도착하여 연대병력에 분배하고 먹이는 일에 주안을 두었다.

• 연대에는 3/4TON 차량 1대가 있었는데 주말에는 부연대장 김익렬씨와 꿩 잡으러 가끔 따라 갔다. 그러나 따로 떨어져 식사했기 때문에 김익렬씨가 김달삼을 만났는지는 모르겠다. 나는 한번도 본적이 없다.

• 당시 공산주의사상범이 많았는데 그때는 잘 몰랐고 내밀에 연대보급관 천봉학, 경리장교 한동석이가 있었는데 숙군때 좌익으로 발각되어 숙청될 정도로 군 내부에도 좌익분자가 많았다.

(3) 사건 발생 당일 상황은?

• 모슬포에 있는 9연대 본부에 있었다. 아침에 들었는데 대정지서가 폭도들

이 습격하여 파괴되고 경찰이 많이 죽었다고 들었다.

• 4·3사건 발생 당시 군의 활동은 전혀 없었다. 경찰과 경비대간에 관계가 좋지 않았다.

• 나중에 안 일이지만 군내부에 남로당 조직이 비밀리에 구성되어있어 출동을 반대하고 중립을 유지하자고 하였다고 했다.

(4) 김익렬-김달삼 평화협상에 대해서 말씀해 주십시오.

• 연대장을 수행하였던 사람은 이윤락 중위(3기)와 대대장 오일균 소령(군 영)이 참석한 것으로 안다. 그리고 수행했던 사람은 전부 좌익으로 연대장을 어떻게 유인했지는 모른다.

(5) 김익렬씨 보직해임 이유는?

• 경찰계통에서 김익렬을 좋지 않게 보았다. 딘 군정장관, 조병옥 경무부장 등 제주도에서 치안 관계관 회의가 열렸는데 그 후 해임되었다. 통위부에 김익렬이에 관한 내용이 경찰계통(조병옥 경무부장 등)으로 보고되어 해임되었을 것으로 본다.

• 김익렬씨가 모슬포 관사에서 밤에 김달삼을 대접하고 보냈다고 하는데 나는 보안유지가 되어서 그랬는지 모르나 그런 말은 들은 적이 없다.

(6) 박진경 대령의 부임과 제11연대의 편성은?

• 부임일자는 5월초순이 될 것이다. 우리는 9연대장 후임으로 온 줄 알았는데 나중에 공간사(公刊史)를 보니까 제11연대장으로 기록이 되어있었다.

• 당시 연대는 9연대병력이 실병력 1개대대, 5연대파견병력 1개대대, 그리고

내륙 각 연대에서 1개 중대씩 차출하여 3개 대대편성이 되어 있었다. 전에는 연대본부가 모슬포에 있었는데 박진경씨가 온 뒤로 제주읍에 연대본부를 설치하고 그곳에서 참모들도 근무를 하였다.

(7) 박진경 연대장의 작전방침은 어떠하였는가?

• 한라산에 주민들이 많이 올라가 있었다. 그 이유는 가족(남편, 부친, 친척)들이 올라가 있으니까 먹을 것, 입을 것을 갖다주곤 했다. 그래서 제1단계 공비와 양민을 분리시키는 작전을 했다. 상당히 효과가 있었고 제2단계로 공비를 찾아 토벌을 하였다. 그러다 보니 공비와 토벌 부대간의 희생자가 많아지고 중간에 끼어있는 주민들도 일부 피해가 있었을 것이다.

(8) 박진경 대령은 어떤 분이며 부하가 암살한 이유는?

• 박진경 대령은 훌륭한 분이었다. 양민을 무조건 학살할 그런 인품이 아니다. 모두들한테 존경받는 인격의 소유자이다.

• 박진경 대령이 와서 처음 정식으로 작전을 개시하였다. 그러다 보니 남로당조직이 와해되고 희생자가 많이 발생하니까 이대로 두었다가는 큰일 나겠다고 하여 김달삼이가 문상길을 시켜 암살하도록 하여 부하 공산세포를 시켜 암살한 것이다.

• 문상길은 제주도에서 포섭된 공산당이다. 공산당에 충실했기 때문에 재판 과정에서 대한민국만세를 부를 수가 없었을 것이다.

(9) 김익렬씨 유고에 대한 견해는?

• 거짓말이 많다. 즉, '김달삼이는 제주도에서 죽었다.'라던가 공산주의가 아

니고 '밀무역업자'라는 말은 전혀 맞지 않는다. 유고 내용이 실제상황과 전혀 맞지 않는다.

(10) 최경록씨는 어떤 개념의 작전을 실시하였는가?

• 최경록씨는 약 1개월 동안 작전을 실시하였다. 선무공작과 토벌작전의 2단계로 구분하여 작전을 전개하였다. 그리고 부대이동을 위해 장비를 정비하느라고 시간을 많이 사용하였고 7월 23일 수원으로 이동하였다. 나는 통위부 육군총사령부 보임과장으로 갔다. (사령관 이응준 장군)

* 당시 인사국장 최영희
정보국장 백선엽
작전국장 장창국

(11) 4·3 유족회 및 4·3 학술 단체에서는 김익렬씨 유고를 인용하면서 4·3사건을 "민중항쟁 "으로 승화시키려 하고 하는데 이에 대한 견해는?

• 4·3사건은 남로당 제주도당의 공산 폭동이다. 폭동이 일어나서 경찰의 힘으로 안 되니 군의 진압 명령이 내려와 진압한 것이다. 절대로 민중항쟁이 아니다.

(12) 결론적으로 4·3의 성격과 현시점에서 바람직한 해결 방법은 무엇이라고 생각하십니까?

• 4·3사건의 성격은 공산 폭동임이 틀림없다.

• 양민 중에서 희생당한 분은 당연히 명예 회복을 시켜주어야 하겠지만 공산당 핵심 인물, 그리고 좌익가담자. 군·경에 적대관계로 싸운 사람들의 명예 회복은 시킬 수 없다. 그렇게 되면 군·경은 뭐가 되겠느냐. 가해자가

되지 않겠느냐, 대부분의 희생자가 명예회복이 될 수는 없다. 소수 인원이 명예 회복에 해당될 것이다.

자료#3

정부보고서 작성 관련 나종삼 증언

정부보고서 작성 관련 나종삼 증언

1. 제주4·3사건 정부 보고서 집필 및 채택 경위서[493]

『제주4·3사건 진상 조사 보고서(이후 '4·3사건 정부 보고서'로 약칭함)』가 출간된 지 어언 10년이 되었다. 4·3사건 정부 보고서는 보수(우파)측 인사들의 반대에도 불구하고 당시 집권 세력이었던 김대중–노무현을 지지했던 진보(좌파)측 인사들이 보고서 채택을 강행함으로써 출간되었다. 따라서 지금도 보수(우파)측 인사들은 4·3사건 정부 보고서는 사실이 은폐되고 왜곡되었다고 하면서 이를 비판하고 있다. 나는 4·3사건 정부 보고서 작성에 직접 참여한 유일한 보수 측 인물이기에 보고서

493 현길언, 정치권력과 역사 왜곡, 태학사, 2018. 4. 25. 3쇄, p.507-524, 원제는 '제주4·3사건 진상조사 보고서 작성을 돌이켜 보면서'임.

가 어떻게 작성되었는지를 밝힐 의무가 있다고 보고 있으며, 이 기록이 4·3사건 정부 보고서를 평가하는데 중요한 참고자료가 될 것으로 생각한다.

1) 전문위원 공채 및 자료 수집

내가 4·3위원회 전문위원으로 활동한 계기는 우연한 기회가 찾아왔기 때문이다.

1997년 12월의 대선에서는 여당의 이회창 후보와 야당의 김대중 후보는 모두 제주 4·3문제 해결을 공약했으며, 대선 후에는 여·야 모두 제주 4·3특별법을 국회에 제출하였고, 이 두 법안이 하나로 통합되어 국회를 통과하였고, 2000년 1월 12일 법률 제6117호로 공포되었다. 그리고 동년 8월 28일 국무총리를 위원장으로 하는 20명(당연직 8, 위촉직 12)으로 구성된 4·3위원회가 발족되었으며, 보고서 작성을 위하여 15명(당연직 5, 위촉직 10)으로 기획단을 구성하고 기획단에 전문위원 5명과 조사요원 15명을 채용하게 된다.

1998년에 들어서면서 IMF가 찾아오자 난국을 헤쳐나가기 위하여 김대중 대통령 당선자는 취임하기 전부터 외국을 방문하는 등 발벗고 뛰었고, 정부시책에 따라 내가 근무하고 있던 국방부 산하기관인 국방군사연구소도 정년이 61세에서 58세로 3년이 단축되었다. 이에 따라 수명의 고참 연구원들이 연구소를 떠나자 나는 1999년 1월 1일부로 전사부장이 되었는데, 나도 만 58세가 되는 2000년 6월 30일부로 퇴직을 하였다.

그런데 9월 초에 제주 4·3위원회에서 '계약직 공무원'을 공채한다는 것을 알고는 지원서를 제출하였으며, 지원자 10여 명에 대한 면접이 있었다. 나는 며칠 후 연락을 받고 위원회에 나가 계약서에 도장을 찍음으로써 채용 절차가 끝나고 10월 6일부터 출근하였다.

계약직 공무원에 공채된 사람은 나종삼, 양조훈, 김종민, 박찬식, 장준갑 등 5명이었으며, 전문위원으로 호칭하게 되었고, 양조훈이 팀장격인 수석 전문위원에 임명되었으며, 전문위원 5명이 제주4·3사건에 관련된 자료를 수집 및 연구하고 보고서를 집필하도록 되어있었다. 나의 계약서에는 '군·경쪽의 4·3사건 관련 자료를 수집 및 연구'와 '4·3사건 진상 조사 보고서는 6·25전쟁 이후 부분을 집필'하라는 임무가 부여되어 있었다.

전문위원 5명의 출신을 보면 양조훈, 김종민, 박찬식은 제주도 출신이면서 진보 측 시각을 갖고 있고, 나와 장준갑은 전북 출신으로 나는 보수 측 시각인데 반하여 장준갑은 노사모 정회원으로써 진보 측 시각을 갖고 있었다. 그리고 양조훈과 김종민은 「4·3은 말한다」 1~5권을 집필하는데 모두 참여하였으며, 이 책에 '제주민중운동사'라는 부제를 붙인 것으로 보아 4·3사건을 민중운동으로 보고 있었다. 장준갑은 미국 유학을 마치고 갓 돌아온 사람으로서 미국에 있는 자료를 수집하는 임무가 부여되었다. 이런 점으로 보아 전문위원 5명 중 4명이 진보 측 시각이고 나 혼자만이 보수 측 시각이어서 무슨 논의를 할 때엔 나의 의견은 항상 소수 의견에 불과하였다.

전문위원 지원자 면접 시 국방군사연구소에서 같이 근무했던 안정애(여) 씨도 면접을 보았다. 안정애 씨는 반정부 시위 경험이 있는 진보 측 인물로서 만약 내가 지원을 하지 않았다면 미혼인 안정애 씨가 군·경 쪽 자료를 수집하고 집필에도 참여하였을 것이다.

전문위원이 공채되고 얼마 후, 전문위원들을 보조하는 조사요원 15명을 젊은 사람으로 선발하였는데, 제주도 사람들이 2/3가 넘었고, 육지사람은 1/3 미만이었다. 우리는 4·3 지원단장의 행정적 통제를 받았는데, 지원단장도 제주도 사람이고 지원단 직원들도 대부분 제주도 사람들이어서 나는 제주도 사람들로 둘러 싸인 공간에서 근무하는 꼴이 되었다.

보고서 작성을 위한 전문위원 5명을 선발한 몇 개월 후, 희생자 명예 회복 작업을 위하여 전문위원 2명(조임영, 홍인숙)을 추가로 선발하므로써 전문위원은 모두 7명이 되었는데, 사무실은 보고서 작성팀과 희생자 명예 회복팀이 별도로 사용하였다.

계약직 공무원인 전문위원으로 임용된 지 얼마 후에 팀장인 양조훈이 기획단장 문제로 몇 차례나 상부와 통화하는 것을 옆에서 들었는데, 내정된 기획단장을 다른 사람으로 바꿔야 한다는 요지였다. 제주4·3사건을 주도하는 진보 측에서는 배재대 교수인 강창일 씨를 단장으로 추대했으나 이한동 국무총리가 국사편찬위원회의 근현대사실장 이상근 씨를 기획단장에 임명(결재까지 났다고 함)하려 하자 이를 저지하고 진보 측 인물인 박원순 변호사로 교체하려고 하였으며, 청와대의 김성재 정책수석과 한광옥 비서실장 등을 움직여서 성사시키려 했던 것이다.[494] 얼마 후 이들의 의도대로 박원순 변호사가 기획단장으로 결정되었으며, 기획단은 2001년 1월 17일에서야 공식 발족된다.

수석 전문위원 양조훈은 제주4·3특별법 제정을 위한 활동 자금 마련을 위하여 제주도에서 가두 모금 운동을 했다고 말했으며, 김종민과 박찬식 등 유능한 인재를 전문위원으로 데리고 왔다고 말했고, 기획단장 임명에도 깊이 관여함으로써 진상 조사 보고서 작성의 핵심 인물로 드러났다. 유능한 인재 김종민과 박찬식을 데리고 왔다고 말을 한 것은 전문위원 5명 중 3명을 선발 전에 미리 내정하였음을 실토한 것이다.

4·3특별법 제6조인 "위원회 구성을 마친 날로부터 2년 내에 관련 자료 수집 및 분석을 완료한다"라는 규정에 의거 2002년 8월까지 자료 수집 및 분석 활동을 마쳐야 했다.

자료 수집은 4·3사건 당시의 신문, 군과 경찰에 있는 자료, 민간인이 갖고 있는 자료, 4·3사건을 체험한 국내·외에 있는 사람들의 증언, 북한 자료, 미국 자료, 러시아 자료 등을 조직적으로 수집할 계획을 세웠다. 나는 군과 경찰 자료 수집을 책임지게 되었고, 육지에 있는 군인과 경찰 출신자의 증언은 내가 책임졌으나 제주도에 살고 있는 군과 경찰 출신자의 증언은 제주도 출신 조사요원들에게 임무가 부여되었는데, 이는 제주도에 그들의 집이 있기 때문이다.

나는 자료 수집을 하면서 공정을 기하기 위해 중요 인물의 증언 청

---

494 양조훈, "4·3사건진실 찾기, 그 길을 다시 밟다." "「재민일보」(2012. 4. 12); 제주자유수호협의회, 『제주도의 4월 3일은?』 제5집. 25면에서 재인용.

취시에는 녹음기 휴대는 물론이고 김종민과 박찬식 위원 중 한 명을 대동하였으며, 그 외에는 조사요원 한 명을 대동하였다. 자료 수집에서 가장 애로가 있었던 점은 4·3사건 관련자를 찾고 그의 현주소와 연락처를 파악하는 일이었는데, 연락이 되어야 증언을 요청할 수 있기 때문이었다. 4·3사건이 발생한 지 50여 년이 흘렀기 때문에 일부 인원은 타계하였고, 일부 인원은 외국에 있었으며, 연락이 닿지 않는 사람이 많았고, 연락이 닿아도 증언을 사양하는 사람이 있었다.

자료 수집이 어느 정도 진척되자 우선 진상 조사 보고서를 집필하는데 유용하게 사용하기 위해서 수집한 자료를 종합한 임시 자료집을 만들게 되었는데, 자료집에 포함시킬 자료 선택 문제로 나와 제주도 출신 전문위원 간에 충돌이 있었다. 내가 제주 경찰이 인민유격대사령관 이덕구를 사살하면서 노획한 '제주도 인민 유격대 투쟁 보고서'(문창송 씨가 발간한 『한라산은 알고 있다. 묻혀진 4·3사건의 진상』)를 자료집에 포함시켜야 한다고 하자 발간 실무를 맡은 김종민이 이를 적극적으로 반대하고 나섰다. 나는 "이 자료가 수집한 자료 중에서 제일 가치가 많은 자료임으로 반드시 자료집에 넣어야 한다"고 주장했는데, 그는 "그 자료는 국가기관에서 수집한 자료가 아니어서 자료집에 넣을 수 없다"고 강력히 반대하였다. 몇 차례 말이 오고 갔는데, 나는 화가 나서 '국가기관에서 수집한 자료만을 자료집에 넣어야 한다는 그런 엉터리 주장이 어디 있느냐? 이런 형편 없는 친구'라고 큰 소리를 내면서 서류 뭉치를 그의 면상에 내던지고 말았다. 내가 화를 낸 것은 그의 언행이 남로당 제주도당의 4·3사건 초기 상황이 기록되어 있는 가장 중요한 1차 자료를 자료집에서 제외시킴으로써 4·3사건의 진상을 은폐·왜곡하려는 수작으로 받아들였기 때문이었다. 나는 사무실을 뛰쳐나와 한동안 경복궁 등 주변을 배회하면서 화를 삭이고 있는데, 휴대폰을 통해 사무실로 들어오라는 연락이 왔다.

이 사건은 이미 김한욱 지원단장에게 보고되어 있었으므로 나는 『제주도 인민유격대투쟁보고서』를 지원단장 앞에 내놓으면서 "이 자료는 4·3사건 초기의 남로당 내부문건으로서 지금까지 수집한 자료 중 가장 귀중한 자료이므로 반드시 자료집에 포함되어야 한다"고 주장하였다. 이리하여 이 자료가 임시자료집 제12권에 포함되어 발간되었다.

임시자료집 제12권은 북한 자료, 러시아 자료, 무장대 자료 등을 포함하고 있는데, 북한 자료는 미국에서 수집한 북한 자료이고, 무장대 자료가 바로 '제주도인민유격대투쟁보고서'이다. 북한 자료는 6·25 전쟁에서 유엔군이 반격을 해서 평양 점령 시 미군의 특수팀이 북괴 정부 청사에 미군 전투병보다 먼저 들어가 자료를 수집한 것인데, 여기에는 김달삼의 해주 연설문과 북한 주요 인사들이 4·3사건을 보는 시각 등이 나타나 있다. 미군은 이 자료를 전쟁 후에는 미국 본토에 보관하였는데, 이를 우리가 수집해 왔던 것이다.

임시자료집은 국내 자료나 해외 자료 등을 정리하고 영어나 러시아어 등은 번역한 번역문으로서 30여 권만 만들어서 집필진과 기획단 등 관련자들에게만 배포하였는데, 나에게도 임시자료집 제12권이 배포되었다.

그리고 진상 조사 보고서를 집필하고 수정하는 기간에 일부 인원은 수집된 자료를 정리한 정리문과 번역문 및 원문(영인)까지 모두를 수록한 정식자료집 1~11권을 2001년 12월부터 2003년 11월까지 발간하였다. 제11권은 내가 위원회를 떠난 다음에 발간하였는데, 퇴직한 나에게도 1부가 배송되었다. 제주4·3위원회 홈페이지에는 자료집 1~11권까지만 등재되어 있고, 제12권은 등재되어 있지 않다.

남로당 군사부는 '제주도인민유격대투쟁보고서'를 '極祕(극비)'로 분류했었다. 그런데 문창송 씨는 이게 노획품의 필사본이고 개인이 소장한 자료여서 일반문건으로 발간하였다. 그런데 자료집 제12권이 홈페이지에 등재되지 않은 것은 이 문서가 진보 측에게는 자신들의 논리를 전개하는데 껄끄러운 자료여서 4·3사건의 진상을 은폐하고 왜곡하기 위하여 일반인이 이를 알지 못하도록 아예 발간을 하지 않은 것으로 보인다.

2) 제주4·3사건 진상 조사 보고서 작성 및 기획단 심의

2002년 8월까지 자료수집을 끝내고 9월부터 진상 조사 보고서 작성에 들어갔다. 제주4·3특별법 제7조 "자료 수집 및 분석 완료일부터 6개월 이내에 진상 조사 보고서 작성"이란 규정에 따라 2003년 2월 말까지는 보고서를 작성하고 이를 기획단에서 심의한 후 그 결과를 중앙위원회로 넘겨야 하기 때문이었다.

진상 조사 보고서 작성은 전문위원들의 임무인데, 팀장인 양조훈이 4·3사건의 배경 부분과 결론 부분을 담당하고, 김종민이 4·3사건 발발부터 6·25전쟁 직전까지를 담당하며, 나종삼은 6·25전쟁 발발 시부터 사건이 종료될 때까지 담당하고, 박찬식은 사건의 피해 부분을 담당하며, 장준갑은 미국에서 수집한 방대한 자료를 빨리 번역하여 집필을 도와주기로 하였다. 그리고 '군사재판의 법적 검토' 부분은 법률 전문가인 희생자 명예 회복팀의 조임영 전문위원의 도움을 받기로 했다.

이러한 임무 결정시 나는 "4·3사건은 군의 진압 작전이 핵심이므로 군 출신인 내가 사건 발발 시부터 6·25전쟁 직전까지를 맡겠다"고 주장하였다. 이에 팀장인 양조훈이 말하기를 "그럼 계약을 파기하자는 것이요?"라고 하면서 계약서를 들먹였다. 그는 계약을 파기하면 전문위원직 유지가 어렵다는 것을 깨우치려 하므로 더 이상 내 주장을 어필할 수가 없었다. 저들은 계약직 공무원 채용 시 이런 상황을 미리 예견하고 대비를 했던 것이다.

진상 조사 보고서를 4명이 공동 집필하려면 집필 방향이나 강조할 사항들을 미리 집필자 간 토의를 해야 하는데, 그런 토의나 논의가 일체 없었다. 이는 사상이나 사건을 보는 시각이 다른 사람과 토의를 해 보았자 합의점을 도출하기 어려울 것으로 판단하고 아예 그런 토의를 생략한 것이다. 다만 목차 결정시 집필진 간 의견 수렴이 있었는데, 나는 해방 후의 국내 정치 상황부터 시작해야 한다고 주장했으나 팀장은 제주도 상황부터 설명하되 중앙의 정치 상황은 간단히 설명하면 된다고 하였는데, 나의 의견은 소수 의견이어서 팀장의 주장대로 결정되었다. 목차가 마음에 들지 않았으나 별 도리가 없었다.

양조훈이나 김종민은 제민일보 기자 시절에 『4·3은 말한다』라는 책을 집필하였으므로, 이를 바탕으로 집필해 나갔고, 나는 그간 수집한 자료에 근거하여 집필을 하였다. 그런데 내가 담당한 부분은 사태가 거의 끝난 후의 잔비소탕 작전 부분이어서 문제될 부분이 없었다.

그러나 제주도 출신인 다른 세 사람의 집필 내용은 남로당의 기도는 언급하지 않은 채 정부의 탄압에 주민들이 봉기하였으며, 진상 규명보다는 희생자 명예 회복에 중점을 두었고, 정부 측의 잘못만 부각시키는 방향으로 집필하였으므로 많은 문제점이 있었다.

진상 조사 보고서는 특별법 제1조(목적)에 "제주4·3사건의 진상을 규명하고, 이 사건과 관련된 희생자와 그 유족들의 명예를 회복시켜 줌으로써……" 라고 명시한 바와 같이 진상 조사 보고서는 '4·3사건의 진상을 규명'하는 데 우선권을 두어야 하는데, 그것이 아니라 제주 사람들의 염원인 '희생자 명예 회복에 우선권을 두어야 한다'고 팀장인 양조훈이 주장했는데, 보고서는 그들에 의해 그런 방향으로 집필되었다.

희생자들의 명예를 회복시키려면 국가가 무조건 잘못했다고 하여야 하므로 제헌 의원 선거를 저지하고 나아가서 건국까지를 저지하려 했던 공산주의자의 잘못은 거론조차 하지 않은 채 군이나 경찰 및 관료들의 잘못만을 부각시켰고, 남로당의 폭동 지령 때문이 아니라 제주도의 내부 문제로 도민들이 자발적으로 봉기하였다는 내용으로 집필하였다. 이렇게 집필함으로써 일부 자료는 내용이 왜곡되고 은폐되었다.

진상 조사 보고서 초안이 5개월 만인 2003년 1월에 완성되자 기획단 검토에 넘겼다. 기획단 요원은 15명으로서 당연직이 5명이고 위촉직이 10명이다. 위원들의 인적사항은 당연직으로는 국방부군사편찬연구소장(하제평), 법무부 서울고검 사무국장(이수만-성백영), 법제처 행정법제국장(윤장근-최정일), 행정자치부 자치행정국장(김지순-장인태-권욱-권선택), 제주도 부지사(김호성-서유창-김영택) 등 5명이고, 위촉직으로는 강종호(재경제주4·3사건희생자유족대표), 강창일(배제대 교수, 제주4·3연구소장), 고창후(변호사), 김순태(방송대학교 충남 대전지역 학장), 도진순(창원대학교 교수), 박원순(변호사, 아름다운재단 상임이사), 오문균(경찰대 공안문제연구소 연구원), 유재갑(경기대학교 교수), 이경우(변호사), 이상근(전 국사편찬위원회 근현대실장) 등 10명이었다.

당연직은 직책에 관련된 분야의 권위자이고, 위촉직은 유재갑, 오문균, 이상근 씨 등이 보수 측이고, 나머지는 진보 측이었으며, 단장인 박원순 씨는 확실한 진보측 인사였는데, 인적 구성으로 보면 진보 측이 수적 우세를 점하고 있었다.

진상 조사 보고서 초안에 대한 기획단의 심의는 법에 규정된 시한에 따라 1개월 만인 2월 말까지 끝내야 했으므로 2003년 2월 7일(기획단 제10차 회의), 2월 13일(제11차 회의), 2월 25일(제12차 회의) 등 3차에 걸쳐 하루에 3시간 이상씩 강행군 하다시피 하였다. 마지막 심의일인 2월 25일은 김대중 대통령이 퇴임하고 노무현 대통령이 취임하는 날이었다.

기획단장 주재하에 열린 진상 조사 보고서 검토를 위한 회의는 하루에 일정한 범위를 정해놓고 집중 검토하는 방식이 아니라 위원들이 보고서의 문제점을 지적하면 그때마다 토의를 하는 방식으로 진행하였다. 예를 들면 A위원이 보고서 ○○면의 △△사건에 대한 기록이 문제가 있다고 하면 이에 대한 토론이 있었고, 이어서 B위원이 ○○○면의 ▲▲사건에 대한 기록이 문제가 있다고 하면 그에 대한 토론이 있었다. 이런 방식이었으므로 발언자마다 보고서의 뒤쪽의 제7장을 지적했다가 다음 사람이 앞쪽의 제2장을 지적하는 등 전반적으로 검토가 체계적이지 못하여 산만하였고, 깊이 있는 검토가 이루어지지 않았다.

문제가 있다는 발언은 주로 보수 성향의 위원들이 하였고, 진보 성향의 위원들은 이를 반박하는 등 원안을 고수하거나 더욱 좌편향으로 기술하여야한다고 주장하였다. 수많은 쟁점이 있는 580면이나 되는 진상 조사 보고서를 3회 회의로서 심의를 끝냈으므로 심도있는 심의가 아니었다. 그럼에도 불구하고 문제가 있는 여러 곳의 내용을 수정하거나 표현 강도를 순화하였으나, '봉기'라는 표현 등 많은 부분은 진보 측 위원들과 담당 집필자의 완강한 반대로 수정이 되지 못했다. 4·3사건에 대한 시각이 다른 사람들끼리의 토의여서 어떤 주제에 대해서는 고성이 오가는 열띤 토론이 있었다.

특히 '계엄령'과 '군사재판'에 관해서는 법무부의 성백영 위원과 법제처의 최정일 위원이 지적하였고, '초토화 작전'에 관해서는 국방부의 하재평 위원과 위촉위원인 유재갑 위원이 지적하였다. 군사재판에 대해서는 관련 서류를 찾았으나 '수형인명부' 외에는 판결문 등 다른 소송기록을 발견하지 못했고, 형 언도를 법정이 아니라 형무소에 도착한 후에 했으므로 "법적 의미의 재판으로 볼 수 없다"라고 기술했는데, 이에 대해 '수형인명부'는 형이 확정된 이후에 작성하는 문건이므로 재판은 있었으나 건국 초기여서 전반적으로 행정이 미흡했던 점과 전쟁 등으로 판결문 등이 분실될 가능성이 있으므로 "법률이 정한 정상적인 절차를 밟은 재판으로 볼 수 없다"라는 표현으로 순화시켰다. 그리고 '초토화 작전'이란 표현은 군이 초토화 작전을 계획한 것이 아니라 진압작전을 하다 보니 결과가 초토화되었으므로 '초토화 되었다'라 순화시켜 기술하기로 하였다. 계엄령, 군사재판, 초토화 작전 등 3개 주제를 심의하는데 가용시간의 1/3을 소비할 정도로 열띤 토론을 하였다.

토론 와중에 강창일 위원은 "보고서는 피해 진상 보고서 성격이 강하다. 역사 논문이 아니고 성격 규정하는 논문이 아니다. 희생자의 명예 회복을 시키기 위한 보고서이다."라고 발언함으로써 진상 조사는 성격 규정이 아니라 피해 진상 규명에 초점을 맞추어야 하며, 희생자의 명예 회복을 위한 것이라고 함으로써 팀장인 양조훈의 주장과 같은 논리를 폈다.

기획단 검토에서 문제가 있는 여러 곳을 수정하기는 했으나 그 내용이 용어 수정이나 단순한 짧은 문장을 순화시키는 정도로 수정한 것이어서 한번 작성된 보고서의 구도나 흐름을 바꿀 수는 없었다. 용어나 토씨를 바꾸려 해도 논쟁을 거쳐야 하는데 보고서의 흐름을 바꾸려면 수많은 논쟁을 하여야 하고 이에 따라 많은 시간이 가용하여야 하는데, 2월 말까지 1개월 내로 보고서 심의를 마쳐야 하는 촉박한 일정 때문에 더 이상 심의 일정을 끌고 갈 수가 없었다. 그래서 심의를 3회째인 2월 25일로 끝내고 말았다.

진상 조사 보고서 심의를 끝내고 마지막으로 '권고안' 심의가 있었다. 권고안은 보고서의 일부로서 8개항으로 되어 있었다. 이를 심의하면서 여러 의견들이 있었고, 보수 측 위원들이 군이 진압 작전을 하게 된 이유나 남로당이 사건을 일으킨 사실 등을 포함시키자고 했으나 진보 측 위원들이 반대를 해서 결국은 군이 진압 작전을 하게 된 이유나 남로당 관련 문구는 넣지 못한 채 제시된 내용인 정부의 잘못을 보상하는 방향으로 결정되었으며, 다만 불필요하거나 과도한 표현들은 순화시켰는데, 최종 결정된 내용은 권고가 아니라 건의로서 1개항을 빼고, 국민 및 피해자들에게 대통령의 공식사과, 4·3사건 추모기념일 지정, 4·3을 역사교과서에 기술, 추모공원인 4·3평화공원 조성을 지원, 4·3 유족에게 생계비 지원, 유적지 발굴작업 지원, '4·3평화재단' 설립 지원 등 7개항이었다.

이러한 대정부 건의안은 진보 측의 염원을 담은 내용으로서 진상 조사 보고서와 함께 중앙위원회에 올려졌는데, 중앙위원회에서는 진상 조사 보고서와 분리해서 처리함으로써, 발간된 진상 조사 보고서 내용에서는 제외되었다.

진상 조사 보고서는 많은 문제점을 간직한 채 기획단 심의를 끝내고 2월 말에 중앙위원회로 넘겨졌고, 이로써 진상 조사 보고서 작성을 위하여 설치된 기획단의 임무는 종료되었다.

3) 중앙위원회의 진상 조사 보고서 초안 검토

앞에서 살펴본 바와 같이 중앙위원회는 당연직 8명과 위촉직 12명 등 20명으로 구성되었는데, 당연직은 국무위원 급으로 국무총리(이한동, 김석수, 고건), 법무부장관(김정길, 안동수, 최경원, 송정호, 심상명, 강금실), 국방부장관(조성태, 김동신, 이준, 조영길), 행정자치부장관(최인기, 이근식, 김두관, 허성관), 보건복지부장관(최선정, 김원길, 이태복, 김성호, 김화중), 기획예산처장관(전윤철, 장승우, 박봉흠), 법제처장(박주환, 장승우, 성광원), 제주도지사(우근민) 등 8명이며, 위촉직은 각계 원로급으로 공정성과 객관성을 확보한다는 명분하에 학계 3명, 4·3 관련 단체 3명, 군 2명, 경찰

1명, 법조계 1명, 언론계 1명, 시민사회단체 1명씩으로 하였는데, 학계 측에서 강만길(상지대학교 총장), 서중석(성균관대학교 교수), 신용하(서울대학교 사회과학대학장), 4·3 단체 측에서 김정기(서원대학교 총장), 박창욱(제주4·3희생자유족회 회장), 임문철(제주중앙성당 주임 신부, 4·3도민연대 공동대표), 군·경 측에서 김점곤(예비역 소장, 경희대학교 경영대학원장), 한광덕(예비역 소장, 전 국방대학원장), 이황우(동국대학교 행정대학원장, 경찰학회 회장), 언론계에서 김삼웅(대한매일 주필), 법조계에서 박재승(대한변호사협회 회장), 사회시민단체에서 이돈명(변호사, 전 조선대학교 총장, 참여연대 고문) 등이 추천되었다.

중앙위원들의 성향은 당연직은 개인별로 성향이 다르긴 하나 몇 분을 제외하고는 대체적으로 대통령의 뜻을 받들고 있어 진보 측 인물로 보았고, 위촉직으로는 군 출신인 김점곤 위원과 한광덕 위원 및 경찰 출신인 이황우 위원 등이 보수 측이며, 그 외는 진보 측 인사였다. 이는 인선 과정에서 4·3 주도 세력 측이 자신들과 시각이 같은 인물들이 추천되도록 은밀히 진행하였기 때문이었다.

진상 조사 보고서 확정을 위한 3월 22일(토) 위원회(위원장: 고건 국무총리) 전체회의에서는 보수 측 위원들이 보고서가 일방적이고 편파적으로 작성되었다고 하면서 강력히 반발하였으며, 이에 대해 진보 측 위원들이 투표로 결정하자고 주장했는데, 위원장이 1주일간의 유예기간을 갖자고 함으로써 보고서 채택이 일단 유보되었다.

이리하여 보고서 심사 소위원회가 가동되었는데, 첫날인 24일(월)에는 본인도 참석하라는 명을 받고 참석하였다. 소위원회는 24일 12시 30분에 정부 청사의 국무위원 식당에서 오찬을 한 후 국무총리 주재하에 있었는데, 여기에는 국방장관(조영길), 법무부장관(강금실), 법제처장과 신용하, 김점곤, 김삼웅, 박원순(기획단장) 등이 소위위원으로 참석했고, 4·3지원단장 김한욱과 전문위원 나종삼 및 양조훈, 그리고 총리비서실장과 총괄조정관 등이 배석하였다. 중앙위원회 위원이 아닌 박원순 기획단장이 중앙위원회 보고서 심사 소위에 정위원으로 참여한 것은 나로서는 전혀 이해가 가지 않았다.

이날의 소위원회에서는 몇몇 참석자들의 의견을 듣는 것으로 끝났다. 고건 총리께서는 간단한 인사말과 위원들의 노고를 치하한 후 김점곤 위원, 국방부 장관, 나종삼 전문위원 등에게 진상 조사 보고서에 대한 의견을 물었다.

김점곤 위원은 "보고서는 대단히 잘못되었다. 당시 내가 육군본부 정보국에 근무하고 있어서 4·3사건에 대해서 잘 알고 있다. 4·3사건은 남로당이 개입한 사건인데도 보고서를 보니까 전국적인 상황을 무시하고 사건이 제주도 내에서의 문제로 일어난 것처럼 기술되었다. 그리고 4·3사건의 원인보다는 군·경의 잘못만 부각시키고 있다. 1948년에 일어난 남·북간의 정치전을 지금의 정서로 판단해서는 안 된다. 보고서는 역사적 안목이 아닌 단순히 가해자와 피해자라는 편가르기식으로 서술되어 있다. 1차 자료가 없는 상황에서 객관성이 부족한 자료를 인용해서 사건을 규정하는 것은 바람직하지 않다. 나는 이런 보고서를 심의할 수가 없다. 앞으로 위원직을 사퇴하려고 하니 총리께서는 양해해 주십시오"라는 요지로 말하였다.

김점곤 위원은 이날 이후로는 4·3위원회의 모든 회의에 불참할 뿐만 아니라 '4·3위원 사퇴서'를 위원회에 우편으로 제출하였다. (※ 김점곤 위원이 위원직을 끝끝내 사퇴하자 기획단 위원이었던 유재갑 씨가 후임으로 위촉되어 10월 초부터 활동한다.)

조영길 국방장관은 진상 조사 보고서의 여러 개의 문제점들을 열거하면서 이를 수정하여야 한다고 하였다. 나에게 발언 기회가 오자 나는 "작성된 보고서는 4·3사건의 발발 원인 등 진상 규명에 중점을 두어야 하는데, 보고서는 진상 규명은 뒷전이고 희생자 명예 회복에 중점을 두고 기술되었다. 이를 위해서 남로당의 잘못은 아예 거론도 하지 않고 군·경의 잘못만 부각시켰다. 진상이 은폐되고 왜곡된 부분이 있다. 집필을 시작할 때 집필 방향에 대한 토의가 없었으며, 팀장의 성향이 민중 항쟁론자여서 보고서가 그런 방향으로 집필되었다."라는 요지로 좀 길게 설명하였다.

이런 발언을 들은 위원장인 고건 국무총리는 "국방부 측의 의견을 많이 수용하라"는 지시를 내렸다. 그런 연유로 국방차관(유보선)이 두 차례나 위원회 사무실을 방문하여 수석 전문위원과 보고서 수정 문제를 협의했는데, 보고서 중 몇 개의 용어나 일부는 수정했으나 보고서의 흐름을 바꿀만한 중요한 내용은 수석 전문위원의 완강한 반대로 수정하지 못했다.

3월 29일(토)의 전체회의에서는 진상 조사 보고서가 보수 측 위원들의 거센 반발에 부딪치자 위원장은 보고서를 일단 통과시키면서 "4·3과 관련한 새로운 자료가 나올 수 있으므로 6개월 뒤인 오는 9월 28일까지 새로운 자료나 증언이 나오면 보고서를 수정·보완하기로 한다"라는 단서를 붙였으며, 그때까지는 보고서를 공개하지 않기로 했다. 6개월 간의 수정 기간을 두었을 뿐만 아니라 통과 내용이 공개되지 않음으로써 확정이 보류된 셈이었다.

6개월 후인 9월 28일까지 20개 단체 및 개인이 총 376건의 수정안이 접수되었다. 나는 6개월 동안 수정안을 준비하였는데, 진상 조사 보고서가 4·3이 사실상 사상문제로 일어났고, 남로당이 대한민국 건국을 반대하기 위하여 사건을 일으켰는데도 그런 부분이 생략된 채 인권침해 부분만을 강조함으로써 너무 좌편향으로 기술되었고, 자료가 왜곡된 부분이 있기 때문이었다. 나는 준비한 수정안을 자유시민연대(공동대표 유기남) 이름으로 제출하였는데, 이는 국방부에서는 별도로 수정안을 준비하고 있기 때문이었다.

수정안이 접수되자 전문위원들은 밤을 세워가며 심사 준비를 하였는데, 이는 심사 일자가 촉박했기 때문이다. 수정안 심사 일정은 9월 26일, 10월 1일, 10월 4일, 10월 7일 등 4회로 하며, 보고서 확정을 위한 전체회의는 10월 15일로 결정되었기 때문이다. 이러한 일정 계획은 노무현 대통령이 10월 30일부터 제주에서 개최되는 국제학술심포지움에 참석할 예정이며, 그때 4·3 관련 대국민 사과를 계획하고 있었기 때문에 대통령의 일정에 맞추어 수정안 심사 일정을 정했던 것이다. 말하자면 정치적 고려에 의해 수정안 심사 일정과 진상 조사 보고서 채택을 위한 회의 일정이 결정된 것이다.

이런 관계로 수정안 접수가 끝나지 않았는데도 수정안을 심사한다(9월 26일 접수 마감, 9월 28일 심사)는 소가 웃을만한 희한한 계획이 나왔고, 회의를 준비하는 전문위원들은 접수된 수정안 376건의 내용을 이틀간이란 단시간 내에 요약하고 인쇄물을 준비하는 등 심사준비를 위해 밤샘을 하여야 했다.

수정안을 심사하는 소위위원은 당연직인 국무총리, 국방장관(조영길), 법무장관(강금실), 법제처장 등 4명과 위촉직인 신용하, 서중석, 김삼웅, 유재갑, 박원순(기획단장) 등 모두 9명으로 하였다. 박원순 기획난장이 수정안 심사소위에 참여한 것은 수석 전문위원 양조훈의 작품이다. 그는 기획단 위원이었던 유재갑 위원이 사퇴한 김점곤 위원 후임으로 4·3위원회의 정식 위원이 되어 심사소위에 참여하자 기획단 회의시의 그의 논리정연한 주장을 알게 된 양조훈이 유재갑에 맞대응 할 수 있는 인물로 박원순 기획단장을 심사소위에 참여시켜야 한다는 말을 했는데, 그의 주장대로 인선이 되었기 때문이다.

수정안 심사 세부 일정 계획은 9월 26일은 수정안 접수마감 이전이므로 소위위원 9명이 참석하여 상견례 겸 총리의 당부 말씀을 듣는 정도로 끝내고, 10월 1일과 4일에는 당연직은 업무에 바쁘니까 빠지고, 위촉직 위원 5명이 신용하 위원 주관하에 실직적인 심사를 하며, 10월 7일에는 소위위원 전원이 총리 주제하에 종합 토의를 한다는 것이다. 이는 당연직 위원인 장관급 위원들은 들러리로 물러나 있고, 민간인인 위촉직 위원 5명이 수정 의견을 심사하겠다는 내용이었다.

수정안을 실질적으로 심사하는 인선된 5명의 위촉직 위원들의 성향을 보면 유재갑 위원만이 보수 측이고 그 외는 모두 진보 측이어서 인적 구성이 4:1로 진보 측이 절대 우세하였는데, 이는 더 이상의 보고서 수정을 저지하려는 의도였다.

집필에 참여했던 전문위원은 10월 1일과 4일의 수정안 심사에 배석하였는데, 심사 서류에는 각 기관이나 개인이 제출한 수정안을 요약하고 집필자의 검토 의견을 첨부했는데, 집필자는 이런저런 이유를 붙여 대부분 반대 의견을 붙었다. 집필자의 글에 문제가 있어 수정 요구를 한 것인데, 이를 심사소위 위원들이 내용을 검토하기도 전에 집필자들이 자신의 방어성 주장을 심사소위 위원들에게 피력한 것이다.

10월 1일의 심사에서 유재갑 위원이 "수정안을 하나씩 검토하려면 6개월도 모자랄 것 같다. 충분한 시간을 갖고 검토하자"라고 주장했으나 "그럴 시간이 없다. 빨리 심사를 완료하여야 한다"라는 주장에 밀려 심사는 약식으로 진행되었다. 수석 전문위원이 검토 개요를 설명하였으며, 위원들은 집필자들이 인정한 22건에 대해서 수정 결정을 하였다.

이날 나는 배석자임에도 제2연대의 철수 일자와 다랑쉬굴 주인공 신분이 잘못되었다고 하면서 수정 의견을 제시하였으며, 심사를 주관하던 신용하 위원이 자료를 확인하고 이를 수정하도록 지시하였다. 그런데 제2연대 철수일자는 인쇄된 보고서 466면(맨 밑줄)에는 "1949년 7월 7일 제2연대가 제주도에서 철수를 시작……"이라고 기술함으로써 '제2연대가 철수중인 7월 7일에도 군사재판을 강행했다'는 보고서 내용이 잘못된 것이라는 나의 지적에 대해 어물쩍 넘어갔고,[495] 다랑쉬굴 주인공은 보고서 300~301면에 철모, 군화, 철창, 대검 등 전투 장비 등을 포함한 굴에서 노획한 물건을 추가했으나 이들의 신분은 최초에 기술했던 대로 순수한 입산자로 했다. 굴에서 전투 장비가 나왔는데도 순수한 입산자라고 우기는 것은 4·3사건을 정부 측의 무자비한 탄압

495 제2연대는 제3대대가 5월 15일, 제2대대가 7월 7일, 제1대대와 연대본부가 8월 13일 제주도를 떠났다. (근거: 제2인대 부대역사일지)

으로 몰고 가려는 의도였다.

10월 4일의 심사에서 신용하 위원이 '전문위원은 자기가 집필을 담당한 부분내에서만 발언하라'는 지침을 내렸는데, 이는 4·3사건 주도 측이 나의 발언을 봉쇄하려는 기도였다. 이날의 심사에 많은 기대를 걸었는데, 결과는 별 무소득이었다. 20개 단체 및 개인 수정안 중 국방부에서 제출한 수정안만을 심사하였으며, 11건을 수정키로 하고 모든 심사를 끝냈다. 다른 단체나 개인이 제출한 수정안은 심사장에서 위원들이 읽어보지도 못했으니 이게 어디 제대로 된 심사인가? 내가 자유시민연대 이름으로 낸 수정안이 제일 많은 수정요구를 한 수정안인데 심사를 졸속으로 하는 바람에 심사장에서 읽어보지도 못하고 폐기되었으니 나는 기가 막혀 할 말을 잃었다.

10월 7일의 전체 토의에서는 당연직 위원까지 참석하였는데, 국방장관 대신 참석했던 국방차관(유보선)은 많은 의견을 개진했다고 하며, 본인이 알아본 결과 "할 말은 다했다"는 답이 돌아왔다.

4) 보고서 일방적 채택과 사퇴

4·3중앙위원회 전체 회의에서 4·3정부보고서를 최종 채택하는 날인 10월 15일(수)이 다가오고 있었다. 나는 이 시점에서 내가 할 수 있는 일이 무엇인가를 생각하지 않을 수 없었다. 진상 조사 보고서가 제주도 출신 진보 측 전문위원들에 의해 일방적으로 집필되었고, 기획단이나 중앙위원회에서 심사 위원들의 성향이 진보 측의 수적 우위에 의거 수정안이 심사도 제대로 받지 못한 채 폐기되어 수정 노력이 허사

가 되었으므로 이런 내용을 대외에 널리 알리기로 하였는데, 자유시민연대 공동대표 유기남 씨가 조선일보 편집부와 연결시켜 주었다. 이리하여 4·3위원회 전체 회의가 열리는 10월 15일 자 조선일보에 '4·3사건 보고서 반쪽짜리 되나'라는 칼럼을 발표하였다. 이 칼럼에서 정부보고서는 군·경에 의한 주민 희생만 부각시켰고, 인권침해에 중점을 두었으며, 제주도를 일거에 장악하려 했던 남로당 측의 기도 등 주요 내용을 누락시켰고, 수정안 심사도 부실하였음을 강조하였으며, 제대로 된 진상 조사 보고서를 새로 발간하여야 한다고 주장하였다. '오마이뉴스'에 의하면 이 조선일보 기사가 진보 측 위원, 특히 수정안 심사소위를 주관한 신용하 위원의 분노를 촉발시켰다고 하였다.

10월 15일, 진상 조사 보고서는 4·3위원회 전체 회의에서 예상대로 보수 측 위원들의 거센 반대 속에서 진보 측 위원들에 의해 강행처리됨으로써 공식 통과되었다.

보고서가 통과되자 위촉직 위원인 한광덕 위원, 이황우 위원, 유재갑 위원 등 보수 측 위원 3명은 보고서 서명란에 '부동의'라고 쓰고 사퇴 성명서를 읽고 위원직을 사퇴하였다. 이날 한광덕 위원 등 3명이 사퇴하리란 것을 나는 미리 알고 있었다. 나는 그동안 육사 1년 선배인 한광덕(육사 20기) 위원과 긴밀한 연락을 취하고 있었는데, 한광덕 위원이 가끔 품에 간직하고 있던 사퇴서를 내보이면서 사퇴할 뜻을 밝히자 '지금 사퇴하면 어떡 하느냐? 내가 뒷받침 할 터이니 싸웁시다'라고 하면서 만류 겸 격려해 주었고, 언론에 기고할 때에는 기고문을 검토해 주었는데, 10월 15일의 전체 회의에서 보고서 채택이 예상되자 '보고서 채택 시점이 사퇴할 시점입니다. 그 뒤에는 사퇴할 명분이 없습니다'는 요지로 의견을 피력했는데, 한광덕 위원이 나의 권고를 받고는 이황우 위원과는 항상 뜻을 같이 하고 있으며, 후배인 유재갑(육사 22기) 위원을 설득해서 함께 사퇴하겠다고 하였다. 한광덕 위원과 이황우 위원은 희생자 명예 회복 심사 소위원회에서 함께 활동하면서 뜻을 같이 하는 동지였다.

10월 16일, 보수 측 위원 3명이 모두 사퇴하였다는 소식을 들은 나는 준비했던 사직서를 강택상 지원단장에게 제출하였다. 강택상 씨는 김한욱 씨의 후임으로 제주도 출신이면서 육사 후배였는데, 내가 사직서를 제출하자 겉으로는 안 받으려 하면서도 오래 사양하지 않고 받았다. 나의 사직서는 10월 16일자로 행정 처리되었다. (직장 의료보험에서 지역 의료보험으로의 전환일자가 2003년 10월 16일임.)

내가 사직을 결심한 것은 나 자신이 보고서 작성에 참여했지만, 정부 수립을 저지하려 했을 뿐만 아니라 국가에 대하여 선전포고까지 한 남로당의 기도는 숨긴 채 군·경의 잘못만 부각시켜서 진상 규명보다는 희생자 명예 회복을 우선시함으로써 진상이 은폐되고 왜곡된 보고서를 인정할 수 없기 때문이며, 내가 힘이 없어 무능해서 진상이 잘못된 보고서 발간을 저지할 수 없었음을 자책했기 때문이다.

훗날 올바른 4·3 관련 책을 발간하기 위해서는 그동안 내가 수집했던 자료들을 정리해 두어야 한다는 다짐을 하면서 아무도 없는 토요일 오후에 짐을 챙겨 위원회를 떠났다.

2. 정부 4·3보고서 왜곡 경위

시간 : 2022년 7월 10일, 17:00 – 17:30

장소 : 종로 소재 제주4·3사건 재정립시민연대 사무실

기록 : 박철균

정부의 제주4·3사건 진상조사보고서(정부보고서로 약칭)는 위촉직인 민간인 중앙위원 12명 중 우파 3명(김점곤, 한광덕, 이황우)이 모두 사퇴한 가운데 좌파들만 서명한 보고서로서 진상이 왜곡된 보고서입니다.

정부의 4·3보고서는 남로당 제주도당이 자체 양성한 유격대는 물론 경비대 병력까지 동원하여 제주도를 장악하고 인민공화국을 세우려 했던 반란 사건인데 이를 민중항쟁으로 왜곡시켰습니다. 왜곡에 직접적으로 개입한 인물들은 보고서 집필을 담당한 제주도 출신 양조훈, 김종민, 박찬식 등 3명이었습니다.

양조훈은 정부보고서 작성 팀장으로서 사건이 중앙의 정치와는 상관없는 제주도 내에서의 경찰 및 우익과 남로당 및 좌익 인사들 간의 갈등구조로 만들기 위해 목차 작성 시 4·3사건은 광복 후 남.북한 상황 및 중앙의 정치 상황과는 관계가 없으므로 '광복 전후의 제주도 상황'부터 시작하도록 하고, 남로당 중앙당과의 관계를 단절하기 위해서 남로당 중앙당에서 보낸 '폭동 지령문'을 부인하고는 "남로당 중앙당의 폭동 지시가 있었다는 자료는 발견되지 않는다"라고 결론을 내렸습니다.[496]

496 정부의 4·3진상조사보고서, 536쪽, 162-165쪽.

남로당 중앙당 박헌영은 유엔의 남·북 동시선거를 소련이 거부함으로써 남한만의 단독선거가 예상되자 1948년 1월 초에 2·7 폭동을 지시하였고, 제주도당에게 "2월 중순에서 3월 5일 사이에 제주도 전역에서 폭동을 일으키라. 선거와 군정을 반대하라. 인민공화국을 수립하라"는 요지의 폭동 지령문을 보냈습니다. 이 문건들을 경찰이 1월 22일 새벽에 남로당 측 회의장을 급습해서 압수하였는데, 미군 자료에는 남로당 중앙당의 폭동 지령문이 3건[497]이나 있습니다. 보고서에서 일단 3건의 자료를 거론은 하였으나 양조훈은 지령문이 있는 3건의 미군 자료는 고의로 무시하고 엉뚱한 자료만 제시하고는 '남로당 중앙당의 폭동 지령 자료는 발견되지 않는다'라고 남로당 중앙당의 폭동 지령문을 부정했습니다. 양조훈은 4·3사건 왜곡의 주역입니다.

김종민은 4·3사건 발발부터 6·25전쟁까지를 기술하면서 4·3사건을 민중항쟁으로 유도하기 위해서 김익렬–김달삼 회담, 박진경 대령 암살의 배후, 오라리 방화사건, 다랑쉬굴 사건 등 여러 곳을 왜곡하였고, 2021년 4월 2일의 KBS제주방송 '1948년 암살'이란 프로에서 근거 자료도 제시하지 않고 '박진경이 어린이도 죽이고, 학살 명령을 내렸다.'라고 거짓말을 함으로써 박진경을 학살자로 매도하였습니다. 왜곡을 만들어낸 장본인이라고 할 수 있습니다.

박찬식은 4·3 피해 부분을 기술하면서 남로당 측이 먼저 주민학살을 자행했고, 우익인사를 납치해서 죽창으로 찌르고 돌로 머리를 쳐

497 주한미육군 971방첩대 격주간보고서, 1948. 2.1~2.15 ; 주한미육군사령부 일일정보보고서, 1948. 2.6 ; 주한미육군 보병제6사단 일일정보보고서 1948. 2. 12.

으며, 일본도로 각을 뜨거나 토막을 냈고, 팔다리에 말뚝을 박거나 생매장하기도 했으며, 여인들을 윤간하고 죽였는데도 이를 지적하지 않았습니다. 그는 민간인 피해사례를 거론하면서 남로당 인민유격대가 저지른 주민 살해에 관해서 겨우 4쪽 분량만 소개했지만, 정부 측인 경찰이나 서청 및 군이 저지른 잘못은 130쪽을 할애하였습니다. 이를 비율로 환산하면 3%대 97%나 됩니다. 이렇게 불균형하게 일방적으로 정부 측 사례만 열거함으로써 정부 측에서만 일방적으로 주민을 살해한 것으로 왜곡하여 4·3사건을 민중 항쟁으로 유도했습니다.

4·3 정부보고서를 심사한 중앙위원 김점곤은 편향되게 작성된 보고서를 모두 읽고 나서 고건 총리가 주관한 회의에서 "내가 당시(4·3사건 시) 육군본부 정보 참모부에 근무하면서 제주도의 경비대로부터 보고받아서 잘 알고 있는데, 보고서를 읽어 보니 정부 측인 경찰과 경비대만 사람을 많이 죽인 것으로 되어 있다. 나는 이런 보고서를 인정할 수 없어 4·3 위원직을 사퇴하려고 합니다."라고 발언하며 총리에게 사퇴 의사를 밝혔다. 그리고 며칠 후 서면 사퇴서를 우편으로 발송했습니다.

이 자리에서 저를 포함한 당시 조영길 국방장관도 작성된 보고서의 편향성에 대해 지적했고 고건 총리는 6개월간의 수정 기간을 가지도록 하였습니다. 6개월 후 20개 단체와 개인으로부터 376건의 수정안건을 접수하였습니다. 그런데 이 중 10%도 안 되는 33건만 채택이 되고 나머지는 채택되지 않아 폐기되었습니다. 이렇게 접수된 수정안은 중립적인 인사가 검토해야 함에도 당시 4·3정부보고서 집필자들이 수정안 검토를 하도록 하였습니다. 집필자들은 자신의 보고서 작성 내용을 최대한 수정하지 않으려고 이런 저런 이유를 들어 수정을 거부하였습니다.

3. 『인민유격대 투쟁보고서』가 4·3 자료집 제12권에 수록된 경위

시간 : 2022년 7월 10일, 17:30 – 17:50
장소 : 종로 소재 제주4·3사건 재정립시민연대 사무실
기록 : 박철균

『제주도 인민유격대 투쟁보고서』에는 1948년 3월 15일부터 1948년 7월 24일까지의 남로당 제주도당과 무장대에서의 상황이 수록되어 있습니다. 보고서의 내용을 보면 1948년 8월 21일 해주에서 열리는 인민대표자 대회에 참가해서 김달삼이 남로당 지도자 박헌영(당시 박헌영은 미 군정의 체포령을 피하려고 월북해 있었음)에게 보고하는 보고서임을 알 수 있어요. 보고서의 내용 중에는 김달삼–김익렬 회담 시 김익렬의 반응까지 기록되어 있어 그 회담에 직접 회담한 사람이 작성했음을 알 수 있는데 이는 김달삼이 직접 작성한 것을 말해줍니다.

정부보고서 작성을 위해 4·3 위원회에서 자료집을 작성했는데 자료 편집 시 내가 "『제주도 인민유격대 투쟁보고서』가 대단히 중요하니 이 자료를 자료집에 넣자"고 주장하자 자료집 발간 책임을 맡았던 김종민이 이를 반대했어요. 이유인즉 "그 자료는 이미 책으로 발간되었으므로 새로운 자료가 아니라는 것이었습니다. 말도 안 되는 소리지요." 그래서 나는 "무슨 소리냐, 자료집 발간 목적이 흩어져 있는 자료를 한곳으로 모으는 것인데 이렇게 중요한 자료를 빼면 자료집 발간 목적이 훼손된다."라고 하며 언쟁을 벌였고 화가 나서 들고 있던 서류를 김종민의 얼굴에 던졌습니다. 김종민은 자료의 내용을 잘 알고 있었기에 한사코 자료집에서 빼려 했고 나는 그 자료를 넣으려고 복사한 자료를 주면서 그

자료를 넣으려고 했었지요.

나는 화를 삭이기 위해 사무실 밖으로 나와 사무실 건너편에 있는 경복궁 경내로 들어갔는데 얼마 지나지 않아 제주도 출신 김한욱 지원단장이 찾는다는 연락이 휴대폰으로 왔어. 옆방에서 큰소리가 났으니 단장은 왜 싸우는지 알고 싶었겠지. 그래서 사무실에 있는 복사기로 『제주도 인민유격대 투쟁보고서』를 한 부 복사해서 지원단장실로 들어갔지. 그리고 지원단장에게 이 자료가 남로당의 내부 문건으로 4·3사건 진상 조사에 매우 중요하며 반드시 자료집에 포함되어야 한다고 내 의견을 분명히 전했습니다. 이렇게 해서 단장의 지시로 남로당 무장대 자료가 자료집 12권에 수록될 수 있었습니다. 그러나 심각한 문제는 자료집 12권에 수록은 하였지만 내가 사퇴한 이후 자료집 제12권은 빼고 11권까지만 공개하여 국민들이 4·3의 진실이 무엇인지 정확히 알지 못하게 하고 있다는 데 있습니다.

자료#4

박진경 대령
장군 추서 건의서

박진경 대령 장군 추서 건의서[498]

별첨 ④

建
議
書

---

498 1980년 8월 15일 창군동우회가 육군 참모총장에게 보낸 박진경 대령 장군 추서 건의서이다. 박진경 대령의 전공에도 불구하고 전사 일자가 대한민국 정부 수립 두 달 전이라 사후 장군 추서가 안 된 점을 안타깝게 생각하여 장군 추서를 건의하는 문서이다. 이 건의서는 창군동우회 주요 인사 20명과 제임스 하우스만 씨 등 21명이 서명했다. 김익렬의 서명 날인도 확인된다. 이 건의서는 종서체로 작성되어 있어서 위에서 아래로 우에서 좌로 읽어야 한다.

國家의 安定과 國民의 團合속에 各界의 淨化作業을 斷行하여 社會改革을 推進하면서 內外의 어려운 試鍊을 克服해 가는 民族雄飛의 一大事에 밤낮 없이 勞苦를 하시는 李熺性 陸軍參謀總長님에게 더 없는 尊敬을 表하는 바입니다。

祖國이 光復된 뒤 우리 國軍을 創設하는데 主導的 役割을 했으며 民族의 軍으로써 反共鬪爭 救國革命과 民族中興의 보람찬 傳統의 基礎를 다지는데 힘을 아끼지 않았던 우리 創軍同友會는 民族의 祭壇에 제일 먼저 身命을 바쳐 反共護國의 先驅者가 된 創軍同志인 故 朴珍景大領의 不公平한 死後處遇問題를 建議하오니 깊은 配慮가 있으시기 바랍니다。

故 朴珍景大領은 光復後 軍事英語學校를 나왔으며 能通한 英語實力과 明晳한 頭腦가 認定되어 朝鮮 國防警備隊 總司令部 人事局長에 重用되어 美軍政下에서 進行된 創軍業務에서 美軍과의 橋梁的 役割로 큰 貢獻을 한 事實은 누구나 아는 事實입니다。

故 朴大領은 日本軍이 두고간 낡은 武器와 裝備를 갖고 있던 國防警備隊를 最新美軍武器와 裝備로 改替하여 軍을 精銳化 하는데 一翼을 맡아 했읍니다。

祖國이 解放된지 三年밖에 안되는 一九四八年에는 濟州島 武裝共匪 反亂이 터졌는데 이는 金日成 北韓共產主義集團이 南韓에서 劃策한 大邱 暴動事件에 이어 더 악랄하게 組織的인 大規模 武力 赤化 企圖作戰 입니다。 이 反亂이 激化되자 美軍政長官 딘 少將은 重大事態로 斷定하여 共匪 討伐部隊로서 第十一聯隊를 濟州島에 新設 初代 聯隊長으로는 딘將軍의 特別要請으로 當時 警備隊 總司令部 人事局長 朴珍景 中領이 任命되었

읍니다。

이것은 美軍 作戰指揮下의 國軍史上 最初의 學軍的 重要作戰임을 意味하기 때문입니다。또한 朴中領의 任命은 日帝時 日本 大阪 外國語學校를 卒業하고 學徒兵 工兵將校로 任官되어 濟州島 防禦要塞 構築에 參與한 바 있어 洞窟 地形 等 濟州島 地理를 구석 구석까지 잘 알고 있다는 点과 最新銳軍裝備를 補給받아 教育訓練하고 實戰에 使用할 수 있는 能力을 保有한 때문이었읍니다。

一九四八年 三月 朴中領은 現地에 赴任하였으며 仝年 六月에는 뛰어난 指揮力으로 三次에 걸쳐 濟州島 全域 大包圍 作戰을 펴서 短時日 內에 共匪 소탕의 戰果를 올림으로서 討伐作戰을 豫想보다 훨씬 앞당겨 終了하여 民生을 安定시켰던 것입니다。이러한 戰功으로 仝年 六月 一日附로 大領으로 特進되었으며 美軍政廳 軍政長官 딘少將이 直接 濟州島에 飛來 進級式에서 階級章을 授與하는 禮遇를 베풀었던 것입니다。

故 朴大領은 濟州反亂을 鎭圧하여 最初로 우리의 反共鬪爭史上 커다란 勝利를 거두고 仝年 六月 十八日 壯烈하게 戰死함으로서 우리 國軍史上 最初의 勝戰指揮官이 되었으며 美軍 作戰指揮下에서 美軍이 有能한 韓國 指揮官의 한사람을 잃은 것을 後悔한 韓國軍人의 戰死 第一號이며, 最高位 將校인 聯隊長의 戰死 第一號이며 陸軍葬의 禮遇를 받은 第一號 戰死가 되었읍니다。

故 朴大領은 陸軍의 忠勇한 龜鑑일뿐 아니라 國軍의 神話를 만든 勇士로 떠 받들만한 戰功이 있다고 보아 지나치다고 할 사람은 없을 것입니다。

- 2 -

三十餘年이란 日淺한 國軍戰史上 가장 어려웠던 時期의 反共護國戰線에서 죽음으로 先
驅한 故 朴大領의 忠魂을 將軍으로 追叙進級을 하여 드리지 못하였던 것은 우리 大
韓民國 政府樹立을 二個月 앞둔 時期였던 때문입니다。그後 三十二年이 지나도록 아직
껏 追叙가 안된 事實을 우리 創軍同志들은 매우 안타깝게 생각하지 않을 수 없었읍
니다。

故 朴珍景大領 戰歿忌日인 지난 六月 十八日에는 우선 不遇한 忠魂이나마 慰撫하고
자 創軍同友會의 이름으로 三十二周 追悼會를 열었으며 그 자리에 모인 創軍同志들은 追
叙進級이 꼭 實現되도록 하는 것이 옛 戰友에 對한 友誼이며 나아가서는 國家經營의
見地에서도 도움이 된다는 데 意見을 같이 했읍니다。

反共鬪爭의 最前線이며 가장 빛나는 戰果를 거둔 韓國이야말로 人類의 自由와 平和
眞理를 守護한 자랑스러운 나라 입니다。

우리의 反共戰史에서 처음 거둔 큰 勝利라고 할 수 있는 濟州 反亂 平定의 勇士
故 朴珍景大領의 紀念事業을 하고 그 後孫을 보살펴 勇氣를 갖게하여 자랑스러운 反
共家門의 傳統을 이어 가도록 하는 것보다 故人의 戰功에 相當하게 顯彰을 하는 追
叙進級이 先行되어야 한다고 봅니다。

그러므로 政府樹立 以前의 戰死者에 對한 關係法規의 明示條項이 없다고 해서 故人
의 追叙進級을 막는 것은 行政的 한 수 밖에 없읍니다。

創軍의 戰友이며 不滅의 反共神話를 남긴 護國의 戰士이며 죽음으로 祖國과 겨레를

- 3 -

499

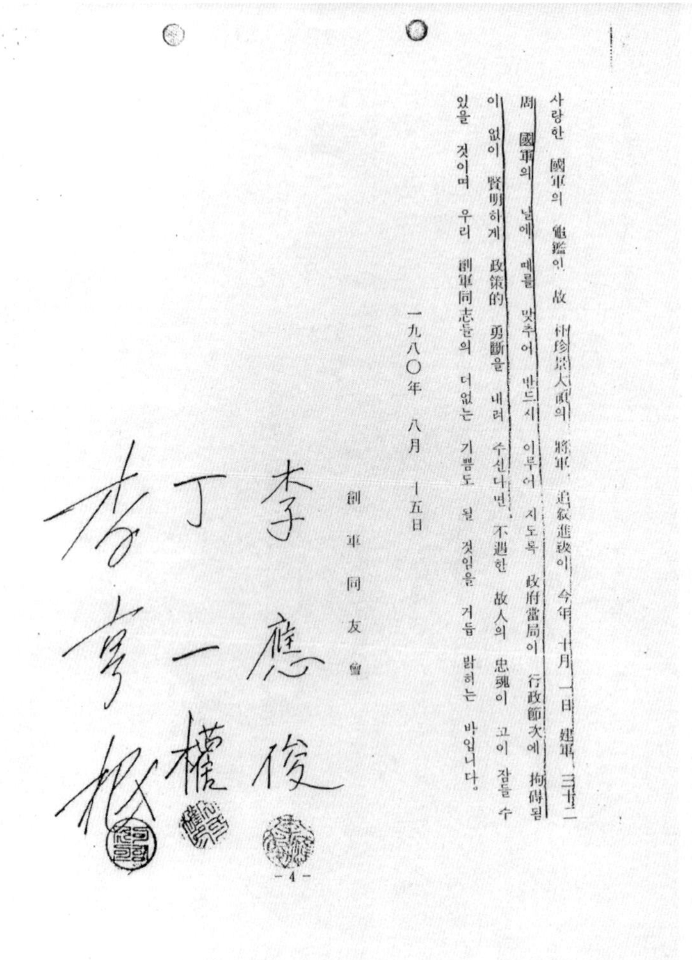

사랑한 國軍의 龜鑑인 故 朴珍景大領의 將軍 追敍進級이 今年 十月 一日 建軍 三十二周 國軍의 날에 때를 맞추어 반드시 이루어 지도록 政府當局이 行政節次에 拘碍됨이 없이 賢明하게 政策的 勇斷을 내려 주신다면, 不遇한 故人의 忠魂이 고이 잠들 수 있을 것이며 우리 創軍同志들의 더없는 기쁨도 될 것임을 거듭 밝히는 바입니다.

一九八〇年 八月 十五日

創軍同友會

李應俊

丁一權

李亨根

- 4 -

499 서명자 우에서 좌로, 이응준: 초대 육군참모총장, 정일권: 제9대 국회의장, 이형근: 제9대 육군참모총장

500

500 우에서 좌료, 민기식: 第16대 육군참모총장, 제7, 8, 9대 국회의원, 김용배: 제17대 육군참모총장, 김종갑: 국방부차관, 제16대 국회 국방위원장, 민병권: 초대원호처장, 제23대 교통부 장관, 강영훈: 제21대 국무총리, 김일환: 재향군인회 회장, 제17대 내무부 장관, 제8대 교통부장관, 최석: 육군 제1군단장, 육군보병학교장, 박경원: 제17대 교통부장관.

501

501 우에서 좌로, 송요찬: 제8대 외교부장관, 제2대 경제기획원장, 김정렬: 제19대 국무총리, 이종찬: 제8대 국방부장관, 백선엽: 제10대 육군참모총장, 제19대 교통부장관, 유재흥: 육군 제1군사령관, 최경록: 제22대 교통부장관, 최영희: 제16대 국방부장관.

502

502 우에서 좌로, 김익렬: 국방대학원장, 함병선: 육군 제2군단장, 육본 작전참모부 부장, 제임스 하우스만: 미 군정시 정보장교, 미 예비역 육군 대령

자료#5

김익렬의 『국제신문』기고문

김익렬의 『국제신문』 기고문

게재일 : 1948년 8월 6일/7일/8일

(※ 맞춤법과 띄어쓰기는 대부분 현행에 맞추었음.)

1948년 8월 6일
同族(동족)의 피로 물들인 濟州參戰記(제주참전기)

前 弟九聯隊長 金益烈 中領 記(전 제9연대장 김익렬 중령 기)

남해의 고도 …… 제주도는 우리에게 가슴 아픈 쓰라린 기억을 남겨주었다. 어찌하여 우리는 싸워야 하였으며 또 싸우면서 우리는 무엇을 배웠을 것이냐? 성봉 한라산(漢拏山)만이 이 동족간의 처참한 "피의 기록"을 아는 듯 말없이 서 있고 파도치는 백사장에는 무심한 갈매기 떼만이 동방(東方) 약소민족(弱少民族)의 비극을 아는 듯 처량히 울고 있는 것이다. 그러나 우리는 이 하고 싶지 않은 싸움에서 너무도 많은 것을 배웠다. 이 몸소 체험한 쓰라린 교훈은 가슴 속 깊이 간직하고 평화와 독립을 찾기 위하여 통일과 단결과 그리고 아름다운 동족애로써 이 아슬아슬한 위기를 헤엄쳐 나가지 아니치 못하는 까닭에 이번 제주도사건을 철저히 분석하고 해명하지 않을 수 없다. 수평선 저쪽에 본토(本土)를 바라보며 전통과 근면(勤勉) 속에서 살아온 평화의 섬나라 … 제주도에도 해방이 가져온 모진 바람이 불었으니 그것이 곧 "산사람"과 군경(軍警)의 무력충돌로 나타나게 되었다. 그동안 당국도 각종의 보도기관도 이 사건을 상세히 보도는 하였으나 아직까지도 소위 "산사람"이라고 부르는 반란군(叛亂軍)의 정체며 그들을 지도하는 수령(首領)에 대하여는 하등의 보도와 발표에 접하지 못하였다. 그들은 어떻게 조직되었으며, 무슨 방법으로 무력대항을 하였으며 그 최고지휘자는 과연 어떤 인물일 것이냐? 다행히 본사(本社)는 당시 국방경비대(國防警備隊) 제주도 최고지휘관(濟州道最高指揮官)으로 있다 사령부(司令部) 소속으로 전임한 김익렬(金益烈) 중령(中領)이 말하는 반란군 지휘자 김달삼(金達三)과 김중령과의 회견기를 게재함으로써 금차 사건의 편모를 소개코자 한다. 다음은 김익렬 중령의 수기(手記)의 一부이다.

무엇 때문에 流血(유혈)?

(上) 낮에는 農夫(농부) 밤에는 山사람部隊(부대)

當日(당일)의 回憶(회억)[503]

지난 4월 3일 새벽三시를 기하여 제주도 11개 경찰지서와 관공서(官公署), 우익정계요인(右翼政界要人)의 암살과 방화 등을 감행한 좌익계열의 폭동사건은 세간의 이목을 집중

503 추억을 되돌아 봄.

시킨 채 동족상쟁의 피어린 참상만이 우리들의 가슴을 아프게 하고 있을 따름이요 아직까지도 반란군진두(叛亂軍陣頭)에서 총지휘를 하는 소위 인민군총사령(人民軍總司令)의 정체(正體)는 어떤 것인가? 이것은 필자와 필자의 부관(副官) 두 사람 이외에는 누구 하나 그 정체를 확실히 알지 못하며 전투지휘가 상당히 능하느니 뭐니 하여 사실 아닌 사실이 그들을 영웅으로 만드는 『아듸프로』(선동·선전–필자)가 횡행함을 볼 제 필자는 적지 않은 불만을 느끼는 바이며 그릇된 선전을 시정하려는 의미에서 직접 인민군사령관이라 칭하는 김달삼(金達三)과의 2시간여의 회담기를 발표하여 사회 여러분들의 정당한 판단에 맡기려는 바이다.

發端(발단)은 警察(경찰)에서 山사람이 되기까지

사건의 발단은 소위 4·28파업사건[504]과 3·1기념행사 관계로 제주도내에서 약 2천5백 명의 청년이 경찰에 구금(拘禁)되었고, 이 구금으로 3명의 고문치사(拷問致死)자가 생기고 3월 15일 치사자 이(李) 모라는 청년의 시체(屍體)를 투강(投江) 하려다가 그 가족들에게 발견된 것이 극도로 민심에 큰 충격을 준 것이라고 한다.

이러한 민심은 차차 극도로 악화하여 3월 28일 애월리(涯月里) 산간부락에서 약 2백여 명의 도민이 무장하고 전투훈련을 한다는 정보를

504 1947년의 전국적인 2·7총파업 또는 제주도의 관민총파업인 3·10총파업을 잘못 기록한 것으로 보임.

입수한 경비대 측에서는 4월 2일 당시 제주도경찰청 김영배(金英培)청장과 군경 협조하여 모종사건의 발생을 미연에 방지하자는 협의를 굳게 하고 필자는 한림(翰林)에서 숙박하고 있는 동안 그 이튿날 새벽에 제주도 일대에 이 사건이 발생된 것이다. 그러나 경비대로서는 상부의 명령이 없음으로 아무런 행동을 개시하지 못한 채 만반의 전투준비를 하고 있었을 뿐이고, 낮에는 농부(農夫)고 밤에는 반란군에 가담하는 일이 많은 소위 『산사람』의 정체를 분별하기 어려운 도외(島外)에서 온 경찰대(警察隊)의 무차별 사살은 상호간 너무나 엄청난 살생이 생겼을 뿐더러 무력(武力)으로써는 도저히 동 사건의 원만한 해결을 볼 수 없다는 것을 알게 되었다.

事態(사태)는 去益混亂(거익[505]혼란)
雙方會合提議(쌍방회합제의)

관계에서는 제주도 유지와 관공서원이 주동이 되어 시국대책위원회(時局對策委員會)를 조직하고 민족청년단(民族青年團)이 주동이 되어 시국수습특사대(時局收拾特使隊)를 조직하고 반란군 측과 연석회의를 개최하여 동 사건의 평화적 해결을 도모하려고 하였으나 여의치 못하여 이 좋은 계획은 수포로 돌아가고 말았다. 경비대에서 본격적인 전투를 개시한 것은 4월 20일 증원부대(增援部隊)가 제주도에 오고서부터이다.

---

505 갈수록 더욱.

그러나 경비대의 근본방침은 사살(射殺)보다는 선무에 주력을 두었다. 그러함으로 경비대가 좌익이라는 칭호를 받게 된 한 가지 조건이기도 하였다. 동족상쟁하는 싸움마당에서 다 같은 민족끼리 더구나 단일민족인 우리 대한국민으로서는 차마 총부리가 똑바로 가지 못하는 것도 그 당시에는 속일 수 없는 민족적 감정의 발로가 아닐까 생각한다.

이러한 의미에서 4월 22일 상오 12시 『민족사상을 고취하고 동족상쟁의 비극을 피하며 평화적 해결을 하기 위하여 4월 24일 『너희들이 원하는 장소에서 책임자와 직접 면담하되 신변은 절대 보장할 것이며 이러한 평화적 용의에 응하지 않으면 산상으로 올라가는 보급선을 중단하며 최신식 기계화 부대를 동원할 것이다』… 라는 선포문(宣佈文)을 비행기로써 산포하였다.

傳單(전단)을 交換 身分保障(교환 신분보장)을 念慮(염려)

4월 24일 상오 6시에 『평화회담에는 응할 용의가 있으나 신분보장 한다는 말은 믿을 수 없다. 작년 서울에서도 신분보장 운운하고 체포한 사실이 있는데 믿을 수 없다』고 삐라로써 회답이 왔다. 4월 25일 『절대 신변 보장한다』는 고문(告文)[506]을 또 뿌렸다. 4월 26일 또 삐라가 전달되었다. 『경비대의 신사성(紳士性)을 믿는다. 29일 12시 경에 회견하되 장소는 추후 통지하겠다』고 회답

506 알리는 글.

이 왔다. 이 삐라를 받은 경비대에서는 즉시 참모회의를 개최하고 이 회담 진행에 관한 사항을 토의하였으나 5·1 메-데를 앞둔 4월 말이니 만치 방금까지의 전투행동을 중지하고 29일까지 기다리는 것은 반란군 측의 세력을 만회(挽回)시키고 5·1메-데의 모종행사에 큰 힘을 주는 것이 된다고 하여 29일까지는 기다릴 수 없다는 결의를 보게 되어 27, 28, 29 3일간은 맹렬한 전투를 개시하였는데 이 전투는 제주도 소탕전 중 제일 격렬한 전투였고 이 전투로 반란군의 보급선의 일부를 단절하였던 것이다. 이로 인하여 반란군은 큰 타격을 입었고 이러한 전세(戰勢)로 10여일 내외에는 완전히 반란군을 선무할 수 있을 만큼 되었던 것이다. 29일 상오 12시에 정보부(情報部)에는 광목잠뱅이에 밀짚모자를 쓴 34, 5세의 중년 농부가 반란군의 연락으로 경비대를 찾아왔다. 얼굴빛은 비록 검다고 하나 넓은 이마와 광채 나는 눈은 심상치 않을 뿐만 아니라 완전무장한 경비대원의 보초선을 유유히 활보하는 모양은 비록 반란군이기는 하나 남아(男兒)의 호연지기(浩然之氣)가 있음을 칭찬할 만 하였다.

單騎(단기)로 處窟(처굴)[507]에 生死難測(생사난측)[508]의 行程(행정)[509]

그는 간단한 인사가 있은 후 30일

---

507 굴이 있는 곳.

508 죽고 사는 것을 예측하기 어려움.

509 일이 되어가는 과정, 멀리 가는 길.

상오 12시에 안덕면(安德面) 산간부락에서 회견할 것을 제기하고 공격이 심하였음을 말하는 한편 무조건하고 항복한다는 말까지 전하고는 회견하는 데는 쌍방 모두 3인 이하로 하되 경비대 측에서는 총지휘관인 연대장과 그 밖에 두 사람으로 하고 무장은 서로 사양하자고 말하였다. 나는 이러한 조건을 무조건하고 수락하였다. 그것은 어떠한 일이 있든지 간에 만나고야 평화적인 해결이 될 것을 잘 알고 있었기 때문이기도 하였다.

연락원이 돌아간 후 경비대에서는 즉시 참모회의를 개최하고 이러한 정도의 요구조건(要求條件)에 대한 우리들의 응수조건(應酬條件)을 토의하고 그날 밤 나는 나의 집에 나가서 잤다. 아니 잔다는 것보다는 좀 더 마음의 여유를 가질 수 있는 조용한 시간이 필요하였던 것이다. 무차별하고 사살하는 반란군 측의 진중에 들어가야만 할 나의 신변을 생각할 제 이 마지막 길을 가는 사형수의 가슴 쓰린 마음을 생각하여 보기도 하였다. 그러나 나는 군인이라는 적지 않은 자부심은 이러한 큰 문제를 앞에 놓고 나에게 큰 편달의 힘을 주는 것이다. 만일 다시 돌아오지 못할 일이 생긴다면은 하고 나의 주위에 있는 여러 가지 것을 정리하고 밤이 늦게 유서를 두 통 써놓았다. 한 통은 가족에게 주는, 한 통은 제갈량(諸葛亮)이 추풍오장원(秋風五丈原)[510]에서 강유(姜維)[511]에게 주던 것과 같은 후군을 부탁하는 것이었다. 이러한 모든 준

510 삼국지연의에 나오는 말로 제갈량이 오장원에서 가을바람을 맞을 때 죽었다는 의미다. 한 시인의 시구(詩句) 중 성낙추풍오장원 星落秋風五丈原(별은 지고 가을바람 부는 오장원)에서 연유한다.

511 촉한의 장군.

비를 하는 동안 나는 아내가 병영에 들어오는 것까지 거부하였다. 비밀 군무관계라고 …. 일이 끝난 다음 아무런 근심 없이 자고 있는 어린 아이들의 머리를 만져보기도 하였다. 이것이 마지막인지도 모르기 때문이다. 그 이튿날 아침 나의 가족에게는 서울까지 군무로 출장 간다고 말하여 놓고 경비대에 돌아왔다. 동행할 두 장교를 제외하고 모든 장정을 모아 작별인사를 하였다. 그중에는 나의 가는 길이 슬픔의 길이라는 듯 눈물을 흘리는 장교도 몇 사람 있었다. 그러나 나는 결코 약한 모양을 보여줄 수는 없었다. 평시 같은 목소리로 작별인사를 하고 나서 두 사람의 부관 그리고 자동차 운전수 도합 네 사람은 커다란 해망과 슬픔을 가득 품고 산상으로 달렸다.

1948년 8월 7일

動亂(동란)의 濟州參戰記(제주참전기)

– 前 第九聯隊長 金益烈 中領 記(전 제9연대장 김익렬 중령 기)

深山到處(심산도처)에 警戒線(경계선)

(中) 꽃그늘에 덮인 司令部(사령부)는 蕭條(소조[512])

好奇(호기[513])와 恐怖(공포) 羊腸九曲(양장구곡[514])을 돌아서

산이라고 하여도 자동차가 통행할 수 있는 도로가 있다. 이 도로는 일본군(日本軍)이 본토작전에 대비하고자 제주도 한라산 산록 일대에 강제부역으로 만든 길이다. 이 길을 따라 올라가면 산병호(散兵壕), 토굴(土窟)이 이곳저곳에 있다. 반란군들은 이것을 근거지로 모든 작전을 감행하고 있는 것이다. 일행은 연대본부를 떠나 20마일 지점에 이르렀다. 여기는 한라산으로 올라가는 길목으로 도로 좌우편엔 제주도 어느 곳에서나 볼 수 있는 돌덩이가 제멋대로 쌓여있고 그 사이에는 풀덤불 가시덤불이 엉키어 있었다. 어제 연락왔던 농부의 말과 같이 적당한 장소에서 안내를 하겠다는 산사람들이 어디서 어떻게 감시하고 있는지 도무지 분간하기도 어려운 곳이었다. 자동차는 쉴 사이 없이 이 돌담(石墻석장) 사이를 달리고 있다.

길이 돌담을 따르는지 돌담이 길을 따르는지 돌담은 줄창 길옆에 좁은 성(城)을 이루고 있고 우리 일행의 마음도 이 길 모양 한결같이

512 쓸쓸한 모양.

513 신기한 것을 좋아함.

514 양의 창자처럼 꾸불꾸불한 길.

호기심과 공포감으로 주마등같이 설레고 있었다.

"정지!" 어디선지 무게 있는 호령소리가 들렸다. 긴장했던 참에 우리 일행은 적지 않게 놀래었다. 자동차 운전수는 무의식중에 차를 멈추었다.

숲 속의 伏兵(복병)
의심 품는 산사람

바라다 보이는 돌담 위에 일본 九九식 보병총을 메고 일본육군 철투를 쓴 젊은 사나이는 산사람이라는 것이 의심할 여지도 없지만은 광목베잠뱅이가 군데군데 흙이 묻은 것 등으로 보아 땅바닥에 엎드려 있었던 모양이다. 우리 일행은 아무 말 없이 그들의 하는 양을 바라다 볼 뿐이었다. 사실 그들의 한 두 사람을 체포하거나 총격하는 것이 목적도 아니고 그렇게 할 무기도 우리 일행은 가지고 있지를 아니 하였었다. 그 농부군인은 잠시 우리의 행장과 태도를 물끄러미 바라다보다가 돌담에서 뛰어 내렸다. 『연대장님 수고하시오』 확실히 제주도말은 아니었다. 우리 일행은 아무 말도 아니하였다. 다만 그 농사꾼의 태도와 주위를 유심히 바라다보았을 뿐. 사실 그 주위 돌담 사이에는 약 20여 명 가량으 로 추정되는 반란군들이 복병하고 있는 것을 볼 수가 있었고 그들이 가지고 있는 무기가 99식, 칼빈, M1 등이라는 것 도 알 수가 있었다. 『이 길로 좀 더 가다가 왼편으로 올라가시오』이것은 그 폭도가 우리 행장을 다 보고난 뒤에 길을 안내하는 말이다. 우리 일행은 역시 아무 말대답도 없이 가르쳐 주는 방향으로 자동차를 몰았을 뿐이다. 이제는 제법 산중에 들어왔다. 멀리 동남간으로 바라다 보이는 한라산의 용자(勇姿)는 오늘의 좋은 성과를 상징이나 하는 듯 뽀얀 구름을 산중허리에서부터 슬슬 돌려 감고 있고 해발 3백 미터들이나 되는 이 지점에서, 우리 경비대가 주둔하고 있는 대대(大隊) 중대(中隊)들의 자동차와 병사들이 성양곽(성냥갑-필자)을 흩트려 놓은 듯이 내려다보인다. 이 순간 나는 무엇인가를 생각하였다.

到處(도처)에 步哨(보초) 지게 진
女人部隊(여인부대)

그것은 이렇게 자세히 볼 수 있는 우리 진지와 행동을 알고도 좋은 전과(戰果)를 갖지 못하는 반란군 측의 군사지휘도 가히 짐작할 것이며 그들 산사람들에게 중화기(重火器 野砲 重機關銃) 등이 없다는 것도 다행하기도 하였다. 엔진소리도 요란히 달리는 자동차의 면전에는 지게를 진(이 地方(지방)에서는 女子도 지게를 진다) 수 3인의 여인들이 있음을 보았다. 며칠 전 전투에도 지금 저 여인들 모양으로 산상에 식량을 운반하는 것을 보았다. 저들도 필시 그러한 역할을 하는 여인들이라는 것은 가히 추측할 수 있는 일이다.

"정차(停車)!" 이 여인들도 역시 보초(步哨)의 한 사람들이었다. 역시 그 좌우 돌담과 수풀 사이에는 약 四십 명으로 추정되는 복병이 있었다. 그중의 한 여인은 아까의 농부 모양으로 우리들의 행장에 상당한 주시를 하는 모양이다. 한참 만에 우리는 이 둘째 번의 보초선을 통과하였다. 『왼편으로 꼬부라져 오른편으로 돌고 좀 더 가다가 또 왼편으로 돌으시오』 이것이 그 여인들이 일러주는 길안내였다. 우리는 역시 한마디 말도 없이 일러주는 길만 따라 올라갔다. 그들은 우리에게 확실히 길을 일러주고는 즉시로 근거지로 연락을 할 것이 분명하다. 우리 一행의 눈에는 보이지 아니하였다. 벌써 연대본부를 떠난 지 1시간 30분이 되었고 거리로는 약 40마일을 올라왔으나 아직 어디에서 만나게 될 것인지는 우리로서 추측하기도 곤란하다.

草幕司令部(초막사령부)
처음 對面(대면)에 一驚(일경)

처음 출발할 즈음에는 마음이 산란도 하였지만은 막상 이러한 지점에 와보니 그리 겁나거나 초조로울 나위도 아무 것도 없이 무슨 반드시 오고야말 필연 같은 사명의 길을 가는 것과 같은 기분과 이 회담이 원만하고 확실히 성공을 보게 된다면? 하는 기대와 내가 요구할 몇 가지 조건, 들어줄 조건 등을 몇 번씩이고 외워보곤 하였다.

여인지게꾼部隊(부대)

하염없이 달리는 자동차를 운전하는 운전수는 땀을 뻘뻘 흘리고 있다. 그도 그럴 것 나의 입장과는 좀 다르기도 하니까 무리는 아니겠지만은…….

『집이 보이유!』 운전수는 놀란 어조로 고함을 쳤다. 확실히 집이 보였다. 초가삼간 문자 그대로 아주 보잘 것 없는 집이었다만은 저 집이 필시 그 무슨 곡절이 있는 듯 산사람들은 그 집을 둘러싸고 있는 것으로 미루어 저 집 속에 나와 만날 반란군의 지휘자 있는가 느낄 수가 있었다. 점점 가까이 갈수록 집도 확실히 엿보이고 그 집 앞에는 아까의 농부군인 모양 철모에 99, 칼빈 보병총을 맨 한 사람의 폭도가 서 있었다. 우리의 차는 그 폭도의 앞으로 다가갔다. 그 폭도병도 역시 우리의 행장을 유심히 바라보는 것이다. 산간농가로서는 보기 드물게 깨끗이 소제가 되어 있고 들에는 백일홍(百日紅), 봉선화 등 여름을 자랑하는 꽃들이 아름답게 피어 있었다. 비록 조그마하지만 돌을 이리저리 치우고 몇 가지의 야채도 심어놓았고 내가 생각하던 것과 같이 무슨 지저분한 구호(口號)나 삐라 등이 하나도 눈에 띄지도 않을뿐더러 붙였던 자리조차 발견할 수가 없다. 물론 이렇듯 깊은 산 속에까지 경찰이나 청년단체들이 들어오지는 않을 곳인데도 불구하고 내가 본 바에 의하면 확실히 한 농가에 불과하였다.

화초를 가꾸어 놓은 것과 뜰 소제가 깨끗한 것 등은 이 집에 어린 아이나 젊은 여인이 있다는 것을 말하는 것 같기도 하였다.

보초병은 자동차와 운전수를 밖에 남겨두고 우리 3인을 방으로 안내하였다. 방안도 역시 아무런 장치도 벽보(壁報)도 없는 보통 농가의 방이고 다만 이 회담을 하기 위한 멋대로 만든 책상이 하나 방 가운데 놓여 있었다. 조금 있다가 문이 열리면서 젊은 사나이가 부하인 듯한 또 하나의 청년을 데리고 들어왔다.

"동무 오시느라 수고했소" 앗! 나는 그 순간 너무도 놀라지 않을 수가 없었다. 너무나 … 너무나 의외였다. 그것은 내가 생각하던 반란군의 지휘자와는 너무도 상반대 되는 인물이기 때문이었다. 이 때 시간은 정각 12시 조금 전이었다.

1948년 8월 8일

動亂(동란)의 濟州參戰記(제주참전기)

– 當時(당시)의 司令官

前 第九聯隊長 金益烈 中領 記(사령관 전 제9연대장 김익렬 중령 기)

彼我(피아)의 一張一弛(일장일이)[515]

平和手段(평화수단)의 解決策(해결책) 드디어 水泡(수포)

꽃 같은 美丈夫 司令大名(미장부 사령대명)[516]은 金達三(김달삼)

반란군사령이라고 하면은 누구나 다 봉두난발(蓬頭亂髮)[517]하고 그 사람의 인상(人相)도 좀 험하리라 생각될 뿐 아니라 음성(音聲)까지라도 무시무시하리라고 생각되었던 것이었다. 그러나 내가 본 소위 인민군사령이라는 사람은 정말 놀랄 사람이었다. 마치 무슨 영화에 나오는 인기배우와도 같이 맑고 넓은 이마와 검은 눈썹 아래 별 같이 반짝이는 두 눈, 키는 좀 큰 편이나 몸집은 그리 건강치 못하다기보다는 가냘픈 축이었다. 산에서 진두지휘를 하였을 양이면 피부 빛이라도 검붉을 것인데 살빛은 모란꽃 같이 뽀얗고 새로 만든 듯한 소위 마카오 곤색 내리닫이 무늬 있는 양복과 복숭아 같은 빛깔의 와이셔츠를 입고 넥타이도 서울서 유행되는 마카오제품이었다. 구두는 미국장교들이 신고 있는 것과 같은 것이고 양말도 역시 외국품이었다. 아무튼 어느 모로 보든지 간에 반란군 지휘자라고는 이해하기

515 활시위를 한 번 죄었다가 늦췄다가 하는 것.

516 사령관이라는 큰 이름.

517 머리털이 마구 헝클어 짐.

어려운 사람이요 몸차림이었다. 나는 얼마 후에 비로소 입을 열어 우리는 조선의 예법에 따라 예의로써 시작하고 예의로써 끝마치기를 제의하였다. 그도 역시 동감이라는 듯이 빙그레 웃었던 것이다. 목소리, 웃는 모습 좀 보기 드문 미남자(美男子)였다. 그는 자기의 성명을 김달삼(金達三)이라고 말하였다.

超(초)모던의 차림 身分(신분)은 묻지 말라

나도 나의 이름을 일러주고 나이는 몇 살이나 되느냐고 물었으나 그는 대답하기를 좋아하지 않았고 서로의 신분이나 과거, 미래, 현재에 언급하지 말자고 하므로 나도 그리 알아둘 필요도 없고 구태여 물어볼 생각도 하지 않았다. 그러나 나이는 23에서 25사이의 청년이고 말솜씨는 서울지방 말이며 상당한 지식을 가진 사람같이 생각되었으며 특히 그는 침착한 태도를 취하였다. 나는 자주 열려있는 문으로 실외(室外)를 보았다. 이 집 앞에는 역시 돌담이 쌓여있는데 그 돌담 틈으로 총구멍이 웅긋중긋 박혀있는 것을 보고 빙그레 미소를 지으며 말없이 김달삼의 태도를 엿보았다. 그는 확실히 당황하였다. 얼른 이 눈치를 챈 김달삼의 부하는 방문을 닫았다. 나는 마침 가지고 있던 가족사진을 보이며 당신도 가족이 있느냐고 물었다. 그는 나의 사진을 물끄러미 들여다보고 퍽이나 처량한 얼굴을 지었다. 그 순간 김달삼은 무슨 결심이 있는 듯이 회의진행을 재촉하였다. 『여기가 바로 당신의 숙소요!』 하고 나는 쓸데없는 말을 해보았다. 『아니오. 이 회의를 위하여 좀 빌렸을 뿐 이지요……』 문이 열리며 나이가 한 스무 살 쯤 되는 여자가 보리차를 가지고 들어왔다. 이것도 이해하기 곤란한 것이 미남자 김달삼이와 비교하여 어떠한 의미로서는 좋은 동무라고 볼 수 있듯이 상당한 미인이었다.

麥茶(맥다)[518]로 接待(접대)
수수께끼의 居處(거처)

그 여자는 머리를 파마하였고 값진 옷을 입고 있었다. 나는 속으로 김달삼을 가르켜 이 친구는 남자를 선동하고 저 여자는 부녀를 선동하는 것인가? 그러나 그 여자는 내가 그리 자세히 볼 사이도 없이 나가버렸다. 김달삼은 차를 권하였다. 나는 웃으면서 이 차는 먹고 배 앓는 것이나 아니냐고 물어보았다. 그도 따라 웃으면서 글쎄 적당히 생각하여 주시오 하고 자기가 먼저 찻종을 들었다.

내가 미리부터 생각하고 있던 바와도 달리 김달삼이가 인간적으로 그리 악인 같은 인상(印象)이 없고 기치창검(旗幟槍劍)[519]이 삼대같이 들어서 있는 곳이나 아닌가 하는 예측도 아주 보이지도 않는 산중이거니한 것이 경비대 주둔지구에서 쌍안경으로 자세히 보면은 우리가 이 집으로 들어가는 것까지도 볼 수 있다는 것 등이 나의 마음의 안도감을 준다기보다는 믿는 마음을 가지게 하였던 것이다. 나는 또 한 번 농담을 하였다. 지금 그 여자는 누구요? 이 미지의 여인의 정체를 알고도

518 보리차.

519 깃발과 창, 칼.

싶었다. 그는 다만 이 집 딸인 모양이라고 말끝을 흐려버리고 말았다.

담배는 "럭키"

會議開始(회의개시)를 催促(최촉)[520]

그는 나에게 담배를 권하였다. 그 담배는 제주도내에서는 그리 흔하지 않은 『럭키스트라익』이었고 장난삼아 만지작만지작 하는 『라이터』는 『오-스토라리야』 제품이었다. 그러한 미국 물품은 어떻게 손에 넣었는가? 하고 웃음의 말로 던지었다. 이 모든 것은 미군이 보급하여 주는 것이지요! 하고 역시 농담을 하였다. 더 싸움을 계속할 수가 있소? 하고 나는 뜻밖의 이야기를 건네자 김달삼도 긴장한 얼굴로 『네!』하고 대답하였다. 그러면 왜 항복하는 것이요. 항복이라기보다는 이 농번기의 저 많은 농민들이 불쌍한 것이요 하고 그는 자기 주위에 많은 농민이 있는 것처럼 이야기 하였다. 나는 호주머니에서 한 폭의 제주도 지도를 꺼내어놓고 안덕(安德)서 한림(翰林) 두 면간을 연필로 쫙 그으면서 이 지구가 제일 중대하지요? 하고 그의 태도를 엿보았다. 이 지구는 반란군 측 본부와 그 외 분대간의 연락과 식량의 보급선이었던 것이다. 그는 차마 소리는 내지 못하여도 상당한 놀란 표정이었다. 그도 그럴 것이 그들에게 있어는 이 지구가 생명선이기도 하다.

회의를 시작합시다 하고 그는 다시 한 번 재촉하였다. 나도 이에

---

520 어떤 일을 빨리하도록 조름.

응하여 이 회 의의 진행은 경비대측이 맡아보겠다고 선언하였으나 그들은 별로 반대하는 말도 없이 회의는 곧 시작하기로 되었다. 나도 물론 그러하였겠지만은 회의가 선언되면서부터 김달삼은 몹시도 긴장한 것이었다.

劈頭(벽두)에 一喝 責任所在(일갈[521] 책임소재)를 追窮(추궁)

나는 말하기를 왜 우리는 동족끼리 싸워야 되며 그것도 그칠 줄 모르는 장기대립(長期對立)이 될 것인가? 세계 어느 나라에서도 볼 수 없는 순수한 단일민족이 아니냐고……. 더구나 이번 이 반란으로써 귀중한 우리국민의 생명이 수없이 쓰러진 것은 누구 하나의 잘못보다도 통절히 비애를 느끼는 바이므로 너희들도 진정한 민족적 감정에서 다시는 이러한 무모한 반란을 절대 금지하여 줄 것을 맹서하라고 자못 준열한 선언을 하였다. 김달삼도 말하기를 금번의 전폭적인 항복을 생각한 것도 사실은 우리가 이 이상 전투지속이 불가능하여서가 아니라 저 수많은 인민들이 불쌍하기 때문이다. 하루에도 수없이 많은 희생자를 정말 견딜 수 없이 괴로웠던 것이다. 그러나 연대장은 다시 이러한 인민봉기(人民蜂起)가 없기를 말하였으나 "현 남조선의 미군정을 어떻게 보십니까?" 그는 딱 잘라서 말소리 마디마디에 힘을 주어 말하였다. 나는 군인이니만치 정치적인 모든 것은 알지도

---

521 한 번 큰소리로 꾸짖음.

못하며 알려고도 하지 않는다. 그러나 금번 너희들의 반란이 결코 남조선 미군정에 대한 불만이라기보다도 그 어떠한 정치 목적을 달성하기 위한 상투적인 구호라는 것은 짐작할 수 있는 일이다. ……. 그는 아무 말도 없었다. 우리는 다시 긴장한 태도로 돌아가 나는 경비대 최고 지휘관으로써 다음의 세 가지를 제의하였다.

1. 完全(완전)한 武裝(무장)을 解除(해제)할 것
2. 殺人 防火 强姦犯人(살인 방화 강간범인)과 그 指導者(지도자)의 全面的 自首(전면적 자수)
3. 所謂 人民軍(소위 인민군)의 幹部 一切(간부 일체)를 人質(인질)로써 구금한다
4. 但 以上 三條件(단 이상 3조건)은 條約日(조약일)로부터 七日間(7일간)으로 한다

대략 이러한 세 가지 조건이었다.

正當(정당)한 抗爭 犯罪者(항쟁 범죄자)는 아니라고

김달삼은 얼굴을 붉히며 1, 2 조건은 다 복종할 수가 있으나 3 조건만은 복종할 수 없다. 이것은 지금 범인(犯人) 취급을 당하고 있는 우리는 어느 점으로 보아서나 범죄로써의 성질의 것이 아니다. 만일 이것이 범죄로써 구성된다면은 경찰과 사설단체의 살인 방화 강간 약탈은 어째 범죄가 구성되지 않는다는 말인가? 우리는 경찰과 사설 청년들과 똑같은 의미에서 이번 인민봉기를 해석하기가 싫다. 사실 금번 사건의 책임은 경찰과 사설청년단체들에

게 있다. 우리는 다만 우리 인민대중의 고혈(膏血)을 기부(寄附)로써 강요하거나 자기들을 환영만 잘못하여도 좌익이니 빨갱이니 하여 구금 혹은 모함 ○○하여 왔으니 이것을 정당방위하기 위하여 제주도인민은 봉기한 것인데 이것을 범인으로써 취급한다는 것은 뜻밖이라고 김달삼은 점점 침착하여지며 말하였다.

그러나 그들의 의견은 통하지 못하였다. 그들은 항복한다는 전제조건 하에 이 회담이 시작된 만치 이만한 조건은 반드시 시행될 것이라는 것을 각오하여야 할 것이라고 확실히 말하여 주었다. 김달삼은 우리의 요구조건은 一단 수락하고 반란군 측의 제반조건을 다음과 같이 제의하였다.

1. 單政反對(단정반대)
2. 濟州道民(제주도민)의 絕對自由 保障(절대자유 보장)
3. 警察(경찰)의 武裝解除(무장해제)
4. 濟州道內 官廳 高級官吏(제주도내 관청 고급관리)를 全面的(전면적)으로 更迭(경질)할 것
5. 官廳 高級官吏(관청 고급관리)의 收賄者(수회자)를 엄중 處斷(처단)할 것 (數十狀〈수집장〉되는 名簿〈명부〉를 提出〈제출〉하였다)
6. 道外 靑年團體員(도외 청년단체원)의 山間部落 出入禁止(산간부락 출입금지)

등이었다. 그러나 나는 이러한 모든 조건은 나로써의 받을 수 없는 것뿐이므로 전면적으로 이를 거부하였고 다만 인민이 자기 집으로 돌아갈 수 있는 시간과 구호를 알선하고 범인의 일시적 구금만은 경비대에서 할 수 있는 일이므로 그 외는 행정관리들에게 잘 주선할 것을 약

속하였다. 그 사이에는 여러 가지 논쟁도 있었고 의견대립도 있었다.

萬事休矣(만사휴의)[522]!
總攻擊(총공격)을 開始(개시)

결국은 경비대 측의 요구대로 통과를 보게 되었고 그들의 요구에 의하여 나는 나의 가족 전부를 1주일간 인질(人質)로써 그들이 내밀히 감시하기를 결정하였다. 한편 경비대 간부 일명과 병사 수명으로 조직된 분대를 많이 작성하여 전면적 무장해제를 단행할 것과 경비대는 산 밑에 분산 주둔하고 인민의 귀속에 편리를 도모하도록 할 것을 결정하였다. 회의가 무사히 끝나갈 무렵 우리들은 악수를 하고 헤어지려 하였다. 김달삼은 책상 서랍에서 권총을 꺼내어 자기 머리를 향하여 겨누고 며칠 남지 않았소 하며 빙그레 웃는 것이었다. 우리는 방에서 나왔다. 나는 웃는 말로 일이 잘 되었소. 만일 10여일만 더 계속하였으면 이 집 있는데 무장군이 올라왔을 것이다. …. 두 사람은 마주 웃었다. 그렇지만은 나는 어떤 의미로 보아 수만의 동지를 획득하였소. 이것은 경찰 경비대 사설청년단체 등이 절대로 협력하여준 덕택이기도 하오…….(사진 上은 작전본부, 下는 산사람들)

내가 경비대에 돌아온 것은 오후 4시가 지난 다음이었다. 대원들은 내가 살아 돌아옴을 기뻐하는 것은 말할 것도 없지만은 내 자신도 기쁘기 한량없었다. 그러나 그날 밤부터 시작한 작전회의와 최고부의

522 모든 일이 헛수고로 돌아감.

명령은 놀랄만한 것이었다. 이제는 반란군의 근거지를 알았으니 곧 총공격을 개시하라는 것이었다. 나와 김달삼과의 회견은 하나의 전략(戰略)적인 것이라고 최고부에서는 말하였다. 나는 그 의도는 전략적이었으나 이 사건의 평화로운 해결을 위하여 또한 유一한 방법이라는 것을 주장하였으나 나의 의견은 통과를 보지 못하고 그날 밤부터 총공격은 개시되었고 반란군도 상당한 기세로 대전하여 왔으며 모슬포에 있는 나의 가정에는 이날 밤부터 폭탄이 들어오기 시작하였으며 누구인지는 모르지만은 동네 부녀자로 생각되는 여인들은 물동이에다 『다이너마이트』를 넣어가지고 돌담 너머로 던지곤 하는 것이다. 나는 이 회담이 있은 얼마 후에 최고사령부 명령으로 모 지구에 전임(傳任)하였던 것이다.(끝)

자료#6

이동해 증언,
“이도종 목사 일생, 남로당 유격대에 의한 피살”

이동해[523] 증언, "이도종 목사 일생, 남로당 유격대에 의한 피살"

시간 : 2024년 3월 19일, 15:00 – 17:00

장소 : 제주시 자택

기록 : 이신일

이도종은 1892년 9월 13일 아버지 이덕연 어머니 박열선 사이의 5남 3녀 중 장남으로 제주도 애월읍 금성리 598번지에서 출생했다. 그는 1910년 평양 숭실중학교에 입학하여 신학문을 접한다. 1919년 5월 7일 경성(서울)에서 독립희생회 간부 김창규가 제주로 와서 성내교회 전도인으로 있던 조봉호를 만나게 된다. 조봉호는 귀덕 마을의 부농에서 태어나 개화사상에 눈을 뜨고 경성(서울)에서 경신학교를 나온 후 평양의 숭실중학교를 졸업하여 당시 김창국 목사가 목회하는 성내교회 전도인으로 있던 사람이다. 김창규는 조봉호에게 제주에서도 독립희생회를 조직해서 독립을 위한 기금을 마련하여 상해 임시정부로 보내야 한다는 내용을 전했다. 이때 이도종은 조봉호 등과 적극 동참하여 즉각

523 이동해 씨는 이도종 목사의 손자로 현재 제주4·3사건정립연구유족회 회장이다.

행동에 돌입했다. 회원 4,450명을 모집하고 회원 1인당 회비를 2원 이상씩 내기로 해서 모금된 1만 원을 그해 7월에 상해 임시정부로 보냈다. 당시 80kg 쌀 1가마 가격이 4원이었다.

그런데 여기서 동참했던 최정식, 신현범, 김치백 3명이 회원명단을 가지고 독립군에 참가하기 위해서 배편으로 목포에 도착하였으나 어떻게 알았는지 고등계 형사(정보형사)의 미행을 알게 되었다. 겁을 먹은 이들은 다시 제주로 돌아오는 과정에서 몸수색을 당하게 되었다. 이때 최정식이 지녔던 군자금 문서가 발각되어 적극적으로 참여했던 60여 명이 체포되어 26명은 기소되고 나머지는 석방되었다, 그런데 6개월 동안 진행된 조사 과정에서 체포되었던 이도종은 살인적인 고문으로 한쪽 다리에 심한 장애가 생기고 말았다.

이도종 목사는 1922년 평양신학교를 입학하고 1926년 졸업 후 1927년 6월 26일 전북 김제중앙교회에서 3대 목사로 취임하여 목회 활동을 하였다. 당시 김제읍 유력 인사의 집안 결혼식 주례를 하던 중 당시 시국과 관련된 내용을 말해서 일본 경찰에 끌려가게 되었다. 조사를 받는 과정에서 군자금 모금 사건이 알려지게 되어 그 지역에서 더 이상 목회 활동을 하는 것이 어렵게 되어 고향 제주로 돌아오게 된다.

1929년 제주도에 온 이도종 목사는 교회 개척과 목회 활동을 열정적으로 하면서도 나라의 주권을 되찾아야 한다는 내용의 설교를 함으로써 일본 경찰의 요시찰 인물로 낙인이 찍히게 된다. 결국 강제로 단발령을 받아 경찰로 끌려가서 머리를 깎이는 수모를 당하기까지 하였다. 한 달쯤 지나 머리가 조금 자라면 또 붙들려 가서 깎이는 과정이 계속되었지만, 목회 활동과 주권 회복에 대한 설교 내용은 굽히지 않았다.

드디어 1945년 해방을 맞게 되었다. 해방 직후 이도종 목사는 국민을 대상으로 계몽 강연을 많이 다니게 되었는데 주제는 '건국과 민주주의', '건국과 기독교 사상'이었다. 당시는 좌, 우익의 대립이 심했기 때문에 우익 편에 선 기독교를 좌익들이 그냥 좌시하고 있지 않았다. 한번은 이도종 목사가 삼양지역에서 강연하게 되었는데 국민의례를 하는 도중 애국가에서 '하느님이 보우하사 우리나라 만세'라는 대목을 좌익에서 동원된 많은 사람들이 큰 목소리로 '조상님이 보우하사 우리나라 만세'라고 부르는 것이 아닌가? 애국가 제창이 끝난 후 연단에 오른 이도종 목사가 청중을 향하여 지금 부른 애국가 내용이 잘못되었으니, 나라를 사랑하는 마음으로 다시 한번 부르자고 제의했다. 이번에는 그 대목에 와서 '주먹님이 보우하사 우리나라 만세'라는 것이 아닌가? 좌중에서는 소동이 일어났다. 방해꾼들이 환호하는 소리가 계속되자 도저히 강연회를 할 수 없어서 집회는 취소되고 말았다.

1948년 4월 3일 남로당 중앙당의 지령을 받은 제주도 추종자들이 새벽 2시~4시에 제주지역에 있던 24개 경찰관서 중 12개 경찰관서를 습격했다. 이들은 당직 중인 경찰관과 가족 특히 제헌 국회의원을 선출하는 선거관리위원으로 위촉된 사람들의 집을 급습하여 살인, 방화, 선거인 명부를 탈취하는 등 4·3폭동을 일으켰다. 분위기는 살벌하였기 때문에 목숨을 부지하기 위해서는 문밖 출입을 하지 않는 것이 상책이었다.

이런 상황에서도 이도종 목사는 목회 활동을 계속했다. 1948년 6월 18일, 이날은 4·3폭동을 진압하기 위하여 제주에 제11연대장으로 부임한 박진경 대령이 남로당 프락치 문상길 중위, 손선호 하사 등에 의하여 암살당한 날이기도 하다. 평소대로라면 6월 19일(토요일) 인성교회에 가서 잔 후 다음 날 예배를 드리는 것이었는데 무슨 일인지 하루를 앞당겨서 출발한 것이다. 이유는 교회 출석이 부실한 한 교인의 집을 방문하여 권면할 생각으로 6월 18일 출발한 것이다. 늘 이용하던 자전거를 타고 얼마쯤 가다가 작전을 나왔다가 돌아가는 고산지서 대원들과 만나게 되었다. 인솔자가 이도종 목사를 알아보고 "목사님 오늘은 분위기가 심상치 않으니 안전한 해변 길을 이용해서 가시는 것이 좋을 것 같습니다."라는 말을 했다. 이도종 목사는 "그들(폭도)도 사람일진대 하나님의 종을 어떻게 하겠습니까? 오늘도 수고가 많으셨습니다."하고는 가던 길을 계속해서 갔다.

얼마 더 가다가 인향동 지경에 이르렀을 때 매복 중이던 폭도들에게 붙잡히게 되었는데 규모는 소대 병력이었다고 한다. 이런 사정을 알 턱이 없는 인성교회에서는 주일 낮 예배 시간이 다 되어도 이 목사가 나타나지 않자 무슨 사고라도 있나 싶어 온 교인들이 걱정하는 가운데 그 시간을 찬송과 기도로 보냈으나 끝내 무소식이었다. 고산리 집에서도 이 목사가 돌아올 때가 되어도 오지 않자, 온 가족이 모여 걱정하였다. 당시는 4·3폭동이 일어난 지 두 달이 넘었지만, 아직도 곳곳에서 테러와 납치 등이 일어나는 불안한 상태였기 때문에 더욱 그랬다. 내용을 접한 고산지서에서는 수색조를 편성하여 인향동 부근을 샅샅이 뒤지면서 수색했지만, 아무런 단서도 찾을 수 없었다.

그러던 중 1년 정도 지났을 무렵 폭도들이 식량이 떨어지니 식량을 약탈하러 민가로 내려왔다가 폭도 1명이 붙잡히는 일이 일어났다. 이 폭도를 잡은 사람이 다름 아닌 이도종 목사의 동생 기종, 성종 형제였다. 당시에는 각 집에서 한 사람씩 나와서 마을 입구 석성(石城)에서 보초를 서는 일이 있었는데 기종, 성종 형제가 보초를 섰다가 폭도 김몽치를 사로잡게 된 것이다. 폭도를 고산지서에 인계하자 고산지서에서는 바로 심문하게 되었는데 그 과정에서 몸수색을 하다 보니 회중시계가 나왔다. 심문을 하던 경찰이 아무리 생각을 해보아도 이 회중시계가 폭도에게는 어울리는 물건이 절대로 아니었다. 그래서 이 시계가 어디서 났느냐고 심문을 강하게 하자 이 폭도가 모든 것을 체념한 듯이 순순히 자백했다.

김몽치의 자백 내용

"우리 부대가 1년 전쯤 인향동 지경에서 매복을 하고 있었는데 자전거를 타고 가는 사람을 붙잡게 되어서 대장에게 데리고 갔더니 자기의 신분을 목사라고 하였다. 우리 대장이 목사라는 사람과 몇 마디 대화하다가 당신이 그렇게 믿는 하나님에게 우리가 이 전쟁에서 승리하게 해 달라고 기도를 요청하자 그 목사는 "나는 이쪽 편도 아니고 저쪽 편도 아닌 사람이요. 다만 하나님의 종일 뿐이요. 내 한 목숨 부지하려고 마음에도 없는 기도를 할 수가 없소."라고 하자 우리 대장이 이런 놈은 총으로 쏴서 죽이기에는 총알값이 아까우니 산 채로 파묻어 버리라고 해서 생매장을 했습니다. "

이 목사님 가족과 교회 신도들은 목사님을 매장한 곳을 확인시켜 줄 수 있느냐고 다그쳤고, 김몽치가 얼마든지 할 수 있다고 해서 폭도가 안내한 곳으로 갔다. 그 지역을 파보니 시신은 부패했지만, 그날 집을 나설 때 입고 있었던 비둘기색 두루마기가 있어서 이도종 목사임을 확인할 수 있었다. 그 폭도의 말에 의하면 그 지역에는 일제 때 파 놓은 1인용 참호가 많았다고 한다. 그 참호 하나를 이용해서 이 목사를 참호 안에 들어가게 하자 이 목사는 자신의 가방을 달라고 하고서는 성경책과 찬송가 책을 꺼내고 안주머니에서 회중시계를 꺼낸 후 "나는 이제 하나님 앞으로 가니 이 물건이 나에게는 필요가 없게 되었소. 이것을 여러분께 선물로 줄 터이니 여러분도 예수 믿고 후일에 하늘나라에서 만나봅시다."라고 한 후 무릎 꿇고 기도하였다고 한다. 이후 폭도들은 이 목사에게 흙을 덮었다는 것이다.

폭도들은 친일파를 처단한다는 명분을 내세워서 독립운동가인 이도종 목사를 생매장한 것이다. 2대 폭도사령관 이덕구가 사살되면서 입수된 "제주도 인민유격대 투쟁 보고서"가 있다. 이 보고서 투쟁면에 6월 30일에 기록된 내용 중에 "무릉리에서 고산리 출신 반동 목사가 강연 순회함을 발견하여 숙청"이라고 기록되어 있다.

이도종 목사는 하나님의 사랑을 몸소 실천한 사람이다. 첫째로 하나님을 사랑했기에 목회자의 길을 선택했다. 둘째로 나라를 사랑했기에 잃어버린 주권 회복을 위해서 설교하였다. 셋째로 이웃을 사랑했다. 제주도민의 영혼 구원을 위해서 김제읍교회를 그만둘 때 광주지역에서 청빙이 있었음에도 제주로 내려와서 목회사역을 하였고 자신에게 흙을 덮는 폭도들에게도 예수 믿고 구원받으라고 전도하였다.

자료#7

김동일의 글

김동일의 글

1. 박찬식 씨에게 공개토론을 요구한다[524]

4월 21일 제주KBS TV에서 방영된 4·3 프로를 보고나서는 이런 감정을 숨길 수 없었다. 방송은 태생적으로 대세(大勢)를 쥔 자들의 나팔수 노릇을 할 수밖에 없는 팔자인가라는 느낌이었다. 4·3사건의 한 축이었던 김익렬을 주인공으로 다뤘던 이 프로그램은 공영방송이라는 KBS가 제작하고 고명하신 학자와 교수들이 발언을 보태고 있었지만, 이 프로그램은 누구를 위해서 무엇 때문에 왜 만들었는지, 진정 이 프로그램의 제작 목적을 의심하지 않으면 안 될 정도로 프로그램은 왜곡

524 이 글은 김동일 자유논객연합 회장이 2011년 4월 21일 제주 KBS에서 방영된 프로를 시청한 후 김익렬 관련 역사적 사실을 왜곡한 박찬식 씨에게 4월 23일에 공개 토론회를 요구한 내용이다, 김동일 회장은 아직도 공개 토론회 요청은 유효하다고 했다.

의 극치를 보여주고 있었다.

방송은 김익렬에 대한 과도한 윤색을 하고 있었다. 방송에서는 김익렬에 대해서 4·3의 평화를 한 몸에 걸머진 평화의 사도인 것처럼 과장하고 확대하고 있지만, 4·3을 자세히 들여다보면 김익렬은 4·3의 책임에서 자유로울 수 없는 사람이다. 김익렬은 4·3사태를 손쉽게 제압할 수 있었던 초기에 진압작전을 지연시키며, 인민유격대에게 정보와 무기를 제공하면서 4·3을 폭동의 길로 인도하는 역할을 했던 결정적 책임자이다. 김익렬은 김달삼, 이덕구와 더불어 4·3을 유혈로 얼룩지게 한 3대 장본인이다.

김익렬은 김달삼과의 면담을 회고록으로 남겼다. 김익렬의 회고록은 1980년대에 좌경화의 세례를 받은 기록이었다. 그리고 역사를 뒤집기에 혈안이 되었던 좌익정권의 입맛에 딱 맞는 것이었다. 김익렬은 살아서 비겁했지만 죽어서는 더욱 비겁했다. 그러나 죽어서 영웅이 되었다. 평화회담에 나섰다는 회고록을 바탕으로 온갖 정체불명의 단체에서 영웅 만들기에 나선 것이었다. 그러나 김익렬 회고록은 순전히 '구라'였다. 김익렬은 김달삼과 면담한 기록으로 기고와 유고를 남겼다. 같은 만남에서 남긴 두 개의 기고록과 유고록, 이 프로그램에도 등장하는 김익렬의 기고록은 아이러니하게도 김익렬 회고록의 허구를 깨부수는 망치가 되는 기록이다. 그러나 기고록에 대해 발언하는 사람들의 지적 양식은 의심스러운 것이었다. 저 사람들이 과연 김익렬의 기고를 읽어나 본 것인지, 저 사람들이 과연 학자들이 맞는 것인지, 발언자들의 정체를 의심하지 않을 수 없었다.

"뭐니 뭐니 해도 제주 사람들 10분의 1이 주민집단학살의 형태로 죽었다는 거예요"

–서중석 교수

머리가 희끗한 서중석 교수는 역사에 해박한지는 몰라도 숫자에는 어두운 모양이다. 서중석 교수에게 묻고 싶다. 서중석 교수가 생각하는 4·3 희생자는 얼마이며 4·3 당시의 제주도 인구는 얼마인가. 교수라면 돈을 받고 대사를 읊조리는 연예인과는 뭔가가 달라도 하나는 달라야 할 게 아닌가.

"(기고와 유고가) 큰 부분에서는 어긋나는 부분이 없다고 생각되어집니다"

– 박찬식 역사학자

이 발언은 이 프로그램의 발언들 중에서 가장 황당한 왜곡의 하이라이트다. 나는 이 양반이 정식 역사학자가 아니라는 데에 담배 한 갑을 걸겠다. 김익렬의 기고와 유고는 가장 중요하고 큰 부분에서 발언이 어긋나고 있다. 김익렬의 유고를 바탕으로 소설을 썼던 사람들에게는 치명적일 정도로 기고와 유고에서 김익렬의 발언은 횡설과 수설로 직각 교차한다. 박찬식 씨는 어느 나라에서 역사를 배운 학자인가. 역사학자가 맞다면 박찬식 씨는 이 발언에 대해서 제대로 된 근거 제시를 하든가, 아니면 감자밭에 검질(김매다의 제주도 방언)이나 매며 노후를 보내야 할 것이다. 박찬식 씨에게는 '김익렬의 미스터리'라는 글의 일독을 권한다. 인터넷 검색을 하면 볼 수 있을 것이다. 그 글에 있는 단락 중에 '김익렬의 유고와 기고'를 읽다보면 박찬식 씨가 얼마나 부끄러운 발언을 했는지 깨닫게 될 것이다.

"제가 생각하기에는 (협상 날짜가) 그 자체로선 별 의미는 없다고 생각합니다. 28일이 맞는지 30일이 맞는지 부분은 한쪽의 오기라고 생각합니다. 이틀 차이로 큰 변화를 갖는 건 아니기 때문에 그 자체를 가지고 방향이 틀어진다든가 하는 걸로 판단하기엔 무리라고 생각합니다"

–고려대 강사 김무용

김무용 강사는 세상 참 편하게 사는 사람이다. 잘못된 것이 나오면 그저 '오기'다 하고 넘어가 버리는 방식으로 세상살이를 살고 있다면, 김무용 씨가 강사 딱지를 떼는 날은 수십 년 후에나 찾아 올 것이다. 김익렬 유고의 4·28이라는 날짜는 며칠 후 오라리 사건과 맞물리며 4·3에서 중요한 위치를 차지하는 숫자이다. 군경에게 4·3 평화 회담을 깼다는 죄목을 뒤집어씌우기 위해 이 숫자는 4·3 왜곡 세력에게는 아주 중요하고 필요한 숫자였다. 김무용 강사는 공부를 더 할 필요가 있다.

"김익렬의 평화주의적인 정책들은 이전의 4·3토벌 지휘관에선 나오지 않았던 정책이란 말이죠"

–고려대 강사 김무용

아! 우리의 김무용 강사께서는 기어이 바닥을 드러내고 있다. 김익렬 이전에도 선무공작은 진행되고 있었다. 다만 인민유격대의 살해 협박에 못이겨 선무 책임자가 자주 사임했을 뿐이고, 선동에 취한 4·3

진상규명 위원회에서는 침소봉대로 무시했을 뿐이었다. 언급한 토벌지휘관이 군인에 한한 취지의 발언이었어도 김무용 씨의 바닥은 어쩔 수 없다. 4·3은 김익렬 연대장 당시에 발발한 사건이다. 그래서 너무나 당연하게도 '이전의 4·3토벌 지휘관'이라는 것은 존재할 수도 없고 존재하지도 않는다.

사문난적(斯文亂賊)의 시대는 아직도 끝나지 않았는가. 공영방송의 프로그램에 출연한 교수 학자라는 양반들이 언사에는 논리도 없고 근거도 없다. 이들이 보여주는 이 괴기하고도 요상한 퍼포먼스는 바로 4·3의 권력, 4·3은 절대 무오하다는 오만을 상징하는 것이다. 사람의 욕망을 가장 기초적으로 제어하는 것은 양심과 체면이다. 그러나 권력에 취한 사람들에게는 이것이 없다. 그리고 이것이 일상화 되었을 때 국민을 무시하고 상식을 무시한다. 그리고 이것에 대한 저항이 없을 때 이들은 방송을 통하여 국민의 의식을 세뇌시키고 조종하려 든다. 제주KBS의 4·3방송은 이런 것을 적나라하게 보여주는, 권력과 방송의 불륜을 보는 듯했다.

지록위마(指鹿爲馬)의 시대는 언제쯤에 끝날 것인가. 상식과 역사가 실종되어버린 프로그램을 무차별적으로 안방으로 송출하는 것은 테러이다. 방송에는 이런 몰상식과 몰염치를 걸러주는 최소한의 여과장치도 없는 것인가.

일개 소시민으로서 나는 분노하지 않을 수 없다. 일개 소시민보다 얕은 학자적 양식과 기본적인 지적 양심을 갖추지 못한 사람에게 역사학자라는 간판을 붙인 것에 나는 분노한다. 편향적이고 일방적인, 상식과 역사가 실종된 프로그램을 무차별적으로 방출하는 방송에 공영방송이라는 간판을 붙인 것에 나는 분노한다. 이런 것들에게 나의 혈세가 쓰였다면 반납을 요구하는 바이다.

서중석 교수의 발언은 우리의 근대사에 면면히 흐르는 좌익의 선동문구를 그대로 따라 하는 수준이라는 것에서, 김무용 강사의 발언은 아직 학문적 성취가 미달이라는 부분에서, 나는 이 두 사람보다는 박찬식 씨에게 그 학자로서의 책임과 본분을 요구하는 바이다. 박찬식 씨는 이 프로그램에서 "(기고와 유고가) 큰 부분에서는 어긋나는 부분이 없다고 생각되어집니다"라는 발언한 것에 대해서 게시판에서 공개토론을 제의하는 바이다. 박찬식 씨는 수단과 방법을 가리지 말고 자기 발언에 대한 근거에 대해서 증빙을 해야 할 것이다.

제주KBS나 도청, 신문사 등의 인터넷 게시판이나 장소는 어디에서든 상관없을 것이다.

참고로 이 글을 쓴 사람은 제주도의 소시민으로서 전문적 학문의 소양을 갖추지는 못했다. 그러나 사슴을 가르켜 말이라 부르지 못하고, 이런 거짓에 저항하는 용기는 있다. 나는 언제든지 박찬식 씨에게 사기꾼이라고 부를 준비가 되어 있다.

제주도 도민 김동일

2. 김익렬 대령의 미스터리[525]

저자 김동일

4·3이 발발했을 때 제9연대는 꿈쩍도 하지 않는 태도를 보였다. 이들이 내건 명분은 4·3은 제주도민과 경찰, 서청 간의 충돌로 '치안 상황'으로 간주한다는 주장이었다. 그래서 처음에 이들의 명분은 중립으로 간주할 수도 있었다. 그러나 경찰이 진압 협조를 요청했을 때에도 경비대는 묵살했고, 상부로부터 진압명령이 떨어졌을 때에도 김익렬은 선(先) 선무(宣撫)를 내걸고 꾸물거리다가 세월만 보냈다. 애초에 이런 상황은 내부적으로 두 가지 연유에서 비롯된 것으로 보여진다. 4·3이 터지자 김익렬이 취한 조치는 두 가지였다. 하나는 제주 출신의 사병들을 사복으로 입혀 휴가 명목으로 부락으로 내보내 정보를 수집해오라는 것이었고, 하나는 보급관이던 전순기 대위를 긴급 전령으로 경비대 총사령관이던 송호성 장군에게 보냈다. 상황에 대한 제9연대의 행동에 관한 명령을 받기 위해서였다.

부대로 귀대한 사병들은 이런 정보를 김익렬에게 내놨다. '폭동 발생의 주원인은 밀수혐의 등 이런 저런 꼬투리를 잡아 도민과 그 가족에게 가해진 경찰과 서북청년들의 횡포와 고문치사 강간 등에 대한 보복에서 비롯되었다. 폭도들의 최초의 목적은 경찰에 구치되어 매일같이 고문당하는 피의자들을 구조하기 위한 것이었다. 폭도들의 성분은

525 이 글은 김동일 자유논객연합 회장의 저서인『제주4·3사건의 거짓과 진실 – 노무현 정부의 제주4·3사건 진상조사보고서의 7대 거짓말』, 비봉출판사, 2016.5.10.,에서 발췌하였음. 4·3 정부보고서 왜곡의 결정적인 출발점이 된 김익렬 유고의 허상을 낱낱이 밝히는 글임.

주로 그들 가족들이다. 해방 직후 '제주인민위원회'에 참여하였던 민족주의자 공산주의자 사회주의자들이 편승하여 이들을 선동하고 조직·지휘한 것이 거의 확실하다. 폭도의 대부분은 그들을 따르면 가족을 구출하게 될 것으로 믿어 가담하게 됐다.

전순기 대위가 경비대 총사령부로부터 가지고 온 지시사항도 경비대의 행동을 금지하는 명령이었다. 지시내용은 대략 "제주도 폭동사건은 치안 상황이며 경찰의 책임 상황이므로 상부 명령 없이는 절대로 행동하지 말 것이며,(중략) 연대장이 경솔한 판단이나 개인적인 영웅심이나 공명심으로 경거망동을 하지 않도록 엄중히 금하며, 명령 없이 행동하면 엄벌에 처할 것이므로 부대단결과 훈련이나 잘하라는 내용이었다."

제9연대의 제주 출신 사병들이 가져온 정보는 치명적일 정도로 부정확한 것이었다. 폭도들의 주 공격 대상은 경찰과 서북청년들이 아니라 경찰과 제주지역의 우익인사들을 망라한 것이었다. 그들의 주된 목표는 '단정반대'였다. 4월 3일 하루 동안 발생한 피해는 경찰 사망 4명, 부상 6명, 행방불명 2명, 우익인사 사망 8명, 부상 19명이었다. 그리고 폭도들이 4월 3일 새벽에 공격한 12개의 경찰지서에 수감되어 있던 피의자는 소수에 불과했다. 폭도들의 가족을 구출하기 위해 경찰을 공격하게 됐다는 정보는 순전히 유언비어였다.

이런 유언비어에 가까운 정보가 왜 김익렬에게 들어오게 된 것일까. 9연대에 소속된 제주 출신 사병들은 거의 좌익사상에 물들어 있었고, 그중에는 남로당 프락치들도 있었다. 당시 9연대에는 두 개의 남로당 프락치 조직이 존재하고 있었다. 남로당 중앙당에서 직접 관리하는 중앙당 프락치와 전남도당에서 관리하는 도당 프락치였다. 제주 출신의 사병 프락치들은 도당 소속이었다. 이들 프락치들은 장차 4·3폭동에서 경비대의 정보를 인민해방군에게 알려주고, 무장대에게 무기를 공급하며, 9연대장을 암살하고 제주인민해방군에 가담하는 등, 4·3폭동을 확대 증폭 시키는 데에 결정적 기여를 하게 된다. 9연대의 사병들이 김익렬에게 준 정보는 9연대를 위한 것이 아니라 남로당을 위한 정보였다. 이런 정보는 국방경비대와 경찰 간에 증오심을 불어넣어 이간질을 시키려는 목적을 가진 것이었다.

김익렬에게 진압 자제를 명령한 송호성 장군도 정체가 틀려먹었기는 마찬가지였다. 송호성 총사령관은 육사 3기 입학식에서 "조선 국방경비대는 좌도 좋소, 우도 좋소. 한국군에서 사상적 배경을 문제시하는 것은 옳지 못하다"는 환영사를 했었고, 6·25 때 북한군이 남침하자 송호성은 서울에 잔류했다가 인민군에 합류하여 "총부리를 돌려 인민의 원쑤 미제와 매국노 이승만 괴뢰도당을 타도하라"며 방송을 했던 인물이었다. 이런 송호성에게 지시를 하달받았으니 명령다운 명령이 내려올 리가 없었다.

김익렬은 당시에 얻었던 두 가지 정보로써 평생 4·3에 대한 인식을 결정했던 것일까. 김익렬의 유고에서 보이는 그의 정체성은 별로 선명하지 못하다. 4·3을 관(官)에 대항해 민(民)이 들고 일어선 '민중항쟁' 쯤으로 인식하고 있다는 것에서 김익렬은 4·3 당시 그가 가지고 있던 정체성에 대해서 의심을 받아야 하거나, 유고를 쓸 당시에 수정주의나 '민주화'라는 좌경적 조류에 몸을 기탁 해버렸다는 비판에 직면해야 할 것이다. 4·3에 대한 인식에서도 유고 앞부분에서는 '민중폭동이 공산

폭동으로 발전하였다'고 썼다가 유고 말미에 가서는 '관(官)의 극도의 압정에 견디다 못한 민(民)이 최후에 들고 일어난 민중폭동'이라는 등, 갈팡질팡하는 모습을 보이고 있었다.

9연대로 들어오는 경찰과 서북청년단의 행위에 대한 '해괴한' 정보에도 '사법(私法) 행위로서 일종의 약탈 행위였다'고 비판하였다가 나중에는 '서북청년단원과 경찰에 대한 개인적인 원한으로 중상모략하는 언행이며, 경비대 군인들을 선동하여 이간시키려는 유언비어라고 판단하였다'고 하는 등, 김익렬의 유고는 시종 우왕좌왕 하고 있었다. 그러나 4·3 초기에 쓴 다른 자료에서 보이는 김익렬의 정체성은 인생의 말년에 쓴 유고에서 보이는 것만큼 좌경적이지는 않았다. 그러나 40여 년이 흐른 후 인생의 말년에서 김익렬은 사상의 정체성을 바꾸는 무엇을 보았던 것일까. 아니면 애초부터 붉은 색이었던 그의 정체성이 숨겨져 있다가 인생 말년에 본색을 드러낸 것일까.

김익렬은 한림면(翰林面)에 소재한 한림여관에서 4·3을 맞았다. 제주읍에 공무 차 들렀다가 그의 일행들과 꿩 사냥을 하면서 부대로 귀대하던 중 한림에서 날이 어두워 여관에 일박하게 되었다. 한림은 4·3 발발 당시에 인민해방군으로부터 습격당한 12개 지서 중 한 곳의 소재지였으며, 김익렬이 묵었던 여관도 공교롭게도 습격 대상 중의 한 곳이었다. 한림여관에는 서울에서 내려온 경찰 위문단이 숙박하고 있었다. 습격 당시 한림여관에는 다이너마이트와 총알이 날아들었고 김익렬 일행은 간신히 여관에서 탈출하여 목숨을 부지할 수 있었다. 다른 곳보다 피해가 적었던 한림지서에서는 경찰관 1명이 사망하고 2명의 부상자가 발생했고, 우익인사 6명이 부상당했다. 김익렬은 한림지서와 거리에서 벌어지는 참상을 직접 목격했고, 부대로 귀대할 때는 도로의 전주와 전선들이 대부분 절단되어 넘어져 있는 심각한 상황도 목격했다.

4월 3일에서 5일 사이에 주야를 가리지 않고 이어지는 폭도들의 습격에 '폭도의 천하가 된 듯한' 세상도 목격했고, 폭도들이 경찰에 협조한 사람들을 잡아다가 부락 입구나 마을 복판에서 나무에 결박한 후 부락민들을 집합시켜 그들이 보는 앞에서 폭사시키는 만행을 목격하기도 했다. 폭도들에게서 벌어지는 이러한 폭력과 만행들을 경찰의 탄압에 대한 저항이고 지서에 구금된 동료들을 구하기 위한 행동이었다고 김익렬은 유고에서 주장했다. 전신주를 부러뜨리고, 다리를 파괴하고, 사람을 폭살 시키는 행위를 유치장에 갇힌 피의자들을 구조하기 위한 행동이라고 주장한 것은 김익렬의 판단력에 문제가 있다는 증거이거나 아니면 김익렬은 폭도들을 변호하기 위한 황당한 논리를 무리하게 들이대고 있는 것이다.

유고에서 보이는 김익렬의 '이성'은 정상적인 범위를 벗어났고 '상식'은 비상식적이다. 제주인민해방군 총사령관 김달삼은 월북하여 영웅 칭호를 받고 다시 남파되어 빨치산 활동을 하다가 국군에게 사살된 사실은 이미 공인된 역사적 사실이다. 그러나 김익렬은 이러한 역사적 사실에 대해서도 '공명을 노린 부대장이나 정보관들이 꾸며낸 조작극'으로 치부해버린다. 김익렬은 심지어 여러 가지 황당한 주장도 서슴지 않는다. 김달삼은 제주에서 사망했을 거라는 추측성 주장이나 김달삼이 공산주의자라는 사실은 확실하지 않다는 주장, 4·3이 공산주의자들이 일으킨 폭동이라는 역사적 기술은 정치적인 목적에서 고의적으로 그럴싸하게 허위 날조하여 기술된 것이라는 주장 등은 김익렬의 무지

(無知)가 상당하게도 위험한 수준을 넘어섰다는 것을 보여주는 증거였다.

더욱이 4·3 직후에 벌어진 경찰의 진압작전에 대하여 김익렬은 '초토작전'으로 평하였다. 일본군이 만주 지역에서 벌였던 '부락의 전 주민을 깡그리 죽이고 가옥과 가재를 소각하여 전 부락을 문자 그대로 초토화하는 작전'과 경찰의 진압작전을 비교하는 것은 상당히 악의적이다. 4·3 초기에 '초토작전'이라 이름 붙일만한 강력 진압은 존재하지 않았다. 4·3 시기에 벌어졌던 강경진압이라고 할 만한 것은 4·3 중반 시기에 벌어졌고, 경찰이 아니라 경비대에 의한 것이었다. 유고에서 김익렬의 증오는 세 사람에게 집중적으로 뿜어진다. 경무부장 조병옥, 초기 토벌사령관이었던 김정호, 제11연대장 박진경이다. 세 사람은 조기 진압책 주장으로 김익렬의 반대편에 서있던 사람들이다. 그리고 4·3의 무대에서 강력한 반공주의자들이기도 했다.

그러나 이와는 다르게 김익렬은 김달삼과 문상길에게는 호감과 애정을 드러낸다. 폭도사령관이었던 김달삼에 대해서는 미남형이었고, 누구에게나 호감을 줄만한 청년이었고, 또 대단히 겸손했고 침착하게 보였다고 평했다. 그리고 박진경 연대장을 암살한 문상길의 재판을 묘사하면서는 그의 암살 행각을 애국적 결단으로 윤색한 문상길의 주장에 많은 지면을 할애했다. 문상길이 국가와 민족의 수호자로 둔갑하는 주장을 여과 없이 그의 유고에 싣고 있다는 것은 문상길의 주장에 동조한다는 뜻이었고, 이것은 김익렬의 이성이나 정체성에 심각한 장애가 있다는 신호가 아닐 수 없었다. 더욱이 제3자의 말을 인용하는 방법으로, 문상길이가 사형 직전에 대한민국 만세 삼창을 불렀다고 묘사하는 부분은 완전히 날조에 가깝다. 문상길 중위는 남로당 중앙당의 프락치로서 4·3폭동의 주요 인물이었다. 문상길은 박진경 9연대장 암살의 주범이었고, 경비대의 무기와 사병들을 인민해방군으로 유출시키던 주범이었다.

김익렬은 사망하기 전에 이런 사실을 알았었는지 궁금하다. 4·3 당시에 9연대 김익렬의 일부 부하들은 제주인민해방군의 한 부대로 편성되어 '반동의 아성인 제주읍의 감찰청(監察廳)과 제1구서(第1區署)'3)의 공격에 할당되어 있는 상태였다. 9연대는 4·3폭동을 발발시키는 반란군의 한 부대로 편성되어 있었고, 9연대는 제주읍의 경찰청과 경찰서 공격을 담당하게 되어 있었다. '투쟁보고서'4)에는 4·3폭동을 앞두고 인민해방군 측에서 경비대의 남로당 프락치에게 연락을 취해 동원 가능한 인원을 문의하였더니, 9연대 800명 중 400명은 확실성이 있으며 200명은 마음대로 좌우할 수 있다고 대답하는 대목이 나온다. 9연대의 인원 중 절반 이상은 언제든지 남로당 측에서 동원이 가능한 인원이었다. 그러나 남로당 중앙당과 중앙당 프락치였던 문상길과의 연락 차질로 4·3폭동 당시 국방경비대의 제주읍 공격은 미수에 그쳤다.

남로당에게 일이 잘 풀렸다면 4·3의 그 밤에 김익렬은 부하인 문상길에게 사살 당하거나, 아니면 제주읍 공격에 앞장 서야 했거나 양자택일을 해야 할 처지였다. 문상길이가 여순반란의 지창수였다면 전자의 상황이었을 것이고, 김익렬이가 여순반란의 김지회였다면 후자의 상황이었을 것이다. 문상길이가 4·3에 끼친 해악은 김달삼과 이덕구 다음으로 꼽을 정도로 지대한 것이었다. 문상길이가 죽으면서 만세를 불렀다면 그것은 너무나 당연하게도 인민공화국 만세였다. 그런 그가 죽으면서 대한민국 만세 삼창을 불렀다고 묘사하는 것은 대한민국에 대한 조롱이자 모독이다.

유고에 나타난 주장대로라면 대한민국 중장으로 예편하고 국립묘지에 묻혀있는 사람의 이념적 정체성이라고 하기엔 믿어지지 않을 정도로 김익렬의 정체성은 불그스름한 것이다. 김익렬의 주장은 좌익정권 시대에 대한민국의 정체성을 부정하고 걸핏하면 공안사건을 고문조작으로 몰아가던 반국가적 좌익 사범의 주장과 별반 다를 바가 없다. 김익렬의 유고가 세상에 나왔던 때는 1980년대 후반이다. 80년대라면 4·3에 대한 자료가 일반인들에게 많이 노출되었던 시대이다. 김익렬의 인식과 주장에 존재하는 오류를 확인할 가능성은 충분했다. 1970년대에 작성된 김익렬의 유고는 마음만 먹으면 언제든지 오류 부분에 대해서 수정할 시간도 충분했다. 그러나 김익렬의 유고는 오류를 바탕으로 쓰였다고 확신하는 것보다 어떤 목적의식을 가지고 쓰인 것이라고 확신하는 것이 논리에 어긋나지 않아 보인다.

장황한 김익렬의 유고에서 김익렬이 주장하는 것 중에는 이런 것도 있었다. "거듭 말하지만 나는 당시 천하가 알다시피 민족적으로나 제주도민에 대하여 무죄하다. 오히려 도민들을 구출하려다 갖은 박해를 당한 사람이다." 제주 4·3폭동에서 김익렬은 무죄하지 않다. 그는 화평을 주장하면서 화평을 관철 시키지도 못했고, 중요한 진압 시기에 시간을 늦춰 적을 이롭게 하는 이적행위를 했다. 김익렬이가 박해를 받은 것은 없다. 그는 최고수뇌회의에서 폭력을 행사한 하극상에 대하여 문책을 받았을 뿐이다. 오히려 김익렬은 대한민국에 애정을 별로 보이지 않으면서도 대한민국에서 승승장구했고 죽어서 국립묘지에 묻혔다.

김익렬의 유고가 좀 더 양심적이었다면 그의 유고는 세상에 일찍 나왔어야 했다. 그의 행태는 대한민국의 단물을 평생 동안 빨다가 마지막에는 침을 뱉으면서 떠난 것이다. 남에게 책임을 전가하는 것보다 자기의 책임에 대한 통감을 먼저 말했다면 그의 유고는 좀 더 겸손해 보였을 것이다. 김익렬은 유고를 솔직하게 써야 했다. 그의 유고는 거짓말투성이이었고 그가 말하는 4·3에는 진실이 없었다. 따라서 그의 인생 또한 믿을 수 없는 것 천지였다.

그의 유고에는 있어야 할 것들이 없었다. 김익렬의 유고는 꿋꿋한 삶을 살았던 무인(武人)의 고백과는 거리가 멀다. 그의 유고는 4·3의 시기에 비겁했거나 반역적이었던 한 인간이 거짓으로 얼룩진 헛소리에 불과한 것이다. 그가 말하는 4·3은 1980년대의 좌경적 조류에 몸을 실은 비겁한 기회주의의 산물이거나, 평생 정체성을 숨기고 살았던 비겁했던 인간의 마지막 커밍아웃이었다.

| 김익렬의 기고와 유고

2008년 11월 12일 한겨레신문 인터넷판에는 "당시 협상 대표 그날 밤 미군정 총격 시작"이라는 제목의 기사가 실렸다. 부제는 "제주 4·3 전환점 된 평화협상은 4월 28일 아닌 4월 30일"이었다. 기사의 부제는 지금까지 알려진 '4·28평화협상'의 날짜를 부정하고 있었다. 기사는 1948년의 이른바 '4·28평화협상'이 실제로는 4월 30일에 열린 '4·30평화협상'이었다고 밝히고 있었다. 근거는 김익렬이 유고를 쓰기 이전에 다른 신문에도 기고했던 기고문을 근거로 하고 있었다. 김익렬은 유고를 쓰기 이전인 1948년 8월 6일 국제신문에 김달삼과의 협상에 대해 기고를 했다. 즉, 김달삼과의 협상에 관한 김익렬의 발표는 '기고(寄稿)'와 '유고(遺稿)'라는 두 개의 문서로 존재하고 있다.

기고가 김달삼과의 협상 부분만을 밝히고 있는 반면에, 유고는 협상을 포함한 4·3폭동의 전반적인 부분에 대해서도 언급하고 있다. 그러나 두 개의 문서에서 공통으로 언급되는 김달삼과의 협상 부분에서 두 개의 문서에는 다른 점이 많다. 하나의 사건에서 두 개의 발언이 존재하고 있다. 여기에서 그의 진실성은 무너져 내린다. 역사의 법정에서 그는 무수히 진술을 번복하고 있기 때문이다. 그는 이 문제에 대해서 저승에서라도 변명해야 할 것이다. 기고와 유고에서 나타나는 상이점을 비교해 보면 아래 표와 같다. 용어 등은 되도록 원문을 그대로 사용하였다.

김익렬 기고와 유고의 차이점

구분	기고	유고
공개 시기	1948년 6월 작성, 동년 8월 6,7,8일 국제신문 기고	1970년대 작성, 1988년 12월 김익렬 사망 후 발표
제 목	동족의 피로 물들인 제주 참전기	김익렬 장군 실록 유고 4·3의 진실
분 량	원고지 72장	원고지 397장
4·3사건에 대한 인식	좌익계열의 폭동	1. 전기(前期)는 순수한 민중 폭동, 후기(後期)는 공산화 폭동 2. 관(官)의 극도의 압정에 견디다 못한 민(民)이 최후에 들고일어난 민중 폭동
집필 이유	소위 인민군총사령의 정체에 전투 지휘가 상당히 능하느니 뭐니 하여 사실 아닌 사실이 그들을 영웅으로 만드는 『아듸프로』(선동,선전)가 횡행하는 것을 볼 때 필자는 적지 않은 불만을 느끼는 바이며, 그릇된 선전을 시정하려는 의미에서.	사가(史家)들이 맹목적으로 제주4·3사건을 공산당의 사전 음모에 의한 우리나라 공산화를 위한 여순(麗順), 지리산 등지의 공산 반란과 같은 사건으로 단정 짓기에 후세 사가들이나 제주도민들이 정확한 역사를 아는 데 도움이 될까 하여.
협상 명칭	선무, 회견, 회담	귀순, 평화회담
인민해방군 명칭	반란군, 농부, 군인	폭도, 폭도들, 폭도 측
회담 수락 과정	1. 29일 12시 경에 회견하되 장소는 추후 통지하겠다고 회답이 왔다. 2. 29일까지 기다리는 것은 반란군 측의 세력을 만회(挽回)시키고 5.1 메이데이의 모종 행사에 큰 힘을 주는 것이 된다고 하여 29일까지는 기다릴 수 없다는 결의를 보게 되어 27, 28, 29, 3일간은 맹렬한 전투를 개시하였다. 3. 29일 상오 12시에 정보부(情報部)에는 광목 잠뱅이에 밀짚모자를 쓴 34, 5세의 중년 농부가 반란군의 연락으로 경비대를 찾아왔다. 4. 그는 간단한 인사가 있은 후 30일 상오 12시에 안덕면(安德面) 산간부락에서 회견할 것을 제기하고 공격이 심하였음을 말하는 한편, 무조건하고 항복한다는 말까지 전하고는, 회견하는 데는 쌍방 모두 3인 이하로 하되 경비대 측에서는 총지휘관인 연대장과 그 밖에 두 사람으로 하고, 무장은 서로 사양하자고 말하였다. 5. 나는 이러한 조건을 무조건하고 수락하였다.	1. 나는 우리의 회담 당사자는 ①전도(全島)의 폭도의 행동을 결정할 수 있는 실질적인 실력과 권한을 가진 자라야 된다. 2.본인이 직접 나와야지 대리인은 안 된다. ③회담에서 결정한 사항은 즉석에서 결정되고 실행되어야지 타인(다른 실력자)의 동의를 필요로 하는 자는 만나지 않겠다는 등 이상과 같은 조건을 내세웠다. 2. 폭도 측에서는 ①연대장이 직접 회담에 나와야 한다. 2.연대장 혼자서 와야지 수행인이 2인 이상이면 안 된다. ③장소와 시일은 자기들이 결정하되 장소는 폭도진영이라야한다고 못 박았다. 3. 나의 참모들은 회담 장소를 쌍방이 무력을 배경으로 하는 중간지점에서 1대1로 회담하자는 등 여러 가지 안을 제의하였다. 그러나 폭도측은 우리가 파놓을지도 모를 함정을 우려하여 자기들 진영에서의 회담을 고집하였다. 4. 드디어 나는 폭도들의 요구조건을 전부 수락하고 홀로 적지에서 회담하기로 결정하였다.

구분	기고	유고
회담 약속	1. 29일 상오 12시 광목 잠뱅이에 밀짚 모자를 쓴 34, 5세의 중년 농부가 반란군의 연락원으로 경비대를 찾아왔다. 2. 그는 간단한 인사가 있은 후 30일 상오 12시에 안덕면(安德面) 산간 부락에서 회견할 것을 제기하다.	1. 정보주임인 이윤락 중위와 제주 유지들이 자문 역할을 했으며 회담 추진과정에서 회담 조건 결정과 폭도와의 의견 교환은 삐라로 한 것인지 접촉으로 한 것인지는 불분명하다.(주: 필자가 상황 정리한 문구임) 2. 평화회담의 날짜가 4월 말로 결정되었다. 장소는 경비대의기습을 우려하여 폭도들이 회담 2시간 전에 통지하여 자기네 사람이 비밀장소로 안내하기로 약속이 되었다.
회담 일시	4월 30일 상오 12시	1. 4월 말. 2. 휴전 4일째 되는 5월 1일.(필자 주: 유고에는 정확한 회담 날짜가 없다. 이 문구로 따지면 회담 날짜는 4월 27일이 된다.) 3. 시간은 오후 1시이며 장소는 폭도들이 안내하겠다는 것이다.
협상 전날 밤의 유서	유서를 두 통 써놓았다. 한 통은 가족에게 주는, 한 통은 제갈량(諸葛亮)이 추풍오장원(秋風五丈原)에서 강유(姜維)에게 주었던 것처럼 후군을 부탁하는 것.	상관, 친구, 처자, 형제에게 남기는 유서를 작성하였다. 그리고 만일 내가 죽어서 못 돌아올 경우 대처할 부대의 작전행동 등을 기록해 두었다.
협상 동행자와 출발 시각	두 사람의 부관 그리고 자동차 운전수 도합 네 사람은 커다란 희망과 슬픔을 가득 품고 산상으로 달렸다.	1. 12시 정각 나는 장병들이 도열한 사이를 걸어서 정문을 나섰다. 2. 수행자는 지프 운전병과 정보주임 이윤락 중위, 이렇게 3명이었다.
협상장 가는 길에서 만난 폭도 경비병	1. 돌담 위에 일본 99식 보병총을 메고 일본육군 철모를 쓴 젊은 사나이. 2. 그 주위 돌담 사이에는 약 20여 명 가량으로 추정되는 반란군들이 복병하고 있는 것을 볼 수가 있었다. 3. "이 길로 좀 더 가다가 왼편으로 올라가시오." 이것은 그 폭도가 우리 행장을 다 보고난 뒤에 길을 안내하는 말이다. 4. 지게를 진(이 지방에서는 여자도 지게를 진다) 수 삼인의 여인들이 있음을 보았다. 5. 여인들도 역시 보초(步哨)의 한 사람들이었다. 역시 그 좌우 돌담과 수풀 사이에는 약 40명으로 추정되는 복병이 있었다. 6. "왼편으로 꼬부라져 오른편으로 돌고 좀 더 가다가 또 왼편으로 돌으시오." 이것이 그 여인들이 일러주는 길안내였다.	1. 소를 몰던 목동이 돌연 소로 지프를 가로막아 제지한다. 2. 황색기를 흔들며 신호를 하고는 국민학교로 가라고 안내했다.

구분	기고	유고
협상장 지형	해발 3백 미터나 되는 이 지점에서, 우리 경비대가 수둔하고 있는 대대(大隊)와 중대(中隊)의 자동차와 병사들이 성냥 곽을 흩트려 놓은 듯이 내려다보인다.	학교의 위치는 한라산의 빌림지대가 동북으로 지척지간에 있으며 동남으로 중문면 일대에서 해안선까지, 서남으로는 대정면 일대와 모슬포까지, 특히 9연대의 영내가 육안으로 내려다보이는 곳이었다.
협상장까지의 거리	연대본부를 떠난 지 1시간 30분이 되었고 거리로는 약 40마일을 올라왔다.	부대에서 직선거리 약 15Km 지점에 있었다.
협상 장소	초가삼간, 문자 그대로 아주 보잘 것 없는 집	제주도에서 제일 높은 고도에 위치하고 있는 산간부락 초등학교
협상장 경비병	농부 군인 모양으로 철모에 99, 칼빈 보병총을 맨 한 사람의 폭도가 서 있었다.	학교 정문에는 2명의 보초가 입초하고 10여 명이 주변에 대기하고 있었다.
협상장	1. 아무런 장치도 벽보(壁報)도 없는 보통 농가의 방. 2. 이 회담을 하기 위해 멋대로 만든 책상이 하나 방 가운데 놓여 있었다.	1. 7~8평 되는 햇볕이 잘 드는 일본식 '다다미'방. 2. 산간에서는 보기 드문 꽤 훌륭한 실내 장치고 가구들이었다. 다다미방 중앙에는 예쁘장한 탁자가 놓여 있었다.
협상장 주변	집 앞에는 역시 돌담이 쌓여 있는데 그 돌담 틈으로 총구멍이 웅긋중긋 박혀있는 것이 보임.	창밖에는 수십 명의 폭도들이 무장을 하고 2~3m 간격으로 순찰을 하고 학교 운동장에는 5백~6백 명의 폭도들이 밀집하여 있었다.
김달삼과의 상봉	"동무 오시느라 수고했소" 앗! 나는 그 순간 너무도 놀라지 않을 수가 없었다. 너무나 … 너무나 의외였다. 그것은 내가 생각하던 반란군의 지휘자와는 너무도 상반 되는 인물이기 때문이었다.	그 중에서도 미목(眉目)이 수려하고 작지 않은 체격(170cm)을 한 나와 동년배 쯤 되어 보이는 미청년이 눈에 들어왔다. 그는 앉기를 권한 후 자기가 대표자이며 이름은 김달삼(金達三)이라고 했다.
김익렬의 제의	1. 완전한 무장 해제. 2. 살인 방화 강간범과 그 지도자의 전면적 자수. 3. 소위 인민군의 간부 일체를 인질로 써 구금한다. 4. 단 이상 세 가지 조건은 조약일로부터 7일간으로 한다.	1. 일체의 전투행위 중지. 2. 즉각 무장해제. 3. 범법자의 자수와 명단의 작성과 제출.
김달삼의 요구조건	1. 단정 반대. 2. 제주도민의 절대자유 보장. 3. 경찰의 무장해제. 4. 제주도내 관청 고급관리를 전면적으로 경질할 것. 5. 관청 고급관리의 수뢰자를 엄중 처단할 것(수십 장 되는 명부를 제출하였다). 6. 도외 청년단체원의 산간부락 출입 금지.	1. 제주도민으로만 행정관리와 경찰을 편성하고, 민족 반역자와 악질 경찰 그리고 서북 청년들을 제주도에서 추방하라는 것. 2. 제주도민으로 편성된 경찰이 구성될 때까지 군대가 제주도의 치안을 책임지고 현재의 경찰은 해체하라는 것. 3. 의거(폭동)에 참가한 여하한 사람도 전원 죄를 불문에 부치고 안전과 자유를 보장하라는 것.

구분	기고	유고
전투 중지 및 무장해제 기한	(김익렬이 제시한 3개 항) 단 이상세 가지 조건은 조약일로부터 7일간으로 한다.	1. 전투 완전중지가 72시간 이내에 이루어져야 하고 기타 산발적인 전투는 연락미달로 간주하되 5일 후의 전투는 배신행위로 단정하기로 합의 결정되었다. 2. 단계적으로 무장을 해제하되 약속을 불이행하면 즉각 전투에 들어간다는 선에서 합의가 이루어졌다.
절충	인민이 자기 집으로 돌아갈 수 있는 시간과 구호를 알선하고 범인의 일시적 구금만은 경비대에서 할 수 있는 일이므로 그 외는 행정 관리들에게 잘 주선할 것을 약속.	범법자의 명단을 작성하여 범법 책임자를 분명히 하되, 명단에 기재된 범인들의 자수, 도망은 자유의지에 맡기겠다. 그리고 김달삼 당신과 두목들은 중벌을 면하기 힘들 테니 책임지고 모든 폭도의 귀순과 무장 해제를 시켜 준다면 합의서에 명문화할 수는 없으나 나 개인적으로 도외나 해외(일본을 뜻함) 탈출을 배려하겠다고 제안.
귀대 시간	내가 경비대에 돌아온 것은 오후 4시가 지난 다음이었다.	1. 그러다 보니 벌써 시간이 오후 4시 30분이 되어 있었다. 2. 귀대키로 약속된 시간이 넘었으니 이제 귀대하겠다고 하였다. 회담 장소에선 연대본부가 내려다 보였다. 부대는 전투무장한 병사들이 수대의 트럭에 타고 출동준비를 하고 있었다.(필자 주 : 5시까지 귀대하지 않으면 살해된 것으로 판단하고 전투작전을 개시하라는 명령이 내려져 있었다.)
상부에 회담 보고 후 상황	1. 이제는 반란군의 근거지를 알았으니 곧 총공격을 개시하라는 것이었다. 나와 김달삼과의 회견은 하나의 전략적인 것이라고 최고부에서는 말하였다. 2. 나의 의견은 통과를 보지 못하고 그날 밤부터 총공격은 개시되었고 반란군도 상당한 기세로 대전해 왔다. 3. 모슬포에 있는 나의 가정에는 이날 밤부터 폭탄이 들어오기 시작하였으며 누구인지는 모르지만 동네 부녀자로 생각되는 여인들은 물동이에다 다이너마이트를 넣어 가지고 돌담 너머로 던지곤 하는 것이다.	1. 나의 요청에 의하여 전 경찰은 지서만 수비 방어하고 외부에서의 행동을 일절 중지하라는 명령이 내려졌다. 2. 몇 곳에서 소규모의 전투가 있었으나 그것도 곧 중지되어 오래간만에 제주도는 총소리가 그치고 평온을 되찾았다. 3. 군대는 군대대로 귀순자의 처리에 특별히 조심하고 손님 모시듯 하였다. 그러자 귀순자는 갑자기 늘기 시작해 수용소에 준비한 천막이 부족하게 되었다. 그래서 일부 귀가를 희망하는 자들은 필요한 처리를 하고는 귀가를 시켰다.

| '4·28 평화회담'은 없었다

김익렬의 유고는 4·3폭동에서 좌파들이 숭상하는 중요한 문건이다. 4·3사건의 진상이나 「4·3 정부보고서」에서도 유고는 진실을 왜곡하는 도구로 중요한 역할을 담당한다. 김익렬은 당시 협상의 주인공으로 김달삼과 직접 대좌했었고, 유고는 당시 4·3사건의 실정이나 진압상황에 대해서 직접 목격했던 주인공으로서 남긴 기록이기 때문이다. 그러나 그의 유고는 편향적이고 정직하지 못할뿐더러 왜곡과 거짓으로 가득 차 있다. 김익렬의 왜곡과 거짓은 후대에 여러 저서에서 인용되며 퍼져나가 4·3사건의 진상 자체를 왜곡과 거짓의 골짜기로 끌어가는 견인차가 된다. 따라서 김익렬의 유고는 차후에라도 전문가들에 의해 철저히 검증을 받을 필요가 있고, 더욱 철저히 비판의 대상이 되어야 한다.

그의 유고에 나오는 김달삼과의 협상에 관한 것은 여러 문제점들을 품고 있다. 협상 당시의 상황을 기고와 유고를 놓고 비교해 보면 같은 사건을 기록한 것인데도 육하원칙(六何原則)은 서로 어긋나고 일치하는 것은 하나도 없기 때문이다. 확실한 것은 김익렬은 거짓말을 하고 있다는 사실이다. 기고는 김달삼과의 협상 후 한 달여 만에 작성된 것으로, 기고와 유고의 정확성 면에서는 기고가 정확할 확률이 높다. 기고를 쓴 후 30여 년이 지나서 김익렬은 유고를 썼다. 유고에서는 기고에 나왔던 사건이 전혀 다른 사건인 것처럼 협상이 서술되고 있다. 이것은 그의 희미한 기억력과 그의 고의적인 의도, 둘 중 하나의 결과임에 틀림없다.

김익렬은 김달삼을 두 번 만났을 수도 있다. 실제로 인민유격대의

「투쟁보고서」에는 4월 하순에 이르기까지 전후 2회에 걸쳐 김익렬과 '면담'했다는 기록이 나온다. 두 번의 면담이 그와 김달삼의 직접 대좌인지 아니면 부하들끼리의 의견 절충의 접촉까지 포함한 것인지, 아니면 다른 연대장의 접촉을 포함한 것인지는 확실치 않다. 기고에는 '광목 잠뱅이에 밀짚모자를 쓴' 김달삼의 부하가 부대를 방문했다는 기록이 나온다. 그리고 다른 자료에는 박진경 연대장과도 면담을 했다는 기록도 있다. 기고와 유고의 상이점이 김달삼과의 두 번의 접촉을 바탕으로 씌어진 것 때문이라고 인정하더라도, 여전히 문제는 남는다. 기고와 유고에서 김익렬은 공통적으로 김달삼을 만나면서 유서를 썼고, 김달삼과의 첫 대면임을 전제로 한 단 한 번의 만남을 기록하고 있기 때문이다. 어느 쪽으로든 김익렬은 거짓말쟁이라는 비난을 피할 길은 없다. 기고에서 구축한 그의 알리바이는 유고에서 그 스스로가 뒤집었다. 진술 번복과 알리바이의 부재는 회담 자체의 실존에까지 의문을 던지게 하는 중요한 문제이다.

김익렬은 김달삼을 만나기 위해 백방으로 노력하고, 만나러 가면서는 유서를 썼고, 협상 후에는 가족을 인질로 내놓으려 했다고 주장했다. 그러나 이 또한 신빙성이 적다. 남로당 대정면당위원장 지냈던 이운방의 증언에는 이런 내용이 있다. "그래도 그때까지는 문 소위(문상길 중위)가, 그때는 문 소위, 문 소위 하더구먼. 마을 사람들에게 상당히 인기가 좋았어. 이 문 소위도 말 타고 거닥거닥 와서 유유히 말 매어놓고 김달삼 집에 며칠 머무르다 가기도 했어."[526] 이 증언에서 보면, 김익렬의 부하 문상길은 4·3폭동 이전부터 김달삼과 상당한 친분이 있었음을 알 수 있다.

문상길은 김익렬이 애국자로 묘사하던 부하였다. 문상길이 김달삼의 집에서 며칠씩 머무르다 갈 정도였다면 4·3폭동 이전에 문상길은 김달삼과 교감하고 있었고, 김익렬 또한 이미 김달삼을 알고 있었을 확률이 높다. 만약 모르고 있더라도 김달삼을 만나는 데에는 별다른 노력이 필요치 않았을 것이다. 따라서 유고에서 언급되는 김익렬의 협상 노력이나 유서, 가족의 인질 등도 김익렬의 창작일 가능성이 있다.

김익렬의 유고에서 가장 큰 문제점은 네 가지의 오류이다. 협상 날짜, 전투중지 기한, 김달삼의 요구조건, 회담보고 후의 상황 등이다. 이 4가지 오류는 후대에 4·3사건의 진실을 오도하고 4·3사건의 진상 규명에도 지대한 영향을 미치게 되는 조건들이다.

협상 날짜는 지금까지 4월 28일로 알려져 왔다. '4·28평화회담'이라는 명칭도 여기에서 유래한다. 그러나 기고와 유고에서 공통적으로 4월 28일이라는 날짜는 등장하지 않는다. 유고에 등장하는 '휴전 4일째 되는 5월 1일'이라는 표현으로 미루어 본다면 유고에서의 협상 날짜는 4월 27일이다. 기고에서는 4월 30일이라는 정확한 표현이 등장한다. 확정적 표현으로 보거나, 기고가 협상 후 한 달여 만에 쓴 것이라는 사실로 비추어 볼 때, 협상 날짜는 4월 30일이 정확한 날짜임에 틀

526 『제주4·3사건의 거짓과 진실』, 186쪽.

림이 없다. 한겨레신문 기사에서도 "국제신문 기사는 김 연대장이 협상 3개월여 뒤에 직접 쓴 기고문이어서 상당한 신빙성을 주고 있다"라고 적고 있다.

4월 28일이라는 날짜는 장창국의 저서인 『육사 졸업생』에 등장한다. 이 저서에 수록된 4·3에 관한 부분은 김익렬의 유고를 원작으로 하고 있다. 『육사 졸업생』 초판이 나왔던 1984년에는 김익렬의 유고가 발표되지 않았을 때이므로, 장창국은 김익렬에게서 유고의 원고를 제공 받았거나 자료를 얻은 것으로 보인다. 유고에만 있는 협상 장면이 장창국의 저서에 등장하기 때문이다. 즉, 4월 28일이라는 날짜는 김익렬에게서 받아서 장창국이 발표한 것이다.

4월 28일이라는 숫자는 대단히 중요한 의미를 지닌다. 협상에서 전투중지 기한을 72시간으로, 5일 후의 전투부터는 배신행위로 간주한다는 내용 때문이다. 이를 근거로 후대의 좌익들은 4·28회담에서 3일 후에 벌어진 5월 1일의 오라리 사건과 5월 3일의 전투를 들어 경찰이 고의적으로 평화회담 약속을 깼다고 주장한다. 이 협상 파기 논리는 좌익 측이 경찰과 우익 측을 공격하는 최고 최대의 무기였다. 이 논리를 이어받아 「4·3사건 진상조사보고서」에도 오라리 사건과 5월 3일의 공격 때문에 "협상은 깨어졌고 이후 제주4·3사건은 걷잡을 수 없는 유혈 충돌로 치닫게 되었다"라고 쓰고 있다. 기고는 협상 한 달여 후인 6월에 작성됐고 3개월 후에 발표됐다.

4·3폭동의 유혈은 협상 파기 때문에 벌어졌으며, 협상 파기의 주범은 경찰과 우익이고, 그래서 4·3사건의 원흉은 대한민국이라는, 이 공식은 지금 거의 일반적인 '상식'으로 통할 정도이고, 이 공식을 만들

어 내는 원재료가 바로 4·28회담이었다. 그리고 4·28회담은 차차 미화되고 윤색되어서 김익렬을 '평화의 화신'으로 만들었다. 박진경의 동상을 무너뜨리고 대신 김익렬의 동상을 세우자는 좌익측의 주장도 4·28평화 회담이라는 것에서 출발한 것이다. 그러나 어쩔 것인가. 4월 28일은 가공의 숫자였고 평화회담의 존재조차도 불확실한 안개 속에 있으니. 기고에서는 전투 중지 기한을 조약 일로부터 7일간으로 한다고 되어 있다. 협상조약을 위반했다고 우익측을 공격하는 좌익 자료들은 4·28평화 회담이라는 기준에서 파생된 논리들이다. 그러나 4·28평화 회담은 존재하지도 않는 허깨비였고, 이 허깨비를 바탕으로 좌익들은 신기루의 강을 만들고 허상의 산을 만들었다. 이 허구를 바탕으로 한 「4·3정부보고서」도 '소설'을 쓴 셈이 되었다. 어느 소설가는 김익렬의 유고를 소재로 소설까지 썼다고 하니 말 그대로 4·28 평화회담이라는 소설을 쓴 셈이 되었다.

김익렬은 유고를 쓰면서 기고에서 썼던 협상 날짜를 30일에서 27일로 바꾸고, 전투 중지 시한은 7일에서 72시간으로 바꿨다. 바뀐 숫자에는 무슨 의미가 있는 것일까? 경찰에서 조기 진압을 주장했던 이유는 5·10제헌선거 전까지 사태를 종결하려는 목적이었다.[527] 반대로 인민해방군 측의 목표는 제헌선거 전까지 세력을 보존하여 선거 직전에 화력을 집중시켜 선거를 방해하는 것이었다. 따라서 기고에 나온 4월 30일에서 7일간이라는 전투중지 기한은 선거 직전까지 휴전한다는

527 4·3중앙위원회, 『4·3정부보고서』, p.198., 제3장 4·28평화회담의 허구 189.

것이고, 이런 휴전은 진압 측에게는 쓸모가 없고 휴전할 의미가 없어진다는 것을 뜻했다. 반대로 이 휴전은 인민해방군에게는 5·10선거까지 세력을 보존하는 최상의 방법이었다.

김익렬은 나중에야 이 의미를 깨달았을 가능성이 높다. 그래서 30여 년 후 유고를 쓸 때는 협상 날짜를 27일로 바꾸고 기한은 72시간으로 앞당겼을 것으로 보인다. 자기가 했던 협상의 가치를 높이기 위하여, 자기가 저질렀던 바보 같은 협상조약을 은폐하기 위하여, 김익렬은 첨삭(添削)을 가한 것이다. 협상 날짜를 바꾸고 기한을 앞당겼던 또 한 가지 이유는 오라리 사건의 논리에 시차를 맞추기 위한 것이다. 자기가 어렵게 협상했는데 경찰이 오라리 사건으로 협상을 깼다고 책임을 전가하기 위해 날짜와 시간을 바꿀 필요가 있었다.

협상에서 내걸었던 김달삼의 요구조건 중에 기고에는 있으면서 유고에서는 존재하지 않는 것이 있다. 김익렬은 유고를 쓰면서 아주 중요한 하나를 또 빼버렸다. 바로 '단정 반대(單政反對)'이다. 김익렬은 4·3폭동을 '관(官)의 압정에 견디다 못한 민(民)이 최후에 들고 일어난 민중폭동'이라고 정의했다. 그런데 그 억압받는 민(民)이 대한민국의 제헌 선거인 단정까지 반대하고 나섰다는 것은 우스운 모양이 되어버린다. 그래서 김익렬은 김달삼이가 '단정 반대'를 조건으로 내걸었다는 사실을 유고에서는 아예 삭제해 버렸다. 그럼으로써 그는 인민해방군의 본색을 어느 정도 은폐시키고, 자기가 했던 협상의 색깔을 희석하려고 노력한 것이다.

김익렬이 유고에서 은폐를 시도한 것 중 가장 중요한 것이 있다. '회담 보고 후의 상황'에 관한 것이다. 기고에서는 "나의 의견은 통과를 보지 못하고 그날 밤부터 총공격은 개시되었고, 반란군도 상당한 기세로 대전하여 왔다"고 되어 있다. 그의 협상은 상부로부터 인준을 받지 못했다는 것이다. 따라서 협상은 기고에서는 '실패작'이었다. 그러나 유고에서는 이렇게 변신한다. "나의 요청에 의하여 전 경찰은 지서만 수비 방어하고 외부에서의 행동을 일절 중지하라는 명령이 내려졌다." 그리고 "오래간만에 제주도는 총소리가 그치고 평온을 되찾았다."고 쓰고 있다.

김익렬의 유고에서 협상은 '성공작'이었다고 주장되고 있다. 기고에서는 실패작이었던 것이 30여 년 후의 유고에서는 성공작으로 뒤바뀐 것이다. 김익렬의 왜곡 중에 가장 악랄한 왜곡이 바로 이 부분이다. 기고에서는 전쟁을, 유고에서는 평화를 말하고 있기 때문이다. 그는 똑같은 상황을 기술하면서 실패에서 성공으로, 협상 결렬에서 협상 채택으로, 극과 극을 달리는 상반된 상황을 기술하고 있다. 이 왜곡은 그의 왜곡의 하이라이트이고, 가장 김익렬다운 왜곡이라고 할 수 있다.

후대의 남한 좌익들이 4·3폭동에 대해 대한민국과 우익진영을 매도할 수 있었던 근거는 여기에서, 바로 김익렬의 왜곡에서 출발한 것이다. 김익렬은 평화를 주창하고 성사시켰는데, 폭력적 정권이 일부러 강경 진압을 감행하여 희생자를 양산했다는 주장이다. 그러나 애초부터 폭도들과 사이에 성사된 '평화회담'은 없었다. 이 생각은 폭도 측에서도 마찬가지였다. 폭도측의 입장에서도 '평화회담'이라는 것은 안중에도 없었다. 김익렬의 '평화'에 대한 왜곡은 유고에 등장하는 다음의 주장과 무관하지 않다. "나는 당시 천하가 알다시피 민족적으로나 제주도민에 대하여 무죄하다. 오히려 도민들을 구출하려다 갖은 박해를 당한 사람이다." 기고에서 출발하여 한 세대를 거치면서 유고에 이르러서는 그는 비로소 박해받는 구세주의 모습으로 변신하고 있다. 유고에서 김익렬이 했던 수많은 창작들은 바로 이것을 위함이었을까? 그러나 그는 자기가 썼던 기고가 언젠가 세상에 머리를 내밀 것이라는 생각은 하지 못했던 모양이다. 그래서 햇볕 아래 적나라하게 드러나는 것은 '구세주 김익렬'이 아니라 '거짓말쟁이 김익렬'이라는 것을 그는 예감하지 못했던 모양이다.

'평화회담'이 아니라 '면담'이었다

유고의 원본이었을 기고에서는 '회견'으로 부르다가 유고에서는 '평화회담'이라는 거창한 이름으로 둔갑하지만, 실제로 '김달삼과의 휴전 약속'이라고 주장하는 '평화회담'이라고 할 만한 것의 존재에 대한 증거는 전혀 없다. 그의 협상은 휴전을 약속하는 '평화회담'이라기보다는 '회견'이나 단순한 '접촉'이었다. '평화회담'이라고 하는 것은 김익렬의 진술에서만 나타나고 있다. 김달삼과 만나 휴전과 투항을 약속받았다는 그의 주장은 이 세상 어디에도 그 증거가 존재하지 않는다. 그리고 협상에 관한 그의 진술은 유고에서 통째로 번복되어 신빙성이라고는 찾아볼 길이 없다.[528]

528 『제주4·3사건의 거짓과 진실』, 192쪽.

회담의 한쪽 당사자였던 인민유격대 측에서도 김익렬과의 만남에 대해 큰 의미를 두고 있지 않았다. 「투쟁보고서」에는 이렇게 쓰여 있다.

> "군책(軍責)과 김(金) 연대장과 면담하여 금반 구국항쟁의 정당성과 경찰의 불법성을, 특히 인민(人民)과 국경(國警)을 이간시키려는 경찰의 모략 등에 의견의 일치를 보아 김(金) 연대장은 사건의 평화적 해결을 위하여 적극 노력하겠다고 약속하였음."[529]

인민해방군 측에서는 김익렬과 김달삼의 만남을 '면담하여'라는 문장으로 단순히 '면담'으로만 기록하고 있다. 단순히 만나 단순하게 의견을 탐지하는 수준의 만남이라는 것이다. 김익렬과 김달삼이 의견일치를 본 것은 '휴전'이 아니라 '경찰의 모략'이었다. 휴전은커녕 경찰을 비방하는 것에 쌍방이 의기투합을 한 것이었다. 김익렬은 기고에서 김달삼의 면담에 대해 상부에 보고한 내용에서 그 자신이 이렇게 쓰고 있다. "이 사건의 평화로운 해결을 위하여 또한 유일한 방법이라는 것을 주장하였으나 나의 의견은 통과를 보지 못하고…" 김익렬 자신은 상부에 주장한 '의견'으로 표현하고 있다. 단지 제안이나 의견일 뿐, 어떤 구속력이나 효력을 지닌 '조약'이나 '회담'은 아니었다는 것을 스스로 자백하고 있다. 그의 '의견'은 쓸 만한 것이 못되었던지 채택되지 못했음을 알 수 있다. 회담도 없었고 협상도 없었다. 단지 '의견'을 나누는 '면담'

529 문창송, 『한라산은 알고 있다. 묻혀진 4·3의 진상』, 文昌松, 1995, p.78.

이 있었다. 그러나 그는 30여 년이라는 세월의 이끼와 상상력과 욕심을 버무려 '평화회담'이라는 거창한 허깨비를 창조해 냈다.

그가 외형적으로 선무공작의 임무를 띠고 김달삼을 만난 것은 확실해 보인다. 그러나 그 접촉은 항복 조건과 투항 날짜를 약속하는 '조약'이나 '회담'이라기보다는 단순한 의견 교환을 하는 '면담' 수준이었다. 그 '의견'이라는 것은 폭도들의 귀순에 관한 것일 수도 있지만 그 반대일 수도 있다. 일종의 경비대와 유격대 간에 비밀 휴전에 관한 것일 수도 있다. 인민해방군의 「투쟁보고서」에는 김익렬과의 면담 내용을 이렇게 적고 있다.

> "금반 구국항쟁의 정당성과 경찰의 불법성, 특히 인민(人民)과 국경(國警)을 이간시키려는 경찰의 모략 등에 의견의 일치를 보아 사건의 평화적 해결을 위하여 적극 노력하겠다고 약속하였음."[530]

여기에서는 폭도들의 귀순이나 무장 해제를 논의한 내용은 없고, 4·3폭동진압이 인민(폭도)과 국경(國警: 경비대)을 이간질 시키려는 경찰의 모략이라는 것에 합의를 보았다는 것이다. 이 내용대로라면, 김익렬은 설득하러 갔다가 오히려 설득을 당한 셈이다. 미스테리한 김익렬의 행적을 여실히 확인할 수 있는 대목이기도 하다. 김익렬의 행동은, 경비대와 유격대 간에 비밀 휴전에 대한 합의가 있었던 것은 아닌지 의

---

530 문창송, 『한라산은 알고 있다. 묻혀진 4·3의 진상』, 文昌松, 1995, 78쪽.

심이 들 정도이다. 미군 문서에는 이와 비슷한 정황이 나오는 대목도 있다. "부산 경비대사령부 정보참모부의 일원이 1948년 4월 14일을 전후 해 제주도의 좌익 무장대를 비밀리에 방문해 제주도의 좌익 무장대 사령관이라는 김장흥(원문에는 Kim, Jang Hung으로 표기돼 있으나 누구인지 분명치 않음: 역주)을 만나 좌익이 경찰만을 공격한다면 경비대는 좌익과 전투하지 않겠다는 내용의 협정을 맺고, 경비대는 좌익과 전투하지 않을 것이며, 좌익은 경비대를 공격하지 않을 것이라는 데 합의했다."[531]

김봉현·김민주의 『무장투쟁사』[532]에서도 "미군과 조병옥 따위는 오만무례하게도 그(김익렬)의 유효적인 해결책을 거절하여 나섰다."라고 쓰고 있다. 4·3폭동의 주역이었던 당사자들도 '평화회담'의 실체를 인정하지 않고 결렬되었다고 주장하고 있다. 어디에서도 김익렬이 주장하는 '평화회담'의 실체와 효력을 찾아볼 길은 없다. 그리고 인민해방군의 문서인 「투쟁보고서」에는 김익렬과 만났던 인민유격대의 속내가 적나라하게 드러나 있다. (김익렬이) "인민군대표(人民軍代表)와 회담하여야 하겠다고 사방으로 노력 중이니 이것을 교묘히 이용한다면 국경(國警 : 국방경비대)의 산(山) 토벌을 억제할 수 있다는 결론을 얻었고,"[533] (중략) "그 후 5·10 투쟁까지는 국경(國警)으로부터 아무런 공격도 없어 우리의 활동에는 크나큰 이익을 가져왔다."[534]

531 『제주4·3사건자료집 8 (미국자료편2)』, p.184.

532 김봉현·김민주, 『제주도인민들의 4·3무장투쟁사』, 문우사, 1963.

533 문창송, 『한라산은 알고 있다. 묻혀진 4·3의 진상』, 文昌松, 1995, 78쪽.

534 위의 책, 79쪽.

여기에서는 인민해방군이 김익렬을 이용하고 있음을 알 수 있다. 김익렬은 김달삼과의 '면담'을 양껏 미화시켜 '평화회담'으로 과장하고, 혼자서 구세주인양, 박애주의자인양 행세했지만, 인민유격대 측에게 '평화회담'이라는 생각은 눈곱만큼도 없었다. 그들에게 김익렬은 '크나큰 이익'을 가져다주는 '쓸모 있는 바보'였을 뿐이었다. 최고 수뇌 회의에서 조병옥이가 김익렬을 가리키며 '공산주의자 청년'이라고 지목했던 것은 터무니없는 모함이 아니었다.

1948년 5월 3일 뉴욕타임스에는 김달삼과의 접촉을 의미하는 기사가 실렸다. "부산에 주둔하는 해안경비대는 공산주의자들이 그 섬(제주도)에서 경찰의 투항을 요구하고 있다고 말했다. 공산주의자들은 5개 항의 항복조건을 내걸었다. 모든 경찰 무기의 압수, 경찰과 다른 방위세력의 처벌, 그리고 유엔의 5·10선거의 취소에 대한 확약 등. 이러한 항복 조건은 제주에 주둔하고 있는 해안경비대 장교에게 제시되었다. 공산주의자들은 그 장교에게 '만일 이러한 조건들이 귀측에 의하여 받아들여진다면[535] 5월 2일에 작전을 중지하겠다'고 말한 것으로 보도되었다. 그 요구 사항에 대하여 당국은 아무런 반응도 하지 않았다."

신문의 기사는 '회담'이나 '회담 성사'가 아니라 인민유격대 측에서 경찰에 대해 '투항 요구'를 했다고 쓰고 있다. 그리고 항복 조건으로 수용 불가능한 조건을 내걸고 있다. 이것은 그들이 폭동을 계속하겠다는 협박이나 다름없었다. 이런 협박에 당국은 '아무런 반응도 하지 않았

---

535 위의 책, 50쪽., 『제주4·3사건의 거짓과 진실』, 196쪽.

다'는 것은 김익렬의 유고와는 확연히 다른 점이다. 이것으로도 비군정이 상부기관에서도 두 사람의 만남을 회담으로 인정하기는커녕 단순히 의견을 교환하는 '접촉' 수준으로 인식하고 있었음을 알 수 있다. 그런데도 유고에서 '휴전이 성립되고 평화가 찾아왔다'는 김익렬의 주장은 대체 어느 나라를 묘사한 것일까. '평화회담'은 어디에도 존재하지 않는, 오로지 김익렬의 유고에만 등장하는, 어디까지나 김익렬의 상상력의 산물이었다.

김익렬과 김달삼과의 면담에서 '조인된 문서'는 없었다. 기고나 유고에서도 문서 조인에 관한 내용은 일체 언급되지 않는다. 이것은 당시의 면담 자체가 문서를 작성할 만한 수준의 '회담'이 아니었다는 반증이다. 단지 김익렬과 김달삼 사이에 '의견 교환'의 접촉이 있었고, 김익렬은 부대로 돌아와 맨스필드에게 '의견'을 제안했지만 통과되지 못했던 것뿐이다. 즉, 진압군 측에서 폭도들에게 지켜야 할 약속이나 의무 같은 것은 전혀 존재하지 않았다. 김익렬은 이런 간단한 접촉을 국제신문에 기고했다가 나중에는[536] 상상력을 가미하여 성공한 평화회담으로 격상시켰다.

그리고 본인은 구세주로 등극하려고 했다. 김익렬의 주장대로, 그는 평화를 주창했는데 상부에서는 약속을 어기고 공격을 감행했다는 그의 주장이 인정을 받으려면 그가 김달삼과 협상한 자료나 근거를 내놨어야 했다. '평화회담'을 체결했다는 그의 주장을 뒷받침해 주는 문

536 『제주4·3사건 자료집 11』, p.199.

서도 없고, 증언도 없고, 정황도 없다. 그 어떤 것도 없이 입으로만 외치는 김익렬의 '평화회담'은 사기극에 가까운 것이다. 김익렬의 이런 황당한 유고를 이어받은 『제민일보』는 『4·3은 말한다』란 책에서 존재하지도 않는 '4·28평화회담'을 바탕으로 휘황한 소설을 창작해 냈다. 그리고 다음에는 4·3중앙위원회가 『제민일보』를 이어받아 소설 같은 「4·3정부보고서」를 찍어내었다. 더욱이 「4·3정부보고서」는 대한민국 국민의 혈세로 만들어졌으면서도 거짓과 왜곡으로 가득 차 있다. 4·3중앙위원회는 진상규명을 한답시고 세계 구석구석의 문서들을 뒤지면서도 눈앞에 있는 김익렬의 '기고'의 존재는 의도적으로 모른 체 했다. 김익렬의 기고는 「4·3정부보고서」를 다시 쓰게 만들 수준인 것이다. 「4·3정부보고서」에서 금자탑처럼 모시는 '4·28평화회담', 김익렬, 오라리 사건 등의 스토리가 김익렬의 〈기고(寄稿)〉로 한 순간에 허물어진 것이다.

공부를 게을리했던 학생들이 시험 시간에 앞자리 학생의 답안지를 베꼈다. 그러나 줄줄이 3명의 학생은 낙제를 했다. 제일 앞자리에 앉았던 학생도 공부에는 담을 쌓았기 때문이다. 제일 앞자리가 김익렬이었고, 뒤에는 『제민일보』, 그 뒤에는 4·3중앙위원회가 앉아 있었다. 김익렬은 가고 없지만 나머지 두 학생은 지금이라도 자기들이 배설해 놓았던 역사의 오물들 앞에서 책임감을 통감해야 할 것이다.

| 붉은 9연대

1946년 초까지 국내에는 30여 개의 사설 군사단체가 난립하며 혼란을 부채질하고 있었다. 미군정은 이 단체들을 불법화하여 해체하고 1946년 1월 15일 대한민국 국군의 전신인 남조선 국방경비대를 창설했다. 이후 같은 해 6월 15일에는 조선경비대로 개칭되었고, 조선경비대는 1948년 8월 15일 대한민국 정부수립과 함께 육군으로 개칭되었다. 그러나 창설 당시 경비대는 단독정부가 수립되기 전인 상태에서 남한이 국군을 창설한다는 명분 부족과 예산 부족 등의 이유로 맥아더 사령부에 의해 군대가 아니라 경찰을 보조하는 경찰 예비대로 발족하였다. 정규 경찰은 미군 복장에 무기는 M1 소총이었는데, 반해 경비대는 일본 군복에 38식이나 99식 소총으로 무장했다. 이런 차별은 경찰로 하여금 경비대를 경찰 보조기관으로 여겨 무시하게 만들었다. 더욱이 경비대의 계급장을 급하게 만들면서 경찰 모자의 귀 단추에 있는 무궁화 모양을 계급장 문양으로 만들어 경비대의 자존심을 구겨지게 만들었다.

사설 단체의 해산으로 자신의 군사조직을 상실하게 된 공산당은 경비대에의 침투 공작으로 그들의 목표를 전환하게 되었다. 경비대가 남한에서 권력 탈취에 결정적인 요소가 될 것임을 알고, 중앙당에 특수부를 설치하여 대 군부 공작을 전담하게 하였고, 좌익 청년들에게 입대를 권유하거나 기존의 장교들을 포섭하는 방법으로 경비대를 장악해 나갔다. 경비대에서 사병 모집을 하면서 신원조회 절차가 생략된 탓에 해산된 좌익단체의 좌익들과 폭동에 연루되어 수배받던 좌익들이 대거 경비대로 유입되는 결과를 가져왔다. 이런 상황은 쫓는 자와 쫓기던 자라는 관계와 의식이 그대로 경찰과 경비대 간의 관계를 규정하는 요인이 되기도 했다. 경비대 내의 좌익들은 지속적으로 '경찰은 친일파'라는 선동으로 경비대원들에게 증오심을 불어넣으며 경비대를 좌익화시켜 나갔다. 그 결과 경찰은 우익, 경비대는 좌익이라는 구도를 만들었고, 두 단체는 서로 간에 갈등을 키우며 폭력사태로 번지기도 했다. 그리고 이런 요인은 차후 여순반란을 비롯하여 다발적으로 발생하는 경비대 반란사건의 한 원인이 되기도 했다.

1947년 6월 1일 전남 영암에서는 국방경비대 하사가 휴가를 나왔다가 경찰과 시비가 붙어 경찰에 구속되는 사건이 발생했다. 그리고 다시 신병을 인수하러 온 장교와 사병들과도 시비가 붙어 군인 1명이 구타당하고 3명이 구속되었다. 이 소식에 분노한 광주 제4연대 사병 300여 명이 무장하고 트럭에 동승하여 영암 신북지서로 들이닥쳤다. 경비대와 경찰 양측 간에는 총격전이 벌어졌고, 경찰 사망 1명, 부상 4명, 사병은 6명이 죽고 10여 명이 다쳤다. 이 사건은 경찰과 경비대의 당시 관계를 상징적으로 보여주는 사건이었다. 이러한 분위기 속에서 제주에서는 1946년 11월 16일 모슬포에서 제9연대가 창설되었다. 9연대는 영암 사건을 일으켰던 제4연대에서 기간요원 54명을 지원받아 장창국 중위, 안영길, 윤춘근 소위 등을 중심으로 창설되었다. 안영길은 남로당원이었고, 모병의 지휘자 중에는 남로당 중앙당 프락치로서 박진경 연대장을 암살하게 되는 문상길 소위도 있었다. 이 시기에 대정 출신 고승옥, 문덕오 등도 입대한다. 이들은 나중에 9연대를 탈영하여 인민해방군에 합류 4·3폭동 반란에 가담하게 되는 인물들인데[537], 9연대를 탈영하여 인민해방군에 가담하는 자의 90%는 제주도 출신들이었다.

1946년 10월에 장창국은 제주로 떠나면서 육사 교장이던 원용덕 소령에게 인사차 들렀다. 이 자리에서 원용덕은 제주도에는 빨갱이가 많으니 몸조심하라는 조언을 해주었다. 장창국은 제주에 있는 동안 건강이 좋지 않았다. 장창국의 후임으로 부임했던 이치업 연대장도 죽을 고비를 넘겨야 했다. 이치업 소령은 처음에는 식중독인줄 알고 있다가 나중에야 9연대의 남로당 세포들이 음식에 독극물을 넣은 사실을 알게 되었다. 당시 9연대에는 문상길 중대장의 주도로 장병들을 포섭하는 남로당의 공작이 활발하게 진행되고 있었는데, 반공 사상이 강한 장창국, 이치업 연대장이 걸림돌이 되자 극약을 먹여 서울로 쫓아버리는 수법을 썼던 것이다.

이치업의 후임으로 김익렬 연대장이 부임했고, 김익렬의 후임으로 부임한 연대장이 박진경이었다. 박진경 연대장은 문상길 등에게 암살당했다. 제9연대 연대장 4명 중에 몸 성히 9연대를 벗어난 사람은 김익렬뿐이었다. 그래서 그런 것인지 그는 '유고'에서 부하들을 가리켜 '군기는 엄격하고 일치단결되어 있는 장병들'이라고 했다.

채명신 예비역 육군 중장의 회고록에는 4·3폭동 당시 제9연대로 배속되어 겪었던 이야기가 나온다. 당시 채명신 소위의 직속상관으로 중대장은 문상길 중위였고 대대장은 오일균 소령이었다. 문상길과 오일

537 『제주4·3사건의 거짓과 진실』, 200쪽.

균은 남로당 중앙당의 프락치로 활발한 공작을 펼치고 있었고[538], 오일균은 후에 숙군(肅軍)이 진행될 때 처형되는 인물이다.

채명신도 9연대에서 암살의 위기와 회유를 받았다. 채명신 소위는 문상길의 외출 명령으로 안내자를 따라간 집에서 묘령의 아가씨를 만나 술대접을 받게 된다. 그 자리에서 그 아가씨로부터 "인민항쟁이 일어난 것은 모두 저 경찰놈들 때문이에요."라는 말을 듣고는 퍼뜩 정신을 차리게 된다. 그리고 그는 기지를 발휘하여 그곳에서 무사히 빠져나온다. 그리고 어느 날은 훈련을 끝낸 뒤 병사들을 해산시키고 계곡의 물웅덩이로 목욕을 하러 갔다가 폭도들의 총알 세례를 받았다. 여기에서 부하들의 반격으로 채명신은 간신히 목숨을 부지했다. 9연대의 남로당 프락치들은 채명신에게 미인계를 써서 회유하여 포섭하려고 했으나 그들의 사업에 방해가 된다고 판단되자 암살에 나섰던 것이다. 4·3폭동 당시의 9연대는 남로당에 점령당해 있었다고 해도 과언이 아니다.

9연대장은 김익렬 중령이었지만, 그는 색깔이 불분명했으며 김달삼과 일본군 학병 동기여서 인민해방군과의 충돌을 회피하는 등 미온적 입장이었다. 김 연대장의 휘하 1,000여 병사 대부분은 제주도 토착민이어서 정서적으로 김달삼(인민해방군사령관) – 이덕구(남로당 제주도당 서기) – 오일균 – 문상길과 가까워서 그들의 비선(秘線) 조직원으로 활동하고 있는 형편이었다.[539] 채명신은 현재 김익렬을 증언해 줄 인물들 중에서 가장 지근거리에서, 그리고 바로 그 현장에서 김익렬을 바라보

---

538 이선교, 『제주4·3사건의 진상』, 현대사포럼, 2008, p.86.

539 "채명신 - 역사를 넘어 시대를 넘어(18)", 국방일보 연재. 2007.1-10.

았던 인물이다. 김익렬에 대한 채명신의 총체적인 평가에 따르면, 그는 색깔이 불분명한 인물이었다. 채명신이 9연대에 도착한 후 가진 신고식에서 김익렬은 신임장교들을 세워놓고 이런 연설을 했다. "내(김익렬)가 지프를 전속력으로 내달리는데 가까운 보리밭에서 꿩이 날아가는 기라. 그래서 권총 한 방을 쐈더니 두 마리가 떨어진 거야.(그도 '육군 3대포(허풍, 거짓이 세다는 의미) 운전병더러 주워 오라고 해서 갖고 오는데 개굴창을 건너 커브를 돌아올 때 웬 놈들이 바윗돌로 길을 막아 놓은 거야. 폭도들이 그랬구나, 하고 차를 세우니까 과연 폭도 4~5명이 총을 들고 돌담 뒤에서 나타나는 기라. 모두가 눈이 새빨개져 가지구 나를 노리며 다가오더라구. 요 자식들, 밤잠도 못 자고 활동 하누나 싶어 불쌍한 생각이 왈칵 들더군. 그래서 꿩 두 마리를 건네주면서 가서 삶아 먹고 기운차리라고 했지."

토벌 대상에게 기운차리라고 꿩을 건네주다니. 신참내기 장교들이 숙연하게 경청하기에는 너무도 맥 빠지는 얘기였다. 제주도는 폭도들에 의해 지서 15곳 가운데 14곳이 접수당하고 그것도 90% 이상 파괴되고 소실됐다는데 연대장은 이처럼 한가롭기만 했다.[540] 김익렬은 유고에서 박진경 연대장의 암살범 문상길에 대한 애정을 여지없이 드러내 보였다. 채명신의 증언에서도 김익렬의 인민해방군에 대한 애정은 감출 길이 없어 보인다. 경비대는 인민해방군에 정보와 무기를 제공하는 창구이기도 했다. 번번이 정보는 사전 누설되었고 진압작전은 번번이 실패

540 "채명신 - 역사를 넘어 시대를 넘어(17)", 국방일보 연재. 2007.1-10.

했다. 경비대가 인민해방군을 도와준 원조에는 이런 것만이 아니었다. 인민해방군의 문서인 「투쟁보고서」에는 경비대 장교들이 물품을 빼돌려 인민해방군에 지원해 준 것과 내역을 기록해 놓은 부분이 있다. 투쟁보고서의 '국경(國警, 국방경비대)으로부터 우리에 대한 원조(援助) 경위(經緯)'의 명단에도 김익렬은 당당히 등장한다.

> "4월 중순 경 문(文)소위로부터 99식총 4정(挺), 오일균(吳一均) 대대장으로부터 카빙 탄환 1,600발(發), 김익렬(金益烈) 연대장으로부터 카빙 탄환 15발(發)을 각각 공급받음."[541]

「투쟁보고서」에는 제주 인민해방군에 무기를 공급한 경비대의 인물로 문상길, 오일균, 김익렬이 기록되어 있다. 문상길과 오일균은 남로당 중앙당의 프락치로서 4·3폭동의 배후에 있던 인물이었기 때문에 이상할 것도 없지만, 여기에 김익렬도 들어 있다. 남로당의 주역이던 두 사람과 함께 「투쟁보고서」에서 어깨를 나란히 할 정도로 김익렬의 '인민해방군 사랑'은 남다른 것이었다.

5월 20일에는 제9연대 경비대원 41명이 탈영하여 인민해방군에 합류하는 사태가 발생했다. 이들은 탈취한 경비대 트럭에 무기를 잔뜩 싣고 한라산으로 들어가는 길에 대정지서를 습격하여 경찰관 5명을 살해하고 2명에게 중상을 입혔다. 그리고 다시 서귀포경찰서에 들려 임무

541 문창송, 『한라산은 알고 있다. 묻혀진 4·3의 진상』, 文昌松, 1995, 80쪽.

수행 중이라고 거짓말을 하고 트럭을 한 대 빌려 타고 입산해버렸다. 그리고 이후에도 경비대의 산발적인 입산은 계속 이어졌다. 6월 18일 새벽에는 김익렬의 후임으로 왔던 박진경 연대장이 부대 막사에서 암살되었다. 6월 17일 저녁에는 박진경의 대령 승진 축하연이 있었다. 축하연을 마치고 연대본부로 귀대하여 숙소에 든 것은 새벽 1시경이었다. 그리고 새벽 3시 15분에 한 방의 총성이 울렸고 박진경은 숨을 거두었다. 범인들이 체포된 것은 7월 초였다. 주범은 문상길 중위였고, 그의 부하 4명이 공범이었다.

"대원 손선호는 사수가 되고 배경용은 전지를 켜 들고 신상우, 강자규, 양회천 등은 현장 주위를 지키는 가운데 거침없이 박 대령을 향하여 M1 라이플 총알을 발사하여, 그는 마침내 28세를 일기로 하여 대령으로 승진한 지 몇 날 안 되어 젊은 아내를 서울에 두고 그대로 잠들어 버렸다."

참고문헌

1. 정부, 사회단체, 신문사 등 기관 간행물(단행본)

- 국군보안사령부, 『대공 30년사』, 1978.
- 國防軍史研究所, 『韓國戰爭(上)』, 1995. 8.
- 國防部 戰史編纂委員會, 『韓國戰爭史 -第1券』, 1967. 10.
- 國防部 戰史編纂委員會, 『對非正規戰史』, 1988.
- 국방부 군사편찬연구소, 『4·3사건 참여 군인 증언 자료집』, 2002.8.
- 국방부 전사편찬위원회, 『한국전란 1년지』, 1951.
- 국방부, 『호국전몰용사공훈록』제1~9권, 1996~1998.
- 大檢察廳(公安部), 『左翼事件實錄 第1卷』, 1965.
- 육군본부, 『공비토벌사』, 1954·3.
- 육군본부(군사연구실), 『창군전사』
- 陸軍本部, 『共匪討伐史』, 1954. 3.
- 陸軍本部(情報參謀部), 『共匪沿革』, 1971.
- 陸軍本部(情報局), 『定期情報報告書』.
- 육군본부(군사연구실), 『창군전사』
- 陸士 5期生會, 『陸士 第5期生』, 1990. 6.
- 全國文化團體總聯合會, 『叛亂과 民族의 覺悟(麗·順事件)』, 1949. 1. 25.
- 濟州道警察局, 『濟州警察史』,1990. 10.
- 濟州道, 『濟州道誌 第1券, 第2卷』, 1993. 2.
- 濟州4·3研究所, 『4·3 長征』 5, 1992 ; 『4·3長征』6, 1993.
- 제주4·3연구소, 『이제사 말햄수다 』, I권(1989. 4); II권(1989. 8), 한울.
- 제주4·3연구소, 『제주항쟁 』, 창간호, 실천문학사.
- 濟民日報 4·3취재반, 『4·3은 말한다』 1권(1994·3); 2권(1994. 3); 3권(1995. 3); 4권(1997. 3.); 5권(1998. 3.), 전예원
- 제주4·3위원회, 『제주4·3사건 진상조사보고서』, 2003. 12.
- 중앙일보 특별취재반, 『조선민주주의인민공화국』, 1992. 5.
- 海兵隊司令部, 『海兵戰鬪史 第1輯』, 1962.

2. 개인 저서(단행본)

- 姜龍三·李京洙, 『大河實錄 濟州百年』, 泰光文化社, 1984,
- 고재우, 『濟州4·3暴動의 眞相은 이렇다』, 1998. 7. 12
- 高文昇, 『제주사람들의 설움』, 1991. 9.
- 金南植, 『南勞黨研究』, 돌베개, 1984.
- 김동일, 『제주4·3사건의 거짓과 진실』, 비봉출판사, 2016.5.10.
- 金英仲, 『내가보는 제주4·3사건』, 2011. 11. 15.
- 金英仲, 제주4·3사건 문과 답, 제3판 , 2021. 5. 31.
- 김학준, 『북한의 역사』 1권, 서울대학교 출판부, 2008.
- 나종삼, 『4·3사건의 진상』, 아성사, 2003.3.20.
- 文國柱, 『朝鮮社會主義運動史 事典』, 評論社(東京), 1981.
- 박갑동, 『박헌영, 그 일대기를 통한 현대사의 재조명』, 인간사, 1983.
- 박일원, 『남로당의 조직과 전술』, 세계출판사, 1984.
- 申相俊, 『濟州島四·三事件』, 韓國福祉行政研究所,(上券, 2000, 7)
- 林鍾國, 『日本軍의 朝鮮侵略史』Ⅱ, 일월서각, 1989.
- 李東圭, 『險한 땅 다스리며 開拓하며』, 2010. 5.
- 임부택, 『낙동강에서 초산까지』, 그루터기, 1996.
- 이선교, 『제주4·3사건의 진상』, 도서출판현대사포럼, 2008.
- 白善燁, 『實錄 智異山』, 고려원, 1992. 6.
- 白善燁, 『軍과 나』, 1989. 6. 10.
- 張昌國, 『陸士卒業生』, 中央日報社, 1984.
- 趙南洙, 『四·三 眞相』, 제주관광, 1988. 12. 5.
- 조남현, 『제주4·3사건의 쟁점과 진실』, 1993. 4. 8.
- 蔡命新, 『死線을 넘고 넘어』, 매일경제신문사, 1994.
- 하우스만·정일화 공저, 『한국 대통령을 움직인 미군 대위』, 1995.
- 韓鎔源, 『創軍』, 博英社, 1984.
- 현길언, 『정치권력과 역사 왜곡』, 태학사, 2016.
- 佐佐木春隆(姜昶求 編譯), 『韓國戰 秘史 上券』, 1977. 8. 10.

3. 공산계 문헌 및 자료
- 국사편찬위원회,『쉬띄꼬프일기 1946-1948』, 천새, 2004.
- 남로당 제주도당(군사부),『濟州道人民遊擊隊, 鬪爭報告書』, (문창송 편, 한라산은 알고 있다-묻혀진 4·3의 진상, 1995. 8. 15).
- 金奉鉉·金民主,『濟州島人民들의 4·3武裝鬪爭史』, 大阪 文友社, 1963. 12.
- 南朝鮮 人民代表者大會 重要文獻集』, 서울 人民出版社, 1948. 10. 30.
- 스티코프,『비망록』.
- 북한, 역사과학논문집, 1991.
- 러시아대외정책문서보관소,『남조선에서 빨치산운동에 대한 조사보고』

4. 일반 자료
- 濟州地方檢察廳,『受刑人 名簿』(1948년 12월, 1949년 7월 군법회의분)
- 國務會議錄, 1949. 1. 5; 1949. 1. 11; 1949. 7. 1; 1951. 1. 12.
- 自由守護協議會,『濟州4·3事件 資料集』, 1997. 4.
- 金益烈,「4·3의 진실」(4·3은 말한다 2권 부록, 김익렬 유고)
- 국방부 군사편찬연구소, 참전자 증언록.
- 육군본부,『장교임관순 대장』.
- 육군본부(군사감실),『육군역사일지』.

5. 영문자료
- 6th Division, USAFIK, G-2 Periodic Report
- 6th Division, USAFIK, 9th Regiment Cheju-Do Daily Report. 1948. 12.22.Periodic Report
- 971 Counter Inteligence Corps. USAFIK, Semi Monthly Report
- Alan R. Millett, The War for Korea, 1945-1950 A House Burning.. University Press of Kansas, 2005.
- American Civilian Advisory Group, USAFIK,「Disturbance on Che-Ju Island」1948. 7. 2(No 199) Joseph E. Jacobs.
- Bruce Cummings, The Origins of the Korean War: Liberation and the

Emergence of Seperate Regimes, 1945~1947 (New Jersey, Princeton University. 1981.)

- Hq. United States Army Forces in Korea(USAFIK로 약칭), G-2 Periodic Report.
- John Merrill, "The Cheju-do Rebellion," Journal of Korean Studies, vol. 2, 1980.
- Hq. USAFIK, G-2 Weekly Summary.
- USAFIK, Cheju-do Operation, April 18, 1948.
- USAMGIK, Report on South Korea Labor Party, Cheju-do from Colonel Rothwell H. Brown, June 20, 1948.
- USAMGIK, Report of Activities on Cheju-do Island from 22 May 1948 to 30 June 1948," July 1, 1948, Colonel Rothwell H. Brown.

나종삼(羅鍾三) 약력

- 전북 김제군 죽산면 죽산리 죽동 출생
- 죽산초등학교, 김제중학교, 죽산고등학교 졸업
- 육군사관학교 졸업(1965년 제21기, 육군소위)
- 육군대학, 국방대학원, 경희대경영대학원 졸업(석사)
- 전차소대장, 장갑차소대장(월남), 전차중대장, 전차대대장, 육대교관, 기갑학교전술학처장, 학군단반월분단장(예편)
- 전사편찬위원회편찬위원, 국방군사연구소연구위원(전사부장)
- 제주4·3위원회전문위원(진상조사보고서작성팀)
- 제주4·3사건재정립시민연대고문

박철균(朴哲均) 약력

- 홍익초등학교, 숭문중학교, 경성고등학교 졸업
- 육군사관학교 졸업(1986년 제42기, 육군소위)
- 美Georgetown 대학대학원 국가안보학석사, 경남대학교 정치학박사
- 영국JSCSC(합동참모대학) 고급과정
- 7사단작전계획장교, 한미연합사부사령관전속부관, 작전처작전계획장교
- 보병3사단중대장, 28사단대대장, 53사단연대장
- 합참군사전략과전략기획담당, 국방부정책실 미국정책과장·국제차장
- 국방부군비통제검증단장, 한국국방연구원 연구과제평가위원
- 글로벌국방연구포럼 안보전략센터장

그들은 왜 진실을 은폐했나?

제주4·3사건과 박진경 대령

인쇄일 2024년 6월 27일
발행일 2024년 6월 28일

저 자 나종삼, 박철균

발행처 프리덤칼리지장학회출판사
출판등록 2023.6.16. 제2023-000135호
주 소 서울특별시 영등포구 국회대로 76길 33 중앙보훈회관 501호
전 화 02-737-0717
이메일 fcfkorea@fcf.kr

편집/인쇄 아름원(02-2264-3334)

ISBN 979-11-987223-2-4

값 28,000원